公路路基路面防排水设计与施工要点

高 震 陈志超 贺 华 著

东北林业大学出版社
Northeast Forestry University Press
·哈尔滨·

版权专有　侵权必究
举报电话：0451-82113295

图书在版编目（CIP）数据

公路路基路面防排水设计与施工要点/高震，陈志超，贺华著.—哈尔滨：东北林业大学出版社，2023.9

ISBN 978-7-5674-3337-3

Ⅰ．①公… Ⅱ．①高…②陈…③贺… Ⅲ．①公路路基－路面施工－防水－研究②公路路基－路面施工－排水－研究 Ⅳ．①U416.1

中国国家版本馆CIP数据核字（2023）第185097号

责任编辑：乔鑫鑫
封面设计：文　亮
出版发行：东北林业大学出版社
　　　　　（哈尔滨市香坊区哈平六道街6号　邮编：150040）
印　　装：河北创联印刷有限公司
开　　本：787 mm×1092 mm　1/16
印　　张：22.25
字　　数：516千字
版　　次：2023年9月第1版
印　　次：2023年9月第1次印刷
书　　号：ISBN 978-7-5674-3337-3
定　　价：85.00元

如发现印装质量问题，请与出版社联系调换。（电话：0451-82113296　82191620）

前 言

公路作为保障我国交通顺畅及各个地区贸易往来的重要通道，对于社会的发展和人们的日常出行具有至关重要的作用。为了更好地维护公路的运行质量，工作人员应加大公路养护力度，不断提高自身的养护技术，为人们出行创造更为便利的条件，满足人们的日常出行需求。随着我国市场经济体制的建立和经济法规的逐步完善，公路建设的管理也纳入了法制化的轨道，公路工程中防护及排水设计与施工管理是公路工程管理的重要环节。

本书是有关公路工程设计与施工的书籍，主要研究公路路基路面防护及排水设计与施工。本书从公路工程基本概论入手，主要针对路基防护设计与施工、路基排水设计与施工、路面排水设计与施工，以及国内外新材料与新技术在路基路面防护排水中的应用进行了分析和探讨。本书以路基路面排水与养护为主线，研究内容包括基础知识、公路养护常用材料、路基路面的日常养护、路基路面典型病害及特殊路基的防护、公路技术状况评定等。本书内容通俗易懂，易于应用，可供从事公路设计与施工的工程技术人员借鉴参考，亦可供相关专业大中专院校师生学习使用。

作者在编写本书的过程中，借鉴了诸多相关书籍与资料文献，在此对书籍和文献资料的作者表示衷心的感谢。由于编写时间仓促，难免有不足之处，恳请广大读者批评指正，以便更好地总结经验，起到共同进步的目的。

作者
2023 年 3 月

目 录

第一章 公路工程概论 ... 1
- 第一节 公路概况 ... 1
- 第二节 公路的基本组成 ... 18
- 第三节 路基的基本组成 ... 32
- 第四节 路面的基本组成 ... 45

第二章 路基防护工程 ... 62
- 第一节 路基防护的基本类型 ... 62
- 第二节 路基防护的适用条件 ... 95
- 第三节 路基防护病害及处治 ... 106
- 第四节 路基防护设计方法 ... 120
- 第五节 路基防护施工及质量检测 ... 139

第三章 路基排水工程 ... 176
- 第一节 路基排水的基本类型 ... 176
- 第二节 路基排水的适用条件 ... 184
- 第三节 路基排水病害及处治 ... 194
- 第四节 路基排水设计方法 ... 197
- 第五节 路基排水施工及质量检测 ... 214

第四章 路面排水工程 ... 232
- 第一节 路面排水的基本类型 ... 232
- 第二节 路面排水的适用条件 ... 243
- 第三节 路面排水病害及处治 ... 245
- 第四节 路面排水设计方法 ... 249
- 第五节 路面排水施工及质量检测 ... 257

第五章 新技术、新材料在路基路面防护及排水中的应用 ... 304
- 第一节 国外新技术、新材料在防护及排水中的应用 ... 304
- 第二节 新技术与新材料在路基防护工程的应用 ... 308

第三节 新技术与新材料在路基排水工程的应用 …………………………………… 320

第四节 新技术与新材料在路面排水中的应用 …………………………………… 331

参考文献 ……………………………………………………………………………………… 349

第一章　公路工程概论

公路工程指公路构造物的勘察、测量、设计、施工、养护、管理等工作。公路工程构造物包括路基、路面、桥梁、涵洞、隧道、排水系统、安全防护设施、绿化和交通监控设施，以及施工、养护和监控使用的房屋、车间和其他服务性设施。

第一节　公路概况

一、公路工程概述

公路的新建或改建任务是根据公路网规划确定的。一个国家的公路建设应该结合铁路、水路、航空等运输综合考虑。公路在联运中的作用和地位按其政治、军事、经济、人民生活等需要，结合地理环境条件，制定全国按等级划分的公路网规划。从行政方面划分，一般分为国道、省道、县道、乡道四个等级。此外，重大厂矿企业和林业部门内部，必要时也有各自的道路规划。每个国家公路等级的划分界限和方法及其相应标准都不尽相同，中国的国道规划由国家掌握，省以下的公路规划由各级地方政府掌握。

（一）公路工程的规划

公路网规划的制定是一项繁重复杂的工作。由于各地情况的变化，如政治、军事等战略的改变，矿藏资源的开发，海岸、商埠经济的发展，城乡人民生活的改善，旅游事业的兴起，其他运输方式的改变，资金的增加等，都可能使规划随之变化。因此，在制定规划时，应事先充分掌握各方面的信息，进行有充分预见性的可行性研究，避免盲目规划带来的不良后果，然后有计划、按步骤地分期付诸实施。

（二）公路工程的勘察设计

拟建路线的第一步，应根据线路所经控制点，进行勘察和测量，选择距离短、工作量小、工程举办容易、造价低廉、后遗病害少、养护费用低、使用效益大的线路。如果线路有几种选线方案，则应进行比选，以便从中选定最优方案。

1. **勘察设计的原则**

各项新建或改建工程的设计，应本着就地取材、因材施用、利废增益的原则，重视长远的经济损益分析来进行设计。公路等级一旦确定，则线形几何标准也随之确定。尤其是丘陵区和山岭区的纵坡度是很难改变的。又如，路基路面工程往往占造价比重最大，但可以从低级过渡到高级，分期修建。

2. 选择经济合理的方案

这些项目的设计都必须充分考虑前期工程能为后期利用，而不致废弃，造成浪费。此外，路面等级越低，造价就越低，但公路养护和更新费用则越高，行车消耗费用越大。因此，决定路面等级不能单独考虑造价，而是要根据较长时间，从造价、养护更新费用，特别是行车、消耗、费用三方面进行经济损益分析，进而选择经济合理的方案。

3. 利用新技术

现代的勘察设计工作已利用卫星地图或航测地图，并用电子计算机分析和绘图，用地震法探测地层地质，用 γ 射线量测密度含水量，用激光测距等新技术和其他新设备，使勘察设计工作缩短了作业时间，提高了作业效率和精度，降低了成本。

（三）公路工程的施工概述

优质工程不仅要有良好的设计，而且在更大程度上取决于施工质量的好坏。在施工中，材料、机具、操作是保证产品质量的主要环节。一切施工都必须严格遵守每项施工规范。

一是材料的准备，包括检查材料品种、规格、数量、堆放场所、供应和保管工作等。

二是施工机具，包括品种、型号、数量的配备及修理工作。

三是操作，应精心进行，每道工序完毕须经检查合格后方可进行下一道工序。全部工序完毕，经检查验收后方可交付使用。

公路工程的一些项目在使用中会随着时间的延续而产生不可避免的损耗，如路面在行车荷载下产生轻微变形、车辙、磨损，就必须及时养护、整修才能维持正常使用效能，延长使用寿命。公路工程对各个工程项目都制定了相应的养护规范。忽视养护，待损坏严重再进行补救，造成的损失往往更大。

（四）公路工程的养护概述

早期的施工、养护工作，一般是用简单的工具和人力或畜力操作。随着机械工业的发展，蒸汽机和内燃机等动力机械广泛应用于施工中，并出现了各种单用机械和联合操作机械。

1. 筑路机械

在筑路机械中，繁重、量大的工程所使用的机械，如土石方的挖掘、运输、压实等使用的机械，正向着多用途、大功率的方向发展；路面铺装机械向着自动就地加工、提高废旧料利用率、简化工序、一次完成的大功率大型机械的方向发展。

2. 养路机械

养路机械则向着一机多用和小型化的方向发展。桥梁工程用的机械趋向适用于轻型、装配化和预制构件所需机械发展；吊装设备则向大型机械发展。各种施工机械的使用，使得以往难以进行的工序能够利用机械解决。施工机械的进步反过来又促进材料和结构物的革新。这种互相促进作用有益于提高工程质量、降低生产成本。

（五）公路工程的管理

公路工程管理系统和公路运输管理系统是两个不相统属的系统，但又是彼此有密切关系的系统。比如，汽车运输要开辟或加强改善某些路线的客货运输，必须预先调查研究沿线的客货来源、种类、运量、地点、季节等，为此向工程部门提出工程的要求和指标。

1. 工程部门的管理

工程部门则研究满足这些要求的方法和措施，为运输服务。那么究竟是先有公路然后考虑组织运输，还是先考虑运输需要后修建公路呢？一般来讲，按后者安排为好。但有时也应根据具体情况，全面分析，决定对策。这个问题在国际公路论坛中是经常遇到的。有些国家已把运输工程和工程经济列为高校的专业课程。这是关系到公路发展的宏观经济、影响全局的问题，在公路管理中应予以重视。

2. 工程的实施顺序

公路工程方案在实施过程中，工程管理部门应根据需要完成项目的先后顺序，编制分项工程进度表，然后根据各项进度排出总的进度表，并注意各分项工程之间不得互相干扰。如遇情况变化，应及时做出相应修改。进度表是执行计划的指导性文件，某一环节不按计划进行就有可能打乱局部，甚至是全局的安排。

3. 执行计划的内容

执行计划包括的内容繁多，主要方面有施工前需补充的测量放样、材料供应和试验、机具配备和维修、运输工具的配备和维修、劳动力组织和调配、技工培训和考核、水电供应、工地安全设施、工地应急设施、医疗卫生、职工生活、工程定额和进度的统计分析、财务管理等。工地既要有分项管理人员，又要有全面管理的人员。

4. 管理办法

为规范公路工程施工分包活动，引导公路工程施工分包市场健康、有序地发展，交通运输部发布了《公路工程施工分包管理办法》（以下简称《办法》）。

（1）《办法》出台的背景

加强市场监管、规范分包活动是工程建设领域专项治理的重点工作。《办法》的出台既是市场经济体制下行业健康发展的需要，又是规范公路建设市场分包行为的需要，同时还是完善公路建设市场法律法规体系的需要。

（2）工程分包的产生

工程分包的产生是计划经济向市场经济过渡的产物，是社会分工专业化的必然结果，在国外工程管理中也普遍存在。规范引导施工单位进行合理、合法的分包，既有利于施工企业的发展壮大和结构调整,也有利于规范建设市场,提高工程质量,降低建设成本。《中华人民共和国招标投标法》《建设工程质量管理条例》《公路建设市场管理办法》《公路建设监督管理办法》等法律法规和部门规章相继对工程分包进行了相应规定,但由于种种原因,公路工程中的违法分包现象仍然时有发生。

(3)沉降预防

工后沉降就是指从施工完毕直到沉降稳定这段时间内的沉降量。将高频液压振动锤施工筒桩、振动取土灌注桩作为公路路基的承载桩,使路基在筒桩的施工过程中产生预沉降,汽车在以后的运行过程中地基不会产生沉降。利用这种新方法可以有效预防公路工程工后沉降。

(4)计划实施

工程计划的实施要根据设计方案编制工程预算,经主管部门批准后作为投资依据,拨款举办。承办工程有部门自办制、招标发包制或部分自办、部分发包制几种。

①部门自办制。自办制由主管部门委派负责人成立机构,负责完成计划内全部工程任务。如遇原设计不符实际情况时,有变更设计权,但须向主管部门说明变更原因,经批准后执行,如因特殊原因必须立即执行时,可以事后报告备案。

②部分自办、部分发包制。工程负责人在预算范围内,根据法定财务制度有支付全部工程费用的权力。发包制由主办机构公开招标。凡领取开业执照的企业单位或承包商经审查合格者均可取得投标资格。一般由最低价格者得标,但仍须审查所投价格是否合理,经主办机构认可后方可取得承包权。对于工程所需材料供应、机具设备、劳动力的雇用,一般均由承包者自理。但在某些特殊情况下,也可通过协商共同解决。

二、公路隧道在工程中的概述

公路隧道是公路工程结构的重要组成部分,在公路工程建设中起着至关重要的作用。随着我国经济的不断发展,公路建设发展迅速,隧道建筑规模也越来越大。隧道施工技术要求越来越高,这给公路隧道施工企业带来了机遇,但也带来了挑战。

(一)施工准备及施工技术方案的确定

1.施工作业线安排

根据隧道设计结构和工程地质情况,施工作业采用中导洞先行,中导洞掘进40~50 m浇注中墙。在中墙混凝土强度达到70%以上再进左洞,右洞掌子面落后左洞按10 m控制。经监控量测,围岩变形基本稳定后同时施作左右洞两次模筑衬砌。

(1)施工供风

在隧道进、出口各设一座空气压缩机站,各安装2台20 m³/min和1台10 m³/min的空气压缩机以保障隧道施工用风。

（2）施工用水

施工用水进、出口应分别在距隧道拱顶 30 m 以上的山顶各修建一座 100 m³ 的高山水池，水源则是在隧道出口右侧山脚挖一集水池，收集山泉水抽上山顶水池，再用管道输水至出口供施工用水。

（3）施工供电

在隧道进、出口各安装一台 315 kVA 的变压器，利用附近的地方电网供电，同时各准备一台功率为 220 kW 的发电机组备用。动力设备采用三相 380 V，照明用电采用 220 V，为确保安全，所有线路都安装漏电保护开关。

（4）施工通风、防尘

洞内如需爆破掘进，必须坚持湿式凿岩，爆破后洒水以降低粉尘浓度。施工通风采取压入式，用 3 台轴流风机分别向中导洞，左、右洞送风，送风口距开挖面的距离不大于 15 m。

（5）施工排水

施工排水主要是排除可能涌入隧道的地下水和施工废水。隧道从出口至进口为 1.54% 的上坡。出口施工为顺坡施工，施工排水采取自然坡利用塑料管将水引出洞外。

2. 施工实施阶段技术要点分析

（1）隧道钻爆法开挖

隧道钻爆法开挖关键是光面爆破的控制，光爆控制好可以减少超欠挖，减少对岩体的扰动，减少混凝土回填，节约成本。光爆效果控制的好坏和开挖方式、钻孔设备及爆破参数的设计等因素有关。控制好光爆效果重点应从以下两方面着手：第一，选择性能良好的钻孔设备；第二，根据围岩级别综合考虑围岩状况、岩石整体性好坏、节理裂隙发育规律等多方面因素，精确合理设计爆破参数。

（2）防坍

防坍是保证隧道施工安全的最重要环节。开挖过程中最重要的一点就是防塌。山岭隧道施工绝大部分采用传统的施工方法钻爆法施工，并对矿山进行分类。另外还要注意施工方法的具体适用情况。

①钻爆法施工。钻爆法施工的山岭隧道由于受炸药爆破震动的影响，破坏了原有岩体内部受力平衡，当施工方法不当或支护不力时，围岩就会因失稳而发生坍塌。因此，采用钻爆法施工的山岭隧道如何防止塌方是确保隧道施工安全和工程质量的关键。

②矿山法分类。隧道施工过程和方法是多种多样的，目前，在我们经常采用的矿山法中大致有全断面法、台阶法和分部开挖法三大类。

③各种施工方法在不同围岩和隧道中适用情况如下。

A. 断面法。断面法适用于单线铁路隧道Ⅰ~Ⅲ级围岩、铁路双线隧道及公路隧道Ⅰ~Ⅱ级围岩地段。通常采用全断面钻孔一次起爆方法。为控制好开挖轮廓，减少超欠挖，提高光面爆破效果,可推广预留光爆层的开挖方法。

B.台阶法。台阶法适用于单线铁路隧道Ⅲ、Ⅳ级围岩、铁路双线隧道及公路隧道Ⅲ级围岩地段。台阶数量和长度,要根据围岩条件而定。Ⅲ级围岩一般采用两台阶法;Ⅳ级围岩及Ⅲ级偏弱围岩,可改用三台阶法。台阶法施工的循环进尺,要根据开挖跨度和围岩类别、自稳时间严格控制,并与初期支护钢架设计间距相对应。每次以架立1～2榀钢架为宜。在开挖顺序上,宜采用先挖侧槽、左右错开向前推进的做法,不宜采用拉中槽挖马口的方法。侧槽开挖长度,靠近边墙范围应采用风钻、风镐手工开挖,人工清壁扒碴,严禁使用重型机械开挖和装碴,以免对围岩产生过大扰动,破坏围岩和初期支护系统的整体稳定性。

C.分部开挖法。分部开挖法主要有双侧壁导坑法(适用于单线铁路隧道Ⅴ、Ⅵ级围岩、铁路双线隧道及公路隧道Ⅳ～Ⅵ级围岩)、中隔法(适用于单、双线铁路隧道Ⅴ级围岩、浅埋隧道及三线隧道)或交叉中壁法(适用于双线、三线隧道Ⅴ、Ⅵ级围岩及浅埋隧道)。这些施工方法也适用于对地表沉降有严格限制的城市公路隧道。双侧壁导坑法在控制地中和地表下沉方面,优于其他施工方法。

此外,由于两侧导坑先行,能提前排放隧道拱部和中部土体中的部分地下水,为后续施工创造条件,因此,城市浅埋、软弱、大跨公路隧道和山岭软弱破碎、地下水发育的大跨度隧道可优先选用双侧壁导坑法。

(3)支护

支护是安全的保证。隧道支护应根据不同的围岩类别及地质状况进行施作,对洞口存在堆积体、滑坡体、浅埋及软弱地层等不良地质隧道,如某隧道采用了大管棚、小导管注浆超前支护,地表注浆加固及地面旋喷桩加固等措施。部分隧道洞口设置抗滑桩保证坡体的整体稳定,进洞后尽快施作洞门,确保进洞洞口安全;洞内软弱地层地段以锚、喷、网为主要支护手段,必要时加格栅钢架,强化支护措施,同时减少对岩体的扰动,抑制围岩过度松弛变形,确保洞内施工安全。

(4)通风

①独头通风。独头通风方式是目前采用的主要通风方式,独头通风又分为压出式通风和压入式通风。

A.压出式通风(抽出式)。某隧道引水洞的施工过程中采用了压出式通风。本引水洞全长4 000 m,单口长2 000 m,无平导,一般采用1 m直径的硬质通风管,通风设备采用日产通风机,通风机安装在洞口,爆破后废气从通风管抽出洞外,新鲜空气流经全洞,效果比较理想。通风时间大大缩短,不论从施工进度或经济效益方面都取得了满意的效果。仅因通风时间的缩短而节约的电费和软质通风管的费用即可满足购置硬质通风管,同时硬质通风管也有其不便的因素,即制作及安装较困难。

B.压入式通风。压入式通风是隧道施工中常用的方式,优点是掌子面空气新鲜,有利于施工人员工作,其关键是计算好通风量及风管、设备等。

②巷道通风。利用平行导坑作主要回风道。巷道通风的最大优点是在最短的时间内使正洞空气清新，采用这种方式通风应注意以下两个问题。

A.通道应随导坑的前进及时封闭，一般保留不超过3个。

B.平行导坑口应设两道风门，横通道设一道风门，风门应保持密封，尽量做到不漏风，例如渝怀铁路枳城隧道出口采用巷道通风，效果比较理想。

（5）衬砌

衬砌是隧道内最重要的结构。隧道衬砌质量的好坏直接关系到隧道施工安全及运营安全，也是一个单位的形象代表。隧道衬砌根据隧道长度、围岩状况及不良地质存在的情况等因素采用整体式衬砌、复合式衬砌、抗水压衬砌等多种形式，同时注重施工质量，做到"内实外美，不渗不漏"。衬砌质量和原材料、混凝土配合比、搅拌、运输、浇筑、振捣、模板台车的安装就位等工艺控制与相关参数有关，即衬砌施工以距掌子面不超过200 m为限。仰拱超前、衬砌紧跟能在洞内迅速形成闭合环，防止围岩过度松弛变形，保证了施工安全，在软弱地层段其作用更为显著。

（二）施工验收阶段技术要点

从源头上解决隧道施工技术质量的隐患。因隧道工程属于隐蔽工程，在目前工程技术条件下，对竣工隧道工程质量的检测，相当一部分检测数据来源于施工或监理记录。所以，严格控制施工过程，力争从源头上把好隧道工程质量关是保证隧道工程质量的根本手段。

（三）质量检验技术评定的内容

建议从总体上将隧道工程竣工检测划分为两大部分，分别是室外量测部分和室内抽查质量保证资料部分。隧道工程的最终得分为这两部分的加权平均分。室内抽查质量保证资料则主要集中于检查资料的有无和齐全与否。至于隐蔽工程项目，若在施工过程中有具备检验评定资质的检测单位做过详细系统的检测评定，则可以将结果用于竣工评定，否则不予评定。

随着公路交通事业的发展，隧道的应用越来越广泛，建设规模也越来越大。施工单位要认真仔细地确定合理施工方案，注意施工技术及方法的运用，并在实践中不断总结和积累施工经验，充分保障公路隧道的施工质量。

三、我国公路发展概况

公路运输是陆上运输方式之一，其灵活机动、迅速方便以及提供"门到门"物流服务的特点，使其不仅成为一个独立的运输体系，也成为铁路车站、港口和机场集散物资的重要手段，对国家经济发展起着重要的推动作用。

（一）我国公路发展阶段

自中华人民共和国成立以来，我国的公路交通建设大致经历了以下四个阶段。

1. 第一阶段

中华人民共和国成立初期,由于对公路运输在国民经济中的基础性和先导性认识不足,公路"长期滞后"于国民经济的发展。

2. 第二阶段

20世纪80年代以后,我国经济全面发展,公路基础设施成为国民经济建设中的最薄弱环节,出现了"全面紧张"的局面。

3. 第三阶段

20世纪90年代以后,我国政府将交通运输事业,尤其是公路的发展,作为国民经济发展的全局性、战略性和紧迫性任务,公路建设得以迅速发展。截至1997年年底,全国通车里程达122.6万km,二级以上公路达13.09万km,高速公路达4 771 km,高级、次高级路面铺装率达38.1%,实现了全国县县通公路,乡镇通公路的达到98.5%,行政村通机动车的达85.8%。

4. 第四阶段

21世纪以来,我国继续加大对基础建设投资的力度,公路建设获得了前所未有的大发展,使"全面紧张"的交通状况在近年内得到根本改变,取得了一系列不平凡的成就。

(1)公路基础建设取得历史性突破

①公路建设规模快速增长;

②高速公路从无到有,发展迅速;

③农村公路建设稳步推进。

(2)公路运输的能力迅速增长

伴随着我国公路建设的迅速发展和公路网络的不断完善,公路运输业成为服务范围最广、承担运量最大、运输组织最为灵活、运输产品最为多样的运输服务业。公路客货运输快速增长,服务国民经济能力显著增强。另外,公路运输在应对春运和"黄金周"客流高峰、抢运煤电油粮、抢险救灾等重要时段和重点物资的运输中都发挥出重要的基础作用。

(3)公路运输结构调整取得新进展

近年来,通过政策引导和企业兼并重组,全国公路运输结构调整稳步推进。以资产为纽带,企业兼并、重组和改制步伐加快,涌现出一批诸如中远物流、中外运等大型运输企业,集约化、规模化、网络化经营水平和市场集中度明显提高。初步形成大型专业集团主导行业发展方向的市场格局;各地采取有效措施,不断优化车型结构,提升运输装备水平。经营结构也有所改善,旅游客运、现代物流、小件快运、连锁维修、汽车租赁等新型服务方式快速发展,进一步满足了社会不同层次的运输需求。

(4)运输市场秩序进一步规范

在公路运输市场管理方面,国家加强行业监管和社会监督,市场秩序得到明显好转,守法诚信经营的意识明显增强,违法违规行为明显减少,规范有序的市场环境正在逐步形成。

（5）公路运输信息化水平明显提高

在公路运输信息化建设方面，各地普遍实行了政务公开，推广应用了公路运政管理信息系统、卫星全球定位和导航系统、行车记录仪、联网售票系统等先进设备，加快普及了联网售票、电子屏幕显示、货运信息配载和汽车维修、综合性能检测等电子技术，有效提高了公路运输行业的管理能力和服务水平。

（二）公路发展的改善措施

我国公路运输业在取得上述巨大成绩的同时，也存在一些问题和不足。这主要表现在以下几个方面。

1. 有效供给仍显不足

①全国公路网络和运输站场的总体数量和结构，还不能满足运输发展的需要，特别是公路运输站场的发展仍然落后于公路建设；

②公路运输的车辆、组织和经营结构仍欠合理；

③营运车辆空驶率高，能耗高，运输效率和服务水平低，城乡交通一体化的进程比较缓慢，城乡客运管理体制尚未理顺；

④公路运输的管理和经营水平、信息化建设仍然有待进一步提高和加强。

2. 公路运输稳定性依旧不够

虽然道路运输业的集约化程度有所提高，但市场主体依然处于多、小、散、弱状态，缺少处于主导地位的大而强的企业，同时还面临铁路提速、城际轨道建设、燃油价格上涨等不利因素。

3. 运输市场还不够规范，市场主体集中度比较低

从全国看，非法运输现象依然存在。车辆超限超载还未从源头上得到彻底治理。运输市场中地区封锁现象依然存在，不正当竞争行为仍时有发生，继续整顿和规范市场经济秩序的任务仍很艰巨。运政队伍建设和规范执法也需要进一步加强。另外，还存在公路建设基础薄弱，收费不规范，办事效率低下，系统不完善，司机职业化程度低，管理人才、市场人才的缺乏等诸多问题。为此，我国的公路运输业应从以下几个方面进行改进。

（1）继续加快公路基础设施建设

①科学规划公路运输。要加快区域和城乡交通一体化的进程，科学规划公路运输站场布局，增加站场建设投入，建设一批客运枢纽和物流园区。

②提高应急保障能力。要进一步发展运力，增加运量，提高应急保障能力。通过市场政策引导，车辆车型结构将得到进一步改善；重型货车、专用货车和厢式车的比例也会大幅度提高。同时，要进一步加强应急运输保障体系建设，确保有效应对各种突发事件，保障国家重点物资、抢险救灾物资的运输和节假日等客流高峰期的旅客运输。

（2）加快运输服务产业的全面发展

进一步健全车辆技术服务保障体系，推进机动车维修企业连锁经营，提高机动车维修质量和服务水平，建立全国机动车维修救援网络。

①推动驾驶员培训的考核制度。进一步推动驾驶员培训实现规范化、标准化、专业化，建立驾驶学校和教练员的诚信考核制度，提高培训质量。要通过政策引导，鼓励汽车制造企业开发生产安全环保、经济可靠的车型，鼓励中高级客车和厢式货车、专用车辆、集装箱车辆、多轴重型货车以及小型货车发展，加速淘汰能耗高、性能差的运输车辆。

②加快发展农村客运。加快发展农村客运，需要统筹规划城乡客运线路布局，合理配置客运资源，推动城乡客运一体化；鼓励企业发展农村客运线路，方便农民群众乘车。此外，还应当重视培育和规范货运代理市场，对危险货物和大型物件运输实行专业代理。

（3）大力提高公路运输组织服务水平

要通过大力改进服务质量，建立市场主体的质量信誉考核体系，进一步规范运输市场秩序，提高运输服务水平。

①提高城乡客运一体化。在公路客运方面，要提高城乡客运一体化程度，做好城乡客运网络的衔接，提高客运通达水平，逐步使所有通公路的乡镇和行政村开通农村客运班车。在货运方面，要以国家高速公路网为依托，大力发展快速客货运输，继续加快运输组织、经营和运力结构调整，引导企业建立健全快速客货运输网络。

②企业向现代物流企业转化。鼓励企业兼并重组和股份制改造，推进规模化、集约化经营；鼓励发展甩挂运输、集装箱运输、小件快运、多式联运、城市物流配送等运输组织形式，引导货运企业逐步向现代物流企业转化。

（4）加快科技进步，促进科学发展

①应当逐步建立起全国统一的公路运输管理信息平台，鼓励企业建立经营管理信息系统，应用卫星导航定位、行车记录仪和条形码技术加强对车辆的动态管理；

②鼓励运输和维修企业、运输站场和应用先进技术和设备，实行计算机管理；

③鼓励和引导企业选用能耗低的运输车辆，降低燃料消耗和废气排放；

④提高运输组织化程度，倡导通过标准化运输、甩挂运输等组织方式提高车辆实载率，减少车辆空驶。

另外，还要更加重视运输安全，采取一系列措施，进一步加强企业内部管理，完善安全管理长效机制，降低交通安全事故率。

（5）加强法制观念，规范运输市场

要认真落实公路运输有关的法律法规，加强运政队伍建设，规范行政执法行为，加大市场监管力度，依法惩处各种违法违规行为，规范市场秩序。

①运用竞争机制。应充分运用竞争机制，优化资源配置，促进企业加强管理，诚信经营，改进服务。要利用经济杠杆引导行业发展，根据行业发展导向调整有关运输政策，提

高政府宏观调控能力。

②投资公路运输业。继续引导和鼓励各种经济成分投资公路运输业，推进国有企业的股份制改造和资产重组。进一步打破地区封锁，鼓励企业跨地区经营，促进公路运输市场的统一开放；推动区域公路运输一体化。

③扩大对外开放。应当继续扩大对外开放，认真落实加入世界贸易组织的有关承诺，加强与周边国家的交流与合作，加快发展国际公路运输。

总之，道路是国家的经济命脉。虽然中国道路发展迅速，但是中国对道路发展的速度与质量的要求还远远不够。这就需要道路建设者们在完成"五纵七横"国道主干线建设的成就下继续努力，加快中国道路发展。

（三）中国公路的发展

1. 中国公路的发展方向

我国公路发展的总体方向是加快建成国家高速公路网，提高国省道干线公路等级，改善农村公路，行车条件，逐步形成质量、速度、结构、效益相协调，建、养、管并重的公路交通网络。重点是逐步构建以高速公路为主体的收费公路网络和以普通公路为主体提供政府普遍服务的非收费公路网络，同时要加快推进高速公路联网收费和不停车收费进程，进一步提高收费公路的通行效率和通行能力。

2. 中国公路交通科技发展战略

为了建设适应交通现代化要求和符合交通科技自身发展规律的创新体系，形成强大的自主创新能力，我国公路交通科技发展的战略目标是建立布局合理、资源共享、配置优化的交通科研基地和信息共享平台，形成一支高水平的交通科技队伍，突破一批关键技术，达到国际先进水平，全面提升公路交通的科技含量，为交通全面协调可持续发展提供有力保障。

3. 公路交通科技发展的战略重点

根据公路交通科技发展的战略目标，按照交通科技的需求和"综合集成、重点突破"的方针，今后交通科技发展具有牵动性、前瞻性、关键性的战略重点主要为以下六个方面。

（1）智能化数字公路交通管理技术

推进公路交通的信息化进程，改善运营管理，优化资源配置，提高公路交通信息化水平，实现智能化的交通运输、数字化的行业管理、人性化的社会服务；最大限度地发挥综合交通的运输服务功能，实现便捷和快速运输。

（2）特殊自然环境下建养关键技术

攻克特殊自然环境下的建养关键技术，支撑公路交通基础设施建设，改善交通网络的状况与性能，实现加快发展、扩充能力的目标，提高公路交通设施的使用品质和使用寿命。

（3）一体化公路运输技术

构筑公路运输网络一体化、运输载体一体化、运输装卸一体化、运输场站一体化和运输辅助设施一体化、管理一体化的新型联合运输系统。通过应用一体化运输技术，改善公路交通服务水平，提高系统运行效率，实现不同运输方式之间货物的无缝衔接和旅客的零换乘。

（4）交通科学决策支持技术

面对交通改革与发展的重大决策问题，开展交通决策支持技术的研究，实现公路水路交通决策的科学化和民主化。在交通发展战略、政策法规、管理体制、运营组织等领域实现决策的数字化、可视化和协调化，为科学决策和民主决策提供技术支持，提高决策的科学性、质量和效率。

（5）公路交通安全保障技术

研究开发公路交通安全保障技术，提高公路交通的事故预防、应急反应和救助处理能力，降低交通伤亡数量及事故率，建立一个安全、可靠的公路交通系统，使我国公路交通达到社会公认的安全水准。

（6）绿色交通技术

开展以环保和节能为重点的绿色交通技术的研究，缓解我国环境污染和资源短缺的压力，建立起与自然和社会环境友善和谐、污染排放减少、土地使用合理、能源消耗适度的绿色公路交通体系，促进21世纪公路交通可持续发展目标的实现。如今，中国的公路交通系统正逐渐向信息化、科技化、绿色化方向发展，相信在不久的将来，中国的公路还将给我们带来更多的惊喜。

四、公路等级与技术标准

（一）公路分级

根据公路的使用任务、功能和适应的交通量情况，交通运输部颁布的《公路工程技术标准》（以下简称《标准》）中，把公路分为五个等级：高速公路、一级公路、二级公路、三级公路和四级公路。

1. 高速公路

高速公路为专供汽车分向、分车道行驶并应全部控制出入的多车道公路。它具有四个或四个以上车道，设有中央分隔带，全部立体交叉，并具有完善的交通安全设施、管理设施和服务设施。为高速公路应能适应将各种汽车折合成小客车的年平均日交通量四车道为25 000～55 000辆；六车道为45 000～80 000辆；八车道为60 000～100 000辆。

2. 一级公路

一级公路为供汽车分向、分车道行驶，并可根据需要控制出入的多车道公路。当作为集散公路时，纵横向干扰较大，为保证供汽车分道、分向行驶，可设慢车道供非汽车交通行驶；当作为干线公路时，为保证运行速度、交通安全和服务水平，应根据需要采取控制出入措施。一级公路应能适应将各种汽车折合成小客车的年平均日交通量四车道为 15 000～30 000 辆；六车道为 25 000～55 000 辆。

3. 二级公路

二级公路为供汽车行驶的双车道公路。为保证汽车的行驶速度和交通安全，在混合交通量大的路段，可设置慢车道供非汽车交通行驶。双车道二级公路应能适应将各种汽车折合成小客车的年平均日交通量 5 000～15 000 辆。

4. 三级公路

三级公路为供汽车行驶的双车道公路，同时也允许拖拉机、畜力车、人力车等非汽车交通使用车道。其混合交通特征明显，设计速度可采用 40 km/h 或 30 km/h。双车道三级公路应能适应将各种车辆折合成小客车的年平均日交通量，即 2 000～6 000 辆。

5. 四级公路

四级公路为主要供汽车行驶的双车道或单车道公路，同时也允许拖拉机、畜力车、人力车等非汽车交通使用车道，其混合交通特征明显，设计速度采用 20 km/h。双车道四级公路应能适应将各种车辆折合成小客车的年平均日交通量 2 000 辆以下。单车道四级公路应能适应将各种车辆折合成小客车的年平均日交通量 400 辆以下。

以上五个等级的公路构成了我国的公路网，其中高速公路、一级公路为公路网骨干线，二级公路、三级公路为公路网基本线，四级公路为公路网支线。

《标准》是国家颁布的法定技术准则，反映了我国公路建设的方针、政策和技术要求，是公路勘测设计、修建和养护的依据。因此，在公路设计、施工和养护中，必须严格遵守。同时，在符合《标准》要求和尽量不增加工程造价的前提下，根据技术经济原则尽可能采用较高的技术指标，以充分提高公路的使用质量和效益。

（二）公路等级的选用

在选用公路等级时，应根据公路的使用功能、公路网规划、交通量，从全局出发，并充分考虑项目所在地区的综合运输体系、社会经济、远期发展等因素，经综合论证后确定。在确定公路等级时，应明确以下几个问题。

1. 等级的确定

公路等级的确定，首先应确定该公路的功能是干线公路还是集散公路，即属于直达还是连接，以及是否需要控制出入等，根据预测交通量初拟公路等级；然后再结合地形、交通组成等，确定设计速度、路基宽度。

2. 预测交通量

公路等级应与该路段所对应的预测交通量相适应。各级公路所能适应的年平均日交通量是指设计交通量。高速公路和具干线功能的一级公路的设计交通量应按 20 年预测；具集散功能的一级公路，以及二级公路、三级公路的设计交通量应按 15 年预测；四级公路可根据实际情况确定；设计交通量预测的起算年应为该项目可行性研究报告中的计划通车年；设计交通量的预测应充分考虑走廊带范围内远期社会、经济的发展和综合运输体系的影响。

3. 分段等级

当公路里程较长时，可分段选用不同的公路等级、不同的设计速度和路基宽度，但不同公路等级、设计速度、路基宽度间的衔接应协调，要结合地形的变化设置过渡段，使主要技术指标随之逐渐过渡，避免出现突变不同设计路段相互衔接的地点，应选择在驾驶人员能够明显判断路况发生变化而需要改变行车速度的地点，如村镇、车站、交叉道口或地形明显变化等处，并应设置相应的标志。

（1）干线公路

一级公路既可作为干线公路又可作为集散公路。当作为集散公路时，纵横向干扰较大，为保证汽车分道、分向行驶，可设慢车道供非汽车交通行驶；作为干线公路时，为保证运行速度、交通安全和服务水平，应根据需要采取控制出入的措施。

（2）二级公路标准

干线公路宜选用二级及二级以上公路。当干线公路采用二级公路标准时，应采取增大平面交叉间距，采用主路优先交通管理方式，以及渠化平面交叉等措施以减小横向干扰，且平面交叉间距不应小于 500 m。

（3）设置慢车道

当集散公路采用二级公路标准时，非汽车交通量大的路段，可采取设置慢车道，采用主路优先或信号等交通管理方式，以及优化平面交叉等措施以减小纵、横向干扰，其平面交叉间距不应小于 300 m。

（4）设计路段长度

设计路段的长度不宜过短，一般情况下，高速公路不宜小于 15 km；一级公路、二级公路不宜小于 10 km；三级公路、四级公路可根据实际情况适当缩短。

（5）支线公路

支线公路或地方公路可选用三级公路、四级公路，允许各种车辆在车道内混合行驶。

（三）公路技术状况评定标准

公路技术状况评定工作，应遵循客观、科学和高效的原则，积极采用先进的检测和评价手段，保证检测与评定结果准确可靠。公路技术状况包含路面、路基、桥隧构造物和沿线设施四部分评价内容，其中路面又包括沥青路面、水泥混凝土路面和砂石路面。

1. 沥青路面

（1）龟裂

轻：初期裂缝，裂区无变形、无散落，缝细，主要裂缝宽度在 2 mm 以下，主要裂缝宽度 0.2～0.5 m 之间，损坏按面积计算。

中：龟裂的发展期，龟裂状态明显，裂缝区有轻度散落或轻度变形，主要裂缝宽度在 2～5 mm 之间，部分裂缝宽度小于 0.2 m，损坏按面积计算。

重：龟裂特征显著，裂块较小，裂缝区变形明显、散落严重，主要裂缝宽度大于 5 mm，大部分裂缝宽度都大于 0.2 m，损坏按面积计算。

（2）块状裂缝

轻：缝细、裂缝区无散落，裂缝宽度在 3 mm 以内，大部分裂缝宽度大于 1.0 m，损坏按面积计算。

重：缝宽、裂缝区有散落，裂缝宽度在 3 mm 以上，主要裂缝宽度在 0.5～1.0 m 之间，损坏按面积计算。

（3）纵向裂缝

纵向裂缝指与行车方向基本平行的裂缝。

轻：缝细、裂缝壁无散落或有轻微散落，无支缝或有少量支缝，裂缝宽度在 3 mm 以内，损坏按长度计算，检测结果要用影响宽度（0.2 m）换算成面积。

重：缝宽、裂缝壁有散落、有支缝，主要裂缝宽度大于 3 mm，损坏按长度（m）计算，检测结果要用影响宽度（0.2 m）换算成面积。

（4）横向裂缝

横向裂缝指与行车方向基本垂直的裂缝。

轻：缝细、裂缝壁无散落或有轻微散落，裂缝宽度在 3 mm 以内，损坏按长度计算，检测结果要用影响宽度（0.2 m）换算成面积。

重：缝宽、裂缝贯通整个路面、裂缝壁有散落并伴有少量支缝，主要裂缝宽度大于 3 mm，损坏按长度计算，检测结果要用影响宽度（0.2 m）换算成面积。

（5）坑槽

轻：坑浅，有效坑槽面积在 0.1 m² 以内（约 0.3 m×0.3 m），损坏按面积计算。

重：坑深，有效坑槽面积大于 0.1 m²，损坏按面积计算。

（6）松散

轻：路面细集料散失、脱皮、麻面等表面损坏，损坏按面积计算。

重：路面粗集料散失、脱皮、麻面、露骨，表面剥落、有小坑洞，损坏按面积计算。

（7）沉陷

大于 10 mm 的路面局部下沉。

轻：深度在 10～25 mm 之间，正常行车无明显感觉，损坏按面积计算。

重：深度大于 25 mm，正常行车有明显感觉，损坏按面积计算。

（8）车辙

轮迹处有深度大于 10 mm 的纵向带状凹槽（辙槽）。

轻:辙槽浅,深度在10～15 mm之间,损坏按长度计算,检测结果要用影响宽度(0.4 m)换算成面积。

重:辙槽深,深度15 mm以上,损坏按长度计算,检测结果要用影响宽度(0.4 m)换算成面积。

(9)波浪拥包

轻:波峰波谷高差小,高差在10～25 mm之间,损坏按面积计算。

重:波峰波谷高差大,高差大于25 mm,损坏按面积计算。

(10)泛油

路面沥青被挤出或表面被沥青膜覆盖形成发亮的薄油层,损坏按面积计算。

(11)修补

龟裂、坑槽、松散、沉陷、车辙等的修补面积或修补影响面积(裂缝修补按长度计算,影响宽度为0.2 m)。

2. 水泥混凝土路面

水泥混凝土路面损坏分11类20项。

(1)破碎板

轻:板块被裂缝分为3块以上,破碎板未发生松动和沉陷,损坏按板块面积计算。

重:板块被裂缝分为3块以上,破碎板有松动、沉陷和唧泥等现象,损坏按板块面积计算。

(2)裂缝

板块上只有一条裂缝,裂缝类型包括横向、纵向和不规则的斜裂缝等。

轻:裂缝窄、裂缝处未剥落,裂缝宽度小于3 mm,一般为未贯通裂缝,损坏按长度计算,检测结果要用影响宽度(1.0 m)换算成面积。

中:边缘有碎裂,裂缝宽度在3～10 mm,损坏按长度计算,检测结果要用影响宽度(1.0 m)换算成面积。

重:缝宽、边缘有碎裂伴有错台出现,裂缝宽度大于10 mm,损坏按长度计算,检测结果要用影响宽度(1.0 m)换算成面积。

(3)板角断裂

裂缝与纵横接缝相交,且交点距板角小于或等于板边长度一半的损坏。

轻:裂缝宽度小于3 mm,损坏按断裂板角的面积计算。

中:裂缝宽度在3～10 mm之间,损坏按断裂板角的面积计算。

重:裂缝宽度大于10 mm,断角有松动,损坏按断裂板角的面积计算。

(4)错台

接缝两边出现的高差大于5 mm的损坏。

轻:高差小于10 mm,损坏按长度计算,检测结果要用影响宽度(1.0 m)换算成面积。

重:高差在 10 mm 以上,损坏按长度计算,检测结果要用影响宽度(1.0 m)换算成面积。

(5)唧泥

板块在车辆驶过后,接缝处有基层泥浆涌出,损坏按长度计算,检测结果要用影响宽度(1.0 m)换算成面积。

(6)边角剥落

沿接缝方向的板边碎裂和脱落,裂缝面与板面成一定角度。

轻:浅层剥落,损坏按长度计算,检测结果要用影响宽度(1.0 m)换算成面积。

中:中深层剥落,接缝附近水泥混凝土有开裂,损坏按长度计算,检测结果要用影响宽度(1.0 m)换算成面积。

重:深层剥落,接缝附近水泥混凝土多处开裂,裂缝深度超过接缝槽底部,损坏按长度计算,检测结果要用影响宽度(1.0 m)换算成面积。

(7)接缝料损坏

由于接缝的填缝料老化、剥落等原因,接缝内已无填料,接缝被砂、石、土等填塞。

轻:填料老化,不密水,但尚未剥落脱空,未被砂、石、泥土等填塞,损坏按长度计算,检测结果要用影响宽度(1.0 m)换算成面积。

重:1/3 以上接缝出现空缝或被砂、石、土填塞,损坏按长度计算,检测结果要用影响宽度(1.0 m)换算成面积。

(8)坑洞

板面出现有效直径大于 30 mm、深度大于 10 mm 的局部坑洞,损坏按坑洞或坑洞群所涉及的面积计算。

(9)拱起

横缝两侧的板体发生明显抬高,高度大于 10 mm,损坏按拱起所涉及的板块面积计算。

(10)露骨

板块表面细集料散失、粗集料暴露或表层疏松剥落,损坏按面积计算。

(11)修补

裂缝、板角断裂、边角剥落、坑洞和层状剥落的修补面积或修补影响面积(裂缝修补按长度计算,影响宽度为 0.2 m)。

3.砂石路面

砂石路面损坏分为以下 6 类。

(1)路拱不适

路拱过大或过小。路拱过大将降低行车安全性,路拱过小将使路面雨水不能及时排出。路拱不适程度根据经验确定,按长度计算,检测结果要用影响宽度(3.0 m)换算成面积。

(2)沉陷

路面表面的局部凹陷,按面积计算。

(3）波浪搓板

峰谷高差大于30 mm的搓板状纵向连续起伏，按面积计算。

（4）车辙

轮迹处深度大于30 mm的纵向带状凹槽（辙槽），按长度计算，检测结果要用影响宽度（0.4 m）换算成面积。

（5）坑槽

路面上深度大于30 mm、直径大于0.1 m的坑洞，按面积（m^2）计算。

（6）露骨

黏结料和细集料散失，主骨料外露，按面积计算。

4. 路基

（1）路肩边沟不洁

路肩（包括土路肩、硬路肩和紧急停车带）和边沟（包含边坡）有杂物、油渍、垃圾及堆积物。按行车方向的长度计算，每1 m扣0.5分。

（2）路肩损坏

路肩上出现的各种损坏。

轻：路肩轻度损坏包括规定的所有轻、中度损坏，砂石路面损坏按轻度处理。所有损坏均按损坏的实际面积计算，每平方米扣1分，累计面积不足1m^2按1m^2计算。

重：路肩重度损坏包括规定的所有重度损坏。所有重度损坏均按损坏的实际面积计算，每平方米扣2分，累计面积不足1m^2按1m^2计算。

（3）边坡坍塌

挖方路段边坡坍塌。损坏按处和行车方向的长度（m）计算。长度小于或等于5 m为轻度损坏，5~10 m为中度损坏，大于10 m为重度损坏。

（4）水毁冲沟

填方路段边坡由于雨水冲刷形成的冲沟。损坏按冲刷深度计算。深度小于或等于0.2 m为轻度损坏，0.2~0.5 m为中度损坏，大于0.5 m为重度损坏。

第二节 公路的基本组成

公路是布置在地表供各种车辆行驶的一种线形带状结构物，它在各种自然因素的长期影响下，主要承受各种汽车荷载的重复作用。

一、公路基本组成

公路由于受自然条件的限制，在平面上有转折，在纵面上有起伏。在转折点和起伏变化点处为满足车辆行驶的顺畅、安全和一定的速度的要求，必须用一定半径的曲线连接。故路线在平面和纵面上都是由直线和曲线两大部分组成的。平面上的曲线称为平曲线，而纵断面因为公路中线在立面上的投影，起伏是指竖向标高的变化，故纵面上的曲线称为竖曲线。

（一）工程结构组成

公路的工程结构部分包括路基、路面、(桥梁、涵洞、隧道)、防护工程（护坡、挡土墙、护脚等）、排水设备（边沟、截水沟排水、盲沟、急流槽、过水路面、浸水路堤、倒虹吸管等）、山区公路特殊构造物（半山桥、明洞等）。此外，为保证行车的安全、畅通和舒适必须有安全设备，还需设置各种附属工程，如公路标志、护栏、路用房屋、加油站、通信设施及绿化栽植等。

1. 路基

路基是公路的重要组成部分，是公路线型构造物的主体，它贯穿公路全线，与桥梁隧道相连，路基也是路面的基础。

（1）作用

路基用以承受路面传递下来的行车荷载，是保证路面强度与稳定性的重要条件。路基的修建是为了给路面提供一个平整的底面层做"填低挖高"的过程。

（2）路基组成

路基由路肩、边坡、排水系统和防护设施组成。

（3）对路基的要求

①具有足够的整体稳定性；

②具有足够的强度；

③具有足够的水温稳定性。

（4）路基的基本形式

①路堤——高于天然地面的填方路基；

②路堑——低于天然地面的挖方路基；

③半填半挖路基——介于路堤与路堑之间的路基。

（5）路基排水设施的种类

路基的排水设施有边沟、截水沟、排水沟、跌水、盲沟、渗沟等。

2. 路面

路面是指用各种筑路材料铺筑在道路路基上直接承受车辆负载的层状构造物，简单来说，路面是路槽内用坚硬的材料做成的一个结构层。

（1）作用

路面担负车辆的重量和车轮转动时的磨耗，并承受自然因素的作用。

（2）对路面的基本要求

①具有足够的强度；

②具有足够的稳定性；

③具有足够的平整度；

④具有足够的抗滑性；

⑤具有足够的不透水性。

（3）路面的结构层

路面的结构层从上往下分别为面层、基层、垫层。

①面层：路基是路面结构层最上面的一个层次。面层材料应具备高的力学强度和稳定性且应当耐磨不透水。当面层为双层时，上面一层称面层上层，下面一层称面层下层。中、低级路面面层上所设的磨耗层和保护层亦包括在面层之内。

②基层：基层是路面结构层中的承重部分（主要承受车轮荷载的竖向力，并把由面层传下来的应力扩散到垫层或土基），基层材料应具有足够的强度和稳定性，同时应具备良好的扩散应力的性能。基层有时分两层铺筑，上面一层仍称基层，下面一层称底基层。

③垫层：垫层介于基层和土基之间的层次，起排水、隔水、防冻或防污等多方面的作用。

（4）路面等级（不同于公路等级）

按面层的使用品质划分，路面分为高级路面、次高级路面、中级路面、低级路面。

（5）路面类型

路面分为柔性路面及刚性路面。

沥青路面类型如下：

①沥青表面处治路面；

②冷拌沥青碎（砾）石路面；

③沥青贯入式碎（砾）石路面；

④沥青上拌下贯式路面；

⑤热拌沥青碎石混合料路面；

⑥沥青混凝土路面。

3. 桥梁

桥梁是为公路、铁路、城市道路等跨越河流、山谷等天然或人工障碍而建造的建筑物。《标准》规定，凡单孔标准跨径大于或等于 5 m 的或多孔跨径总长大于或等于 8 m 的，都称为桥梁；否则，为涵洞。

（1）桥梁的组成

上部结构：包括承重结构和桥面系，作用是承受车辆荷载，并通过支座传给墩台。

下部结构：包括桥墩和桥台，是支撑上部结构的建筑物。

附属结构：包括桥头路堤锥形护坡、护岸等，作用是防止路堤填土不致向河中坍塌，并抵御水流的冲刷。

（2）桥梁的分类

①按主要承重结构的受力情况划分，桥梁可分为以下几种。

A.梁桥：主要承重结构是梁（板）。在竖向荷载作用下承受弯矩，此时墩台只承受竖向压力。

B.拱桥：主要承重构件在拱圈或拱肋。

C.刚架桥：上部构造和墩台（支柱）彼此连成一个整体，受力情况介于梁与拱之间（在竖向荷载作用下，柱脚产生竖向反力、水平反力和弯矩）。

D.吊桥：以缆索作为承重构件。在竖向荷载作用下，缆索只承受拉力。墩台除承受竖向反力外，还承受水平推力。

E.组合体系桥：它是由几个不同体系的结构所组成，互相联系，共同受力。

②按上部构造所采用的材料划分，桥梁可分为木桥、钢筋桥、坊工桥（砖、石、雄）和钢桥等。

③按长度和跨径大小划分，桥梁可分为特大桥、大桥、中桥、小桥和涵洞。

④按行车道的位置划分，桥梁可分为上承式桥、中承式桥和下承式桥。

4.公路桥梁的设计荷载

作用在桥梁上的设计荷载分为三大类：永久荷载、可变荷载、偶然荷载。

（二）公路涵洞的组成部分及各部分作用

1.基础

公路涵洞的基础是承受整个建筑物的重量、保证整个建筑物的稳定和牢固，防止水流冲刷而造成沉陷和坍塌。

2.洞身

涵洞洞身包括涵墩台和涵顶。墩台的作用是承受路基土的挤压力，保证洞身的稳固，涵顶的作用是把隔开的墩台连接起来，形成能够流水的孔洞，创造路基连贯条件。

3.洞口

涵洞洞口又分为进水口和出水口。进水口的作用是来水导流，出水口的作用是散水防冲。

4.涵洞

涵洞是主要为排泄地面水流而设置的贯穿路基的小型排水构造物。

（三）公路横断面的设计

1.横断面

公路中线上任意一点的法线方向剖面图构成公路的横断面图，它是由横断面设计线与横断面地面线所围成的图形。横断面上的内容包括：行车道、中间带、路肩、碎落台、填方边坡、挖方边坡、边沟、排水沟、护坡道以及防护工程（如护坡、挡土墙）、安全设施与公路及绿化等设施，高速公路和一级公路上还有加（减）速车道、爬坡车道等。

2. 横断面设计

横断面设计应结合公路等级、交通量、通行能力以及公路沿线的地形、地质情况，公路平面设计和纵断面各个因素等经综合考虑后确定，在设计时力争使构成断面的各要素之间相互协调，做到组成合理、用地节省、工程经济和有利于环境保护。

3. 设计的主要内容

横断面设计的主要内容是确定标准横断面的车道数与路基宽度、断面构成与形式；结合公路沿线地形特点提出相应的典型横断面形式，各组成部分的形状、位置和尺寸；根据各桩号的横断面地面线情况绘制横断面设计线，计算各断面的填挖面积，然后进行全线的路基土石方数量和调配。

4. 路基标准横断面

路基标准横断面是根据设计交通量、交通组成、设计车速、通行能力和满足交通安全的要求，按公路等级、断面的类型、路线所处地形规定的路基横断面各组成部分横向尺寸的技术标准。

（1）公路路基横断面的一般组成

行车道：公路上供各种车辆行驶部分的总称，包括快车行车道和慢车行车道。

路肩：位于行车道外缘至路基边缘，具有一定宽度的带状结构部分，路肩分土路肩和硬路肩两类。

中间带：高速公路、一级公路用于分隔对向车辆的路幅组成部分，通常设于车道中间。

（2）公路路基横断面的特殊组成

爬坡车道：设置在高速公路、一级公路、二级公路的上坡路段，供慢速上坡车辆行驶用车道。

加减速车道：供车辆驶入（离）高速车流之前（后）加速（减速）用车道。

错车道：在单车道道路上，可通视的一定距离内，供车辆交错避让用的一段加宽车道。

紧急停车带：在高速公路、一级公路上，供车辆临时发生故障或其他原因紧急停车使用的临时停车地带。

避险车道：设置于连续长、陡下坡路段右侧弯道以避免车辆在行驶中速度失控而造成事故的路段，是在特殊路段设置的安全车道。

5. 各级公路横断面的宽度组成

（1）高速公路、一级公路的路基横断面

高速公路、一级公路的路基横断面分为整体式和分离式两类。整体式断面包括行车道、中间带（中央分隔带及左侧路缘带）、路肩（硬路肩及土路肩）以及紧急停车带、爬坡车道、加（减）速车道等组成部分；分离式断面包括行车道、路肩（硬路肩及土路肩）以及紧急停车带、爬坡车道、加（减）速车道等组成部分。分离式断面是一种将上、下行车道放在不同平面上，中间带随地形变宽的断面形式。

（2）二级公路的路基横断面

二级公路的路基横断面包括行车道、中间带、路肩等组成部分。二级公路位于中、小城市城乡接合部、混合交通量大的连接路段，实行快、慢车道分开行驶时，可根据当地经验设置右侧硬路肩。

（3）三、四级公路的路基横断面

三、四级公路的路基横断面包括行车道、路肩以及错车道等组成部分。

（4）公路路基宽度的有关规定

公路路基宽度一般是指行车道与路肩宽度之和。当设有中间带、紧急停车带、爬坡车道、加（减）速车道、错车道时，应包括在路基宽度内。

①"一般值"为正常情况下的采用值；"最小值"为条件受限制时的采用值。

②八车道高速公路路基宽度"一般值"为设置左侧硬路肩、内侧车道采用 3.5 m 时的速度；八车道高速公路路基宽度"最小值"为不设左侧硬路肩、内侧车道采用 3.75 m 时的宽度。

二级公路因交通量、交通组成等需设置慢车道的路段，设计速度为 80 km/h 时，其路基宽度可采用 15 m；设计速度为 60 km/h 时可采用 12 m。四级公路宜采用双车道路基宽度，交通量小的路段，可采用单车道 4.5 m 的路基宽度，但应在适当距离内设置错车道。

（四）路肩的组成、作用及宽度

1. 路肩的组成

路肩通常由右侧路缘带（高速、一级公路）、硬路肩和土路肩三部分组成。

2. 路肩的作用

①增加路幅的富余宽度，供临时停车、错车或堆放养路材料之用，同时对提高行车道通行能力也有辅助作用。

②为填方地段通车后的路基提供宽度损失。据调查，填方路堤通车后由于自然力的破坏，一般路基边缘形成约 0.2 m 的圆角，使路基实际宽度减少，路肩宽度可使这部分宽度损失得以补偿，同时也能保护路面，作为路面横向支撑之用。

③有利于诱导驾驶员的视线，开阔视野，增加行车的舒适感和安全感。

④为公路的其他设施（如护墙、护栏、绿化、电杆、地下管线等）提供设置的场地。

3. 路肩的宽度

确定路肩宽度应根据在满足路肩功能要求的条件下，尽量采用较窄宽度的原则确定。高速公路、一级公路的路肩宽度应考虑发生故障车辆随时都可在路肩上停置所需的宽度。

（五）附加车辆及其他

1. 加（减）速车道

车辆由低等级公路进入高速公路或一级公路时，其行驶的速度发生改变，出现了高速公路入口处的加速合流与高速公路出口处的减速分流，从而造成行车不利。为保证其他车辆的正常行驶，在高速公路、一级公路的互通式立体交叉、服务区、停车区、公共汽车停靠站、管理与养护设施等与主线相衔接处，应设置加速车道和减速车道。加（减）速车道宽度应为3.5 m。加（减）速车道的长度与速度变化范围、车辆特性等因素有关，可经计算确定，设计时可根据《公路路基设计规范》的有关要求实施。

2. 错车道

四级公路当路基宽度采用4.5 m时，应在相距不大于300 m范围内设置错车道。其目的是解决双向行车的错车而设置。错车道应设在有利地点，使驾驶员能够看清相邻两错车道间的车辆，错车路段的路基宽度≥6.5 m，有效长度≥20 m。

3. 紧急停车带

紧急停车带是车辆发生故障时紧急停车的区域。当硬路肩的宽度足以停车时，无须设置紧急停车的区域。高速公路、一级公路的右侧硬路肩宽度小于2.5 m时，应设紧急停车带。紧急停车带的间距不宜大于2 km，宽度一般为5 m，有效长度一般为50 m，并设置100 m和150 m左右的过渡段。高速公路、一级公路的特长桥梁、隧道根据需要可设置紧急停车带，其间距不宜大于750 m。

4. 其他

公路的横断面设计形式还包括路拱及路肩横坡度。为了有利于路面横向排水，将路面做成由中央向两侧倾斜的拱形，这个拱形称为路拱，路拱的基本形式很多，各有特点，常用的有抛物线形、直线形和折线形三种。在设计道路横断面时，路拱及路肩横坡度应根据行车道宽度、路面结构类型、排水和当地的自然条件等要求而定。

二、路基典型横断面

在公路几何线形设计中，我们把经常采用的具有代表性的公路路基横断面称为典型横断面。在典型横断面中，我们把高于原地面的填方路基称为路堤，低于原地面的挖方路基称为路堑，在一个断面内，一部分要填，另一部分要挖的路基称为半填半挖路基。由于自然地形、地质条件的多样性，由此可派生出一系列类似的断面形式，它们在公路设计中经常被采用。此外，为了保证路基稳定和行车安全，根据实际需要设置取土坑、弃土堆、护坡道、碎落台、堆料坪等，这些都是路基主体工程不可缺少的部分。

（一）常用的典型横断面选用

1. 路堤

路堤指填筑在地面线以上的路基形式，也称填方路基。路堤包括一般路堤、矮路堤、陡坡路堤、高路堤、浸水路堤（沿河路堤）、护脚路堤、挖沟填筑路堤、吹（填）砂（粉煤灰）路堤等。填土高度小于 1.0 m 的路堤称为矮路堤，在填土高度小于 0.5 m 时，为保证路基最小填土高度及能顺利地排除路面、路肩和边坡表面水的需要，应设置边沟。

2. 路堑

路堑是指全部在原地面开挖而成的路基，也称挖方路基，路堑路段均应设置边沟；为拦截和排除上侧地面水以保证边坡稳定，应在坡顶 5 m 外设置截水沟。挖路堑所废弃的土石方，应弃置于下侧坡顶外至少 3 m，并做成规则形状的弃土堆；当挖方高度较大或土质发生变化时，边坡应随之做成折线形或台阶式边坡以保证稳定。

3. 半填半挖路基

当原地面横坡大，且路基较宽，需一侧开挖另一侧填筑时，为挖填结合路基，也称半填半挖路基。在丘陵或山区公路上，挖填结合是路基横断面的主要形式。当地面横坡大于 1∶5 时（包括一般路堤在内），为保证填土的稳定，应将原地面挖成台阶，台阶的高度应视填料性质和施工方法而定，挖方部分与一般路堑相同。

各种典型路基横断面要结合实际地形选用，且应以路基稳定、行车安全、工程量小和经济适用为前提。

（二）取土坑与弃土堆

将公路沿线挖取土方填筑路基或作为养护材料所留下的整齐土坑称为取土坑；将开挖路基所废弃的土按一定的规则形状堆放于公路沿线一定距离内称为弃土堆。无论借土或取土，首先要选择合理的地点，一般应从土质、数量、占地及运输等方面考虑选点；其次要结合农田水利，改地造田，少占或不占良田，维护自然生态平衡合理选点，从而做到"借之有利，弃之无害"。

1. 取土坑

取土坑分为路侧取土和路外集中取土两种。对于地面坡度不大于 1∶10 的平坦地区，可在路基两侧设置取土坑。取土坑一般设置在地势较高的一侧，其深度和宽度应视取土数量、施工方法及用地许可条件而定。平原区一般深度为 10 m。为防止坑内积水，路基坡脚与坑之间，当堤顶与坑底高差超过 2 m 时，须设宽度 1.0 m 的护坡道，坑底设纵横排水坡及相应设施。

2. 取土坑的位置

河流淹没地段的桥头引道两侧一般不设取土坑。河滩上的取土坑应与调治构造物的位置相适应。取土坑一般距河流水位界 10 m 以外，并不得长期积水危害路基或构造物的稳定。

3. 废方的处理

开挖路基的废方，应妥善处理，充分利用；如用于公路、农田水利、基建等，做到变废为宝，弃而不乱，对无法加以利用的弃土，应防止乱弃而造成水土流失，危害路基及农田水利，淤塞河道。

4. 废方的处理位置

废方一般选择在沿线附近低洼荒地或路堑下坡一侧堆放。沿河路基的废石方，条件允许时，可以部分占用河道，但不能造成河道上游壅水，危及路基及附近农田。如需在路堑上侧弃土，要求堆弃平整，顶面具有适当横坡，并设置平台三角土埂及排水沟渠，积砂或积雪地段的弃土堆，为有利防砂防雪，一般设在迎风一侧。路堑深度大于 1.5 m 时，弃土堆距坡顶至少 20 m。浅而开阔的路堑两旁不得设置弃土堆。

（三）护坡道与碎落台

1. 护坡道的作用

护坡道的作用是缓减路堤边坡的平均坡度，是保证路堤稳定的技术措施之一。

一般情况下，当路堤填土高度（指路基边缘与取土坑内侧底面的高差）小于或等于 3 m 时可不设护坡道，取土坑内侧坡顶可与路堤坡脚径向衔接，并采用路堤边坡坡度；当高差大于 2 m 时应设置宽度为 1 m 的护坡道；当高差大于 6 m 时应设置宽度为 2 m 的护坡道。为利于排水，护坡道表面应做成向外侧倾斜 2% 的横坡。在地质和排水条件良好的路段，或通过经济作物、高产田的路段，若采取一定措施可以保证路堤稳定，护坡道可另行设计。

2. 碎落台的作用

碎落台通常设置在路堑边坡坡脚与边沟外侧边缘之间，有时也设在边坡中部，其作用是防止零星土石碎落物落入边沟，碎落台宽度一般为对风化严重的岩石边坡或不良土质边坡，一般为 1.0~1.5 m，其顶部宽度大于 0.5 m，墙高 1~2 m。

三、道路路线

从狭义上讲，道路运输是指汽车在道路上有目的地移动过程。在这个过程中，车是必不可少的，道路在该过程中也起着至关重要的作用，并且由于道路运输的投资少、见效快、经济效益高；机动灵活、运输方便、适应性强、商品流通周期短、资金周转快，可实现"户到户"直达运输、运输损耗少的特点，特别是高速公路的出现，使运输速度显著提高、运输量不断加大，道路运输在交通运输系统中将会起到越来越重要的作用。

（一）道路路线设计

1. 线形设计原则

道路的线形设计本着"安全、先进、经济、环保、美观"的总体设计思想，路线设计时遵循以下原则：

①灵活应用曲线为主的平面线形以适应地形，减少对自然破坏，提倡环保设计；

②重视平面、纵面与地形横断面的结合，部分困难路段可采用分离式路基；

③本着"保护耕地、节约用地、少拆房屋、方便群众、保护环境、保护古迹"的原则，尽量减少对社会人文环境的破坏；

④结合沿线城镇发展规划，带动地方经济发展，合理确定路线走向，既要适当选用较高技术标准，也要合理控制投资；

⑤行驶力学上的要求是基本的，视觉和心理上的要求也应尽量满足。

2. 线形设计的基本要求

①应根据公路等级及其使用任务和功能，合理利用地形，正确使用标准，确保线形的均衡；

②路线设计中对公路的平、纵、横三方面应综合设计；

③路线设计应保持线形的连续性；

④线形设计应与当地的环境和景观相协调；

⑤路线设计应避免穿过地质不良地区；

⑥干线公路应避免穿过城镇，应遵循便民而不扰民的原则；

⑦应贯彻"保护耕地、节约用地"的原则，少拆房屋，保护环境。

3. 道路结构组成

（1）路基

路基是道路行车部分的基础，是由土、石按一定尺寸和结构要求所构成的带状土工构造物。

（2）路面

路面是路基顶面用各种材料分层铺筑而成的结构层。

（3）排水结构物

排水结构物是为了确保路基稳定，免受地面水和地下水的侵害而修建的专门排水设施。按排水方向不同划分，排水结构物可分为纵向排水和横向排水。

（4）道路特殊结构物

为了保证公路连续、路基稳定，有时需要修建一些特殊构造物，如悬出路台、半山桥、明洞等，这些构造物就是道路特殊结构物。

4. 道路设计

（1）平面线形设计

①平曲线。两平曲线间的直线长度不宜过短。《道路路线设计规范》规定直线长度（以 m 计）以不小于设计速度（km/h）的 6 倍为宜；反向曲线之间最小直线长度（以 m 计）以不小于设计速度（km/h）的 2 倍为宜。

直线不易过短。互相通视的同向或反向平曲线，如果其间直线长度过短，容易把直线和两个平曲线看成是反向弯道，使整个线形缺乏连续性。

同向曲线之间适合长直线。在两同向曲线之间插入较短的直线是不适宜的，由于车辆驶离一个弯道而进入另一个弯道的过程中，驾驶者要使方向盘做反向扭转，这一过程需要一定的时间维持直线方向运行，因此两同向曲线之间要求有较长的直线。

②圆曲线。汽车在圆曲线上行驶时，由于受离心力的作用，使行车条件变差，圆曲线半径越小，发生事故的趋势越大。所以在线形设计时，只要地形条件许可，都应尽量选用较大的圆曲线半径。

岭重丘区。在实际设计中，选用多大的圆曲线半径不是单纯的理论问题。在山岭重丘区，圆曲线半径尽可能采用规范所规定的极限半径的 3～5 倍，以不小于 2 倍为宜。

平原微丘区。在平原微丘区，应尽可能采用较大圆曲线半径，最好能选用大于不设超高的平曲线半径，这样线形流畅、行车舒顺，路面排水则可通过路拱横坡得以解决。

③回旋线。《道路路线设计规范》规定的小偏角的界限为 7°，从设计和使用上看，最好控制在 10°以上。缓和曲线直线同圆曲线（半径小于不设超高最小半径的圆曲线）或不同半径的圆曲线之间相互连接时，规范规定期间应设置缓和曲线。由于汽车行驶轨迹非常接近回旋线，加上回旋线线形美观、顺滑、柔和，能诱导视觉，符合驾驶者的视觉和心理要求，因此缓和曲线采用回旋线。

④缓和曲线。缓和曲线是线形设计要素之一，在确定其长度时，首先应考虑的是离心加速度变化率及使驾驶者感觉舒适、线形视觉良好所需的长度，其次才是超高缓和渐变率所需的长度。为在视觉上获得美观、圆滑的线形，缓和曲线长度应随圆曲线半径的增大而增长。

⑤减小圆曲线半径。有时由于采用较长的缓和曲线而又限于交点间距不足，不得不减小圆曲线半径来适应。在线形设计中，圆曲线的半径是首要的，如果圆曲线半径过小，即使缓和曲线再长，其对行车的舒适、安全也是不利的。如果缓和曲线太长，会使驾驶者感到后一段曲线曲率增加得很快，往往要不时地踩刹车，感觉不舒服，因此，缓和曲线长度 L 应为 $1/9R$～$1R$。另外，对于较长的缓和曲线，特别是反向缓和曲线，应尽量避开人工构造物区间，以免造成构造物的设计难度、构造物曲折及排水不畅。

（2）纵断面线路设计

①坡长。路线纵坡以平缓均匀而坡段较长为好，以免汽车经常换挡。规范对最小坡段

长度做了规定，规范规定的最短坡长是两个变坡点之间的距离，而不是两竖曲线之间的直坡段。

最短坡长。最短坡长除应符合规范的规定值之外，还应容纳竖曲线及两竖曲线之间的直坡段的长度。同向竖曲线，特别是同向凹形竖曲线之间的直坡段要有足够的长度，避免出现断背曲线。因为凹形同向竖曲线能被司机看到线形的整体，这一段直坡段会造成线形不平顺的感觉。

较长直坡段。当直坡段较长时，应把直坡段变成一个半径较大的凹形竖曲线并和两端的竖曲线形成一个三心复曲线，以消除线形不平顺的弊病。反向竖曲线，规范认为"最好中间设置一段直坡段，直坡段的长度一般不小于按计算行车速度行驶3秒钟的行程长度"。

②变坡点和竖曲线。变坡点。路线纵坡变更处为变坡点，凡变坡点处均应设置竖曲线，其目的是缓冲行驶在不同坡度上的车辆动量变换，保证视距，保证汽车前灯照射范围。竖曲线和平曲线的良好组合还能使主体线形更顺畅，增加行车安全感和舒适感。竖曲线一般采用二次抛物线，这是因为汽车重心通过变坡点时的运动轨迹理论上是抛物线。但作为竖曲线应用的抛物线曲率半径的变化非常小，实际上和圆曲线非常接近，所以竖曲线的大小可以用一定的曲率半径来表示。

竖曲线。关于竖曲线半径，对凸形竖曲线来说，主要是用来保证必要的视距；对凹形竖曲线来说，主要是使离心力所引起的超载限制在汽车弹簧所能承受的范围之内以及保证汽车前灯照射范围满足要求。

（3）平、纵面组合设计

高速公路线形设计，必须注重路线的平、纵面组合设计，应充分考虑驾驶者在视觉上和心理上的要求。

①竖曲线与平曲线。竖曲线与平曲线一一对应，两者重合，若竖曲线完全被包在平曲线之内，则为平、纵最好的组合。对于长而缓的平曲线，应当采用平顺而流畅的纵坡，且平、竖曲线都应采用较大的半径，特别是凹型竖曲线处，两者的半径更应该大些。要避免在凸型竖曲线的顶部和凹型竖曲线的底部设置小半径平曲线。

②凸型竖曲线。对于凸型竖曲线，这种组合失去了引导视线的作用，使驾驶者感到茫然；对于凹型竖曲线，只要线形要素较大，行车可能不危险，但线形会显得扭曲，不顺适美观。同理，也不能把竖曲线的顶部或底部设置在反向平曲线的拐点处或设置在缓和曲线段内，以免造成路面排水不畅。

③竖曲线与平曲线设定数量。一个长的平曲线内设有几个竖曲线，或一个长的竖曲线内含有几个平曲线，这样的线形组合看起来很别扭，特别是当坡差较大时尤为明显，容易使驾驶者把公路看成是被分割成几段似的，这样的组合应避免。确有困难时，一般在一个长的平曲线内设置竖曲线的数目不应超过3个，以驾驶者在任何地段所看到的纵坡变化不超过3个为宜。

④竖曲线与平曲线半径应协调。竖曲线半径应与所对应的平曲线半径相协调，良好的立体线形是平、竖曲线的均衡与配合来获得的。平曲线半径较大时，竖曲线半径也应相应增大；平曲线较长时，竖曲线长度也应相应增长。对平、纵配合难以判别优劣时，可通过透视图来检验。关键还是应明确判断标准，使驾驶者最终能获得一个理想的视觉环境。

（4）道路行车视距设计

在道路路线设计的时候，不能忽略了行车视距的重要性，否则可能增加道路交通事故发生率。因此，行车视距应该满足以下几点：

①所有道路必须满足停车视距的要求。无论是单车道或双车道，有分隔带或无分隔带，高速公路还是其他公路，停车视距都是应该保证的。

②对于快、慢车分道行驶的多车道公路、中央有分隔带的道路，在中央画线并严格实行分道行驶的双车道，可不要求超车视距，但要满足停车视距的要求。

③我国《公路工程技术标准》规定二、三、四级双车道公路的视距不得小于停车视距的2倍，且应有一定比例的路段保证超车视距。之所以这样要求，是因为我国目前一些双车道公路中央不画线，或虽已画线，但未能严格实行分道行驶，且有众多的非机动车干扰，汽车多在路中央行驶，当发现对面有汽车驶来时，再回到自己的车道上，所以对视距应该放宽。

（5）沿路设施设计

①交通安全设施——B号灯、护栏、照明设施、反光标志、地道等。

②交通管理设施——路标志、紧急电话、监控设施等。

③交通服务设施——加油站、维修站、停车场、食宿点等。

（二）路线设计的要素及极值限制

1. 平面线形要素

（1）直线

最大直线长度：直线过长，景色单调，往往会出现过高的车速或由于驾驶员缺乏警觉易疲劳而发生事故，而且在地形变化复杂地段，工程费用高。

①同向曲线间的最小长度。若在转向相同的两个同向曲线间插入短直线，易于产生把直线和两端的曲线看成反向曲线的错觉，当直线过短时甚至可能把两个曲线看成一个曲线，容易造成驾驶员的判断错误。

②反向曲线间的最小长度。在转向相反的两个圆曲线之间，如果没有设置缓和曲线，考虑到设置超高、加宽缓和段以及驾驶人员转向操作的需要，已设置一定长度的直线。

（2）圆曲线

①最小圆曲线半径。由 $a = v^2/r$，圆曲线半径越小，汽车需要克服的离心力越大，即与路面的摩擦力越大。考虑到汽车在曲线上以设计速度或者以接近设计速度行驶时，乘客有充分的舒适感以及地形复杂的情况下不过多增加工程量。

②最大圆曲线半径。在选用圆曲线半径时，由于要与地形、经济等条件相适应，并尽可能采用大半径；但半径达到一定程度时，其几何性质和行车条件与直线无太大区别，容易给驾驶员造成错误判断反而带来不良后果，所以大半径不宜超过 10 000 m。

③最小圆曲线长度。汽车在道路曲线段行驶时，如果曲线很短，驾驶员操作转向盘频繁，在高速驾驶的情况下是危险的。路线转角的大小反映了路线的舒适程度。但转角过小，即使设置了较大的半径也容易把曲线看得比实际的短，易造成急转弯的错觉，这种情况下转角越小越明显，一直造成驾驶员枉做减速的操作，因此，在小转弯弯道应设置较长的平曲线（包括圆曲线及其两端的缓和曲线）。

2．横断面要素

横断面的组成和各部分的尺寸要根据设计交通量、交通组成、设计速度、地形条件等因素确定。

（1）路幅

路幅是指道路路基顶面两路肩外侧边缘之间的部分。

（2）车道宽度

车道宽度应根据车辆宽度、设计总交通量、交通组成和汽车行驶来确定。

（3）路肩

高速公路、一级公路的平原微丘区，有条件时路肩宽度宜采用 2.50 m 的硬路肩。其他各级公路和城市道路的路肩宽度根据条件可采用 2.25 m、2.00 m、1.75 m、1.50 m、1.00 m、0.75 m，最窄不能小于 0.50 m。

（4）中间带和两侧带

①中间带。四条和四条以上车道的公路应设置中间带。中间带由两条左侧路缘带和中央分隔带组成。中间带宽度随公路等级、地形条件在 2.50 m 和 4.50 m 之间变化，特殊情况下可减至 2.00 m 左侧路缘带常用宽度为 0.50 m 或 0.75 m。

②两侧带。布置在横断面两侧的分车带叫两侧带，其作用与中间带相同，只是设置的位置不同而已。它可以分隔快车道与慢车道、机动车道与非机动车道、车行道与人行道等。两侧带的最小宽度规定为 2.00 ~ 2.25 m。在北方寒冷积雪地区，在满足最小宽度的前提下，还应考虑能否临时堆放积雪。

（5）路侧带

城市道路行车道两侧的人行道，绿带，公用设施带等统称路侧带。

①人行道主要是供行人步行之用，同时也是植物的场地。人行道的地下还可埋设管线等。一条人行道的宽度在 0.75 m~0.90 m，通常在设计中取 1 m。人行道宽度取决于行人交通量和人行道的通行能力。

②种植带人行道上靠行车道一侧种植行道树。行道树的株距一般为 4 ~ 6 m，树池采用 1.5 m 的正方形或 1.2 m × 1.8 m 的矩形，也有种植草皮与花丛的。

③设施带宽度包括设置行人护栏、照明灯柱、标志牌、信号灯等的宽度。

④常用宽度为护栏 0.25～0.50 m、栏柱 1.0～1.5 m。

(6) 路缘石

路缘石是设置在路面与其他构造物之间的标石，区分车行道、人行道、绿地之间的界线，其作用是：作车行道（路面）两侧的支撑；分隔行人和车辆交通。路缘石可采用混凝土预制块（侧石和平石）、方块石、条石等材料铺砌而成。

(7) 路拱及超高

路拱：路面的横向断面做成中央高于两侧，具有一定坡度的拱起形状。路面表面做成直线或抛物线型，其作用是利用路面横向排水，是扩建和改建的快速路、主干路、次干路及支路机动车道与非机动车道一般路段的路拱横坡和路拱曲线设计。

超高：超高是指汽车在圆曲线上行驶时，受横向力或离心力作用会产生滑移或倾覆，为抵消车辆在圆曲线路段上行驶时所产生的离心力，保证汽车能安全、稳定、满足设计速度和经济、舒适地通过圆曲线，在该路段横断面上设置的外侧高于内侧的单向横坡。超高过大会造成乘客不舒适。

随着我国工农业生产和国民经济的飞跃发展，道路的客货运量的迅速增长，我国的现有公路远远不能满足国家建设的迫切需要。如何更快更好地落实建设国家公路网规划，是摆在道路建设人员面前的重要任务。

第三节　路基的基本组成

路基是公路的主要工程结构物。路基是按照路线位置和一定技术要求修筑的带状构造物，是支撑路面结构的基础，它与路面共同承受行车荷载的作用，同时承受气候变化和各种自然灾害的侵蚀和影响。路基工程具有工程数量大、耗费劳动力多、涉及面广、投资高等特点。

一、初识路基工程

(一) 路基的基本要求

路基是在天然地面上填筑或开挖而形成的岩土结构物。它的稳定性受地形、地质、水文和气候等自然因素的影响极大，如果设计和施工不当，会产生各种病害，导致路基路面遭受破坏，严重影响交通和行车安全。因此，路基的稳定与否，对路面工程质量影响甚大，关系到公路能否正常投入使用。为了保证公路的使用质量，对路基的基本要求有以下几个方面。

1. 符合规范要求

路基的横断面形式和尺寸应符合现行国家行业标准《公路工程技术标准》的有关规定。

2. 足够的承载能力

路基应具有足够的强度和刚度。行车荷载及路基路面的自重会同时对路基下层及地基形成一定的压力，这些压力可使路基产生一定的变形，直接影响路面结构的使用性能。因此，为保证路基在外力及自重作用下不致产生过大的变形，要求路基必须具有足够的承载能力。

3. 整体稳定性

路基的整体稳定性是指路基在车辆及自然因素的作用下，不致产生过大的变形和破坏的性能。在地面上修筑路基，必然产生填筑或开挖，原地面的天然平衡状态将会被改变，从而导致路基发生种种破坏。因此，为了保证路基的安全与稳定，必须采取有效的路基排水、工程防护与加固等措施来保证路基的整体稳定性。

4. 水温稳定性

路基的水温稳定性是指路基在水和温度的作用下保持其强度的能力，包括水稳定性和温度稳定性。路基在地面水和地下水的作用下，其强度会显著降低，特别是在季节性冰冻地区，水温状况发生变化，路基将会发生周期性冻融，导致冻胀和翻浆，使其强度急剧下降。因此，路基不仅要有足够的强度和刚度，而且要在最不利的水温状况下，保证其结构承载力不会显著降低，这就要求路基具有足够的水温稳定性。

（二）路基的结构形式

路基设计高程高于天然地面时，需要进行填筑；路基设计高程低于天然地面时，需要进行开挖。按路基填挖情况，路基的结构形式有路堤、路堑和半填半挖路基三种。

1. 路堤

路堤是指高于原地面的填方路基。

路堤按其填土高度的不同可划分为不同的类型，填土高度小于 1.5 m 的属于矮路堤；填土高度在 1.5 ~ 20.0 m 范围内的属于一般路堤；填土高度大于 20 m 的属于高路堤。

路堤按其所处的条件和加固类型的不同，还可分为浸水路堤、护脚路堤及挖渠填筑路堤等。

矮路堤常在平坦地区取土困难时选用。平坦地区地势低，水文条件较差，易受地表水和地下水的影响，设计时应注意满足最小填土高度的要求，力求不低于规定的临界高度，使路基处于干燥或中湿状态。路基两侧均应设边沟。

地面横坡较陡时，为防止路堤沿山坡向下滑动，应将天然地面挖成台阶或设置石砌护脚。路堤填方不大，($h = 2 \sim 3$ m) 时，填方数量较少，全部或部分填方可以在路基两侧设置取土坑，使之与排水沟渠结合。为保护路堤坡脚不受流水侵害，保证边坡稳定，可在坡脚与沟渠之间预留 1～2 m 甚至大于 4 m 宽度的护坡道。

高路堤的填方数量大、占地多，为使路基稳定和横断面经济合理，需进行个别设计。高路堤边坡可采用上陡下缓的折线形式或台阶形式，在边坡中部设置护坡道。

2. 路堑

路堑是指低于原地面的挖方路基。常见的路堑横断面形式有全挖式路基、台口式路基和半山洞式路基。路堑开挖后破坏了原地层的天然平衡状态，其稳定性主要取决于地质与水文条件，以及边坡深度和边坡坡度。

最典型的路堑为全挖式路堑，挖方边坡的坡脚处设置边沟，以汇集和排除路基范围内的地表径流。路堑的上方应设置截水沟，以拦截和排除路堑坡顶上方山坡流向路基的地表径流。当土质挖方边坡高度大于 20 m 或岩石挖方边坡高度大于 30 m 时，称为深路堑。

对于陡峭山坡上的半路堑，路中线宜向内侧移动，以山体自然坡面为下边坡，岩土全部开挖形成台口式路堑，避免路基外侧的少量填方。遇有整体性的坚硬岩层，为减少石方工程，有时可采用半山洞式路堑。

对于路堑开挖后形成的路基及地基，要求压实至规定的压实度，必要时应翻开重新分层填筑和分层碾压。当路堑挖方处土质或水文状况不良时，应进行地基加固和设置必要的排水设施。

路堑边坡形式及坡率应根据工程地质与水文地质条件、边坡高度、排水措施、施工方法，并结合自然稳定山坡和人工边坡的调查及力学分析综合确定，必要时可采用稳定性分析方法予以验算。

3. 半填半挖路基

半填半挖路基是指在一个横断面内，一侧开挖，另一侧填筑的路基。它一般位于原地面横向坡度较大的山坡上，通常取路中心的高程接近原地面的高程，以便减少土石方数量，保持土石方数量横向平衡。若处理得当，则该形式路基稳定可靠，是比较经济的断面形式。

半填半挖路基兼有路堤和路堑两者的特点，对路堤和路堑的要求均应满足。一般半填半挖路基：半填半挖路基是比较经济的断面形式，应注意，当原地面横坡大于 1∶5 时，将原地面挖成台阶，以保证填土的稳定。护肩路基：用于填土高度不大，但坡脚太远、不易填筑的情况，护肩高度一般不超过 2 m。砌石路基：用于地面横坡太陡、坡脚落空而又不易填筑的情况。挡土墙路基：挡土墙是不依靠路基独立稳定的结构物，它也能支挡填方、稳定路基。矮墙路基：用于挖方边坡土质松散、易产生碎落的情况。各种路基横断面要结合实际地形选用，应以路基稳定、行车安全、工程量小和经济适用为前提。

上述五类路基横断面形式各具特点，分别在一定条件下使用。由于地形、地质、水文等自然条件差异性很大，且路基位置、横断面尺寸及要求等应服从路线、路面及沿线结构物的要求，所以路基横断面类型的选择必须因地制宜，综合设计。

(三) 路基的基本构造

路基的基本构造主要是指几何构造或几何要素，由路基宽度、路基高度和边坡坡度构成。路基宽度取决于公路设计通行能力及交通量大小；路基高度取决于纵坡设计、地形、地质及水文等条件；边坡坡度则取决于地质、水文条件和填料性质等，并由边坡稳定性和横断面经济分析比较确定。

公路路基横断面形式应根据公路功能、技术等级、交通量和地形等条件确定。

高速公路、一级公路的路基标准横断面分为整体式和分离式两类。整体式断面包括车道、中间带（中央分隔带及左侧路缘带）、路肩（右侧硬路肩及土路肩）以及紧急停车带、爬坡车道、加（减）速车道等部分；分离式断面包括车道、路肩（右侧硬路肩及土路肩）以及紧急停车带、爬坡道、车道、加（减）速车道等部分。双向十车道及以上车道数的高速公路可采用复合式断面形式。

二、三、四级公路应采用整体式路基断面形式，路基标准横断面包括车道、路肩以及错车道等。二级公路位于中、小城市城乡接合部，混合交通量大的连接线路段，在这些路段实行快、慢车道分开行驶时，可根据当地经验设置车道或加宽右侧硬路肩。

1. 路基宽度

路基宽度为车道宽度与路肩宽度之和。当设有中央分隔带、变速车道、爬坡车道、紧急停车带、错车道、超车道等时，这些部分的宽度均应包括在路基宽度范围内。路基各组成部分的宽度应根据其功能、公路技术等级、交通量与交通组成，按《公路工程技术标准》的规定综合考虑确定。

高速公路、一级公路以及二级公路在连续上坡路段设置爬坡车道时，其宽度不应小于3.5 m，且不大于4.0 m。六车道及六车道以上的高速公路、一级公路可不设置爬坡车道。

加（减）速车道一般设置在高速公路、一级公路的互通式立体交叉处、服务区、停车区、客运汽车停靠站、管理及养护设施、观景台等与主线衔接处，其宽度为3.5 m。

中间带由两条路缘带和中央分隔带组成。中间带的宽度根据行车道以外的侧向余宽，以防止驶入对向行车带护栏、防眩网、交叉公路的桥墩等所需的设置带宽度而定。最小中间带宽度随公路等级、地形条件在2.5～4.5 m范围内变化，特殊情况下可减至2 m。

各级公路右侧路肩宽度应符合规范的规定。

2. 路基高度

路基高度是指路堤的填筑高度和路堑的开挖深度，是路基设计高程与中桩地面高程之差，新建公路的路基设计高程对于高速公路和一级公路宜采用中央分隔带的外侧边缘高程；二、三、四级公路宜采用路基边缘高程，在设置超高、加宽路段为设超高、加宽前该处边缘高程。改建公路的路基设计高程宜按新建公路的规定执行，也可视具体情况采用中央分隔带中线或行车道中线高程。

由于原地面沿横断面方向往往是倾斜的，在路基宽度范围内两侧的高差常有差别。因此，路基高度有中心高度和边坡高度之分。中心高度是指路基中心线处的设计高程与原地面高程之差；边坡高度是指填方坡脚或挖方坡顶高程与路基边缘高程之差。若原地面平坦，则路基两侧边坡的高度相等；若地面横坡度较大，则两者不相等。

路基的填挖高度是在路线纵断面设计时，综合考虑路线纵坡要求、路基稳定性和工程经济等因素后确定的。从路基的强度和稳定性要求出发，路基的上部土层应处于干燥或中湿状态，路基高度应根据临界高度，并结合公路沿线具体条件和排水及防护措施，确定路堤的最小填土高度的要求。

从路基的强度和稳定性要求出发，在满足上述条件的情况下，应尽量满足"浅挖、低填、缓边坡"的要求，对于高路堤和深路堑，由于土石方数量大、占地多、施工困难、边坡稳定性差，对行车不利，因此应尽量避免使用。对低路堤和浸水路堤，还要考虑排水和设计洪水频率要求。

3. 路基边坡坡度

路基边坡的正确确定对路基稳定十分重要。路基的边坡是指路肩的外缘与坡脚（路堑则为边沟外侧沟底与坡顶）所构成的坡面，是支撑路基主体的重要组成部分。边坡形状可分为直线形、折线形和台阶形三种，可根据边坡高度、地质条件、水文条件等合理选择。

路基边坡坡度的确定，主要取决于边坡的土质、岩石的性质及水文地质条件等自然因素和边坡的高度。在陡坡或填挖较大的路段，边坡稳定不仅影响土石方工程量的大小，也涉及工程施工的难易程度，而且是路基整体稳定性的关键。一般路基的边坡坡度可根据多年工程实践经验和设计规范中推荐的数值确定。

①路堤边坡。路堤边坡的形式和坡率应根据填料的物理力学性质、边坡高度和工程地质条件确定。当地质条件良好、边坡高度不大于 20 m 时，其边坡坡率不宜陡于规定值。对边坡高度大于 20 m 的路堤，属于高路堤，边坡形式宜采用阶梯形，边坡坡率由稳定性分析计算确定。浸水路堤在设计水位以下的边坡坡率不宜陡于 1 : 1.75。

②路堑边坡。路堑边坡的形式和坡率应根据工程地质与水文地质条件、边坡高度、排水防护措施、施工方法等，并结合对自然稳定边坡和人工边坡的调查综合确定。

当土质路堑边坡高度大于 20 m 或岩质路堑边坡高度大于 30 m 时，其边坡形式及坡率需通过设计与稳定性验算来决定。

二、划分路基干湿类型

路基干湿类型表示路基土在最不利季节的干湿状态，可分为干燥、中湿、潮湿和过湿四类。路基的强度和稳定性与路基土的干湿状态有着密切的关系，并在很大程度上影响着路面的使用性能。原有公路路基土的干湿类型，根据路基土的分界相对含水率或分界稠度划分；新建公路路基土的干湿类型可用路基的临界高度来判断。为了保证路基路面结构的稳定性，一般要求路基处于干燥或中湿状态。潮湿、过湿状态的路基必须经过处理才可铺筑路面。

（一）公路自然区划

我国地域辽阔，各地气候、地形、地貌、水文、地质等自然条件相差很大，而这些自然条件与公路建设密切相关。为区分不同地理区域自然条件对公路工程影响的差异性，并在路基路面的设计、施工和养护中采取适当的技术措施和采用合适的设计参数，体现各地公路设计与施工的特点，我国的公路部门制定了公路自然区划标准。

1. 公路自然区划的制定原则

①道路工程特征相似的原则。在同一区划内、同样的自然因素下铺筑路面具有相似性。如北方不利季节主要是春融时期，路基有翻浆病害；南方不利季节是雨季，路基有冲刷、水毁等病害。

②地表气候区划差异性的原则。地表气候是地带性差异与非地带性差异的综合结果。通常，地表气候随着当地纬度而变化，称为地带性差异，如在北半球，北方寒冷，南方温暖。除此以外，还与高程的变化有关，即沿垂直方向的变化，称为非地带性差异，如青藏高原地区，由于海拔高，与纬度相同的其他地区相比，气候会更加寒冷。

③自然气候因素既有综合又有主导作用的原则。自然气候的变化是各种因素综合作用的结果，其中又由某种因素起着主导作用，如道路冻害是水和热综合作用的结果。但是在南方，只是水而没有寒冷气候的影响，不会有冻害，说明温度起主要作用；西北干旱区与东北潮湿区，同样都有负温度，但前者冻害轻于后者，说明水起主导作用。

2. 公路自然区划的等级

根据公路工程的地理、气候差异特点，公路自然区划按重要性和规模性的大小分为以下三个等级。

一级区划首先将全国划分为多年冻土、季节冻土和全年不冻三大地带，再根据水热平衡和地理位置，划分为冻土、湿润、干湿过渡、湿热、潮暖、干旱和高寒 7 个大区。

二级区划是在一级区划的基础上以气候和地形为主导因素，以潮湿系数 K（潮湿系数 K 值为年降水量 R 与年蒸发量 Z 之比）为主进一步划分。在 7 个一级自然区划内又分为 33 个二级区划和 19 个副区，共 52 个二级自然区划。

三级区划是在二级区划内划分更低一级的区域或单元。三级区划的划分方法有两种：一种是按照地貌、水温和土质类型将二级区划进一步划分为若干类型单元；另一种是以水热、地理和地貌等为标志将二级区划进一步划分为若干更低级区域。各地可根据当地的具体情况选用公路自然区划等级。

(二)路基干湿类型的判定

1. 路基干湿类型及湿度来源

土质路基(包括地基)干湿类型可分为干燥、中湿、潮湿和过湿四种。这四种类型表示路基工作区内,即从路基表面向下一定范围内,路基(包括地基)土所处的含水状态。

路基的干湿类型会影响其强度与稳定性。正确区分路基的干湿类型是进行路基设计的前提。路基土所处的状态是由土体的含水率或用稠度指标反映的。含水率取决于湿度的来源及作用的持续时间。导致路基湿度变化的水源可分为以下几种。

①大气降水。大气降水直接通过路面、路肩和边坡渗入路基。

②地面水。路基旁边较高水位的地表积水、排水不良的边沟积水,以毛细水的形式渗入路基。

③地下水。靠近地面的地下水借助毛细作用或温差作用上升到路基内部。

④凝聚水。在土颗粒空隙中流动的水蒸气遇冷会凝结为水。

2. 路基干湿类型的判定方法

①平均稠度判定法。平均稠度判定法适用于原有公路拓宽改造时某断面的路基干湿类型判定。

②临界高度判定法。对于新建道路,路基尚未建成,无法按上述方法现场勘察路基土的湿度状况,可以用路基临界高度作为判定标准。在路基的地下水或地表积水水位一定的情况下,路基的湿度由下而上减小。

地下水或地表长期积水水位,可通过道路勘察设计野外调查获得。路基高度可从路线纵断面图或路基设计表查得,扣除预估的路面厚度,即可得路床表面距地下水水位或地表长期积水水位的高度。在设计新建道路时,确定路基临界高度值,并以此作为判定标准与路基设计高度做比较,即可确定路基的干湿类型。

为了保证路基的强度和稳定性不受地下水或地表积水的影响,在设计路基时,要求路基保持干燥或中湿状态,路槽底距地下水或地表积水的距离要大于或等于干燥、中湿状态所对应的临界高度。

当路基的高度发生变化时,平均含水率及土的平均稠度将随之改变,路基的干湿状态也会发生相应的变化。路基的最小填土高度是指保证路基稳定所规定的路肩边缘距原地面的最小高度,须确保路基最小填土高度使路基处于干燥或中湿状态,以满足设计要求。

三、路基土的工程性质

不同粒径组成的土,其工程性质也不同,如用来修筑路基,不仅使用效果不同,而且对路基的强度和稳定性影响很大。

(一)路基土的分类

路基土分为巨粒土、粗粒土、细粒土和特殊土四大类。

(二)各类公路用土的主要工程性质

各类公路用土具有不同的工程性质,在选择路基填筑材料以及修筑稳定土路面结构层时,应根据不同的土类分别采取不同的工程技术措施。

1. 巨粒土

巨粒土有很高的强度及稳定性,是很好的填筑路基材料,但大块填料摆放和压实困难。对于漂石土,在码砌边坡时,应正确选用边坡值,以保证路基稳定。对于卵石土,填筑时应保证有足够的密实度。

2. 粗粒土

粗粒土是指大于 0.1mm 颗粒含量较多的土,粗粒土的可压实性、强度、压缩性和渗透性等均与土的级配有关。路基填料中的粗粒土包括砾类土砂类土等。

砾类土由于粒径较大,内摩擦力较大,因此强度和稳定性均能满足要求。级配良好的砾类土混合料,密实程度好。对于级配不良的砾类土混合料,填筑时应保证密实程度,防止由于空隙大而造成路基积水、不均匀沉降或表面松散等病害。

砂类土又可分为砂、含细粒土砂(或称砂土)和细粒土质砂(或称砂性土)三种。

砂和砂土无塑性,透水性强,毛细水上升高度很小,具有较大的摩擦系数,强度和水稳定性较好。但由于黏性小,易于松散,压实困难,故需用振动法或灌水法才能压实。为了克服这一缺点,可添加一些黏质土,以改善其使用质量。

砂性土既含有一定数量的粗颗粒,使路基具有足够的强度和水稳定性,又含有一定数量的细颗粒,使其具有一定的黏性,不致过分松散;一般遇水干得快,不膨胀,干时有足够的黏结性,扬尘少,容易被压实。因此,砂性土是填筑路基的良好材料。

3. 细粒土

粉质土为最差的筑路材料。它含有较多的粉土粒,干时稍有黏性,但易被压碎,扬尘性大,浸水时很快被湿透,易成稀泥。粉质土的毛细作用强烈,上升速度快,毛细水上升高度一般为 0.9~1.5 m,季节性冰冻地区,水分在路基上方大量积聚,造成严重的冬季冻胀,春融期间出现路基翻浆。在路基施工时如遇粉质土,特别是在水文条件不良时,应采取一定的措施,改善其工程性质,待达到规定的要求后方可使用。

黏质土透水性很差,黏聚力大,因而干时较硬,不易挖掘。它具有较大的可塑性、黏聚性和膨胀性,毛细现象也很显著,用来填筑路基比粉质土好。浸水后黏质土会较长时间滞留水分,造成承载力降低。对于黏质土,如在适当的含水率时加以充分压实,并有良好的排水设施,筑成的路基便能获得稳定。

有机质土(如泥炭、腐殖土等)不宜作为路基填料,如遇有机质土均应在设计和施工上采取适当措施。

4. 特殊土

黄土属于大孔和多孔结构，具有湿陷性特点；膨胀土受水浸湿发生膨胀，失水则收缩；红黏土失水后体积收缩量较大；盐渍土潮湿时承载力很低。因此，特殊土也不宜作为路基填料。当出现在地基中时，应进行地基处理改善。

四、路基附属设施及功能

为确保路基的强度、稳定性、经济性和行车安全，路基工程除了其主体工程外，还应包括相关的附属设施，如取土坑、弃土堆、护坡道、碎落台和错车道等。这些附属设施也会影响公路的使用品质，是路基工程不可缺少的组成部分。

（一）取土坑与弃土堆

路基土石方的填挖平衡是公路路线设计的基本原则，但往往难以做到完全平衡。土石方数量经过合理调配后，仍然有部分填方和弃方（又称废方）。在道路沿线挖取土方填筑路基或用于养护所留下的整齐土坑称为取土坑。将开挖路基所废弃的土堆放于道路沿线一定距离的整齐土堆称为弃土堆。取土坑、弃土堆的设置，应根据各路段所需取土或弃土数量，结合路基排水、地形、土质、施工方法、节约土地、环境保护等要求，做出统一规划设计。

1. 取土坑

按照设计规定，填方路基一般要高出原地面约 1.5 m，因此，填方路基需要大量土石方，在公路建设中不可避免地需征用大量土地作为取土坑。取土坑一般面积较大，取土后深度约为 2.5 m，注入水后就成为水池。但如果公路建设过程中对取土坑管理不善，则会发生安全事故。因此，取土坑的设置应符合以下规定：

①合理考虑取土坑与路基之间的距离，避免取土影响路基边坡稳定；

②桥头引道两侧不宜设置取土坑；

③兼作排水的取土坑，应保证排水系统通畅，其深度不宜超过该地区地下水水位，并应与桥涵进水口高程相衔接，其纵坡不应小于 0.2%，平坦地段不应小于 0.1%；

④应遵循经济合理、水土保持及景观协调的原则。

平原区用土量较小，可以沿路两侧设置取土坑，与路基排水和农田灌溉相结合。为防止坑内积水危害路基，当路基边缘与取土坑底之高差大于 2 m 时，在路基坡脚与取土坑之间应设置 1~2 m 的护坡道；对于高速公路、一级公路，应设置宽度不小于 3 m 的护坡道，并做成 1%~2% 向外倾斜的横坡。

河水淹没地段及桥头引道两侧，一般不宜设置取土坑，如确需设置取土坑，应距桥头引导与河流水位边界至少 10 m，并与调治构造物位置相适应。此类取土坑要求水流畅通，不得因长期积水而危及路基或构筑物的稳定。

2. 弃土堆

开挖路堑的废石方，应妥善处理，防止因乱弃造成水土流失，危害路基及农田水利，也要注意堵塞河道而带来的严重破坏环境的不良后果。对于弃方，首先要考虑充分利用，如用以加宽、加固路堤，填补坑洞或路旁洼地，可兼顾农田水利或基建等需要，争取做到废有所用、弃而无患。弃土堆设置应符合下列规定：

①合理设置弃土堆，不得影响路基稳定及斜坡稳定。

②沿河弃土时，应防止加剧下游路基与河岸的冲刷，避免弃土侵占河道，并视需要设置防护支挡工程。

③弃土堆应规则堆放，进行适当碾压，保证边坡稳定，避免水土流失。

弃土堆通常设在就近低洼地或路堑的下边坡一侧，当地面横坡小于 1：5 时，可设在两侧。沿河路基爆破后的弃方，往往难以远运，条件许可时可以部分占用河道，但要注意河道压缩后不致壅水危及下游路基及附近农田等。

路旁弃土堆的设置，要求堆弃整平，顶面具有适当的横坡，并设置三角平台和排水沟。对弃土堆表面应进行绿化设计，以使其尽快恢复原生态系统。积沙或积雪地区的弃土堆，为有利于防沙防雪，一般设在迎风一侧，并距道路具有足够远的距离。此外，浅而开阔的路堑两旁不得设置弃土堆。

（二）护坡道与碎落台

1. 护坡道

当路堤较高时，为保证边坡稳定，在坡脚或边坡坡面上筑成的有一定宽度的平台，称为护坡道。设置护坡道目的是加宽边坡横距，减缓边坡平均坡度。护坡道越宽，越有利于边坡稳定，但工程量也随之增加，因此要兼顾边坡稳定性与经济合理性，护坡道宽度至少为 1 m，并随填土高度而增加。

2. 碎落台

碎落台是指在路堑边坡坡脚与边沟外侧边缘之间或边坡上，为防止边坡碎落物落入边沟而设置的有一定宽度的纵向平台。在砂类土、黄土、易风化碎落的岩石和其他不良的土质路堑中宜设置碎落台，其宽度一般为 1.0~1.5 m。

如碎落台兼有护坡道和视距台（弯道）的作用时，可适当放宽。对风化严重的岩石边坡或不良土质边坡，为防止塌方，碎落台可修成矮墙，其顶部宽度应大于 0.5 m，墙高应为 1~2 m。对于碎落台上的堆积物，养护时应定期清理。若边坡已适当加固或其高度小于 2 m，可不设碎落台。

台阶式边坡中部应设置边坡平台，边坡平台的宽度不宜小于 2 m。受雨水冲刷大的边坡平台上应设截水沟。

（三）堆料坪

为避免在路肩上堆放路面养护用料，路面养护所用砂石材料可就近选择路旁合适地点堆置备用，也可在路肩外缘设置堆料坪，其面积可结合地形与材料数量而定，例如可每隔 50～100 m 设一个堆料坪，长度为 5～8 m、宽度为 2 m。高等级公路采用机械化养护路面的路段，往往集中设置备用料场，此时可以不设堆料坪。

（四）错车道

错车道是指在单车道道路上，为满足双向行车会车和相互避让的需要，在可通视的一定距离内，供车辆交错避让而设置的一段加宽车道。错车道的间距是根据错车时间、视距、交通量等情况而决定的，如果间距过长，错车时间长，通行能力就会下降。

四级公路采用 4.5 m 单车道路基时，一般应每隔 200～500 m 设置一处错车道。按规定，错车道的长度不得小于 30 m，两端各有长度为 10 m 的出入过渡段，中间有长度不小于 10 m 供停车用的路段。单车道的路基宽度为 4.5 m，设置错车道地段的路基宽度为 6.5 m，错车道是单车道路基的一个组成部分，应与路基同时设计与施工。

五、路基的破坏形式及防治措施

路基在自重、行车荷载及各种自然因素的长期作用下，不仅会产生变形沉降，而且其力学性质也会发生较大的变化。当变形超过一定范围时，将会导致路基破坏，危害路基的稳定性。路基的破坏变形是各种各样的，导致破坏变形的原因也错综复杂。

（一）路基的受力及强度指标

1. 路基的受力

路基在工作过程中，同时承受两种荷载：一种是路面和路基自重引起的静力荷载；另一种是车轮荷载引起的动力荷载。在这两种荷载的共同作用下，路基土处于受力状态。理想的设计应使路基受力时只产生弹性变形，车轮驶过以后恢复原状，以确保路基的相对稳定，不致引起路面破坏。

虽然路面结构材料的重度比路基土的重度略大，路面结构区的应力分布、作用也与路基不相同，但在研究荷载作用最大深度时，为了简化计算，近似地将路面材料相当于路基土材料。这样，路基内任一点处所受的垂直应力应是由车辆荷载引起的垂直应力和土基自重引起的垂直应力两者的叠加。

2. 路基工作区

车辆荷载产生的垂直应力随深度的增加而减小，自重应力则随深度的增加而增大。在某一深度处，车轮荷载所产生的应力仅为自重应力的 1/10～1/5。在此深度以下，车轮荷载对土基强度和稳定性影响甚小，可略去不计。因此，可将车辆荷载在土基中产生应力作用较大的范围内的路基称为路基工作区，称为路基工作深度。

在路基工作区内，土基的强度与稳定性对于保证路面的强度与稳定、满足行车要求极为重要，因此对应力作用区内的土质选择、含水率、路基的压实度应提出较高的要求。

当工作区深度大于路基填土高度时，车轮荷载不仅作用于路堤，而且作用于天然地基的上部土层，此时，天然地基上部土层和路堤应同时满足路基工作区的设计要求。

3. **路基的强度指标**

路基在外力作用下会产生变形。路基强度是指路基抵抗外力作用的能力，即抵抗变形的能力。土基的变形包括弹性变形和塑性变形两部分。路基作为路面结构的基础，过大的塑性变形是使路面产生变形、不平整和疲劳开裂的原因。经分析研究，用于表征路基强度的参数指标主要有回弹模量和抗剪强度两种。

（1）回弹模量

回弹模量是指路基、路面及筑路材料在荷载作用下产生的应力与其相应的回弹应变的比值。土基回弹模量与土的性质、密实度、含水率、路基所处的干湿类型以及测试方法有着密切的关系。新建公路设计时，土基回弹模量的确定方法有查表法、承载板法和承载比值推算法三种。

①查表法。新建公路路基应处于干燥或中湿状态，受试验条件限制时，可按土组类别查看相应的表格得出回弹模量参考值。

②承载板法。通过承载板对土基逐级加载、卸载的方法，测出每级荷载下相应的土基回弹变形值，经过计算求得土基回弹模量。

③承载比值推算法。承载比值推算法是表征路基土、粒料、稳定土强度的一种指标。

（2）抗剪强度

当路基土强度不足以抵抗剪切应力的作用时，其相邻两部分土体将沿某一剪切面（滑动面）产生相对移动，最后导致滑坡或崩塌。这种沿剪切面使土体破坏的现象称为剪切破坏。土体所具有的抵抗剪切破坏的能力称为抗剪强度。

土体的抗剪强度是由黏聚力及内摩擦力组成的。黏聚力和内摩擦角被称为抗剪强度指标，是路基稳定性验算和挡土墙设计中必不可少的参数。

（二）路基的变形、破坏及其原因

路基在工作过程中，承受着土体的自重、行车荷载和各种自然因素的作用，路基的各个部位将产生变形，引起路基高程、边坡坡度及形状的改变。严重时，危及路基的整体性和稳定性，造成路基各种破坏。

1. **路基变形、破坏的形式**

（1）路基沉陷

路基沉陷的特征是路基表面在垂直方向产生较大的沉落。路基沉陷分为两种情况：一是路基本身的压缩沉降；二是由于路基下部天然地面承载能力不足，在路基自重的作用下引起的沉陷。

路基的沉落是由于路基填料选择不当、填筑方法不合理、压实不足，在荷载、水和温度综合作用下引起的。地基的沉陷是因原地面为软土、泥沼、流沙或有机质堆积等，路基填筑前未经换土或压实处理，造成承载力不足，从而引起路基下陷。

（2）路基边坡的塌方

按照破坏规模与原因的不同，路基边坡的塌方可分为剥落、碎落、滑塌和崩塌等。

①剥落是指边坡土层或风化岩层表面在大气的干湿或冷热的循环作用下，发生胀缩，使表层土或岩石成片状或带状反复不断地从坡面上剥落下来的现象。

②碎落是软弱石质土经风化而成的碎块大量沿边坡向下移动。碎落物的堆积可能堵塞边沟和侵占部分路基。其规模与危害程度比剥落更严重，常发生在高而陡（大于45°）的路堑边坡上。

③滑塌是指路基边坡土体或岩石沿着一定的滑动面整体向下滑动，其规模和危害程度较碎落更为严重，有时滑动体可达数百立方米，会造成严重的堵车现象。

④崩塌是大的石块或土块脱离母岩而沿边坡倾落下来的现象，使岩石边坡个别地段的稳定性遭到破坏，是比较常见且危害较大的路基病害之一。

路基边坡塌方的主要原因：挖方边坡过陡、覆盖土体比较松散、顺向坡、填筑路堤方法不当、土体过于潮湿、坡脚被水冲刷掏空、岩石破碎和风化严重等。

（3）路基沿山坡滑动

在较陡的山坡上填筑路基，如果原有地面被水浸湿，形成滑动面，坡脚又未进行必要的支撑，在路基自重和行车荷载作用下，路基整体或局部沿倾斜的原地面向下滑动，路基会整体失去稳定。

（4）不良地质水文条件造成的路基破坏

当公路通过不良地质水文地区，或遭受较大的自然灾害作用，如巨型滑坡、泥石流、地震及特大暴雨等时，均可能导致路基的大面积破坏。

2.路基产生病害原因综合分析

路基产生病害的原因是多方面的，大致可归纳为以下几个方面。

①不良的工程地质与水文地质条件，主要包括地质构造复杂、岩层走向及倾角不利、岩性松软、风化严重、土质较差、地下水水位较高以及其他不良地质灾害等。

②不利的水文与气候因素，主要包括降雨量大、猛烈洪水、干旱、冰冻、积雪或温差较大等。

③设计不合理，主要包括路基断面尺寸不符合要求，填挖布置不合理，路基防护、加固和排水设计不足等。

④施工不符合规范规定，主要包括填筑顺序不当、土基压实不足以及不按设计要求和操作规程进行施工、工程质量不符合标准。

上述原因中,地质和水文条件是影响路基工程质量和产生病害的主要原因。

3. 防治路基病害的措施

保证路基的稳定性、防治路基各种病害产生的主要措施有以下几点。

①合理选择路基横断面形式,正确确定边坡坡率。

②选用工程性质良好的土填筑路基,选择合适的填筑方法,充分压实路基,保证达到规定的压实度或密实度。

③保证路基最小填土高度,防止水分从侧面渗入或地下水水位上升进入路基工作区范围。

④正确地进行地面和地下排水设计。

⑤合理选用边坡加固与防护措施,以及修筑支挡结构物。

⑥对于特殊地质环境地段的路基,必须与该特殊工程整治措施相结合,进行综合设计。

第四节 路面的基本组成

一、路面结构组成

公路路面是用各种材料或混合料,分单层或多层铺筑在路基顶面上供车辆行驶的层状结构物。

(一)路面结构

路面结构一般由面层、基层、底基层和必要的功能层组合而成。其中功能层是位于基层与路基之间的结构层,具体设置与否应根据当地气候和土质情况合理选择。

1. 面层

面层是直接承受行车荷载作用、大气降水和温度变化影响的结构层,并为车辆提供行驶表面。面层的质量直接影响行车的舒适性、安全性和经济性,因此,要求面层应该具备足够的强度、刚度、稳定性、耐久性、平整度、抗滑性、少尘性及噪声低等特性。

面层可由一层或数层组成,组成面层的材料主要分为四种类型。

①水泥混凝土面层。水泥混凝土面层具有较高的强度和刚度,能承受较繁重的车辆荷载的作用。

②沥青混合料面层。沥青混合料面层指以碎石为主要集料,以沥青作结合料的各种沥青混合料,如沥青混凝土、沥青碎石混合料、沥青贯入碎石和沥青表面处治等。

③碎(砾)石混合料面层。碎(砾)石混合料面层是指以土作为结合料的各种碎石或砾石混合料,如泥结碎石和级配碎(砾)石等。碎(砾)石混合料面层顶面宜设置砂土磨

耗层或松散保护层，它只能承受中等和轻交通。

④水泥混凝土嵌锁式块料，整齐或半整齐块石。这类面层能承受较重的荷载，但平整度较差。

2. 基层

基层是指设置在面层之下的结构层，主要起承重作用，并与面层一起将车轮荷载的反复作用传递到路基中去。基层应具有足够的强度、刚度、水稳定性、耐久性和扩散应力，对耐磨性不予严格要求。对于水泥混凝土面层下的基层，还应具备足够的耐冲刷能力。可用作基层的材料主要有以下几种。

①无机结合料稳定材料。常用的无机结合料有石灰、水泥等，用来稳定土或碎、砾石。

②级配碎石、砾石等非整体性材料。

③沥青混合料基层，包括密实型沥青混合料、半开级配和开级配的沥青碎石、沥青贯入碎石等。

④刚性基层。常用的刚性基层材料包括水泥混凝土、贫混凝土及配筋水泥混凝土等。其中贫混凝土在实际工程中分为两类：一种是浇筑成型的贫混凝土，称为浇筑式贫混凝土；另一种是碾压成型的，称为碾压混凝土。

3. 功能层

功能层是指设置于底基层与路基之间的结构层，主要起排水、防冻作用。

①防冻层：季节性冰冻地区路面厚度不满足防冻要求时，应增设防冻层。防冻层宜采用粗砂、沙砾和碎石等粒料类材料。

②排水层：地下水位高、排水不良的路段、有裂隙水、泉眼等水文条件不良岩石挖方路段、基层和底基层为非粒料材料时，可在基层或底基层与路床间设置粒料层。粒料层应与路基边缘或与边沟下渗沟相连接，厚度不宜小于150 mm。

（二）路面基本要求

路面应具有一定的使用性能，使用性能又可分为功能性和结构性。功能性是指路面满足为车辆提供快速、安全、舒适和经济的行驶表面的基本能力，它反映了路面的服务水平或行驶质量；结构性是指路面保持其结构完好而不出现损坏的能力。路面损坏可分为如下三类：

第一，断裂和裂缝，路面结构的整体性受到破坏；

第二，永久变形，路面结构仍保持其整体性，但形状有较大改变；

第三，耗损，路面表面部分材料的散失或磨损。

为了保证路面具有最基本的使用性能和延长路面使用寿命，路面各结构层应满足如下基本要求。

1. 具有足够的强度和刚度

汽车在路面上行驶，作用于路面的力有垂直力、水平力、振动力和冲击力，从而路面内部会产生相应的压应力、拉应力和剪应力。如果这些应力超过了路面结构整体或某一部分的强度，路面就会出现破坏。因此路面应该具备足够的强度和刚度。路面强度指的是路面结构层抵抗各种荷载应力产生破坏的能力；路面刚度指的是路面抵抗变形的能力。

2. 具有足够的稳定性

路面长期暴露于外界自然环境中，不仅受到汽车荷载的作用，而且还要长期经受水和气温变化对它的影响，其物理、力学性质也会随之发生改变，处于一种不稳定状态。例如：沥青路面会在高温下发生软化，低温下会发生脆裂；雨水渗入路面结构层中，会导致强度降低等，这些都会影响路面的使用性能。因此，要求路面应该具有足够的水稳定性和温度稳定性。

3. 具有足够的耐久性

路面结构长期承受车辆荷载与自然因素的重复作用，由此会逐渐产生疲劳破坏或塑性变形的累积；以及路面材料的老化而导致的破坏，这些都会影响路面的使用性能与使用寿命。因此要求路面必须具有足够的耐久性，即抗疲劳强度、抗变形能力与抗老化能力。

4. 具有足够的表面平整度

不平整的路面会增大行车阻力，并使车辆产生附加的振动作用，造成行车颠簸，降低行车速度及影响行车的舒适性。同时，振动作用还会对路面施加冲击力，从而加剧路面和汽车机件的损坏和轮胎磨损，并增大油耗。因此，要求路面应该具有足够的平整度。

5. 表面层应具有足够的抗滑性能

汽车在路面上行驶，车轮与路面之间应该具有足够的摩擦，以防止汽车产生空转或打滑，致使车速降低，甚至引起交通事故。因此路面表面应具有一定的粗糙度，即应具有抗滑性能。

6. 具有尽可能低的扬尘性

汽车在沙石路面上行驶时，车身后面所产生的真空吸力会将面层表面或其中的细粒吸起而使尘土上扬，甚至导致路面松散、脱落和坑洞等破坏。扬尘还会加速汽车机件的损坏，影响行车视距和乘客的舒适及沿线居民的卫生条件。因此，应尽量减少路面的扬尘性。

(三) 路面分类

1. 根据材料分类

按路面面层所用材料不同，可将路面分为沥青路面、水泥混凝土路面、复合式路面、块料路面和粒料路面五类。

2. 根据力学性质分类

根据路面结构的力学特性，可将路面分为柔性路面、刚性路面和半刚性路面三种。

(1) 柔性路面

柔性路面是指刚度较小，抗弯拉强度较低，主要靠抗压、抗剪切强度来承受车轮荷载作用的路面。柔性路面在车轮荷载作用下产生的弯沉较大，它通过各结构层将荷载传递给路基，使路基承受较大的单位压力。柔性路面主要包括在柔性基层上修筑的各类沥青面层、块石面层、级配碎（砾）石面层、填隙碎石及其他粒料路面面层所组成的路面结构。

(2) 刚性路面

刚性路面是指用水泥混凝土路面做面层或基层的路面结构。刚性路面面层板刚度较大、抗弯（拉）强度高，在车轮荷载作用下产生的竖向弯沉较小，通过板体的扩散分布作用，传递给土基的单位压力也较柔性路面小得多。

(3) 半刚性路面

在半刚性基层上铺筑的路面结构叫半刚性路面。半刚性基层是指用水泥、石灰、工业废渣等无机结合料进行稳定的基层，该基层在前期具有柔性路面的特点，随着时间的推移其强度和刚度会大幅度增长，但最终的强度和刚度均小于刚性路面。

（四）路面设计使用年限和交通分级

路面设计使用年限是在正常设计、施工、使用和养护条件下，路面不需结构性维修的预定使用年限。

1. 沥青路面设计使用年限

在设计使用年限内，路面应不发生由于疲劳导致的结构破坏，面层可进行表面功能修复。

①高速公路、一级公路设计使用年限不低于 15 年；

②二级公路设计使用年限不低于 12 年；

③三级公路设计使用年限不低于 10 年；

④四级公路设计使用年限不低于 8 年。

2. 水泥混凝土路面交通分级

水泥混凝土路面根据作用在设计车道的标准轴载次数，分为特重交通、重交通、中等交通和轻交通四个等级。

二、沥青路面结构

沥青路面是指铺筑沥青面层的路面。沥青路面结构可由面层、基层、底基层和必要的功能层组成。功能层主要有封层、透层、黏层、防冻层和排水层等。沥青路面结构类型可按基层材料性质分为无机结合料稳定类基层沥青路面、粒料类基层沥青路面、沥青结合料类基层沥青路面和水泥混凝土基层沥青路面四类。

路面结构的选用宜符合下列规定：

第一，无机结合料稳定类基层沥青路面适用于各种交通荷载等级；

第二，粒料类基层沥青路面适用于重及以下交通荷载等级；

第三，沥青结合料类基层沥青路面适用于各种交通荷载等级；

第四、水泥混凝土基层沥青路面适用于重及以上交通荷载等级。

（一）面层

1. 面层结构层次

沥青路面面层可做成单层、双层或三层的形式。面层采用不同材料分层铺筑时，可自上而下分为表面层、中面层和下面层。

沥青面层应具有平整、抗车辙、抗疲劳开裂、抗低温开裂和抗水损害等性能。表面层（磨耗层）混合料厚度一般在3～5 cm，其作用是抗滑、耐磨、防渗；中面层（联结层）混合料厚度一般在4～6 cm，其作用是抗高温稳定和具有一定的防渗性能；下面层（承重层）混合料厚度一般在6～15 cm，其作用是抗高温稳定性和承重能力。

2. 沥青面层类型

沥青面层材料主要有连续级配沥青混合料、沥青玛蹄脂碎石混合料、厂拌热再生沥青混合料、上拌下贯沥青碎石和沥青表面处治。

第一，连续级配沥青混合料：各交通荷载等级的表面层、中面层和下面层。

第二，沥青玛蹄脂碎石混合料：极重、特重和重交通荷载等级的表面层、对抗滑有特殊要求的表面层。

第三，厂拌热再生沥青混合料：各交通荷载等级的表面层、中面层和下面层。

第四，上拌下贯沥青碎石：中等、轻交通荷载等级的面层。

第五，沥青表面处治：中等、轻交通荷载等级的表面层。

（1）沥青表面处治

用沥青和集料按层铺法或拌和法施工的厚度不大于3 cm的一种薄层面层。沥青表面可分为单层、双层和三层，单层式结构厚度为10～15 mm；双层式结构厚度为15～25 mm；三层式结构厚度为25～30 mm。

沥青表面处治的优点是摩擦系数和表面构造深度大，有利于行车安全，此外，还具有良好的抗温度裂缝性能。

（2）沥青贯入碎石

沥青贯入碎石是在初步压实的碎石或碎砾石上分层浇洒沥青，撒布嵌缝料，或在上部铺筑热拌沥青混合料封层，经压实而形成的沥青面层。它是靠矿料颗粒间的锁结作用以及沥青的黏结作用获得强度和稳定，沥青既是黏结剂又是防水剂。

沥青贯入碎石结构层施工时需要的机械设备少，施工进度较快，但它是一种多空隙结构，水容易进入其内部，当用作面层时，必须用封层以密闭其表面空隙，从而减少表面水透入路面结构层,并提高沥青贯入式面层本身的耐用性。工程上为了克服沥青贯入式面层封面料容易散失的特点,以及提高其防水渗透性能,用预拌混合料或沥青乳液砂浆代替封面料,把此种面层类型叫作上拌下贯沥青碎石。

沥青贯入式路面的厚度宜为 40 ~ 80 mm；乳化沥青贯入式路面的厚度不宜超过 50 mm,上拌下贯式路面的拌和层的厚度不宜小于 25 mm。

（3）沥青混合料

沥青混合料是由矿料与沥青结合料拌和而成的混合料的总称。沥青混合料按制造工艺可分为热拌沥青混合料、冷拌沥青混合料和再生沥青混合料；按照铺筑工艺分为热铺、温铺和冷铺三种形式。热铺沥青混合料摊铺温度为 120 ~ 160 ℃,沥青混凝土压实冷却后,面层就基本形成；温铺沥青混合料摊铺温度为 60 ~ 80 ℃,面层的形成速度随沥青和矿料类型、气候条件、混合料摊铺时的温度、交通组成和交通而变,可以延续数小时到 15 d；冷铺沥青混合料的摊铺温度与气温相同,面层形成很慢,一般要 30 ~ 90 d。

3. 热拌沥青混合料

热拌沥青混合料（HMA）适用于各种等级公路的沥青路面。其种类按集料公称最大粒径、矿料级配、组成结构划分。

（1）按集料公称最大粒径分类

按集料公称最大粒径的大小可分为特粗式、粗粒式、中粒式、细粒式和砂粒式沥青混合料。

①特粗式沥青混合料。特粗式沥青混合料是指集料公称最大粒径 > 31.5 mm 的沥青混合料。

②粗粒式沥青混合料。粗粒式沥青混合料是指集料公称最大粒径 > 26.5 m 的沥青混合料。粗粒式沥青混合物常用于铺筑下面层,也可用于铺筑基层,它的粗糙表面使它与上层能良好黏结。

③中粒式沥青混合料。中粒式沥青混合料是指集料公称最大粒径为 16 mm 或 19 mm 的沥青混合料。中粒式沥青混合料主要用于铺筑上面层,或用于铺筑单层面层。

④细粒式沥青混合料。细粒式沥青混合料是指集料公称最大粒径为 9.5 mm 或 13.2 mm 沥青混合料。细粒式沥青混合料主要用于面层的上层。

⑤砂粒式沥青混合料。细粒式沥青混合料是指集料公称最大粒径 < 9.5 mm 沥青混合料,也称为沥青石屑或沥青砂。

（2）按矿料级配分类

沥青混合料按材料组成及结构分为连续级配和间断级配混合料,间断级配是指矿料级配组成中缺少 1 个或几个粒径档次（或用量很少）而形成的沥青混合料。沥青混合料也可按矿料级配组成及空隙率大小分为密级配、半开级配和开级配沥青混合料,空隙率（VV）指矿料及沥青以外的空隙（不包括矿料自身内部的孔隙）的体积占试件总体积的百分率。

①密级配沥青混合料。密级配沥青混合料是指按连续级配原理组成的矿料与适量的沥青结合料拌和而成的，通常其空隙率（VV）为3%~6%。按关键性筛孔（4.75 mm或2.36 mm）的通过率的不同可分为细型和粗型密级配沥青混合料。密级配沥青混合料具有良好的级配，通过精心设计和施工，混合料相对来说不透水，能非常有效地用于任何路面层位，适合任何交通状况。细型密级配混合料的透水性较小，在低交通量下有较好的耐久性，路面平整度好，适用于薄层铺筑；粗型密级配混合料必须铺得厚些，可提高宏观构造深度。

②半开级配沥青混合料。半开级配沥青混合料是由适当比例的粗集料、细集料及少量填料（或不加填料）与沥青拌和而成，经马歇尔标准击实成型试件的剩余空隙率（VV）为6%~12%的半开式沥青碎石混合料。

③开级配沥青混合料。开级配沥青混合料是指矿料级配主要由粗集料嵌挤组成，细集料及填料较少，设计空隙率VV>18%的混合料。开级配沥青混合料常见的类型有：用于路面表面的排水式大空隙沥青混合料OGFC，以及铺筑在沥青层底部的排水式沥青稳定碎石混合料ATPB。

（3）按组成结构分类

沥青混合料按"嵌挤成分"和"密实成分"所占比例的不同，其组成结构形态分为三种结构类型，即悬浮—密实结构、骨架—空隙结构、密实—骨架结构。

①悬浮—密实结构。悬浮—密实结构是指组成该结构的矿料的含量从小到大各尺寸都有，但含细集料较多，粗集料较少，粗集料彼此互相不接触，悬浮在细集料中的结构形式。按密级配形成的沥青混合物料通常属于悬浮—密实结构结构。

悬浮—密实结构的沥青混合料的强度形成原理为：以沥青材料的黏结力为主、骨料的内摩阻力为辅。使用特点是：矿料级配密实、不透水性好、耐久性好；由于粗骨料形成骨架不稳定，受沥青材料性质影响较大，它的热稳定性较差。

②骨架—空隙结构。采用连续开级配的沥青混合料属于这种结构类型。这种沥青混合料中，粗集料较多，因而能形成骨架，而细集料较少，残余空隙率较大，不密实。骨架空隙结构的强度来源：以粗集料的内摩阻力为主，以沥青的黏结力为辅。骨架—空隙结构的使用特点是强度较高、热稳定性好、耐久性差。

③密实—骨架结构。间断级配属于此种结构构成。这种级配类型的混合料既有一定量的粗骨料形成骨架，又有一定的细集料填充其空隙，从而形成较高的密实度。这种沥青混合料的内摩阻力和黏结力均较高。其特点是强度高、热稳定性好、耐久性好。

4. 沥青表面层类型

用作沥青路面表面层或磨耗层的沥青混合料有如下四种类型。

（1）传统的密级配沥青混凝土

传统的密级配沥青混凝土主要指空隙率为3%~6%的沥青混凝土。

（2）多孔隙沥青混凝土

多孔隙沥青混凝土（SAC）是指空隙率常在20%以上，甚至达30%的沥青混凝土。由于其空隙率大，雨水可以在其内部流通而减少表面溅水和喷射现象，并且具有吸音效果，常被用作排水磨耗层或吸音磨耗层。它是一种粗碎石间断级配沥青混凝土，层厚一般为35～40 mm，也可铺成20 mm的超薄面层。

（3）沥青玛蹄脂碎石混合料路面

沥青玛蹄脂碎石混合料（SMA）是由较多的沥青结合料、矿粉、纤维稳定剂（纤维、沥青改性剂）填充于粗集料骨架中形成的间断级配的热拌沥青混合料，其空隙率为2%～4%。

SMA的构成特性，俗称"三多一少"。三多为沥青用量多，达6%；矿粉用量多，在8%～12%之间，4.75 mm以上粗集料用量多，在70%～80%之间；一少为细集料少，4.75 mm以下细集料少，为12%～20%；同时还增加纤维用量，为沥青碎石混合料总用量的0.3%～0.5%。粗集料在沥青混合料中的嵌挤骨架作用和沥青玛蹄脂胶结材料的黏结裹覆作用，是构成SMA的两大条件。

SMA的主要优点是具有良好的抗车辙性能、抗疲劳性和耐久性，雨天的抗滑性能也较好，可降低车辆行驶的噪声。但是SMA要求采用高质量的材料，需要增加沥青含量，其工程费用较高。

（4）大孔隙开级配排水式沥青磨耗层

大孔隙开级配排水式沥青磨耗层（OGFC）是指用大孔隙的沥青混合料铺筑，能迅速从其内部排走路表雨水、具有抗滑、抗车辙及降低噪声的路面。OGFC是一种间断级配沥青混合料，空隙率为20%左右，一般用于旧路面罩面或新设计的路面表层。

大孔隙开级配排水式沥青磨耗层具有如下特性。

①排水和抗滑性能好。由于开级配抗滑磨耗层空隙率大，水可沿连通的空隙流动并排走，因此可消除水滑现象，保证了车轮与路面的稳定接触，避免或减轻在大、中雨时的水漂程度，提高行车安全性。同时，可以排除或减少雨天路面积水，减少行驶车轮引起的水雾及溅水，使雨天的能见度高。

②降低噪声性能好。

OGFC路面内部有大量孔隙，孔隙间相互连通成整体结构。由于孔隙数量够，车辆通过局部孔隙可看作瞬时通过，并将轮胎下部及边缘空气快速压缩至孔隙内部，从而大大减小了空气泵吸效应。

③高温稳定性好。OGFC沥青路面的高温稳定性和抗车辙能力比一般沥青混凝土路面要好。这主要是因为大颗粒间的相互接触而构成骨架结构承担荷载的作用，所以在高温下抵抗变形的能力大。

④耐久性差。OGFC沥青路面的耐久性比一般沥青混合料路面要低，主要原因是

OGFC沥青路面在使用一定时间后，空隙会由于灰尘、污物堵塞而减少，排水、吸音效果降低，产生老化或剥落。

（二）基层

用作沥青路面的基层类型主要有柔性基层、刚性基层、半刚性基层和混合式基层。

1. 柔性基层

柔性基层主要指由沥青碎石混合料或沥青贯入式碎石、级配碎石、级配砾石、天然沙砾、填隙碎石等柔性材料组成的结构层。

2. 刚性基层

刚性基层是指用贫混凝土、碾压式混凝土、水泥混凝土等材料铺筑的基层类型。

3. 半刚性基层

用作沥青路面的半刚性基层主要有水泥稳定土或粒料、石灰稳定土或粒料和石灰与粉煤灰稳定土或粒料。水泥稳定类和石灰粉煤灰稳定类适用于各级公路的基层、底基层；石灰稳定类适用于各级公路的底基层以及三、四级公路的基层。半刚性基层应具有足够的强度和稳定性、较小的收缩（温缩及干缩）变形和较强的抗冲刷能力，在冰冻地区还应具有足够的抗冻性能。

4. 混合式基层

混合式基层是指上部使用柔性基层，下部使用半刚性基层的结构形式。

（三）功能层

1. 透层

透层（Prime coat）是为使沥青面层与非沥青材料基层结合良好，在基层上喷洒液体石油沥青、乳化沥青、煤沥青而形成的透入基层表面一定深度的薄层。

2. 黏层

黏层（Tack coat）是指为加强路面沥青层与沥青层之间、沥青层与水泥混凝土路面之间的黏结而洒布的沥青材料薄层。黏层的作用是使上下层之间及沥青混合料与构造物之间黏结成一个整体。在双层式或三层式沥青混合料路面铺筑上层沥青面层前、旧沥青路面上加铺沥青层前、水泥混凝土路面上铺筑沥青面层前，与新铺沥青混合料接触的路缘石、雨水口、检查井等的侧面一般都需要加铺黏层沥青。

3. 封层（Seal coat）

封层（Seal coat）是指为封闭表面空隙，防止水分侵入而在沥青面层或基层上铺筑的有一定厚度的沥青混合料薄层。铺筑在面层表面的称为上封层，铺筑在沥青面层下面、基层表面的称为下封层。

上封层适用于沥青面层的空隙较大，透水严重，有裂缝或已修补的旧沥青路面；需加铺磨耗层改善抗滑性能的旧沥青路面；需铺筑磨耗层或保护层的新建沥青面层等情况。

下封层适用于多雨地区，并且沥青面层混合料空隙率较大的路面结构；在铺筑基层后，不能及时铺筑沥青面层并且须要开放交通的情况；在半刚性基层上修筑的沥青路面等。

常用作封层的类型有微表处和稀浆封层。

（1）微表处

微表处（Micro-Surfacing）是指采用专用机械设备将聚合物改性乳化沥青、粗细集料、填料、水和添加剂等按照设计配合比拌和成稀浆混合料摊铺到原路面上，并很快开放交通的具有高抗滑和耐久性能的薄层。按照矿料级配的不同，微表处可以分为Ⅱ型和Ⅲ型，分别以 MS-2 和 MS-3 表示，单层厚度分别为 4～6 mm 和 8～10 mm。MS-3 型微表处适用于高速公路、一级公路的罩面；MS-2 型微表处适用于中等交通量高速公路，一、二级公路的罩面。

（2）稀浆封层（Slurry Seal）

采用机械设备将乳化沥青、粗细集料、填料、水和添加剂等按照设计配合比拌和成稀浆混合料摊铺到原路面上形成的薄层。按照矿料级配的不同，稀浆封层可以分为细封层（Ⅰ型）、中封层（Ⅱ型）和粗封层（Ⅲ型），分别以 ES-1、ES-2、ES-3 表示，单层厚度分别为 2.5～3.0 mm、4～6 mm 和 8～10 mm。

ES-3 型稀浆封层适用于二级公路的罩面，以及新建公路的下封层；ES-2 型稀浆封层适用于二级及二级以下公路的罩面，以及新建公路的下封层；ES-1 型稀浆封层适用于三、四级公路和停车场的罩面。

三、水泥混凝土路面结构层

（一）水泥混凝土路面特点

水泥混凝土路面与沥青路面相比，具有如下优点。

①强度高。水泥混凝土路面具有较高的抗压强度、抗弯拉强度及抗磨耗能力。

②稳定性好。水泥混凝土路面具有较好的水稳定性和热稳定性。它的强度会随着时间的延长而逐渐提高，不存在沥青路面的"老化"现象。

③耐久性好。水泥混凝土路面一般使用年限为 20～40 年，耐用时间较沥青路面长。

④养护费用少，经济效益高。与沥青混凝土路面相比，水泥混凝土路面的养护工作量和养护费用均较少。它的初期投资费用高，但使用年限长，年均分摊量少。

⑤有利于夜间行车。水泥混凝土路面色泽鲜明，能见度好，对夜间行车好。

水泥混凝土路面与沥青路面相比，具有如下缺点。

①有接缝。水泥混凝土路面设置有纵缝、横缝、施工缝，这些接缝不仅增加施工和养护的复杂性，而且易引起行车跳动，影响行车的舒适性。接缝也是路面的薄弱点，如果处

理不当，将导致路面板边和板角破坏。

②开放交通迟。一般水泥混凝土路面完工后，要经过 15 ~ 20 d 的洒水养护，才能开放交通。

（二）水泥混凝土路面结构组成

水泥混凝土路面结构组成主要包括面层和基层，功能层根据需要进行设置。

1. 面层

水泥混凝土路面常见的面层类型如下。

（1）普通混凝土路面

普通混凝土路面（Plain Concrete Pavement）指的是除接缝区和局部范围（如角隅处）外均不配钢筋的混凝土路面。普通混凝土路面面板平面尺寸为矩形，设有纵、横向接缝，并在各种接缝及边、角、中部设置传力杆、拉杆及边角钢筋。

（2）钢筋混凝土路面

钢筋混凝土路面（Reinforced Concrete Pavement）是指在水泥混凝土面板中配置单层或双层间断钢筋网，钢筋网端部切横向缩缝，并设缩缝传力杆的一种路面结构，又称间断配筋混凝土路面。设置钢筋网的目的是控制裂缝缝隙的张开量，把开裂的板拉在一起，使面层板依靠断裂面上的集料嵌挤作用拉结在一起，从而保证结构强度。

面层板的平面尺寸较大或形状不规则，路面结构下埋有地下设施、高填方、软土地基、填挖交界段的路基等有可能产生不均匀沉降时，应采用设置接缝的钢筋混凝土面层。

（3）连续配筋混凝土路面

连续配筋混凝土路面（Continuous Reinforced Concrete Pavement）是指面层内配备连续反度的钢筋网，不设缩缝，并允许开裂的一种连续钢筋混凝土路面结构。连续配筋混凝土路面的收缩变形为连续钢筋所约束，收缩应力为钢筋所承担，使裂缝分散在更多的部位，通常 1.5 ~ 4.0 m 即有一道小裂缝，但是由于钢筋的紧束仍保持紧密接触。裂缝宽度极其微小，平均缝隙宽为 0.2 ~ 0.5 mm，通常用肉眼无法看清，因此不至于破坏路面的整体连续性、行车平稳性，如同无缝路面一样，路面表面雨水也不易渗入。

纵向连续配筋的作用是约束变形，防止裂缝宽度增大，并不分担截面的弯拉应力，因此连续配筋混凝土路面的厚度为普通混凝土面层厚度的 80% ~ 90%。连续配筋混凝土路面用钢量大，造价高，一般适用于高速公路和一级公路。

（4）纤维混凝土路面

纤维混凝土路面（Fiber Reinforced Concrete Pavement）是指在水泥混凝土中掺加适量钢纤维、玄武岩纤维或合成纤维的水泥混凝土路面。在混凝土中掺加少量玄武岩纤维及各种合成纤维拌制而成的纤维混凝土，除具备与普通水泥混凝土一样的弯拉强度外，还能起到在施工期间提升混凝土路面的抗裂能力以及在使用期间提升水泥混凝土路面的疲劳循环轴次的能力。而在混凝土中掺加足够大掺量的钢纤维、玄武岩纤维等形成的补强纤维混凝土，能显著提高混凝土的设计弯拉强度值，形成一种高弯拉强度、高冲击韧性及高耐疲劳极限纤维混凝土。

纤维混凝土可以减薄路面厚度，主要适用于地面标高受限制的路段、收费站、混凝土加铺层和桥面铺装。纤维混凝土路面的造价较普通混凝土路面的造价高。

（5）混凝土砌块路面

混凝土砌块路面（Concrete Bricks Pavement）是指采用预制水泥混凝土车行道路面砌块铺砌的路面。

（6）碾压混凝土路面（Roller Compacted Concrete Pavement）

碾压混凝土路面（Roller Compacted Concrete Pavement）（简称RCC）是以级配集料和较低的水泥用量与用水量以及掺和料和外加剂等组成的超干硬性混凝土拌合物，通过沥青摊铺机等机械摊铺，并使用振动压路机、轮胎压路机碾压密实从而形成的一种高密度、高强度的水泥混凝土。

碾压混凝土是一种坍落度为零的干硬性水泥混凝土，与普通水泥混凝土和沥青混凝土相比，RCC具有以下特点。

与普通水泥混凝土路面相比，碾压混凝土具有以下优点：

①可用沥青路面摊铺机进行施工；

②施工可不用模板，简单、快速，能缩短工期；

③经济性优越，初期投资费用节约15%~40%；

④单位用水量和水泥用量少，干缩率小，可扩大接缝间距，利于行车舒适。

⑤初期强度高，养护期短。

与沥青混凝土路面相比，碾压混凝土具有以下优点：

①车辙较少；

②抗磨耗性好；

③耐油性好；

④使用寿命长，维修费用少；

⑤重交通的厚层结构，初期投资费用有可能较省。

碾压混凝土面层主要用于二级及二级以下公路、服务区停车场。

（7）复合式路面

复合式路面（Composite Pavement）是指面层由刚、柔两种材料的结构层复合加铺而新建或改建的路面。

2. 基层

水泥混凝土路面应设有足够厚度的基层。湿润和多雨地区，路基为低透水性细粒土的高速公路和一级公路，或者承受特重、重交通的二级公路，宜采用排水基层，其孔隙率约为20%。

用作水泥混凝土路面的基层应具有足够的抗冲刷能力和一定的刚度。水泥混凝土面层下设置基层的目的主要如下。

①防冲刷。国际道路协会混凝土道路技术委员会将各种基层按材料的耐冲刷能力划分为五级。

A. 极耐冲刷：贫混凝土（水泥含量7%～8%）、沥青混凝土（沥青含量6%）。

B. 耐冲刷：厂拌水泥稳定粒料（水泥含量5%）。

C. 较耐冲刷：厂拌水泥稳定粒料（水泥含量3.5%）、沥青稳定粒料（沥青含量3%）。

D. 较易冲刷：路拌水泥稳定粒料（水泥含量2.5%）、粒料。

E. 易冲刷：碎石土、细粒土。

②防唧泥。如果把水泥混凝土面板直接放在路基上，当路基土强度低、塑性变形量大、细料含量多时，受水冲刷后，在荷载作用下，易出现唧泥、错台、板底脱空病害。

③防水。在湿软土基上，铺筑开级配粒状材料基层，以隔断地下毛细水上升。

④防冻。在季节性冰冻地区，用对冰冻不敏感的粒状多孔材料做基层，可以减少路基的冰冻深度，以减轻冻胀的危害。

⑤减小路基顶面的压应力，缓解路基不均匀沉降对路面板的影响。

⑥提高路面结构的承载能力，延长使用寿命。

⑦为混凝土面层施工机械的安装和施工操作提供工作面（侧立模板）。

3. 垫层

当遇有如下情况时，必须在基层下设置垫层：

①季节性冰冻地区，路面总厚度小于最小防冻厚度要求时，其差值应以垫层厚度补足。

②水文地质条件不良的土质路堑，路床土湿度较大时，宜设置排水垫层。

③路基可能产生不均匀沉降或不均匀变形时，可加设半刚性垫层。

垫层可采用粒状材料或整体性材料。防冻垫层和排水垫层宜采用砂、沙砾等颗粒材料；半刚性垫层可采用低剂量无机结合料稳定粒料或土。垫层的宽度应与路基同宽，最小厚度为150 mm。

（三）水泥混凝土路面构造

水泥混凝土路面是由一定厚度的水泥混凝土板组成的。当温度发生变化时，水泥混凝土板会发生热胀或冷缩。白天当混凝土板顶温度高于板底面时，这种温度差使混凝土板的中部形成隆起；夜间当混凝土板顶温度低于板底时，会使板的周边及角隅形成翘曲，导致板块同地基脱空。

混凝土板在长期荷载应力和温度应力的作用下，板内产生较大的应力，导致面板产生裂缝或拱胀等破坏。为了避免水泥混凝土路面板体产生不规则的裂缝和破坏，在路面内需设置纵缝和横缝，把路面板分割成许多块，从而控制板内产生的应力在允许范围内。

1. 水泥混凝土面板

（1）水泥混凝土面板平面尺寸

水泥混凝土面板一般采用矩形板。普通混凝土面板长为 4～6 m，板宽一般是一个行车道宽度，在 3.0～4.5 m 范围内。面板的长宽比不宜超过 1.3，面积不宜大于 25 m²。碾压混凝土和钢纤维混凝土面板长一般为 6～10 m，钢筋混凝土面板长一般为 6～15 m。

（2）水泥混凝土面板厚度

混凝土面板应具有较高的强度和刚度、表面平整度、耐磨性和粗糙度。

2. 接缝

在水泥混凝土板与板之间需要设置接缝。接缝的形式主要有纵缝和横缝。

（1）纵缝

纵缝与路线平行，分为纵向施工缝和纵向缩缝。

①纵向施工缝。当一次铺筑宽度小于路面宽度时，应设纵向施工缝。纵向施工缝采用平缝形式，上部应距切槽口深 30～40 mm，宽度 3～8 mm，槽内灌塞填缝料。

②纵向缩缝。当一次铺筑宽度大于 4.5 m 时，路面应增设纵向缩缝。纵向缩缝采用假缝形式，锯切的槽口深度应大于施工缝的槽口深度。采用粒料基层时，槽口深度应为板厚的 1/3；采用半刚性基层时，槽口深度应为板厚的 2/5。

纵向接缝处应设置拉杆。设置拉杆的目的是保证板与板之间的黏结力和拉力，防止板块横向位移，保证接缝缝隙不张开。拉杆应采用螺纹钢筋，设在板厚中央，并应对拉杆中部 100 mm 范围内进行防锈处理。施工布设时，拉杆间距应按横向接缝的实际位置予以调整，最外侧的拉杆距横向接缝的距离不得小于 100 mm。

（2）横缝

横缝是垂直于道路中心线的接缝，分为横向胀缝、横向缩缝和横向施工缝。

①横向胀缝。普通混凝土路面、钢筋混凝土路面和钢纤维混凝土路面的胀缝间距视集料的温度膨胀性大小、当地年温差和施工季节综合确定：高温施工，可不设胀缝；常温施工，集料温缩系数和年温差较小时，可不设胀缝；集料温缩系数或年温差较大，路面两端构造物间距大于等于 500 m 时，宜设一道中间胀缝；低温施工，路面两端构造物间距大于等于 350 m 时，宜设一道胀缝。邻近构造物、平曲线或与其他道路相交处的胀缝应按《公路水泥混凝土路面设计规范》的规定设置。

钢筋混凝土和钢纤维混凝土路面可不设钢筋支架。胀缝宽 20～25 mm，使用沥青或塑料薄膜滑动封闭层时，胀缝板及填缝宽度宜加宽到 25～30 mm。传力杆一半以上长度的表面应涂防黏涂层，端部应戴活动套帽，内留 30 mm 的空隙，填以塑料泡沫或纱头等弹性材料，以利于板的自由伸缩，带套的杆端在相邻板交错布置。胀缝板应与路中心线垂直，缝壁垂直；缝隙宽度一致；缝中完全不连浆。

滑动传力杆一半以上表面涂沥青膜，在外面再套 0.4 mm 厚的聚乙烯膜，并套上长

8~10 cm金属套或塑料套，内留30 mm的空隙，填以塑料泡沫或纱头等弹性材料，以利于板的自由伸缩，带套的杆端在相邻板交错布置。

由于胀缝缝隙宽，易产生行车跳动现象，且是最易产生路面病害（板块碎裂、唧泥、错台等）最多的地方。因此修筑混凝土路面时应少设胀缝或不设胀缝。胀缝一般设置于邻近桥梁或其他固定构造物处或与其他道路相交处，设置的胀缝条数视膨胀量大小而定。

②横向缩缝。普通混凝土路面横向缩缝宜等间距布置。不宜采用斜缝。不得不调整板长时，最大板长不宜大于6.0 m；最小板长不宜小于板宽。

在中、轻交通的混凝土路面上，横向缩缝可采用不设传力杆假缝型（假缝是指只在混凝土板顶部切割一定宽度的缝，不贯穿整个板厚，此种缝可以传递部分荷载。当混凝土收缩时，在切割处强度最低，收缩就会从这里拉开，产生缩缝。板块沿薄弱断面拉开后，由于集料的原因断面处形成不贯穿、凹凸不平相互啮合的表面，还是能起到传递部分荷载作用）。在特重和重交通公路、收费广场、邻近胀缝或路面自由端的三条缩缝应采用假缝加传力杆型。

不设传力杆的假缝依靠接缝槽口下混凝土断裂面处集料的嵌锁作用传递荷载；设传力杆的假缝则除了嵌锁作用外，主要依靠传力杆传荷。在缝隙较宽和行车荷载多次作用的情况下，假缝的传荷能力会急剧下降，以至于没有传荷能力。因此，在《公路水泥混凝土路面设计规范》中规定：特重和重交通公路、收费广场以及邻近胀缝或自由端部的三条缩缝，应采用设传力杆假缝形式，其他情况可采用不设传力杆假缝形式。

横向缩缝顶部应锯切槽口，设置传力杆时槽口深度宜为面板厚度的1/4~1/3，不设置传力杆时槽口深度宜为面板厚度的1/4~1/5，槽口宽度宜为3~8 mm，槽内填塞填缝料；高速和一级公路槽口宜二次锯切成型，在第一次锯切缝的上部宜增设深宽7~10 mm的浅槽口。

缩缝内设传力杆时，为防止钢筋同混凝土完全黏结在一起而妨碍板的收缩，其长度的一半以上应涂上沥青，并对钢筋进行防锈处理。最外侧的传力杆距接缝或自由边的距离不应小于15 cm。

③横向施工缝。每天在摊铺结束或摊铺中断时间超过30 min时，应设置横向施工缝，其位置宜与胀缝或缩缝重合，确有困难不能重合时，施工缝应采用设螺纹传力杆的企口缝形式。横向施工缝应与路中心线垂直。

横向接缝处设置传力杆的目的，是为了把荷载应力通过传力杆传到相邻板块，保证接缝处的传荷能力和路面的平整，防止错台等病害的产生。传力杆一般采用光圆的钢筋，最外侧传力杆距纵向接缝或自由边的距离为150~250 mm。

（3）接缝材料

接缝材料按使用性能分为接缝板和填缝料两大类。当各类板的接缝槽口超过3 mm时，均应填封，防止石子、杂物和水进入，影响板的使用功能。

①接缝板。胀缝接缝板应选用能适应混凝土板膨胀收缩、施工时不变形、复原率高、耐久性好的材料。高速公路和一级公路宜选用泡沫橡胶板、沥青纤维板；其他等级公路可选用木材类或纤维类板。

②接缝填料。接缝填料应选用与混凝土接缝槽壁黏结力强、回弹性好、适应混凝土板收缩、不溶于水、不渗水、高温时不流淌、低温时不脆裂、耐老化的材料。常用的填缝材料有常温施工式填缝料和加热施工式填缝料、背衬垫条。

常温施工式填缝料：聚氨酯焦油类、氯丁橡胶类、乳化（改性）沥青橡胶。高速公路、一级公路优先选用；弹性复原率较高、黏结延伸率也较高、与混凝土黏结性较强。

加热施工式填缝料：沥青玛蹄脂、聚氯乙烯胶泥、沥青橡胶。具有规定的针入度、弹性和复原率、流动性、拉伸量。

背衬垫条：橡胶嵌缝条类、微孔泡沫塑料。具有良好的弹性、柔韧性、不吸水、耐酸碱腐蚀和在高温不软化性能。

3. 特殊部位布筋

（1）边缘补强钢筋

混凝土面层边缘下基础薄弱或接缝为未设传力杆的平缝时，可在面层边缘下部配置钢筋。通常选用两根 12～16 mm 的螺纹钢筋，置于面层底面之上 1/4 板厚度处，保护层不小于 50 mm，间距为 100 mm，钢筋两端向上弯起。

（2）角隅钢筋

承受特重交通的胀缝、施工缝和自由边的面层角隅及锐角面层角隅，宜配置角隅钢筋。通常选用两根直径为 12～16 mm 螺纹钢筋，置于面层上部，距顶面不小于 50 mm，距边缘为 100 mm。

四、路面其他构造

（一）路拱

路拱是指为了满足路面横向排水要求而设置的道路中间高、两头低的一种坡度形式。路拱的基本形式有抛物线形、直线形、屋顶线形、折线形。

1. 抛物线形路拱

抛物线形路拱横坡从拱顶至拱脚逐渐增大，外形圆顺美观。抛物线形路拱由于边部坡度大，有利于排水，而中间部分平缓，行车平稳性好。但由于易吸引横向行车集中到中部而造成中部路面损坏，以及车行道横断面上各部分的横坡度不同，增加施工难度。

2. 直线形路拱

直线形路拱是由两条倾斜直线相交而成的。直线形路拱横坡度为定值，对于边缘部分行车有利，施工方便。而路中的路拱顶点由于有凸起转折，对行车不利。直线形路拱多用于刚性路面和单向排水路面，横坡应不小于1.5%，以利于排水。

3. 屋顶线形路拱

屋顶线形路拱是指两旁是倾斜直线，在车行道中心线附近加设竖曲线或缓和曲线的路拱形式。顶线形路拱通常用在高级路面宽度超过 20 m 的城市道路上。其优点是汽车轮胎和路面接触较为平均，路面磨耗也较小；缺点是排水效果不及抛物线形流畅。

4. 折线形路拱

折线形路拱是由短直线段连接而成的。直线各段横坡由路中间向边部逐渐增加的路拱形式。折线形路拱横坡容易控制，便于施工整形，排水良好，适用于较宽的柔性路面，对于直线转折的突变点，往往不利于行车，应注意在施工中碾压平顺。

（二）路肩

路肩是指设在行车道两侧的一种结构物，它的主要作用是保护路基、路面；防止雨水冲刷；供行人通行和公路上临时停车；增加道路开阔感，有助于行车舒适。高速公路、一级公路的路肩包括硬路肩、土路肩两部分。硬路肩是进行铺装的路肩，可以承受汽车荷载作用，当设计速度 $V \geqslant 40$ km/h 时，应设置硬路肩。土路肩是指不加铺装的土质路肩。

根据路肩面层所用材料的不同，路肩可分为沥青路肩、水泥混凝土路肩、粒料或土路肩，路肩结构一般设面层和基层两个层次。

第二章 路基防护工程

第一节 路基防护的基本类型

一、概述

公路路基是按照路线位置和一定技术要求修筑的带状构造物,它是公路与自然地面接触的最基本的部分,是路面的基础,具有承受路面结构自重及由路面传递下来的行车荷载和自然因素的作用。

(一)路基养护工作的基本要求

路基养护工作应符合下列基本要求:路基各部分经常保持完整,各部尺寸保持规定的标准要求,不损坏变形,经常处于完好状态。

路肩无车辙、坑洼、隆起、沉陷、缺口,横坡适度,边缘合适,表面平整坚实、整洁,与路面接茬平顺。边坡稳定、坚固,平顺无冲沟、不松散,坡度符合规定。边沟、排水沟、截水沟等排水设施无淤塞、无高草,纵坡符合规定,排水通畅,进出口维护完好,保证路基、路面及边沟内不积水。挡土墙保持完好无损坏,泄水孔无堵塞。

(二)造成路基破坏的主要原因

造成路基破坏的主要原因可归纳为以下几类。

①不良的工程地质水文地质条件,如地质构造复杂,岩石走向及倾角不利,岩性松散,风化严重,土质较差,地下水位较高以及其他特殊不良地质灾害等。

②不利的水文与气候因素,如降雨量大、洪水、干旱、冰冻、积雪或温差过大等。

③设计不合理,如断面尺寸不符合要求,包括边坡值不当、边坡过高、挖填布置不符合要求、路基过于潮湿或过湿状态、排水不良、防护与加固不妥等。

④施工不符合有关规定,如填筑顺序不当,土基压实不足,盲目采用大型爆破以及不按设计要求和操作规程进行施工,工程质量没有达到应有的标准。其中水是造成路基病害的主要原因。

二、路基的日常养护

（一）路基维护

路基是公路的重要组成部分，是路面的基础，与路面共同承受着车辆荷载。路基的强度和稳定性是保证路面结构与使用功能完好的基本条件。为了保证路基处于正常使用状态，必须采取有效措施对其进行修复或加固，以防止发生过大的变形和其他病害，尽可能保证路基具有良好稳定性和强度。

1. 路基维护的基本原则与目的

（1）路基维护的基本原则

坚持"以防为主，防治结合，积极改善，保障畅通"的原则，以经常性、预防性维护为主，以修补性维护为辅；先重点后一般，对危及道路通行安全及对公路设施会造成损坏的，应优先考虑。在保证道路正常功能的情况下，绿化、美化道路环境。

（2）路基维护的目的

路基维护的目的是路基维护的目的是保持或恢复路基各部分的原有状态和技术标准，确保路基处于正常使用状态；对达不到技术要求的部分进行改善提高，弥补路基缺陷，完善和提高路基使用功能。

2. 路基养护的工作内容和基本要求

路基和路面是道路工程的主要结构物，而路基的强度和稳定性是保证路面结构稳定、路用性能良好的基本条件。因此，为了保证公路的正常使用，必须对路基进行合理的养护和维修，使之经常处于良好状态，避免发生严重的病害。

（1）路基养护的工作内容

为了保证路基的坚实和稳定，保证排水性能良好，使各部分尺寸和坡度符合规定，及时消除不稳定因素并尽可能地提高路基的技术状况，必须对路基进行及时的、经常的养护、维修与改善，路基养护工作的主要内容包括以下几点。

①维修、加固路肩及边坡。

②疏通、改善、铺砌排水系统。对边沟、截水沟、排水沟以及暗沟（管）等排水设施，应及时排除堵塞，疏导水流，保持水流畅通，并结合地形、地质、纵坡、流速等情况综合考虑铺砌加固。

③维护、修理各种防护构造物及透水路堤，管理和保护好公路两旁的用地。

④清除塌方、积雪，处理塌陷，检查险情，预防水毁。

⑤观察、预防和处理滑坡、翻浆、泥石流、崩塌、塌方及其他路基病害，及时检查各种路基的险情并向上级报告，加强对水毁的预防与治理。

⑥有计划地局部加宽、加高路基，改善急弯、陡坡和视距，逐步提高公路技术标准和

服务水平。

在上述养护工作中，要特别注意保持路基排水系统处于完好状态，因为水是造成多种病害的重要因素；应及时总结治理路基失稳的成功和失败的经验，针对具体路段制定出具体的、切合实际的、有效的预防和维修措施，使日常养护、维修工作系统化、规范化，以逐步提高养护水平。

（2）路基养护的基本要求

路基养护的基本要求是通过日常的和定期的检查，发现问题、分析原因，采取适当的养护及修理措施。

路肩：①横坡适度，边缘顺直；②表面平整、清洁、无杂物；③保持无车辙、坑槽、沉陷、缺口。

边坡：①边坡稳定；②平顺无冲沟；③坡度符合规定。

排水系统：①保持无杂草、无淤泥；②纵坡适度，水流通畅；③进、出口良好。排水系统包括边沟、截水沟、排水沟及暗沟等。

防护构造物：①保持构造物完整无损；②砌体伸缩缝填料良好；③泄水孔无堵塞。防护构造物包括挡墙、护坡及防冲刷、防雪、防砂设施等。

路基病害：①对翻浆路段应及时处理，并尽快修复；②对塌方、滑坡、水毁、泥石流、沉陷等做好防护、抢修工作，尽量缩短阻车时间。

（二）路基的日常养护与维修

1. 路肩的日常养护与维修

路肩是指位于行车道外缘至路基边缘、具有一定宽度的带状部分，包括硬路肩与土路肩，以保证车行道的功能和临时停车使用，并作为路面的横向支撑。路肩具有以下九项功能：

①保护行车道等主要结构的稳定；

②为发生机械故障或遇到紧急情况的车辆需要临时停车提供位置；

③提供侧向余宽，有利于行车安全，增加舒适感；

④可供行人、自行车通行；

⑤为设置路上设施提供位置；

⑥作为养护操作的工作场地；

⑦在不损坏公路构造的前提下，也可作为埋设地下设施的位置；

⑧改善挖方路段的弯道视距，增进交通安全；

⑨使雨水能够在远离行车道的位置排放，减少行车道雨水渗透，减少路面损坏。

造成路肩病害的主要因素是水的作用，因此路肩养护与维修工作的重点是减少或消除水对路肩的危害。

（1）养护要求

①路肩应保持干净、清洁、无杂物。

②路肩横坡应平整合适，硬路肩应与路面横坡相同；土或植草的路肩应比路面横坡大1%～2%，以利于排水；路肩外缘应整齐成线。

③路肩的宽度应符合《公路工程技术标准》的规定。

④严禁在路肩上种植农作物和堆放任何杂物。

对于养护材料，应在公路路肩以外设置堆料台。堆料台的设置间距以200～500 m为宜。对大、中修及改善工程所需的砂石材料，如确因用地困难而必须堆放在路肩上时，应做到不在两边同时堆放。而是选择在较宽的路段顺一边堆放，但不得堆放在桥头引道、弯道内侧及陡坡等处。料堆内边离路面边缘应至少保持30 cm，堆料的长度不大于10 m，相邻堆料之间的距离不小于1 m，以利排水。

⑤路肩应经常保持平整坚实。对出现的坑槽、车辙、缺口应及时修补；对雨水天的积水应及时排出，并分析原因进行处理；也可结合实施GBM工程，用石块、水泥混凝土预制块铺砌（或现浇）宽度不小于20 cm的路肩边缘带（护肩带），从而既保护路肩，又美化路容。

（2）日常养护作业

①路肩清扫。路肩清扫包括机械清扫和人工清扫。进行路面清扫、保洁时，必须同时对硬路肩进行清扫和保洁；雨后路肩如有积水，应及时排除。

车辆在高速公路上行驶时，若出现故障，要停在紧急停车带内进行检查和处理，特别是重型车辆，当它停下来使用千斤顶进行处理时，常常要给停车带的沥青路面留下难以恢复的千斤顶痕迹；同时，在修车过程中，个别车辆在停车带内漏下的柴油会侵蚀沥青混凝土路面，造成停车带沥青路面松散。日积月累，随着时间的推移，这些被腐蚀的地方就会发展成坑槽，这种情况的长期存在，既影响停车安全，又影响路肩的排水功能，并且会使路面水渗入基层或底层，进而影响路基。

所以，要及时地对停车带上的痕迹和腐蚀处进行处理，确保路肩表面平整、横坡适度、边缘顺直。这些痕迹和腐蚀处的处理，既可参照沥青路面坑槽处理办法进行，也可在修补路面坑槽时一起进行。

②护栏路肩边缘的杂草修剪、清理。应经常进行护栏、路肩边缘的杂草修剪、清理工作，主要清理路面与硬路肩接缝、硬路肩与土路肩接缝、硬路肩与桥台搭板接缝之间的杂草，杂草清理后应及时用M7.5砂浆或沥青灌缝料予以灌注，防止雨水渗入。

③路肩与路面边缘裂缝的修补。清理裂缝，保持裂缝干净无杂物，并用M7.5砂浆或沥青灌缝料进行灌注，防止雨水渗入。

④硬路肩病害的维修。硬路肩如出现沉陷、缺口、车辙、坑槽、横坡不够等病害，应尽快组织维修。高速公路的路肩应根据设计要求铺沥青混凝土或水泥混凝土面层，并铺砌

路肩边缘带,此时路肩的养护工作将转变成同类型路面的养护工作。

⑤路肩水的处理。路肩松软多是因为水的作用,所以路肩养护与维修工作的重点是减少或消除水对路肩的危害。路面范围的地表水通过路肩排出,因此,必须经常保持路肩的横坡平整合适。高速公路的路肩与路面横坡相同。当路肩过高妨碍路面排水时,应将其铣刨整平,达到规定要求。

对于因路肩湿软面经常发生"啃边"病害的路段,可在路肩内缘铺设排水盲沟,以及时排除由路肩下渗的积水。盲沟的构造可采用无纺布包裹双壁波纹塑管的形式,这种盲沟施工便捷、造价低廉。

陡坡路段的路肩易被暴雨冲成纵横沟槽,甚至冲坏路堤边坡。为此,可采取下列防护措施。

A. 设置截水明槽。自纵坡坡顶起,每隔15~20 m在两侧交叉设置宽度为30~50 cm的斜向截水明槽,并用碎(砾)石填平,同时在路肩边缘处设置高为10 cm、顶宽为10 cm、底宽为20 cm的拦水土埂,在每条截水明槽处留一淌水缺口,其下边的边坡用草皮或砌石加固,使雨水集中从截水明槽内排出。

B. 用粒料加固土路肩或有计划地铺筑硬路肩。

C. 在陡坡路段的路肩和边坡的全部范围内人工植草。

⑥路肩的硬化。对实施GBM工程的公路路肩应根据设计要求进行硬化,并砌筑路肩边缘带。

对铺筑硬路肩有困难的路线或路段,可种植草皮或利用天然草来加固路肩。种植草皮应选择适宜于当地土质、易于成活和生长的草种,草种成活生长后应定期进行维护和修剪,草高不得超过规定值(15 cm),并随时清除杂草和草丛中积存的泥沙杂物,以利排水,保持路容美观。

2. 边坡的日常养护与维修

边坡指为保证路基稳定,在路基两侧做成的具有一定坡度的坡面。

边坡包括路堑边坡和路堤边坡,其主要作用是保证路基稳定、行车安全及景观的舒适。

边坡坡度对边坡的稳定十分重要,确保路基边坡保持合理的坡度是路基设计和养护的重要内容之一。

边坡坡度的大小取决于边坡的土质、岩石的性质及水文地质条件等自然因素和边坡的高度,在陡坡或填挖较大的路段,边坡的稳定不仅影响土石方工程量的大小和施工的难易程度,而且是保证路基整体稳定性的关键因素。

影响路堤边坡坡度的因素有填料种类、边坡高度以及路堤的类型。影响路堑边坡稳定的因素较为复杂,除了路堑深度和坡体土石的性质之外,地质构造特征、岩石的风化和破碎程度、土层的成因类型、地面水和地下水的影响、坡面的朝向以及当地的气候条件等都会影响路堑边坡的稳定性。对土质(包括粗粒土)路堑边坡,则应考虑边坡高度、土的密实程度、地下水和地面水的情况、土的成因及生成时代等因素。

（1）养护要求

①边坡坡面应保持平顺、坚实无裂缝。

②注意观察路高边坡，发现问题及时处理。

③及时清理边坡滑塌部分，避免堵塞路面、边沟。

④对边坡加固的各种设施，应经常检查、维护，以保证其完整性良好。

⑤严禁在边坡上及路堤坡脚、护坡顶上挖土取料、种植农作物或修建其他建筑物。

⑥当土质边坡出现裂缝时，可用密实性土填塞捣实，以防表层水渗入路基体内。如出现潜流涌水，可开沟截断水源，将潜水引向路基外排出。

⑦对路堤边坡进行处理时，应先将原坡面挖成阶梯形，然后分层填筑夯实，并应与原坡面衔接平顺。

（2）边坡的清理和修整

①边坡清理工作，包括清理边坡的可视垃圾、路堑边坡上倾倒的高大树木等。

②应经常进行边坡垃圾的清理工作。清理的垃圾应集中收集并运往指定的地点，禁止焚烧。

③路堑边坡上的高大树木因为雨水冲刷、台风等原因倒在路面上会影响行车安全，所以应根据实际情况及时砍伐。砍伐时可只砍伐树干，保留树根；如因折倒或砍伐而在边坡上形成空洞，应及时培土夯实并植草。

④高出路堑边坡的土体利用人工铲平，并与周围的边坡坡度协调，铲平后喷撒草籽或铺草皮进行绿化。

（3）边坡裂缝的修补

①当路基上的边坡碎落台、坡顶、坡脚等出现宽度小于 0.5 cm 的裂缝时应及时用土进行填塞，填塞时应采用钢钎等细长工具分次进行。

②当路基上的边坡、碎落台、坡顶、坡脚等出现的裂缝宽度超过 0.5 cm 时，应及时进行处理，以防雨水渗入。处理时先沿裂缝挖宽挖深，宽度以人工、机械操作方便为限，深度以挖到看不见裂缝为止。如裂缝较深，则应至少挖深 1 m，开挖的沟槽两侧须坚实、平整。回填时须采用黏土分层夯实，每层的松铺厚度不超过 25 cm，并在顶部做成鱼背形。

3. 排水设施的日常养护与维修

路基排水的主要作用是将路基范围内的土基湿度降低到一定限度以内，保持路基常年处于干燥状态，确保路面具有足够的强度和稳定性。

路基排水设施分为地面排水设施和地下排水设施。地面排水设施通常有边沟、截水沟、排水沟、跌水及急流槽、拦水带等；地下排水设施有明沟、暗沟、盲沟、管式渗沟、洞式渗沟及防水隔离层等。

路基排水系统能否正常工作，直接影响路基的稳定性。因此，加强对各排水设施的日常养护与维修,确保其功能完好、排水顺畅是路基稳定的关键环节,同时要根据实际使用情况不断改善路基的排水条件。

(1)养护要求

①各种排水设施应设置合理、功能完好。

②在汛前,应对各种排水设施进行全面的检查和疏浚,对发现的病害及时进行维修。雨天必须上路巡查,及时排除堵塞,保持水流通畅,以防止水流集中而冲坏路基。

③暴雨天应专门对新建公路的排水设施进行检查,检查进、出水口是否平顺,排水是否畅顺,有无冲刷,排水设施是否完善,功能能否满足要求等。

④暴雨后,应对排水设施重点检查,如有冲刷、损坏,应及时修复加固;如有堵塞应立即清除。

⑤排水设施的进、出口应保持畅通完好。

⑥拦水带的设置应合理,以保证路面雨水及时排出;对出水口设置不合理或排水不畅的拦水带应及时进行改造。

(2)日常养护作业

①地表排水设施的清理和疏通养护。

A. 每年应在雨季前对地表排水设施进行一次全面清理,雨季后对堵塞、淤塞的地表排水设施进行一次清理。将清理的淤泥、杂草运至指定的地点进行堆放,如在水沟边缘堆放时,应距离水沟边缘1.0 m以外,且不能影响排水及景观功能,并保证四周码放整齐、表面平整,每隔1~2 m留50~100 cm的间隙。对清理的垃圾物品应集中后运往指定的地点堆放,严禁抛撒或现场焚烧垃圾物品,以免造成环境污染,影响安全行车或造成火灾。

B. 进行地面排水设施清理时,应对松动的石块进行固定,并安排处理。

C. 对土质边沟,应经常保持设计断面满足排水要求,并要特别注意排水口的设置和排水畅通。沟底应保持不小于0.5%的纵坡,对平原地区排水有困难的路段,坡度不宜小于0.2%。

边沟内不能种庄稼,更不能利用边沟做排灌渠道。边沟外边坡也应保持一定的坡度,以防坍塌,阻塞边沟。

②地下排水设施的清理和疏通养护。

A. 每年应安排对地下排水设施进行一次全面的清理和疏通。

B. 在清理、疏通地下排水设施时,应对沟口的杂草进行清除。当沟口堵塞时,可用水进行冲洗或剔除较小颗粒的砂石,补充大颗粒碎(砾)石,以保持空隙,便于排水。

③中央分隔带排水设施的清理和疏通。

A. 应经常进行检查排水设施并在雨季来临前进行清理,雨季应加强巡查,如发现损坏,应及时进行修补。

B. 如果发现排水不及时、位置设置不当,则应根据情况进行改善或另行修建。

④排水设施的悬空处理。

A.排水设施由于冲刷、基础沉降等原因造成排水设施出现悬空。如不及时处理，会造成排水设施的损坏。

B.处理时应先将冲刷面清理成规则断面，以便于机械或人工施工；如果悬空深度较高，则应分段进行清理和回填，必要时须采取临时支撑措施。

C.清理完成后，用黏土分层回填夯实，对沟底不能垂直夯实的部分可从侧面分层夯实。夯实时避免振动过大或直接对排水设施造成冲击，回填完成后，应使流水坡面与水沟连接平顺，排水顺畅，并及时补种、绿化以防止水土流失。

⑤拦水带的日常养护。

A.拦水带的出水口应经常保持平顺，对出水口处的泥沙、杂草应及时清理。对拦水带的裂缝、变形、损坏应及时进行维修。拦水带的出水口与急流槽相接处，如出现裂缝应及时用水泥砂浆封堵。

B.如出水口附近坡度不顺，雨后经常积水，应对出水口进行维修。如因路肩原因造成积水或出水口设置不当，则应对路肩进行维修，如重新布置出水口，同时设置急流槽。

在养护工作中，要针对现有排水系统不完善的部分逐步进行改进和完善，充分发挥各种排水设施的功能。对有积水的边沟，应将水引至附近低注处；对疏松土质的沟渠，需结合地形、地质、纵坡、流速等实际情况综合考虑，进行加固。

4.防护工程的日常养护与维修

按其作用的不同路基防护与加固工程，可分为坡面防护、进道防护和支挡结构物防护三类。

（1）养护要求

①防护工程主要是指用于防止路基被冲刷和风化、起隔离作用的设施；加固工程是指为防止路基或山体因重力作用而滑塌，主要起支撑作用的支挡结构物。在日常检查和定期检查过程中，应根据防护工程与加固工程的特点进行检查。

②在反常气候、地震或重型车辆通过等特殊情况发生后，应及时进行检查，对发现的裂缝、断缝、倾斜、鼓肚、滑动、下沉或表面风化、泄水孔堵塞、墙后积水、周围地基错台、空隙等情况应查明原因，并观察其发展情况，采取相应的处理、加固等措施。

③对检查和处理加固等情况，应做好记录，建立技术档案。

（2）日常养护作业

①种草、铺草皮和植树等对植物的日常养护。

A.灌溉。灌溉可以改善植物的生长环境，补充水分，是草正常生长的保证。鉴于草在生长季节内，草与环境处于不断地变化之中，不同地区、不同植物存在着差异，水又是调节土壤湿度和改善小气候的重要环节，因此浇灌不能按照某个固定的模式实施，而应根据气候、植物特性等技术要点进行。

B.施肥。草坪施肥的种类主要是氮肥，它能促进草坪草叶色嫩绿、生长繁茂，同时减少开花结籽。寒季型草种的追肥时间最好是早春和秋季，第一次追肥在返青后，第二次追肥在仲春；天气转热后应停止施肥；秋季施肥可于九、十月份进行。暖季型草种的施肥时间是晚春，在生长季节一般应每月施肥一次或每两个月施肥一次。

C.修剪。修剪是草坪草和低矮灌木养护的重点，修剪能控制它们的高度，去除衰弱的垫层（由衰老死亡叶片长期累积而成的软绵层），促进分解，增加叶片密度，抑制杂草生长，使草坪保持美观。一般的草坪草和低矮灌木一年最少修剪4次。修剪时保留的高度越低，要求修剪的次数就越多，草的叶片密度与覆盖度也将随修剪次数的增加而增加，因此，应根据草的剪留高度进行有规律的修剪，当草高达到规定高度的1.5～2.0倍时，就要进行修理。

D.除杂草。杂草的入侵会严重影响植物的质量，使植物失去均匀、整齐的外观，同时杂草争水、争肥、争夺阳光，造成植物长势减弱，因而除杂草是植物养护的重要一环。除杂草最根本的方法是合理的水肥管理，促进目标草的长势，增强与杂草的竞争能力，并通过多次修剪抑制杂草的生长。且发生杂草侵害，除采用人工"挑除"外，也可用化学除草剂进行清除。

E.病虫害防治。及时做好病虫害的防治工作，以预防为主，精心管养，使植物增强抗病虫能力，经常检查，早发现、早治理。采取综合防治、化学防治、物理人工防治和生物防治等方法防止病虫害的蔓延和对植物生长的影响。尽量采用生物防治的办法，以减少对环境的污染。用化学方法进行防治时，一般在晚上进行；药物、用量及对环境的影响，要符合环保的有关要求和标准。对于严重的病虫危害率应控制在5%以下。

F.垃圾清理。绿化养护作业人员应每天至少对草坪内飘落或撒落的纸屑、塑料袋、果皮、落叶等进行一次彻底清理；在绿化作业当天收工前，应对绿化修剪物等进行清理。

②框格防护。

A.当出现裂缝、断裂等病害时应及时维修。对局部悬空、边缘冲沟应及时填补，并根据冲刷情况完善排水设施。

B.对框格内出现的冲沟进行填补后，再进行绿化。

③抹面与捶面的养护。

A.抹面或捶面出现裂缝、开裂或脱落后，应及时灌浆修补或清除损坏部分后重新抹面或捶面。

B.抹面或捶面工程的周边与未防护坡面的衔接处应严格封闭。

C.抹面或捶面防护的泄水孔，伸缩缝的功能应完好，如有损坏应及时维修。

④勾缝与灌浆。

A.清除松动填料，将缝内冲洗干净。

B.缝宽不大时，可用1:4或1:5（质量比）的水泥砂浆捣插密实，有条件时可采用压浆机灌注。

C.缝宽大且深时，宜用水泥混凝土灌注，可按体积比为1：3：6或1：4：5的配料灌注捣实。

⑤干砌片石、浆砌片（块）石、混凝土预制块护坡。

A.应经常检查勾缝有无脱落，沉降缝、泄水孔的功能是否完好，如有损坏应及时修复。

B.砌石是否有风化、松动、开裂等情况，如有损坏应及时维修。

C.坡顶如有水渗入护坡后面，应及时采用封水措施，防止护坡滑塌。

⑥挡土墙的养护。挡土墙是用来支撑天然边坡或人工填土边坡以保持土体稳定的建筑物。在公路工程中，它广泛应用于支撑路堤或路堑边坡、隧道洞口、桥梁及河流岸壁等。

A.对挡土墙除了要进行日常检查外，还应在每年的春秋两季各进行一次定期检查。另外，在有反常气候、地震或重车通过等异常情况下，应进行特种检查，发现裂缝、断缝、倾斜、鼓肚、滑动、下沉、表面风化、泄水孔不通、墙后积水、周围地基错台或空隙等情况应查明原因，并观察其发展情况，采取合理的修理加固措施。

B.圬工或混凝土挡土墙的裂缝、断缝，如已停止发展，则应立即进行修理、加固。具体方法是将裂缝缝隙凿毛，用水泥砂浆填塞。对混凝土挡土墙的裂缝可采用环氧树脂胶结。

C.挡土墙的泄水孔应保持畅通，如有堵塞，应加以疏通。如疏通困难，则应针对地下水的情况增设泄水孔或加做墙后排水设施，严防因墙后积水面引起土压力增加，挤倒挤裂墙身。墙后回填土必须分层夯实。

D.砖、石、混凝土或钢筋混凝土挡土墙的表面如出现风化剥落，则应将风化表层铲除，喷涂水泥砂浆保护层，防止剥落风化。

⑦丁坝与顺坝的养护。

A.严禁在坝的上、下游河流200 m范围内采砂、采石，以免引起河床冲刷，造成基底悬空。

B.定期检查坝与连接地层及其他防护设施的嵌接情况，如发现变形、损坏应及时维修。

C.坝体如有勾缝脱落、石块松动、撞击损坏等，应及时维修。

（3）防护工程常见的养护作业注意点

①防护工程的坡面清理，防护与加固工程的坡面应经常保持清洁，除专门种植的攀岩植物外，应对坡面的杂草、垃圾进行经常的清理。清理时不能对已种植的攀岩植物造成损害，并对清理所造成的孔洞用水泥砂浆进行填塞。清理杂草、垃圾时，应做好安全防护措施，并将清理的杂草、垃圾集中收集并运至指定的地点。

②伸缩缝、沉降缝的处理。防护工程的伸缩缝、沉降缝应整齐垂直，上下贯通，嵌缝材料牢固不脱落。如防护工程的沉降缝上下不贯通引起周边片石松动，则应及时清理沉降缝使之贯通。如嵌缝材料部分脱落，则应及时用填缝材料（沥青麻絮、沥青木板或聚合物合成材料等）予以修补。对防护工程的伸缩缝、沉降缝的日常保养应做好安全防护工作。

③周围地基错台、空隙的修复当发现墙体由于沉降与周围地基错台或墙体不均匀沉降导致错台,墙体基础由于冲刷形成空隙时,应立即进行填塞、修补。修复时应整理修复部位,开挖成规则断面,便于机械或人工操作,回填时应分层夯实,回填完成后,应根据现场情况选择绿化或用水泥砂浆抹面。

④小范围处理防护塌方、空洞。当路基防护工程因边坡坍塌、水流冲刷等造成小范围的塌方、空洞等时,应分析原因及时进行处理。处理时先对塌方、空洞等部位进行清理,并将清理的废弃物运到指定的地点进行堆放。如利用原有的片石,则须清洗干净,整齐堆放。当坡面需要回填时,可根据坡面缺损的情况选择用防护材料回填或用土回填,用土回填时,应先开挖台阶,分层回填夯实,随后采用与原防护工程相同的材料形式对塌方、空洞部位进行修复,要求新、老结构应结合紧密,坡面协调一致。

⑤防护工程裂缝的处理。浆砌或混凝土防护工程出现裂缝或断缝后,应加强观察,当裂缝停止发展时应立即进行处理,处理时,先将裂缝的缝隙凿毛,清除裂缝中的杂物,然后用高强度等级的水泥砂浆(在水泥砂浆中可加入适量的膨胀剂)从下向上填塞充实,填塞完成后进行养生。

5. 弯道、陡坡的养护与维修

(1) 弯道的养护与维修

公路的弯道是根据路线通过的地形条件,按一定的半径修筑起来的圆弧线,为了行车的顺畅,在养护和维修方面必须做到以下三点。

①经常保持原有的弯度,保持边缘以及设计的超高加宽标准。

②高路堤和路线经过河流、坑塘、深沟的弯道,应在路肩边缘设立护栏等安全设施,并保持其完好无缺,以确保行车安全。

③对弯道内侧有碍行车视距的树木、料堆、建筑物予以清除。

(2) 陡坡的养护与维修

陡坡常见于山岭、重丘区,平原较少。陡坡养护和维修的好坏与车辆的行驶效率关系很大,必须做到以下三点。

①保持坡道符合规定的坡度,坡面平顺。

②雨水顺坡道下流时,容易冲坏坡道的路面、路肩,故应及时填铺修理。

③冬季要及时扫除陡坡上的积雪,在高寒地区不易扫除时可暂把积雪压实,并撒铺防滑材料。南方的雨季,坡道行车易打滑,应采用细粒料养护防滑,以保证行车安全。

三、防护及加固工程养护

（一）坡面防护工程的养护

1. 植物防护

植物防护的方法有种草、铺草皮和植树，采用植物覆盖的方法对坡面进行防护，工序简单，效果较好。该方法可以减缓地面水流的速度，调节表层水温状况，使植物根系深入土层，在一定程度上对表层土起到固结作用。植物防护适用于具有适宜植物生长的土质边坡。

①种草。对土质路堤、路堑有利于草类生长的边坡，或河面较宽、主流固定、流速小，路线与水流接近平行、路堤边坡段受季节性浸水或轻微冲刷、土质适于草类生长的，均可种草。坡面上的土质如适合种草，可铺一层厚 5~10 cm 的种植土，然后再种草。经常浸水或长期浸水的路堤边坡，不宜采用种草防护的方法。当边坡上的防护种草已扎根时，可以允许暂时性的、缓慢流水（0.4~0.6 m/s）的短时冲刷。

②铺草皮。当坡度不陡于 1∶1.5，且浸水时水流速度在 0.6 m/s 以下时，可用平铺草皮护坡；当坡度陡于 1∶1.5，且浸水时水流速度在 1.5 m/s 以下时，可用叠铺草皮护坡。铺草皮前，应将边坡表层土挖松整平。在不适于草类生长的土质边坡上应先铺一层 6~10 cm 厚的种植土，然后再铺设草坪。铺草皮的工作宜在春、秋两季或雨季进行，不宜在冬季施工，如在气候干燥的季节铺草皮，则在草皮铺设完成后，应及时浇水至草皮扎根为止。当边坡有地下水出露时，应注意使铺设的草皮不阻塞地下水的出口，以免影响边坡稳定。

③植树。在路基斜坡上和沿河滩之外的河漫滩上植树，能加固路基和河岸，并使水流速度降低，防止和减少水流对路基或河岸的冲刷。林带不仅可以防风、防沙和防雪，还可以美化路容、调节气候。

植树的形式既可以是带状或条形的，也可以是连续的，即将树种满整个防护区域。选择树种时，宜选用适合当地土质、气候、生长迅速、根系发达、枝叶茂盛、成活率高的乔木类或不怕水淹的灌木类。植树的时间宜在春、秋两季或雨季进行，如在干燥季节植树，要经常浇水，直至树成活为止，并应检查其成活的情况，如有缺株需及时补种。

2. 坡面处置

对常受自然条件的影响发生剥落而破坏的易风化的软质岩石或破碎岩石路堑边坡，采取植物防护方法有困难时，可选用抹面、喷浆、勾缝、灌浆、嵌补和锚固等方法进行处置，以保证路基的稳定。

①抹面。抹面防护适用于易风化但表面较完整、尚未剥落的岩石边坡，选用混合材料涂抹坡面，可防止表层岩石风化的进一步发展。但必须注意：抹面仅起到防护层的作用，

不能承受荷载，故边坡必须是稳定的。施工时要注意：抹面前，对被处置坡面进行清理，并应将坡面上的坑洼小石块嵌补填平，然后用水洒湿坡面，使灰浆与坡面结合度好；抹面应均匀；待灰浆稍干即进行夯拍，直至表面出浆为止，并应进行洒水养护。

②喷浆。喷浆（喷射混凝土）适用于边坡易风化、裂隙和节理发育、坡面平整的岩石路堑边坡，且边坡较干燥、无流水侵入的地方。对于高而陡的边坡，当需大面积防护时，采用此类方法更为经济。

喷浆防护边坡常采用机械喷护法，将配制好的砂浆（混凝土）使用喷射机（或水泥枪）喷射于坡面上，由于喷射产生了一定的压力，从而提高了保护层与坡面间的黏聚力及保护层的强度。喷射混凝土的厚度不宜小于 80 mm，应根据厚度分 2~3 层喷射。喷浆厚度不宜小于 50 mm，施工作业前应通过试喷选择合适的水灰比，以保证喷射坡面的质量。喷浆水灰比过小时，灰体表面灰暗，出现干裂，回弹量大，粉尘飞扬；水灰比过大时，灰体表面起皱、拉毛、滑动，甚至流淌；水灰比合适时，灰体呈黏糊状，表面光滑平整，回弹最小。喷浆施工严禁在结冰季节或大雨中进行。

③勾缝。勾缝适用于较坚硬的、不易风化的、节理裂缝多而细的岩石路堑边坡，用以防止雨水沿裂缝浸入岩层内部造成病害。

④灌浆。灌浆适用于较坚硬的、裂缝较大且较深的岩石路堑边坡，借砂浆的黏结力把裂开的岩石黏结为一体，维护边坡的稳定。

⑤嵌补。嵌补防护可用浆砌石块或水泥混凝土嵌补，适用于补平岩石坡面中较深的局部凹坑，以防坡面继续破损碎落，维护边坡的稳定。

⑥锚固。锚固防护适用于岩石边坡的层理或构造面倾向于路基，并有可能顺层面下滑的情况。这种方法是垂直于岩石坡面钻洞，将钢筋直穿至稳定基岩内，然后向洞内灌入水泥砂浆，使钢筋串联岩层，阻止岩层下滑。

3. 护面墙

护面墙适用于边坡较陡 [边坡坡度为（1∶0.3）~（1∶1）] 的情况，在软质岩层节理裂缝较早发育、易于风化的路堑边坡上设置。护面墙一般不承受墙后土体的侧压力，所防护的岩面边坡应无滑动或滑坍现象，路堑应符合边坡稳定的要求。护面墙的厚度随边坡轮廓而变化，其厚要稍大于顶宽，并应设伸缩缝与泄水孔。顶部需用厚土夯实或砂浆抹平，以防水浸入。

（二）冲刷防护工程的养护

沿河路基与桥头引道直接受到水流的冲刷和淘空，为了维护路基的坚固、稳定，必须采取措施予以防护。冲刷防护有两种类型：一种是直接防护，以加固岸坡为主要措施；另一种是间接防护，以改变水流方向、降低流速为主要措施。

直接防护除植物防护、坡面防护外，还有砌石、抛石、石笼、浸水挡土墙等防护方法。间接防护包括各种导流与调治构造物，如丁坝、顺坝及拦河坝等，也可以将河沟改道，引导水流排至路基以外。

1. 砌石防护

护坡砌石主要有干砌片石、浆砌片石、钢筋混凝土预制挂板等。

2. 抛石防护

抛石防护主要用于防护水下部分的边坡和坡脚，避免或减少水流对护坡的冲刷及淘刷，也可用于防止河床冲刷，对于经常浸水且水较深地段的路基边坡防护及洪水季节防洪抢险更为常用。为了在洪水退降后使路基本身迅速干燥，不使路基土被淘刷冲走，应在抛石垛后设置反滤层。抛石的粒径大小与水流速度、水深、浪高及边坡坡度有关，抛石的粒径及质量以不被水冲走和淘刷为宜。

3. 石笼防护

石笼防护用于防护河岸或路边坡，同时也可作为加陡边坡、减少路基占地宽度，以及加固河床、减少淘刷的措施。在缺少大块石料时，用较小石块（5～20 cm）填塞于铁丝笼或竹木笼内，一般可用于流速为 4～5 m/s 的水流中，体积大的可抵抗 5～6 m/s 的流速。有漂石冲击的河流不宜采用石笼防护，因铁丝易被磨坏。只有在水流含有大量泥沙及基底地质良好的条件下，才采用石笼防护。当用于防止冲刷淘底时，一般在河底上将石笼平铺并与坡脚线垂直，同时固定坡脚处的尾端，靠河中心一端不必固定，以便淘底时向下沉落。当石笼用以防止岸坡受冲刷时，可用垒码或平铺于坡面的形式。

（三）支挡建筑物的养护

挡土墙是用来支撑天然边坡或人工填土边坡以保持土体稳定的建筑物。在公路工程中，它广泛应用于支撑路堤或路堑边坡、隧道洞口、桥梁台后填方及河流岸壁等。

在进行挡土墙的维护时，除应经常检查其有无损坏外，还应在每年的春、秋两季各进行一次定期检查，在北方冰冻严重的地区尤应注意，主要检查挡土墙在冰冻融化后墙身及基础的变化情况，以及在冰冻前所采取的防护措施的效果。另外，在反常气候、地震或重型车辆通过等特殊情况下，应进行及时检查，发现裂缝、断裂、倾斜、鼓肚、滑动、下沉或表面风化、泄水孔堵塞墙后积水、周围地基错台、空隙等情况，应查明原因，并观察其发展情况，采取相应的修理、加固等措施。对检查和修理加固的情况，应做好工作记录，设立技术档案备查。

圬工或混凝土挡土墙发生裂缝断裂并且已停止发展的，可将缝隙凿毛、清除碎渣和杂物，然后用水泥砂浆堵塞。水泥混凝土或钢筋混凝土挡土墙的裂缝也可用环氧树脂黏合。当挡土墙发生倾斜、鼓肚、滑动或下沉时，可选用下列加固措施。

1. 锚固法

锚固法适用于水泥混凝土或钢筋混凝土挡土墙采用高强钢筋做锚杆，穿入预先钻好的孔内，灌入水泥砂浆，固定锚杆，待砂浆达到一定强度后对锚杆进行张拉，并固紧锚头，以此来分担土压力。

2. 套墙加固法

套墙加固法就是用混凝土在原墙外侧加宽基础并加厚墙身。施工时，先挖除一部分墙后填土，减小土压力，同时要注意新旧基础和墙身的结合。可先凿毛旧基础和旧墙身，必要时设置钢筋锚栓或石榫，以增强连接。墙后回填土必须分层填筑并夯实。

3. 支撑墙加固法

在挡土墙外侧，每隔一定的间距增建支撑墙。支撑墙的基础埋置深度、尺寸和间距应通过计算确定。

4. 拆除重建

当原挡土墙损坏严重，采用以上加固方法不能达到设计强度要求时，应考虑将损坏部分拆除重建。为防止不均匀沉降，新、旧挡土墙之间应设置沉降缝，并应注意新、旧挡土墙接头协调。

挡土墙的泄水孔应保持畅通，如有堵塞，应及时疏通；疏通困难时，应视墙后地下水情况选择适当位置增设泄水孔，或在墙背后沿挡土墙增设墙后排水设施，一般是增设盲沟将水引出路基，以防止因墙后积水而引起土压力的增加或冻胀的发生。

当挡土墙的表面出现风化剥落时，应将风化表层凿除，露出新茬，再喷涂水泥砂浆保护层。当风化剥落严重时，应将风化部分拆除重砌。

对于锚杆式及加筋土挡土墙，如发现有墙身变形、倾斜或肋柱，挡板损坏、断裂等情况，应及时修理，加固或更换。对暴露的锚头、螺母、垫圈应定期涂刷防锈漆，锚头、螺母如有松动、脱落应及时紧固和补充。

对于浸水挡土墙，除平时经常检查其是否损坏外，还应在洪水期前后进行详细的观察和检查。汛前检查的目的是确定挡土墙的作用和效果，观察其是否完整稳定，能否承受洪水的袭击和是否需采取防护、加固措施；汛后检查的目的是观察其是否有损坏，如有损坏，应及时修理和加固。

当浸水挡土墙受洪水冲刷出现基础被掏空，但未危及挡土墙本身的情况时，可采用抛石加固或用块（片）石将淘空部分塞实并灌浆的方法。当挡土墙本身出现损坏（如松动、下沉、倒塌、开裂等）时，应按原样进行修复。

（四）路基各部分的加固

1. 路肩的加固和改善

①路肩一般采用种植草皮加固，如果为了防止雨中会车时的泥泞陷车，则可用粒料加固，即用砾石、风化石、炉渣、碎砖等（按就地取材原则选用）粒料掺拌于黏土中，铺筑加固层，其厚度不小于 15 cm，铺筑时应尽量采用挖槽铺压；也可在雨后路肩湿软时，直接将粒料（不加黏土）撒铺到路肩上，并进行碾压，分期将粒料铺压进路肩土中加固。使

用此法时应注意路肩与路面交界处保持平顺，并保持适当的横坡度。有的路肩加固层与路面同厚，几乎是拓宽了路面，这对于提高公路的使用质量和通过能力有很大的作用。

②公路和乡村道路交叉处，应进行粒料加固，也可用砖块、石块或条石等在顺大车道口的路肩上，铺一定宽度的行车道。

③在坡度较大的坡道上，雨水顺坡而下，流速较大，易把路肩冲成顺路向的沟槽，此时应从坡顶至坡脚每隔 10~20 m，在路肩上挖出向下倾斜的浅沟，填以碎（砾）石，并掺土夯实，以防冲刷，并有利于排水。同时在路肩边缘再修起小土埂（高度为 5~10 cm，宽度为 10~15 cm），每遇斜沟填石处留一出水口，在出水口处的边坡上种草皮加固，使雨水分别集中到各出水口安全地排出。

2. 边坡的加固和改善

路基边坡的加固方法有以下几种。

①如果边坡时常坍塌，则可予以刷坡；如果路堤很高，则也可以在边坡的半腰上修护坡道。

②当边坡表面易被雨水等冲刷损坏时，可在坡面种草皮、柽柳和荆条等灌木。铺草有全铺或网格式两种铺法。灌木应栽在路肩边缘 50 cm 以下（以免妨碍行车视线），株距和行距应因地制宜，一般为 1 m，并应栽成"品"字形。

③河岸边的路基边坡，因为经常受到水流的冲刷所以要进行加固。一般可在坡脚栽柳树、芦苇等用来保护坡脚，或在常被水淹没的边坡上铺砌护坡。

3. 边沟的加固和改善

①山岭或丘陵区的边沟，有的段落沟底纵坡陡、水流急，常因沟底及边坡脚被冲刷而导致边坡坍塌，所以这些地段的边沟必须加固。一般可以采用以下三种加固方法。

A. 草皮加固边沟，即在沟底和高水位以下的沟壁全铺草皮，以防冲刷。此法仅适用于水流不太急的情况。

B. 设置拦水坝缓和流速，防止冲刷，即根据沟底纵坡的大小，每隔一定距离设置一个石砌拦水坝，在坝的上游填铺一层片石。

C. 在流速较大的边沟以用砖、石加固边沟为宜，其做法是先在底下铺厚度为 10 cm 左右的砾石垫层，上面再铺厚度为 20 cm 的砖、石层。

②对于边沟和附近河流、湖塘底接头的地方，如果沟底比河塘底高出很多，可在沟与河塘底接头的地方修"台阶式跌水"，平原地区可用砖（石）修"水簸箕"。

4. 急弯陡坡的改善

路线上的急弯和陡坡对行车安全和行驶速度的影响最大，故应根据轻重缓急通过逐步放大急弯的平曲线半径予以改善。对于曲折严重的连续弯道，亦应尽早进行裁弯取直；对陡坡路段，可适当降低坡度。降坡施工时，应注意先降半边路基，另半边维持通车。

（五）路基的加宽与加高

随着交通量的发展，当原路基的宽度不能适应需要时，应按需要的公路等级标准予以加宽。加宽时应先将老路基边坡挖成台阶，而后用与原路基相同的土壤夯填。

对常被洪水淹没的低洼路段，需要加高，施工时，应先把老路表面拉毛，并洒水润湿，再分层填土压实。

四、排水工程养护

（一）路基给排水的目的

水是造成路基及沿线设施发生病害以致破坏的一项重要因素。路基排水的主要目的是将路基范围内的土基湿度降低到一定限度以内，保持路基常年处于干燥状态，确保路面具有足够的强度和稳定性。对路基有危害的水，分为地表水与地下水两大类。

地表水主要是由降水（包括雨水，雪水）形成的地面径流及大小河沟、溪水等，这是路基排水的主要方面，也是对路基造成危害的主要水源，同时，路面上的水如不能及时排出会给行车带来很大的安全隐患。

地下水包括上层滞水、潜水及层间水等。暴雨径流、冰雪融水、上层滞水、潜水、泉水及路旁积水，它们均能软化、冲刷甚至毁坏路基，造成路基边坡滑塌、道路翻浆等病害。在公路养护过程中，要想保持路基排水设施的完好无缺则应根据实际情况补充完善排水设施并与沿线桥涵配合形成良好的排水系统，以保证路基的强度及边坡的稳定。

路基排水系统能否正常工作直接影响路基的稳定性，因此，必须对排水设施进行经常性的、预防性的养护和维修确保其功能完好、排水顺畅，同时应根据实际使用情况不断改善路基的排水条件。

（二）路基排水设施

路基排水设施分为地表排水设施和地下排水设施。

（1）地表排水设施

地表排水设施通常有边沟、截水沟、排水沟、跌水、急流槽、拦水带等。

（2）地下排水设施

地下排水设施有明沟、暗沟、盲沟、管式渗沟、洞式渗沟及防水隔离层等。

（三）路基排水设施日常养护

路基排水系统能否正常工作直接影响路基的稳定性，因此，必须对排水设施进行经常性、预防性的养护和维修，确保其功能完好、排水顺畅；同时根据实际使用情况，要不断改善路基排水条件。对各种排水设施，在春融前，特别是汛期前，应进行全面的检查和疏通。雨天必须上路巡查，及时排除堵塞，保持水流畅通，防止水流集中冲坏路基。暴雨后应重点检查，如有冲刷、损坏时必须及时修复加固；如有堵塞时应及时清除。

1. 地面排水设施的构造与养护

(1) 边沟

边沟设置在挖方路基的路肩外侧，或低路堤的坡脚外侧，主要用来汇集和排除路基范围内与流向路基的少量地面水。

边沟的养护措施有如下几个。

①当沟底纵坡为 3%～4% 时，沟底应用片石铺砌加固。

②在冰冻较轻地区也可用三合土或四合土加固边沟。中、重冰冻地区的高等级公路不宜用矩形暗沟式边沟。土质边沟地面和侧面宜采用浆砌体铺筑。

③凡是路线通过乡镇的，沟底宜尽量用片石铺砌加固或采用预制钢筋混凝土边沟。

(2) 截水沟

截水沟一般设置在挖方路基边坡坡顶以外，或山坡路堤上方适当的地点，用以拦截路基上方流向路基的地面径流，防止冲刷与侵蚀挖方边坡和路堤坡脚，减轻边沟水流的泄水负担，保护挖方边坡和填方边坡不受水流的冲刷。

对截水沟的维护，主要是在春融前，特别是汛前，应仔细、全面进行检查和疏浚；大雨中应及时排除堵塞物，疏导水流，保持水流畅通，防止水流集中冲坏路基；暴雨后，应重点检查截水沟，如有冲刷和损坏，必须及时修补加固。

(3) 排水沟

排水沟在平丘区且当原有地面的沟渠蜿蜒曲折，影响路基稳定时，或为了减少涵洞数量，用于合并沟渠时设置，其作用是将路基范围内的各种水源的水流，引至路基范围以外的指定地点。排水沟不宜过长，以免流量过大造成漫流。

排水沟的维护工作主要是在雨季加强检查、疏浚沟中的堵塞物，保持水流畅通，防止水流集中而冲坏路基；大雨后应重点检查有危险的地段，如发现被冲刷、损坏现象，应及时修理或加固。

(4) 跌水与急流槽

一般在重丘、山岭地区地形险峻、排水沟渠纵坡较陡、水流急、冲刷力强的地段，为接引水流、降低流速、消减能量，以防止水流对路基及桥涵造成冲刷，多采用跌水或急流槽。

跌水和急流槽的维护工作，主要是在大雨前进行仔细、全面的检查，防止出现因多方面原因而堵塞水流的情况，如发现问题应及时疏通，以确保暴雨时能畅通无阻；大雨后也要重点检查一些地方，如发现有被水冲刷及损坏的地方，应该组织人员及时修复。

2. 地下排水设施的构造与养护

具有截断、降低、汇集或排除路基范围内的地下水功能的结构物称为地下—排水结构物；其作用是减少地下水对路基的影响，保证路基的强度与稳定性。公路上常用的地下排水结构物有暗沟、渗沟、渗井等。

(1) 暗沟

暗沟是设在地面以下引导水流的沟渠，用以把路基范围内的泉水或地下集中水流排到路基范围以外，无渗水和汇水的作用。

对暗沟的维护，主要是经常进行检查，发现堵塞、淤积等现象时，应及时进行清除和冲洗，尤其是在雨季，必须保证流水畅通无阻。

(2) 渗沟

渗沟是在地面以下汇集流向路基的地下水，通过沟底通道将水排至路基范围以外。渗沟可分为盲沟、管式渗沟、洞式渗沟三种形式。

①如在检查中发现沟口长草堵塞应及时清理和冲洗，确保渗沟的畅通。

②如发现碎（砾）石层淤塞而不通时，应及时组织人员进行翻修，并剔除其中颗粒较小的砂石，保证其翻修质量。

③如认为渗沟所在位置不妥，不能将地下水全部排至路基外时，则应根据具体情况另行修建渗沟。

(3) 渗井

渗井是将离地面不深处含水层中的地下水汇集起来，通过不透水层中的竖井流入下层透水层中以疏干路基。

对于渗井的维护，应经常检查路基周围有无渗漏现象，仔细检查渗井内有无淤泥并及时排除。如果发现渗井的位置不妥，可以考虑改修渗井。

（四）排水设施的增设与加固

排水沟渠的增设与加固措施，应结合当地的地形、地质、纵坡和流速条件，因地制宜，就地取材，且应简便易行，经济实用。

1. 增设排水设施

排水设施的破坏会引起土质松软、强度降低、边坡坍塌、堤身沉陷或滑动，以及产生冻害等，也会对沿线结构物造成极大的危害。在维护过程中，要及时发现，及时进行修复加固或易地重建。

(1) 增设边沟

①边沟应按图纸规定施工并应符合现场的地质地形条件；边沟和涵洞的接合处应与涵洞洞口建筑配合，以保证水流可以通畅地进入涵洞。

②在进行平曲线处的边沟施口时，沟底纵坡应与曲线前后沟底纵坡平顺衔接，不允许曲线内侧有积水或外溢现象发生。曲线外侧的边沟应适当加深，其增加值等于超高值，但曲线在坡顶时可不加深边沟。

③边沟的尺寸应符合规定。对于土质地段，当沟底纵坡大于3%时，边沟必须采取加固措施。采用干砌片石对边沟进行铺砌时，应选取有平整面的片石，各砌缝要用小石子嵌紧；采用浆砌片石铺砌时，砌缝砂浆应饱满，沟身不漏水，若沟底需要抹面，则抹面应平

整压光。

(2)增设截水沟

①截水沟应按规定施工:截水沟的位置;在无弃土的情况下,截水沟的边缘离开挖方路基坡顶的距离视土质而定,以不影响边坡稳定为原则。如系一般土质,则至少应离开坡顶 5 m,截水沟挖出的土,应及时平整夯实,使沟两侧形成平顺的斜面。

当路基上方有弃土堆时,截水沟应离开弃土堆坡脚 1~5 m,弃土堆坡脚离开路基挖方坡顶不应小于 10 m,弃土堆顶部应设 2% 的坡度倾向截水沟的横坡。

②山坡上路堤的截水沟距离路堤坡脚至少 2 m,并用挖截水沟的土填于路堤与截水沟之间,修筑向沟倾斜坡度为 2% 的护坡道或土台,使路堤内侧的地面水流入截水沟中排出。

③当截水沟的长度超过 250 m 时,应选择适当的地点设出水口,将水引至山坡侧的自然沟中或桥涵进水口;截水沟必须有牢固的出水口,必要时需设置排水沟、跌水或急流槽;截水沟的出水口必须与其他排水设施平顺衔接。

④为防止水流下渗和冲刷应对截水沟进行严密的防渗和加固处理。对地质不良地段和土质松软、透水性较大或裂隙较多的岩石路段,以及沟底纵坡较大的土质截水沟和截水沟的出水口等,均应采取加固措施防止渗漏和冲刷沟底及沟壁。

(3)增设排水沟

①排水沟的线形要平顺,应尽可能采用直线,转弯处宜做成弧形,其半径不小于 10 m。排水沟的长度应根据实际需要而定,通常不宜超过 500 m。

②排水沟沿路线布设时应离路基尽可能远一些,距路基坡脚不宜小于 3 m。

③当排水沟、截水沟、边沟因纵坡过大导致水流速度大于沟底,应采取边沟表面加固措施。

(4)增设跌水与急流槽

①跌水与急流槽必须采用浆砌圬工结构,跌水的台阶高度可根据地形、地质等条件决定,多级台阶的各级高度可以不同,其高度和长度之比应与原地面的坡度相适应。

②急流槽的纵坡应按规定进行施工,一般不宜超过 1.0∶1.5,同时应与天然地面坡度相配合。对于较长的急流槽槽底可设几个纵坡,坡一般是上段较陡,向下逐渐放缓。

③当急流槽较长时,应分段砌筑,每段不宜超过 10 m,接头用防水材料填塞,要求密实无空隙。

④急流槽的砌筑应使自然水流与涵洞进、出口之间形成一个过渡段,基础应嵌入地面以下,其底部应按图纸要求砌筑抗滑平台并设置端护墙。路堤边坡急流槽的修筑应能为水流入排水沟提供一个顺畅通道,路缘石开口及流水进入路堤边坡急流槽的过渡段应连接圆顺,采用喇叭口接入。

⑤在边沟、急流槽接入涵洞的进口处应加设消力池,当急流槽水流量大且流速较大时,为防止水溅上路基,宜在急流槽下部槽口上加设盖板。

2. 排水设施的加固

（1）排水设施加固方法

加固被冲刷的土质边沟、截水沟、排水沟等是路基排水工程养护工作的重要内容。

简易式加固应注意以下几个方面：

①土沟夯实；

②水泥砂浆抹平；

③石灰三合土抹平；

④黏土碎砾石加固；

⑤石灰三合土碎砾石加固。

干砌式加固应注意以下几个方面：

①干砌片石；

②干砌片石水泥砂浆抹平。

浆砌式加固应注意以下几个方面：

①浆砌片石；

②浆砌混凝土预制块；

③砌块。

排水沟渠加固措施应结合当地地形、土质、沟底纵坡大小和水流速度等具体情况，遵循因地制宜、就地取材、简便易行的原则，选用加固类型。

（2）铺砌排水设施的方法

①排水设施的铺砌类型及适用范围。土质地段的排水设施，沟底纵坡大于3%时应采取铺砌加固措施。

单层干砌片石：适用于无防渗要求，流速大于 2 m/s 的沟渠。

单层栽砌卵石：适用于无严格防漆要求，且流速在 2.0～2.5 m/s 的沟渠防冲刷加固。

浆砌片石适用：于沟内水流速度较大，且防渗要求较高的水沟加固。

②单层干砌片石加固施工要点。

A. 沟内平均流速在 2.0～3.5 m/s 时，干砌片石尺寸可选用 0.15～0.25 m；当流速大于 4 m/s 时，应采用急流槽或增加跌水。当沟壁沟底为细颗粒土时，应加设碎（砾）石垫层，其厚度在 0.10～0.15 m 范围内。

B. 碎（砾）石垫层石料粒径在 5～50 mm 的质量应占总质量的 90% 以上。

C. 片石间隙应用碎石填塞紧密。片石大面应砌向表面，以减少面部粗糙度。

③单层栽砌卵石加固施工要点。

A. 沟槽开挖后，沟壁沟底为细粒土时，须加设砾石垫层，要求选用平均粒径在 2～4 mm 以内的干净砾石。

B. 所用卵石要求质地坚硬，粒径在 0.15～0.20 m 之间。

C. 施工时，一般应先砌沟底，后砌沟壁，从下向上逐层砌筑。砌筑可自下而上逐步选用较小的卵石，最上一层则用较长卵石平放并封顶压牢。

D. 所有卵石均应栽砌，大头朝下，相互靠紧。每行卵石须大小均匀，两排之间保持错缝。卵石之间的孔隙，用小石填塞紧密。

④浆砌片石加固施工要点。

A. 沟渠开挖后，沟槽要整平夯实。如土质干燥，应洒水润湿后再夯实，如遇有孔穴，应堵塞密实。

B. 在有地下水或冻害地段，沟壁沟底外侧需加设反滤层或垫层，并在沟壁上预留泄水孔。当平均流速大于 4 m/s 且沟底纵坡不受限制时，应采用急流槽处理。

C. 一般采用 M5 水泥砂浆砌筑，机械拌和，随拌随用。

D. 砌筑完成后，应注意对砌体的养护。

（五）整段开挖边沟、截水沟的施工方法

1. 边沟的开挖方法

边沟主要用来汇集和排除路基范围内，以及流向路基的少量地面水，不宜与其他沟边渠合并使用。由于流量不大，一般采用标准断面。沟底宽度不应小于 0.4 m，深度也不应小于 0.4 m。土质边坡一般为（1∶1）~（1.0∶1.5），岩质边坡为（1∶0）~（1.0∶0.5），根据工程地质情况而定。

当采用机械化施工时，土方边沟可做成三角形，其内侧边坡可用（1∶2）~（1∶3）。一般情况下，只有对排水沟或人工渠道才会通过流量计算来确定其横断面。而对于边沟为防止水流漫溢或冲刷，通常规定单向排水长度为 300 ~ 500 m 设排水沟，将水流引向低洼处，因此，常用断面已足以排除其沟内的水量，故不必进行计算。

2. 边沟整段开挖的注意事项

①挖方地段和填土高度小于边沟深度的填方地段均应设置边沟。路堤在山一侧的坡脚应设置不渗水的边沟。

②为了防止边沟漫溢或冲刷，在平原区和山岭重丘区，边沟应分段设置出水口，多雨地区梯形边沟每段长度不宜超过 300 m，三角形边沟不宜超过 200 m。

③平曲线处边沟施工时，沟底纵坡应与曲线前后沟底纵坡平顺衔接，不允许曲线内侧有积水或外溢现象发生。曲线外侧边沟应适当加深，其增加值等于超高值。

④边沟的加固：土质地段当沟底纵坡大于 3% 时应采取加固措施；采用干砌片石对边沟进行铺砌时，应选用有平整面的片石，各砌缝要用小石子嵌紧；采用浆砌片石铺砌时，砌缝砂浆应饱满，沟身不漏水；若沟底采用抹面时，抹面应平整压光。

3. 截水沟的开挖方法

截水沟设在离路堑顶边缘若干距离和山坡路堤上方的适当位置。山坡填方路段设置截

水沟的目的，在于拦截山坡流向路基的水流，防止路堤坡脚受冲刷或促使路堤沿坡面滑塌。

截水沟的位置应慎重考虑，最好能与绝大部分地面水流的方向垂直，转折处宜用曲线连接。在路基边坡至分水岭的距离长而降雨量又大的地段，可视汇水流量大小设一道或几道差不多平行截水沟，分段拦截地面径流。

截水沟沟底宽和沟深一般不小于 0.5 m。沟壁最低边缘开挖深度不能满足断面设计要求时，可在沟壁较低一侧填筑土埋或采取其他措施，加深截水沟。

4. 截水沟整段开挖的注意事项

①截水沟的位置：在路基上方无弃土堆时，截水沟的边缘离开挖方路基坡顶的距离视土质而定，以不影响边坡稳定为原则。如系一般土质至少应离开 5 m，对黄土地区不应小于 10 m 并应进行防渗加固。截水沟挖出的土，可在路堑与截水沟之间修成土台并进行夯实，台顶应筑成 2% 倾向截水沟的横坡。路基上方有弃土堆时，截水沟应离开弃土堆坡脚 1~5 m，弃土堆坡脚离开路基挖方坡顶不应小于 10 m，弃土堆顶部应设 2% 倾向截水沟的横坡。

②山坡上路堤的截水沟离开路堤坡脚至少 20 m，并用挖截水沟的土填在路堤与截水沟之间，修筑向截水沟倾斜坡度为 2% 的护坡道或土台，使路堤内侧地面水流入截水沟排出。

③截水沟长度超过 500 m 时应选择适当地点设出水口，将水引至山坡侧的自然沟中或桥涵进水口，截水沟必须有牢靠的出水口，必要时需设置排水沟、跌水或急流槽。截水沟的出水口必须与其他排水设施平顺衔接。

④为防止水流下渗和冲刷，截水沟应进行严密的防渗和加固，地质不良地段和土质松软、透水性较大或裂隙较多的岩石路段，对沟底纵坡较大的土质截水沟及截水沟的出水口，均应采用加固措施防止渗漏和冲刷沟底及沟壁。

5. 边沟、截水沟和排水沟的维修方法

为防止水流对边沟、截水沟和排水沟的冲刷与渗漏，保证沟渠的稳定，提高公路使用品质，应采用各种措施对沟底和沟壁进行加固。沟渠加固措施应结合当地地形、地质、纵坡和流速的条件，因地制宜，就地取材，简便易行，经济适用，并对沟渠经常性的清理淤泥，保持沟渠断面的尺寸，使沟渠畅通。

（1）边沟的维修方法及注意事项

①土沟表面夯实。

A. 开挖水沟时沟底及底壁部分均少挖 5 cm。

B. 将沟底沟壁夯拍密实，土层厚度不小于 5 cm。

C. 沟渠开挖时应边开挖边夯实，以免土中水分散失，不易夯拍坚实。

D. 施工中如发现沟底沟壁有鼠洞或蛇穴，应用原土补填夯实。

②浆砌片石加固。

A.沟渠开挖后应平整夯拍，如土质干燥应洒水湿润，遇有鼠洞蛇穴，应用原土强塞住并夯实。

B.一般采用M5水泥砂浆砌筑，随拌随用。砌筑完后应注意养护。

（2）截水沟的维修方法及注意事项

①浆砌片石加固。

A.沟渠开挖后应平整夯拍，如土质干燥应洒水湿润，遇有鼠洞蛇穴，应用原土墙塞夯实。

B.一般采用M5水泥砂浆砌筑，随拌随用。砌筑完后应注意养生。

②浆砌预制块石加固方法。浆砌预制块石加固方法与浆砌片石加固方法相同。

（3）排水沟的维修方法及注意事项

设置排水沟的目的，在于将水从路基导入低洼地或其他排水构造物中去。当路线受到多段沟渠或河道影响时，为保护路基需开挖排水沟或改变渠道，以调节水流、整治水道。

（六）盲沟的工作原理和翻修技术

1. 盲沟

由于沟内分层填以大小不同的颗粒材料，利用渗水材料透水性将地下水汇集于沟内，并沿沟排泄至指定地点，此种构造相对于管道流水而言称为盲沟，在水力特性上属于紊流。

盲沟一般设在流量不大，水路不长地段，有纵向、横向盲沟两种；横向盲沟一般与路线方向成一定斜角。简易盲沟的排水能力较小，不宜过长，沟底具有1%~2%的纵坡，出水口底面高程应高出沟外最高水位20 cm，以防水流倒渗。

2. 盲沟的翻修技术

设置盲沟以降低地下水位，截断地下水潜流，使路基保持干燥。

①在路肩上设置横向盲沟。其位置应与路中心垂直。当路基纵坡大于1%时，则与路中心线构成60°~75°的斜度（顺下坡方向）。两侧相互交错排列，间距为5~10 m，深度为20~40 cm，宽在40 cm左右，填以透水性良好的沙砾等材料。横向盲沟出口按一般盲沟处理盲沟往往容易淤塞，应经常观察其使用情况。

②当地下水潜流顺路基方向从路基外侧向路基流动，可在路基内设横向截水盲沟或在路基外设纵向渗沟，不使其侵入路基。盲沟的设置应与地下水含水层的流向成正交，并深入该层底部，以截断整个含水层。

③如因地水位高，可在路基边沟底下设置纵向盲沟。其深度一般为1~2 m，但应根据当地毛细作用高度和降低水位多少要求而定。

④盲沟应选择渗水良好的碎（砾）石填充。对较深的截水盲沟，则应按填充颗粒的大小，分层填入（下大、上小）；也可埋设带孔的泄水管。沟面用草皮反铺掩盖，覆以密实

的结合料，以防止地面水渗入。

五、特殊路基养护

（一）黄土地区的路基养护

在干燥气候条件下形成的多孔性具有柱状节理的黄色粉质土称为黄土。黄土主要分布在昆仑山、秦岭、山东半岛以北的干旱和半干旱地区，其中以黄土高原的黄土沉积最为典型。黄土具有疏松、湿陷、遇水崩解、膨胀等特性，容易形成路基病害。

1. 黄土地区路基的常见病害

黄土具有疏松、湿陷、遇水崩解、膨胀等特性。常见的路基病害有如下几种。

①路堤沉陷。

②路缘石周围渗水。

③路肩和边坡在多次干湿循环后，出现裂缝、小块剥落、小型塌方、沟槽、陷穴、滑塌或在地下水及地面水的综合作用下形成泥流，使路肩、边坡受到破坏。

④边沟被水冲深、蚀宽，导致路肩、边坡脚受到破坏。

2. 黄土地区路基的加固措施

①对疏松的坡面，宜拍打密实，或用轻碾自坡顶沿坡面碾实，如坡度缓于 1∶1，雨量适宜草类生长的，可用种草、铺草皮等方法加固。

②雨量较小、冲刷不严重的，采用黏土掺拌锄草进行抹面，并每隔 30～40 cm 打入木楔，增强草泥与坡面的结合。

③雨雪量较大的地区，无论坡比大小，宜用石灰、黄土、细砂三合土或加炉渣的四合土进行抹面加固。

④对坡脚易受雨水冲刷或坡面剥落严重地段，按前述相应情况，进行修理加固。

⑤公路通过纵横向沟壑时，沟壑边坡疏松土层，采用挖台阶方法清除，台阶宽度不小于 1 m。

⑥因地表水浸蚀致路肩上出现坑凹时，可采取下列措施：

A. 用砂、土混合料改善表层。

B. 路肩硬化采用无机结合稳定类半刚性基层、沥青表处面层或其他硬化结构。路肩未硬化地段，为防止地表水渗入路底层中，应每隔 20～30 m 设盲沟一处。盲沟口与边坡急流槽相接，盲沟与盲沟之间铺设塑料薄膜防水层。

⑦在高路堤（大于 12 m）地段，为防止路基下沉，应在垫层下铺设塑料薄膜防水层（塑料薄膜厚度不小于 0.14 mm），并必须设盲沟，路面宜采用水泥混凝土预制块铺砌。

⑧通过沟壑时，如未设置防护工程，应在上游一侧路基边坡底部先铺设塑料薄膜或其他隔水材料，然后贴着隔水层上铺砌浆砌片石坡脚，铺砌高度应高于水位 20～50 cm。

（二）膨胀土地区的路基养护

膨胀土中的黏粒成分主要由亲水性矿物组成，是具有显著吸水膨胀和失水收缩开裂两种变形特性的黏性土。在我国广西、云南湖北、安徽四川河南、山东等20多个省（区）180多个市县已发现了膨胀土的分布。

在自然条件下，膨胀土一般呈黄、褐、棕及灰绿、灰白等颜色，土体发育有各种特定形态的裂隙，常见光滑面和擦痕，裂缝随气候变化张开和闭合，并具有反复胀缩的特性；膨胀土多出现于二级及二级以上的阶地，山前丘陵和盆地边缘，一般地形平缓、无明显自然陡坎、具有典型的垄岗式地貌。

膨胀土对公路工程的危害形式是多样的，而且变形破坏具有多次反复性。膨胀土地区的路基边坡常大量出现塌方、滑坡，有"逢堑必滑，无堤不坍"之说。因此，在有条件时不要轻易使用规范规定的自由膨胀率为40%以下的弱膨胀土，以减少疑似质量病害的发生。

1. 膨胀土地区的路基常见病害

（1）路堑病害

①剥落。剥落是路堑边坡表层受物理风化作用，使土块碎裂成细粒状、鳞片状，在重力作用下沿坡面滚落的现象。

②冲蚀。冲蚀是坡面松散土层在降雨或地表径流集中水流的冲刷和侵蚀作用下，沿坡面形成沟状冲蚀的现象。冲蚀沟深一般为0.1～0.5 m。深者可达1.0 m，冲蚀严重时可使边坡变得支离破碎。冲蚀主要发生在雨季，特别是大雨或暴雨季节。冲蚀既会破坏坡面的完整性，也不利于植物的生长。

③泥流。泥流是由膨胀土坡面松散土粒与坡脚剥落的堆积物在雨季被水流裹带形成的。一般在膨胀土长大坡面、风化剥落严重且地表径流集中处最易形成泥流。泥流常造成边沟或涵洞的堵塞，严重者可冲毁路基、淹埋路面。

④溜塌。边坡表层强风化层内的土体因吸水过饱和，在重力与渗透压力的作用下，沿坡面向下产生溯流状塌移的现象称为溜塌。溜塌是膨胀土边坡表层最普遍的一种病害，常发生在雨季，并较降雨稍有滞后，可在边坡的任何部位发生，与边坡坡度无关。

⑤坍滑。边坡浅层膨胀土体在湿胀干缩效应与内化作用的影响下，由于裂隙切割以及水的作用，土体强度衰减，丧失稳定，沿一定滑面整体滑移并伴有局部坍落的现象，称为坍滑。坍滑常发生在雨季，并较降雨稍有滞后。滑面清晰且有擦痕，滑体裂隙密布，多在坡脚或软弱的夹层处滑出，破裂面上陡下缓，滑面含水富集，明显高于滑体。坍滑若继续发展，可牵引形成滑坡。坍滑的厚度一般在风化作用层内，多为1.0～3.0 m。

⑥滑坡。滑坡具有弧形外貌，有明显的滑床，滑床后壁陡直，前缘比较平缓，主要受裂隙控制。滑坡多以牵引式出现，具叠瓦状，成群发生；滑体呈纵长式，有的滑坡从坡脚可一直牵引到边坡顶部，有很大的破坏性。

（2）路堤病害

①沉陷。膨胀土初期的结构强度较高，在施工时不易被粉碎，亦不易被压实，在路堤填筑后，由于大气物理风化作用和湿胀干缩效应，土块崩解，在上部路面，路基自重与汽车荷载的作用下，路堤易产生不均与下沉，如伴随有软化挤出则可产生很大沉陷量。

②纵裂。路肩部位常因机械碾压不到，造成填土达不到要求的密实度因而后期沉降相对较大。同时因路肩临空，对大气物理作用特别敏感，干湿交替频繁，肩部土体失水收缩远大于堤身，故在路肩顺路线方向常产生纵向开裂，形成长达数十米甚至上百米的裂缝。缝宽为 2～4 cm，大多距外缘 0.5～1.0 m。

③坍肩。路堤肩部土体压实不够，又处于两面临空部位，易受风化影响使强度衰减，当有雨水渗入时，特别是当有路肩纵向裂缝时，容易产生坍塌。

④溜塌。与路堑边坡表层溜塌相似，但路堤边坡溜塌多与边坡表面压实不够有关。溜塌多发生在路堤的坡腰或坡脚附近。

⑤坍滑。膨胀土路堤填筑后，边坡表层与内部填土的初期强度基本一致。但是随着通车时间的延续，路堤经受几个雨湿季节的反复收缩与膨胀作用后，表层填土风化加剧，裂隙发展，当有水渗入时膨胀软化，强度降低，导致边坡坍滑的发生

⑥滑坡。路堤滑坡与填筑膨胀土的类别、性质、填筑质量以及基底条件等有关。若用灰白色强膨胀土填筑堤身，则会形成人为的软弱面（带）；填筑质量差，土块未按要求打碎；基底有水或淤泥未清除，处理不彻底；边坡防护工程施工不及时；边坡表层破坏未及时整治等，这些因素都有可能导致滑坡的产生。因此，膨胀土路堤有从堤身滑动的，也有从基底滑动的。

2. 膨胀土路基的养护要点

（1）保持排水良好

完善路基排水设施对于膨胀土路基的稳定具有非常重要的意义。例如完善防水保湿，则可消除膨胀土湿胀干缩的有害影响。为此，应注意以下几点。

①对所有排水设施均应进行日常养护以使危害路基稳定的地面水地下水能顺畅排走，防止积水浸泡路基，地下水浸入路基。

②对所有地面排水沟渠，特别是近路沟渠，均应铺砌和加固，以防冲、防渗，如有砂浆脱落应及时进行养护。

③边沟应较一般地区适当加宽、加深。在路堑边沟外侧应设平台，以保护坡脚免遭水浸，并防止剥落物堵塞边沟。

④路堑顶设截水沟，以防水流冲蚀坡面和渗入坡体。路堑顶截水沟应距路堑边缘 10～15 m。成水沟纵坡宜以岗脊为顶点向两侧排水。

⑤对台阶式高边坡应在每一级平台内侧设藏水沟，以拦截并排除上部坡面水，并宜在截水沟与坡脚之间设一定宽度的平台，以利于坡脚稳定。

（2）路面采用不透水面层

一般公路应尽可能采用柔软的面层和较厚的粒料基层；高速公路宜采用厚层石灰土底基层。

（3）路基面横坡应尽可能大一些，路肩应尽可能宽一些，最少不小于 2 m，横坡要尽可能大一些。路肩全宽用与路面基层相同的结构层铺砌，并铺设较薄的不透水面层或做防渗处置。

（4）路基压实通常遵循"较高含水率、较低密度"的原则，即在比轻理压实标准最佳含水率略高的含水率下压实到较低的干密度。压实含水率的控制以平衡含水率为基础，建议取（0.8 ~ 0.9)w_p，或稠度为 1.1 ~ 1.3 时的含水率压实，压实度不低于轻型压实标准的 95%。

（5）土基加固

如不得已需用膨胀土填筑土基时，则应采用石灰、水泥等无机结合料对膨胀土进行改良和加固，以使土基稳固，所用剂量视膨胀土性质与改良、加固要求而定，使用石灰时一般 4% ~ 6% 为宜，所需厚度根据膨胀土性质，公路等级与当地气候条件而定，对一般公路，可用 30 ~ 50 cm，对高速公路，则宜使土基处置层与路面总厚度之和不小于 100 ~ 105 cm。

（三）沙漠地区的路基养护

我国沙漠地区主要分布在北方干旱、半干旱地区。由于这些地方的气候比较干燥，雨水少、风沙大，故地表植被均较稀疏、低矮，边坡或路肩容易被风蚀，或整个路基被风积沙掩埋等。因此，应备足防护材料，做好路基的防护工作。

1.风沙对公路路基的危害

沙漠地区，虽然雨量稀少，但一般降水均为暴雨，易造成水毁病害；我国的沙漠地区大多同时伴有盐渍土分布，路基往往也遭受盐胀等病害的威胁；高纬度沙漠地区因低温，路基易发生冻胀翻浆病害。风沙对公路的主要危害是沙埋和风蚀。

（1）沙埋

①沙埋的原因。公路沙埋主要有两种原因：其一是风沙动通过路基时，由于风速减弱，导致沙粒沉落、堆积、掩埋路基；其二是沙丘移动到路面掩埋路基。

②沙埋的类型。

A.片状沙埋。片状沙埋的面积较大形成也较迅速，主要发生在风沙流活动的地区；初期积沙较薄，通过养护尚能维持通车，如沙源丰富，积沙日益增厚，则会阻断交通。

B.舌状沙埋。在流动沙丘地区，当路线横切沙丘走向时，或在风沙流活动地区，当路基上风侧有障碍物时，均可形成舌状沙埋。舌状沙埋形成迅速、厚度较大，一场大风即可使交通中断。

C.堆状沙埋主要：发生在流动、半流动沙丘地区，沙丘前移上路，造成大量沙子的堆积。

堆状沙埋的发展需要一定的时间，能够预测，可以预防，但一经形成，因积沙量大，危害严重，处理起来比较困难。

（2）风蚀

在风沙的直接冲击下，路基上的沙粒或土颗粒被风吹走，出现路基削低、淘空和坍塌等现象，从而造成路基宽度和高度的减小。风蚀的程度与风力、风向、路基形式、填料组成及防护措施等有关。

①路堤。当主导风向与路基处于正交时，迎风侧路肩及边坡上部风蚀较严重，背风侧较轻。当主导风向平行路基时两侧路肩及边坡上部均易遭受风蚀。

②路堑。路堑边坡的风蚀一般均较严重，风蚀程度则随路线与主导风向的交角面有所不同。当风向与路线平行时，两侧坡面多被风蚀成条沟状；当风向与路线正交时，迎风坡面的局部地方则易被掏空呈犬牙状。

2. 沙漠地区路基的防护措施

"固、阻、输、导，综合治理"是沙漠地区筑路的基本方针，公路养护也应遵循此方针。因此，对公路两侧所设置的沙障、石笼、风力加速堤或用黏土砂砾覆盖的设施、防沙栅栏及为防沙设置的一切设施，如有被掩埋、倾倒、损坏和失效，应及时拔高、扶正或修复补充及时修理、填补卵石护坡或草格防沙设施的塌落、破坏以及边坡上出现的风蚀、空洞、坍塌，对无防护措施的边坡，根据使用情况，增加护坡，以保持路基完好。

植树造林能起到固沙、防沙保护公路的作用。因此对公路两侧现有植物，应加强管理和维护，并有计划地种植防沙植物，使用沿公路形成的防护林带，并做到勤检查、勤浇灌、勤培土、勤修正，保证植被的完整与繁衍。

路肩上严禁堆置任何材料或杂物，以免造成沙丘。对公路上的积沙，应及时清除并运到路基下风侧20 m以外的地形宽阔处摊撒平顺，严禁随意堆弃。植树造林能起到固沙、防沙、保护公路的作用，因此，对公路两侧现有植物应加强管理和维护，并有计划地种植防沙植物，使用沿公路形成的防护林带，并做到勤检查、勤浇灌、勤培土、勤修正，保证植被的完整与繁衍。

①固沙。固沙的措施：一是采用各种材料作为覆盖物，将沙质表土与风的作用隔离；二是设置各式沙障，达到降低地表风速、减少风沙流活动的目的。固沙主要两种方式：覆盖物固沙和沙障固沙。

②阻沙。利用各种材料，在迎风路侧的适当距离和位置上设置若干人工障碍物，以降低近地面的风速，减弱风沙流的作用，使沙粒沉积在一定的范围内，以减少和抑制沙丘前移，从而减轻或防止对公路产生危害。

③为提高阻沙效果，可采取栅栏与挡沙墙（堤）结合的形式。阻沙设施设置的道数及近路的一道距路基边缘的最近间距，应根据沙源数量、年风沙流量、风向与路线交角等因

素进行综合考虑。一般阻沙设施距路基边缘的最小距离不小于 150 m；多道防沙设施之间的距离不应小于设施高度的 15~20 倍。

（四）多年冻土地区的路基养护

在年平均气温低于 0℃ 的条件下，地下形成一层能长期保持冻结状态的土，这种土叫多年冻土。我国的兴安岭和青藏高原的高寒地区分布有成片的多年冻土，天山、阿尔泰山及祁连山等地也有零星分布。低温地带的多年冻土往往含有大量水分或夹有冰层，并有一些不良的地质现象，导致路基产生病害。路基病害主要有：路堑边坡坍塌；路基底发生不均匀沉陷；由于水分向路基上部集聚而引起冻胀、翻浆；路基底的冰丘、冰堆往往使路基鼓胀，引起路基、路面的开裂与变形，而溶解后，又发生不均匀沉陷。因此，多年冻土地区的路基养护，应采取"保护冻土"的原则，做到"宜填不宜挖"，尽量避免扰动冻土。对多年冻土地区的路基养护可以采取以下措施。

①公路防雪设施，应维护原有状态。对倒毁残损的公路，应修理加固或补充；设置不当的应纠正，使其发挥防雪作用。

②路基填方高度不宜小于 1 m，即除满足不同地区、气候、水文、土壤等路基填筑的最小高度外，再另加 50 cm 保护层。若受到地形限制，路基填筑高度不够时，应铺筑保温隔离层。隔温材料可采用泥炭、炉渣、碎砖等，防止热融对冻土的破坏。

③加强排水，防止地表积水，保持路基干燥，减少水融，做到最大限度地保护冻土。

A. 完善路基侧向保护和纵横向排水系统，分段截流地表径流，使其通过桥涵排出到路基下方坡脚 20 m 以外；

B. 不得破坏路基坡脚 20 m 以内地貌，不得挖除原有草皮；

C. 取土坑应设在距路基坡脚 20 m 以外；

D. 在路基上侧 20 m 处开挖截水沟，防止雨雪水沿路基坡脚长流或向低处汇积，造成地表水下渗，路基下动土层上限下降；

E. 疏浚边沟、排水沟等排水设施时，要防止破坏冻层，导致冻土融化，产生边坡坍塌。

④养护材料要尽量选用砂砾等非冻胀性材料，不要选用黏土、重黏土之类毛细作用强、冻胀性大的养护材料。防护构造物应选用耐融性材料，选用防水、干硬性砂浆和混凝土时，在冰冻深度范围，其标号应提高一级。

⑤涎流冰的治理的方法：在寒冷气候条件下，地下水或地面水溢满到地面或路面上，自下而上逐层冻结，形成涎流冰，东北地区常称其为"冰湖"。涎流冰的治理可采用下列方法：

A. 将路基上侧的泉水、夹层和透水层的渗水，从保温暗沟（或导管）导流出路基外。如含水层下尚有不冻结的下层含水层，可将上层水导入下层含水层排出。具体做法：将泉水源头至路基挖成 1 m 深沟。上面覆盖柴草保温材料，再修一小坝积水井（观察眼），路基下放导管，管的周围应该用保温材料包裹，防止结冰形成冰丘。

B. 提高溪旁路基的高度，使其高于涎流冰面60 cm以上。因受地形或纵坡限制不能提高路基时，可在临水一侧路外筑堤坡或在路侧溪流初结冰后，从中部凿开一道水沟，用树枝杂草覆盖加铺土或雪保温，使水流沿水沟流动，避免溢流上路。如地形许可，可将溪流改至远离公路处通过。

C. 在多年冻土区，可在公路上侧10～15 m以外开挖与路线平行的深沟，截断活动层泉流，在冬季使涎流冰聚集在公路较远处，保证公路不受涎流冰的影响。

D. 根据涎流冰的数量，在公路外侧修筑储冰池，使涎流冰不上公路。

（五）泥沼及软土地区路基养护

我国东北的大小兴安岭、长白山、三江平原、松辽平原等地及青藏高原和西北地区的湖盆洼地、高寒山地均分布有泥沼；在内陆湖塘盆地、江河湖海沿岸和山河洼地则分布有近代沉积的软土。泥沼、软土地带的路基，多因地面低洼、降雨充足、地下水位高、含水饱和、透水性小、压缩性大、抗剪强度低，在填土荷载和行车荷载作用下，容易出现路基基底土被压缩而产生较大的沉降，基底土被挤压塑流，向两侧或下坡一侧隆起使路堤下陷、滑动以及冰冻膨胀而产生弹簧、翻浆等病害。

1. 主要病害

软土及泥沼地基对高等级公路的危害主要体现在以下几个方面。

（1）对路基的影响

①过大的工程竣工后沉降会导致路堤整体变差，易发生剪切变形破坏，高路堤尤为危险。

②在路堤横断面上过大的工程竣工，后不均匀沉降会导致路拱变形，结构层开裂，路面出现错台、裂缝、坑洞、翻浆等问题，影响道路的正常通行。容易造成堵车、滑溜、追尾翻车等事故。

（2）对路面的影响

工程竣工后不均匀沉降引起的路面裂缝，尤其是混凝土路面断板、裂缝极大地缩短了维修周期。

（3）对排水的影响

路堤底面沿横向产生盆形沉降曲线，使横坡变缓，影响排水，雨水容易渗入路基。

（4）对结构物的影响

①台下软基的不均匀沉降增加了桥台承受的水平推力，严重的可能导致桥台错位或断裂。

②过大的不均匀沉降导致通水管涵（节）错位，过水断面减小，降低了管涵的通水能力。

（5）对行车的影响

①车辆在桥路连接处的频繁加减速影响了交通的迅速流动，降低了单位时间内的交通量；小型结构物及桥头至桥梁引道间的工后沉降差过大会造成跳车，危及行车安全。

②桥头路堤差异沉降引起汽车的冲击荷载,加速了桥头路面及桥梁伸缩缝的破坏。

③高低不平的路面增加了车辆的损耗和废气的排放,降低了运营效率和空气质量。

2. 对泥沼、软土地区路基产生的病害,可采取下列方法处治

①降低水位。当在路基两侧开挖沟渠的工程量不大时,可加深路堤两侧边沟,以降低水位,促进路基土渗透固结,达到稳固路基的效果。

②置换法。对软土路基沉陷等病害可采用换填土层法,即将路基一定深度范围的湿软土层挖去,换以强度较大的砂、碎砾石、灰土或素土,以及其他性能稳定、无侵蚀性的土类,并予以压实,填至路基标高。

③抛石挤淤。抛石挤淤为强迫换土的一种形式,适用于软土液限性指数大,厚度小于3~4 m,排水困难,片石能沉达下卧硬层者。采用不易风化的直径,一般不小于30 cm的大片石。具体做法:先将病害路段路堤挖到软土层,抛石自路堤中部开始,逐步向两侧展开,使淤泥挤出,在片石抛至一定高度后,用压路机碾压,然后在其上铺设反滤层,再填土至路基原有高度。

④反压护道。当路堤下沉,使两侧或路堤下坡一侧隆起时,可采取在路堤两侧或一侧填筑适当高度与宽度的护道,在护道重力作用下,使路堤下的淤泥或泥炭向两侧被挤出隆起的趋势得以平衡,保证路堤稳定。

⑤侧向压缩。在路堤坡脚处修筑块、片石挡土墙、板桩、木排桩、钢筋混凝土桩、片石齿墙等纵向结构,限制基底软土的侧向挤出,从而保证基底的稳定。

⑥挤密法。在软土路基中采取冲击或振动等方法造成一定直径的钻孔,在孔中灌以砂、石、灰土或石灰等材料,捣实而成直径较大的桩体,利用横向挤紧作用,使路基土粒彼此靠紧,孔隙减小。桩体具有较高的承载能力,群桩的面积约占松散土加固面积的20%,桩和原土组成复合地基,达到加固的作用。

⑦除以上治理方法外,还可采用砂石垫层、塑料排水板以及土工织物等方法,以改善排水条件,稳定路基。

(六)泥石流地区的路基养护

泥石流是在坡面土体疏松、植被稀少、边坡陡峻(30°~35°)、细沟微谷发育的条件下,由大强度暴雨或融雪水的作用而形成的。

泥石流对路基的危害主要通过堵塞、淤埋、冲刷、撞击等造成;也可以通过压缩、堵塞河道使水位上升,以致淹没上游沿河路基,或迫使主河槽改道、冲刷,造成间接水毁。我国的泥石流主要分布在西北西南及华北山区,在华南、台湾及海南岛等地的山区也有零星分布。对于泥石流病害,应通过访问、测绘、观测等获得的第一手资料,掌握其活动规律,采取综合治理措施,具体如下。

1. 治土措施

①植树造林,封山育林,对流泥、流石的山坡,特别是在分水岭、山坡、洪积扇上及

沟谷内，在春秋两季应大量进行植树造林活动。

②平整山坡，填充勾缝；修筑土埋以控制水土流失，防止滑坡发生。

2. 跨越措施

①桥梁适用于跨越流通区的泥石流或者洪积扇区的稳定自然沟槽。设计时，应结合地形地质，沟床冲淤情况、河槽宽度、泥石流的泛滥边界、泥浪高度、流量、发展趋势等，采用合理的跨度及形式。

②隧道适用于路线穿过规模大、危害严重的大型或多条泥石流沟。

3. 排导措施

（1）排导沟

排导沟适用于有排沙地形条件的路段。排导沟的出口应与主河道衔接，出口标高应高出主河道20年一遇的洪水水位。排导沟的纵坡宜与地面坡一致。排导沟的横断面应根据流量确定，应对排导沟进行防护。

（2）渡槽

渡槽适用于排泄流量小于 30 m³/s 的泥石流，且地形条件应能满足渡槽设计纵坡及行车净空要求，路基下方有停淤场地或宣泄下来的固体物质能及时为河水带走，不致从下方回淤淹埋路基。渡槽应与原沟顺直平滑衔接，纵坡不小于原沟纵坡，出口应满足排泄泥石流的需要。渡槽的设计荷载按泥石流满载计算，并考虑冲击力，冲击系数可取 1.3。

（3）导流堤

当在堆积扇的某一区间内需要控制泥石流的走向或限制其影响范围时，可设置导流堤以防止泥石流直接冲击路堤或堵塞桥涵。导流堤的高度应为设计使用年限内的淤积厚度与泥石流的沟深之和；在泥石流可能受阻或弯道处还应加上冲起高度和弯道高度。

4. 拦截措施

（1）拦挡坝

拦挡坝适用于沟谷的中上游或下游没有排泥沙或停淤的地形条件且必须控制上游产泥沙的河道，以及流域内泥沙量大，沟内崩塌、滑坡较多的河段，拦挡坝坝体的位置应根据设坝目的，结合沟谷地形及基础的地质条件综合考虑确定，并注意坝的两端与岸坡的衔接和基础埋置深度。坝体的最大高度不宜超过 5 m，坝顶宜采用平顶式。当两端岸坡有冲刷可能时，宜采用凹形。

（2）格栅坝

格栅坝适用于拦截流量较小、大石块含量少的小型泥石流。格栅坝的格栅间隔按拦截大石块排除细颗粒的要求布置，其过水断面应满足下游安全泄洪的要求。坝的宽度应与沟槽宽度相同，坝基应设在坚实的地基上。

第二节 路基防护的适用条件

一、路基养护概述与规定

（一）路基日常养护概述

路基是公路的重要组成部分，是路面的基础，它与路面共同承担车辆荷载。路基的强度和稳定性是保证路面结构稳定、路用性能良好的基本条件。路基日常养护工作的范围主要包括对路肩、边坡、路基排水设施等的养护。

路基养护工作的内容主要有以下几个方面。

①维修、加固路肩、边坡。

②疏通、改善排水设施。

③维护、修理各种防护构造物。

④清除塌方、积雪，处理塌陷，检查险情，防治水毁。

⑤观察和预防、处理翻浆、滑坡、泥石流等病害。

⑥有计划、有针对性地对局部路基进行加宽、加高，改善急弯、陡坡和视距不良路段，使之逐步达到所要求的技术标准。

（二）路基养护工作的一般规定

①路基养护范围应包括地基、路堤、边坡及结构物、排水设施等。

②路基养护应经常保持路基整体处于良好技术状况，路肩、边坡和支护结构完好稳定，排水设施排水通畅。

③路基日常养护应加强路基日常巡查和保养工作，及时清除零星塌方、碎落石、积水和杂物等，及时修剪杂草、疏通排水系统，定期整理路肩、边坡、排水系统及结构物泄水孔，及时维修路肩、边坡、排水设施和各类结构物的局部轻微损坏。

④路基养护应加强预防养护工作，结合日常巡查和各类检查及监测，及时排查病害及灾害的各类隐患。当路基及结构物技术状况为优良，但有局部轻微损坏或病害迹象时，应适时采取预防性养护措施，防止或延缓病害的发生和发展。

⑤当路基及结构物出现明显病害或较大损坏时，应及时组织专项检查和评定及必要的工程勘察，采取相应工程措施，并应符合下列规定：

A. 路基及结构物技术状况等级为中，或出现局部损坏时，应实施修复养护工程，及时处治或加固。

B. 路基及结构物技术状况等级为次及以下，路基整段出现大范围病害或重要结构物出现较大损坏时，应实施专项养护工程，及时处治、加固或改建。

二、公路养护与管理的任务及其分类

（一）公路养护与管理的任务

所谓公路养护是指为保证公路的正常使用而进行的经常性保养、维修、预防和修复灾害性损坏，以及，为提高使用质量和服务水平而进行的大中修、加固和改建。

公路养护的目的是运用先进的技术和科学的管理方法，合理分配和使用养护资金，通过养护和维修使公路在设计使用年限内保持完好状态，并通过加固、改善或增建等手段提高公路使用质量和服务水平，保证公路行车安全、舒适、畅通，最大限度地发挥公路的运输能力。

公路养护与管理的任务主要包括以下内容。

①贯彻"预防为主、防治结合"的方针，加强预防性养护，提高公路的抗灾害能力，保持公路及其沿线设施良好的技术状况。

②加强公路及其沿线设施的基本状况调查，及时发现和消除隐患。

③及时修复损坏部分，保持公路及其沿线设施的良好的技术状况。

④坚持和贯彻"科技兴交、科学养路"的方针，大力推广和运用先进的养护技术、机械装备和科学的管理方法，吸收和采用新技术、新工艺、新材料、新设备，采取科学的技术措施，不断提高公路养护工程质量，有效延长公路的使用寿命，降低路桥设施的全寿命周期成本，提高养护资金的使用效益。

⑤加强公路技术改造，以适应公路交通事业的不断发展。公路养护应重视资源节约和环境保护，保护农田、保护路旁景观和各种文物古迹，推广和运用路面、桥梁、隧道等管理系统，建立数据库，并注意生产安全。

（二）公路养护的分类

公路养护工程按其工程性质、规模大小及技术复杂程度的不同，可分为小修保养工程、中修工程、大修工程和改建工程四类。

1. 小修保养工程

对公路及其沿线设施进行预防保养和修补其轻微损坏部分，使之经常保持完好状态。通常是由养护道班在一年小修保养定额经费内，按月（旬）安排、计划每日所要进行的工作。

2. 中修工程

对公路及其沿线设施的一般性损坏部分进行定期的修理加固，以恢复公路原有技术状况的工程。通常由基层养路机构按年（季）安排计划并组织实施。

3. 大修工程

对公路及其沿线设施的较大损坏部分进行周期性的综合修理，以全面恢复到原设计标准或在原技术等级范围内进行局部改造和个别增建以逐步提高公路通行能力的工程项目。通常由基层养路机构或在其上级机构的帮助下，根据批准的年度计划的工程预算来组织实施。

4. 改建工程

对于不适应交通量和载重需要的公路及其沿线设施，分期逐段提高技术等级，或通过改善显著提高通行能力的较大工程项目。通常由地区养路机构或省级养路机构根据批准的计划和设计预算来组织实施或招标完成。

（1）路基保养

①整理路肩、边坡，修剪路肩、分隔带草木，清除杂物，保持路容整洁。

②疏通边沟，保持排水系统通畅。

③清除挡土墙、护坡滋生的有碍设施功能发挥的杂草、修理伸缩缝、疏通泄水孔及松动石块。

④路缘带的修理。

（2）路基小修

①小段开挖边沟、截水沟或分期铺砌边沟。

②清除零星坍方，填补路基缺口，轻微沉陷翻浆的处理。

③桥头接线或桥头、涵顶跳车的处理。

④修理挡土墙、护坡、护坡道，泄水槽、护栏和防冰雪设施等局部损坏。

⑤局部加固路肩。

（3）路基中修工程

①局部加宽，加高路基，或改善个别急弯、陡坡、视距。

②全面修理、接长或个别添建挡土墙护坡、护坡道、泄水槽、护栏及铺砌边沟。

③清除较大坍方，大面积翻浆、沉陷处理。

④整段开挖边沟、截水沟或铺砌边沟。

⑤过水路面的处理。

⑥平交道口的改善。

⑦整段加固路肩。

（4）路基大修工程

①在原路技术等级内整段改善线形。

②拆除、改建或增建较大挡土墙、护坡等防护工程。

③大坍方的清除及善后处理。

（5）路基改建工程

整段加宽路基，改善公路线形，提高技术等级。

(6)路面保养

①清除路面泥土、杂物，保持路面整洁。

②排除路面积水、积雪、积冰、积砂，铺防滑料、灭尘剂或压实积雪，维持交通。

③砂土路面刮平，修理车辙。

④碎砾石路面匀、扫面砂，添加面砂，洒水润湿，刮平波浪，修补磨耗层。

⑤处理沥青路面的泛油、拥包、裂缝、松散等病害。

⑥水泥混凝土路面日常清缝、灌缝及堵塞裂缝。

⑦路缘石的修理和刷白。

(7)路面小修

①局部处理砂石路的翻浆变形、添加稳定料。

②碎砾石路面修补坑槽、沉降，整段修理磨耗层或扫浆铺砂。

③桥头、涵顶跳车的处理。

④沥青路面修补坑槽，沉陷，处理波浪、局部龟裂、啃边等病害。

⑤水泥混凝土路面板块的局部处理。

(8)路面中修工程

①砂土路面处理翻浆，调整横坡。

②碎砾石路面局部路段加宽、加厚，调整路拱加铺磨耗层，处理严重病害。

③沥青路面整段封层罩面。

④沥青路面严重病害的处理。

⑤水泥混凝土路面严重病害的处理。

⑥水泥混凝土路面接缝材料的整段更换。

⑦整段安装、更换路缘石。

⑧桥头搭板或过渡路面的整修。

(9)路面大修工程

①整段用稳定材料改善土路。

②整段加宽、加厚或翻修重铺碎砾石路面。

③翻修或补强重点铺装、简易铺装路面。

④补强、重铺或加宽锚装、简易铺装路面。

(10)路面改建工程

①整线整段提高公路技术等级，铺筑铺装、简易铺装路面。

②新铺碎砾石路面。

③水泥混凝土路面病害处理后，将其补强或改造为沥青混凝土路面。

(11)桥梁、涵洞、隧道保养

①清除污泥、积雪、积冰、杂物，保持桥面的清洁。

②疏通涵管，疏导桥下河槽。

③伸缩缝养护，泄水孔疏通，钢支座加润滑油，栏杆油漆。

④桥涵的日常养护。

⑤保持隧道内及洞口清洁。

（12）桥梁、涵洞、隧道小修

①局部修理、更换桥栏杆和修理泄水孔、伸缩缝、支座和桥面的局部轻微损坏。

②修补墩、台及河床铺底和防护圬工的微小损坏。

③涵洞进出口铺砌的加固修理。

④通道的局部维修和疏通修理排水沟。

⑤清除隧道洞口碎落岩石和修理圬工接缝，处理渗漏水。

（13）桥梁、涵洞、隧道中修工程

①修理、更换木桥的较大损坏构件及防腐。

②修理更换中小桥支座、伸缩缝及个别构件。

③大中型钢桥的全面油漆防锈和各部件的检修。

④永久性桥墩和桥面的修理和小型桥面的加宽。

⑤重建、增建、接长涵洞。

⑥桥梁河床铺底或调治构造物的修复和加固。

⑦隧道工程局部防护加固。

⑧通道的修理与加固。

⑨排水设施的更换。

⑩各类排水泵站的修理。

（14）桥梁、涵洞、隧道大修工程

①在原技术等级内加宽、加高、加固大中型桥梁。

②改建、增建小型桥梁和技术性简单的中桥。

③增改建较大的河床铺底和永久性调治构造物。

④吊桥、斜拉桥的修理与个别索的调整更换。

⑤大桥桥面铺装的更换。

⑥大桥支座、伸缩缝的修理更换。

⑦通道改建。

⑧隧道的通风和照明，排水设施的大修或更新。

⑨隧道的较大防护、加固工程。

（15）桥梁、涵洞、隧道改建工程

①提高公路技术等级，加宽、加高大中型桥梁。

②改建、增建小型立体交叉桥。

③增建公路通道。

④新建渡口的公路接线、码头引线。

⑤新建短隧道工程。

（16）交通工程及沿线设施保养

标志牌、里程碑、百米桩、界牌，轮廓标等埋置、维护或定期清洗。

（17）交通工程及沿线设施小修

①护栏、隔离栅、轮廓标、标志牌、里程碑、百米桩、防雪栏栅等修理，油漆或部分添置更换。

②路面标线的局部补划。

（18）交通工程及沿线设施中修工程

①全线新设或更换永久性标志牌、里程碑、百米桩、界牌、轮廓标等。

②护栏、隔离栅、防雪栏栅等的全面修理更换。

③整段路面标线的画设。

④通信、监控、收费、供配电设施的维修。

（19）交通工程及沿线设施大修工程

①增设护栏、隔离栅、防雪栏栅等。

②通信、监控、收费、供配电施的更新。

（20）交通工程及沿线设施改建工程

①整段增设防护栏、隔离栅等。

②整段增设通信、监控收费、供配电设施。

（21）绿化保养

①行道树、花草的抚育及抹芽、修剪、灭虫、施肥。

②苗圃内幼苗的抚育、灭虫、施肥及除草。

（22）绿化小修

①行道树、花草缺株的补植。

②行道树冬季刷白。

（23）绿化中修工程

更新、新植行道树、花草、开辟苗圃等。

三、公路养护的技术政策及措施

（一）公路养护的技术政策

公路养护应贯彻"预防为主、防治结合"和"科技兴交、科学养路"两个方针。"科技兴交、科学养路"的方针，体现了公路养护要加强科技创新、提高科技含量的新要求。

在"预防为主、防治结合"的方针中,也提出了要"加强预防性养护"的要求,这也是顺应当前养护行业全面推行预防性养护,不断注重公路养护全寿命周期成本的新理念。

基于上述方针,公路养护应遵循下列技术政策。

①公路养护工作必须贯彻"预防为主,防治结合"的方针。根据积累的技术经济资料和当地具体情况,通过科学分析,提前做好防范工作,消除导致公路损毁因素,增强公路设施的耐久性和抗灾能力,特别要做好雨季的防护工作,以减少水毁损失。

②因地制宜,就地取材,尽量选用当地天然材料和工业废渣;充分利用原有工程材料和原有工程设施,以降低养护成本。

③推广应用先进的养护技术和科学管理方法,改善养护生产手段,提高养护技术水平。

④重视综合治理,保护生态平衡、路旁景观和文物古迹;防止环境污染;注意少占农田。

⑤加强桥梁的检查、维修、加固和改善,逐步消灭危险桥梁。

⑥加强以路面养护为中心的全面养护。

⑦大力推广和发展公路养护机械化。

(二)公路养护工程的技术措施

公路养护工程的技术措施应遵循下列原则:

①认真开展路况调查,分析公路技术状况,针对病害产生的原因和后果,采取有效、先进、经济的技术措施。

②加强养护工程的前期工作、各种材料试验及施工质量检验和监理,确保工程质量。

③推广路面、桥梁管理系统,逐步建立公路数据库,实行病害监控,实现决策科学化,使有限的资金发挥最大的经济效益。

④实施公路的科学养护与规范化管理,改变现有公路面貌,提高公路的整体服务水平。

⑤认真做好公路交通情况调查工作,积极开发、采用自动化观测和计算机处理技术,为公路规划、设施、养护、管理、科研及社会各方面提供全面、准确、连续、可靠的交通情况信息资料。

⑥改革养护生产组织形式,管好、用好现有的养护机具设备,积极引进、改造、研制养护机械,逐步实现养护机械装备标准化、系列化,以保障养护工程质量,提高养护生产效率,降低劳动强度,改善劳动环境。

⑦加强对交通工程设施(包括标志、标线、通讯、监控等)、收费设施、服务管理设施等的设置、维护、更新工作,保证公路具有先进的服务水平。

四、公路养护的发展

目前,随着我国高速公路通车里程的快速增加以及道路服务年限的增加,我国公路已进入建设与养护并重的时期,即大部分公路已普遍进入缺陷责任期后的正常维修养护期同时，随着工作量的增加和技术含量的提高，社会对公路行车的安全性和舒适性要求也越来越高。为此，需要加强公路的养护管理，及时掌握各种病害的状况和成因，正确选择和使用养护维修技术和方法，适时地进行养护与维修，以确保提供安全、快速、经济、舒适的现代化交通条件。

公路养护势必成为大规模建设后接踵而来的热门产业，那些应如何进行公路养护工程管理？如何对公路养护工程进行有效管理，降低养护费用，延长路面和结构的使用寿命，以及提高高速公路的服务水平？这些都是所有公路养护业内人士关心的问题。

过去，公路养护工程并没有真正意义上的设计，而是由业主和施工单位根据路况或病害调查结果自行确定养护方案和工艺。为了能有效地控制施工质量及造价，近年来许多养护项目引入了养护设计，它为养护项目招投标提供了一个计算标价的基础，同时为施工提供了一个图纸依据。但由于公路养护设计开展的时间较短，设计单位积累的设计经验不足，不能正确预见隐蔽的病害，加之养护工程不同于普通新建公路工程，养护工程的内容多、涉及面广、工程小、面杂、技术多样，许多技术措施需要因地制宜，因而使得养护设计往往与实际病害状况相去甚远，无法完全按照预先的设计进行施工。由于公路养护工程很难有一个真正意义上的图纸，因此设计在很大程度上仅起到一个指导作用。

公路的业主单位为了适应公路新技术的发展和应用，确保工程质量，引入了科研院所和高校作为养护工程的技术咨询单位，开展诸如新材料、新工艺应用的联合课题研究，新技术的推广应用等工作。技术咨询服务队伍的引入加快了养护新技术推广应用的步伐，为公路养护技术水平的提高提供了技术保障。

公路养护不仅需要理论依据，而且需要进行路况及桥梁、隧道、边坡的病害及安全隐患的调查，以确保安全运营，为此，公路的业主单位还引入了专业的检测机构对道路和结构物的状况进行跟踪监测。检测主要是查清道路和结构物病害的原因、破损程度、承载能力、抗灾能力，确定道路和结构物的状况，为适时养护提供第一手资料，同时也为设计提供可靠依据。鉴于国家对桥梁、隧道等结构物安全的高度重视，随着安全隐患排查治理工作的持续深入开展，结构物检测服务的市场会越来越大，并将长期保持。

近年来，公路养护技术得到了飞速发展，随着各种新技术、新工艺、新材料的不断涌现，公路养护已经不是传统意义上的公路养护，而成为一个大量应用新技术的新兴行业。

目前，由于许多企业对公路养护这个新兴行业还存在认识误区，以为凭借以前新建公路项目的经验就可以满足公路养护市场的需要，因此往往投入不足，使得公路养护工程的质量与实际需要存在较大差距。其实公路养护在许多方面具有其独有的技术和管理方法，要想做好养护工程还需要进行必要的学习和锻炼。在进行公路养护时出现的问题有：施工单位的施工质量达不到要求；监理单位对养护工程监理存在方式方法的不适应；设计单位对高速公路养护不熟悉，设计的图纸无法使用；技术咨询单位对养护工程的难度估计不足，造成新技术无法进行推广和实际使用效果达不到最初的预期。

因此，要想真正做好公路养护仅仅停留在过去的一些经验上是完全不够的，需要不断探索适应公路养护要求的管理模式、技术标准和成套技术，从而推动我国的公路养护步入"畅通主导、服务需求、安全至上、创新引领"的可持续发展轨道。

五、公路技术状况的影响因素及评价

（一）公路技术状况的影响因素

公路是国家经济发展和现代化建设的重要基础设施，是为汽车运输服务的线形工程结构物。公路在竣工并交付使用后，在反复的行车荷载作用和自然因素的影响特别是随着交通量和轴载的不断增加，以及部分筑路材料性质的衰变，加上在设计、施工中留下的某些缺陷，导致公路的使用功能逐渐下降。

影响公路技术状况主要因素有车辆荷载、自然因素和其他因素几方面。

1. 车辆荷载对公路技术状况的影响

作用于公路上的车辆荷载及作用主要有如下几点。

（1）垂直荷载

行驶的车辆通过车轮传递给路面的垂直压力（重复荷载），使路面产生压缩和弯拉，其大小主要取决于车辆的类型和轴载。

压缩作用：对于柔性路面，当荷载在一定限度内，弹性变形增加，路面密实度增大；当荷载超过一定限度，残余变形增加，逐渐产生沉陷。对于沥青路面，由于交通渠化，普遍产生车辙。

弯拉作用：对于整体性材料路面，垂直荷载将产生弯拉变形，当弯拉应力超过材料的疲劳强度时，路面将出现疲劳开裂破坏。

（2）水平荷载

由于车辆的启动、制动、变速、转向以及克服各种行车阻力而作用于路面的水平力称为水平荷载。其大小除与车辆的行驶状况和轮胎性质有关外，还与路面的类型及其干湿状况有关，水平荷载最大时可达车轮垂直荷载的0.7～0.8倍。

在水平力作用下，使路面将产生表面变形而影响路面的平整度。

①对路面产生磨损，路面厚度减薄；骨料外露及表面磨光，导致路面摩擦系数减小，影响行车安全。

②使沥青路表面的骨料脱落，并逐渐扩大形成坑槽破坏。

③在车辆垂直力与水平力综合作用下，路面结构中将产生较大的剪应力。当此应力超过一定限度时，将致使面层与基层滑移，形成壅包或波浪病害；当路面面层较厚面层间结合良好时，路面将产生失稳性车辙变形（横向剪切流动）。

（3）冲击荷载

汽车行驶时自身产生的振动以及路面不平整使车辆产生颠簸，这些作用都对路面产生动压力。其值与车速、路面平整度、车辆减振性能等因素有关。车速、路面平整度和车辆的减振性能有关，车辆垂直动压力与其静压力的比值，称为动荷系数。在较平整的路面上，当车速不超过 50 km/h 时，动荷系数一般不超过 1.3；在车速高、平整度差的路面上，动荷系数可能接近甚至超过 2.0。

①路面受到周期的振动作用力，在路面结构中将产生周期性的快速变向应力。

②在动压力作用下，轮胎对路面的推挤、磨耗等作用也具有相应的规律性，从而使路面产生有规律的波浪变形并形成搓板病害。

③沥青路面由于具有较大的吸振能力，因此受动压力的破坏影响较小。

（4）真空荷载

车辆行驶时，在车轮的后方与路面之间暂时形成真空，产生了对路面结构具有破坏作用的真空吸力。

①真空吸力会导致路面骨料松动，当路面材料黏结力较差时最易产生破坏。

②在有尘土或不洁净的路面会产生扬尘；碎石封层通车时会"飞沙走石"。

2. 自然因素对公路技术状况的影响

自然因素对公路技术状况的影响主要有水、温度、阳光、空气、风力、地震力等。

（1）水的影响

水对路基路面的作用主要来自大气的降水和蒸发，地面水的渗透以及地下水的影响，当路基内出现温度差时，在温差作用下的水还会以液态或气态的方式从热处向冷处移动和积聚，从而改变路基的潮湿状态。

公路路基和路面的物理力学性能随着水温状况的变化而变化。当路基受到严重的水浸湿时，其强度和稳定性会迅速下降，导致路基失稳，引起坍方、滑坡等病害。对于土基承受荷载较大的柔性路面，常因承载能力不足，路面在车轮荷载的作用下产生沉陷，有时在沉陷两侧还伴有隆起现象；严重时，在沉陷底部及两侧受拉区发生裂纹，逐步形成纵裂，并逐进一步发展成网裂。

对于水泥混凝土路面，则可因土基出现较大的变形，特别是不均匀的变形，而使混凝土板产生过大的荷载应力，导致断裂。

北方冰冻地区在有地下水作用的情况下，冬季路基会产生不均匀冻胀，路面被抬高，以致产生冻胀裂缝，严重时拱起几十厘米；在春融季节则产生翻浆，在行车作用下路面发软，出现裂缝和冒泥现象，以致路面结构遭到全部的破坏，使交通中断。

在非冰冻地区，中、低级粒料路面在雨季、潮湿季节的强度和稳定性最低，路面容易遭到破坏；在干燥季节，路面尘土飞扬，磨耗严重，影响行车视线并污染周围环境。

沥青路面虽可防止雨水渗透，但也阻止了路基中水分的蒸发，在昼夜温差的作用下，路基中的水分以气态水形式凝聚于，紧挨面层下的基层上部，改变了基层原有的湿度状况。当基层采用水稳性不良的材料时，会导致路面发生早期破坏。

沥青路面在浸水的情况下，可使其体积松胀，并削弱沥青与集料之间的黏附性，从而降低沥青混合料的物理力学性能。水对黏附性的影响，主要取决于沥青的性质和集料的黏附性，同时也与集料的吸水性能有关。通常，煤沥青比石油沥青有更好的黏附性，碱性矿料比酸性矿料有更好的黏附性。根据试验，对于国产的石油沥青，其黏附性的大小，按产地不同一般有如下规律：克拉玛依沥青、单家沥青、辽河沥青＞欢喜岭沥青＞茂名沥青＞兰炼沥青＞胜利沥青。各种岩性矿料的黏附性顺序为：石灰岩→安山岩→玄武岩→片麻岩→砂岩→花岗岩→石英岩。当水中含有溶盐时，会使沥青产生乳化作用，从而加剧沥青的熔蚀作用。

水泥混凝土路面的接缝渗入雨水后使基础软化，在频繁的轮载作用下，路面会出现错台、脱空、唧泥等现象，并导致板边产生横向裂缝。

沥青路面在冬季低温时强度虽然很高，但变形能力则因黏附性的增大而显著下降。当气温下降时，路面收缩因受到基层的约束而产生累积温度应力，当其超过沥青混合料的抗拉强度时，将使路面产生一定间距的横向裂缝，水分浸入裂缝后，基层和土基的承载力将下降而使裂缝边角产生折断碎裂。影响低温缩裂的主要因素有：一是沥青混合料的性质，包括沥青的性质和用量、集料的级配；二是当地的气候条件，包括降温速率、延续时间、最低气温和每次降温的间隔时间等。此外，路面的老化程度、结构条件与路基土种类对低温缩裂也有一定的影响。

（2）温度的影响

暴露于大气中的路面，直接受着大气温度的影响。路面温度随气温一年四季和昼夜的周期性变化而改变，并沿深度方向产生温度梯度通常，路面的最高温度和最低温度分别出现在每年的7月和1月。由于太阳辐射热被路面吸收，沥青路面的最高温度可比气温高出23℃，水泥混凝土路面则高出14℃。冬季的最低温度出现在路表，路表温度等于最低气温。

冬季低温时，沥青路面强度高、刚度大，因而变形能力降低。温度下降而路面收缩时因受基层约束产生累积温度应力，当超过沥青混合料的抗拉强度时，将使路面产生一定间距的横向裂缝。当水分浸入裂缝后，基层和土基承载能力下降，裂缝边缘产生折断碎裂。

采用无机结合料半刚性基层，可因其干缩和温缩产生的裂缝而引起沥青面层出现反射裂缝。路面反射裂缝与半刚性基层材料的收缩性能有关，还与面层的厚度及沥青性质有关。通常，半刚性基层采用水泥、石灰和粉煤灰等混合稳定的材料比单纯采用石灰材料收缩性小；稳定粒料、粒料土比细粒土的收缩性要小。另外，含水量、密实度、稳定剂用量对收缩也会产生较大影响。

温度的变化同样会引起水泥混凝土路面板的胀缩变形。当变形受阻时，板内产生胀缩应力和翘曲应力。由于水泥混凝土是种拉伸能力很小的脆性材料，为了减小其温度应力，避免板自然开裂，需把板体划成一定尺寸的板块，并修筑各种接缝。当板块尺寸设置不当或接缝构筑质量不合要求时，板体也会产生断裂，并引起各种接缝的损坏。

若拌制的水泥混凝土混合料的水分过大，或在施工养生期水分散失过快，也可引起混凝土板的过大收缩和翘曲，在板的表面产生裂纹以至早期出现断板。

（3）阳光和空气的影响

在阳光温度、空气等大气因素的作用下，沥青路面会出现老化，使沥青散失黏塑性，路面变得脆硬、干涩、黯淡而无光泽，抗磨性能降低，在行车荷载作用下相继出现松散、裂缝以至于大面积龟裂，日照愈强烈、气温愈高，空气越干燥和流通，路面老化速度越快。

3. 其他因素对公路技术状况的影响

公路技术状况除了受到上述因素影响之外，还受到材料性质衰减、设计缺陷、施工缺陷等其他因素的影响。

由上述因素可知，公路在使用过程中所受的行车和自然因素的作用是十分复杂的，往往并非单一因素的作用，而是多种因素的综合作用。在这些因素的作用下、导致公路发生各种病害和损坏现象。因此，在进行公路的养护与维修时，首先应运用基本知识分析损坏的原因，并区别这些损坏是属于功能性的损坏或是结构性的损坏，以及损坏是发展性的还是非发展性的，然后才能制定有效可行的养护措施。

（二）公路技术状况的评价

公路技术状况用公路技术状况指数 MQI（Maintenance Quality Indicator）和相应分项指标表示，MQI 和相应分项指标的值域为 0～100。公路技术状况分为优、良、中、次、差五个等级。

第三节　路基防护病害及处治

一、路基病害产生原因

造成路基的各种病害及破损都是由路基的强度和稳定性不足引起的。影响路基强度和稳定性的因素有两个方面：一是自然因素与地质条件，其中最主要的影响因素是温度和湿度；二是人为因素，包括设计、施工和养护。路基工程一经完成，路基的质量主要取决于路基的养护水平。

（一）路基病害的共同原因

造成路基病害的原因是多方面的，各种病害既有各自的特点，又往往具有共同的原因，主要可归纳为以下三个方面。

①不良的工程地质与水文地质条件。如地质构造复杂，岩层走向及倾角不利，岩性松软，风化严重，土质差，地下水位较高以及其他特殊不良地质等。

②设计不合理。如断面尺寸不符合要求，包括边坡值不当、挖填布置不符合要求、路基低于临界高度，以及排水、防护与加固不妥等。

③施工不符合规定。如填筑顺序不当、土基压实不足、盲目采用大型爆破、不按设计要求进行施工、工程质量不符合标准等。

（二）路基病害处置的一般措施

路基病害的防治，应贯彻"预防为主，综合治理"的原则。因为病害一旦出现，路基的稳定性就开始丧失，而自然因素却是每时每刻都对路基产生影响，这就势必加剧病害的扩大与发展，形成恶性循环。了解清楚发生病害的原因是治理病害的起点，而同一病害在不同的时间、地点发生时，其原因往往不尽相同，因此，只有深入现场、综合分析，才能因地制宜地采取有效的根治措施。

①调查路线所经过地区的自然地理条件，如气候、水文、工程地质、水文地质等，尤其要了解它们的变化规律，为防治路基病害提供第一手资料。

②认真选线，精心设计，严格施工，杜绝发生路基病害的人为因素，也是预防病害的积极措施。

③充分注意路基排水，在各种路基病害中都有水这个不利因素的作用。水的作用越强烈，病害越严重，因此，治水是防治路基病害的关键。在公路的设计、施工和养护工作中，路基排水均应放在重要的位置，在自然地理条件较差的地段更应予以高度重视。

④加强养护、及时治理，以预防或减轻路基病害，并能及早发现病害征兆，有利于及时采取治理措施。

⑤综合分析、积极根治。由于路基病害的原因是多方面的，因此，除了做好路基工程自身的病害防治外，还应考虑各种外部因素的影响，如绿化、农田水利建设、土地开发等，只有这样才能达到根治路基病害的目的。

二、路基典型病害

路基是公路的重要组成部分，是路面的基础，它与路面共同承担车辆荷载。路基的强度和稳定性是保证路面结构稳定、路用性能良好的基本条件。

路基工程的特点如下：

①路基工程以岩石和土为基础，并以岩石和土作为建筑材料。

②路基工程完全暴露在自然环境中，受严寒酷暑、狂风暴雨、地震等自然条件影响，将会引起路基坍塌、路基隆起、下沉、翻浆冒泥等各种病害。

③路基同时受静荷载和动荷载的作用，动荷载也是造成路基病害的主要原因之一。

④路基的设计、施工和养护影响着路基的质量，而工程完工后，质量将主要取决于路基的养护水平。

路基作为路面的基础，是在地表按照路线位置和一定技术要求修筑的带状构造物，承受由路面及交通车辆的静、动荷载，应有足够的强度、稳定性和耐久性。路基的强度与稳定性受水、温度、土质等客观因素影响，同时也受行车荷载的作用。

路基典型病害主要有路基沉陷、路基翻浆、崩塌、滑坡、泥石流等。

（一）路基沉陷

路基沉陷是指路基在垂直方向产生较大的沉落，路基的不均匀下陷将造成局部路段破坏，从而影响交通。

1. 路基沉陷的两种情况

①路堤沉落：因为填料选择不当、填筑方法不合理、压实不足，在荷载和水温的作用下，堤身可能向下沉落。

②地基沉陷：原地面为软弱土层，如泥沼、流沙或垃圾堆积等，填筑前未经换土或压实，造成承载力不足，发生侧面剪裂凸起，地基发生下沉，引起路堤堤身下陷。

2. 路基沉陷的原因

受交通荷载和环境因素等的影响，基床病害成为一种分布广、治理难、多发性强的病害。因此，了解路基病害的类型及其发生机理，并对其进行检测，对路基的防护和治理非常重要。

①设计因素。公路的设计是公路工程施工的主要依据，设计的优劣在一定程度上决定着公路工程质量。若公路设计不合理，存在一些缺陷，就极易造成公路路基出现沉陷问题。而在设计因素中，路基排水措施设计具有至关重要的作用。若是该方面设计不合理，就会导致路面积水无法及时排出，致使积水不断渗入路基，从而降低路基强度，甚至破坏路基结构，最终造成路基沉陷问题发生。水对路基的危害最大，影响也最严重，若没有合理的排水设计，势必导致排水不通畅，水分积聚并不断下渗，从而引起路基沉陷。

②填筑方法问题。在填筑材料符合规范的前提下，填筑方法不当也极容易造成公路路基的沉陷，比如，施工工艺不当造成滑移或沉陷，或是没有按照填筑要求，出现填筑密度和强度不符合规范要求的情况，都容易产生公路路基沉陷的问题。纵向分幅填筑是路基填筑的常用方法，如果没有严格的控制要求，会造成路基沉陷，给公路造成危害。

③地质条件的因素。目前的公路建设发展迅速，在不同地区开展公路建设意味着施工者要面对各种各样复杂的地理环境，不同的地质条件对公路路基的影响也是显著的，有一些地质条件未必能达到路基建设的要求，所以在一些劣质路段，很容易出现因为自身地质条件问题而出现路基变形、位移，在原土壤受到外界压力后出现下沉，造成公路路基沉陷问题。

④气候因素的影响。我国地域跨度大，气候复杂多样，不同地区、不同条件下的气候变化较大，常见的气候影响因素，如降雨量、冰冻积雪、洪水干旱等，如果公路地段排水不畅极容易产生积水下渗，在土壤等地质因素的作用下，出现路基强度下降，路基不均匀下沉，造成路基沉陷。气候对于路基的影响是非常明显的，也是对路基质量的一个考验。

⑤车辆载荷量因素。公路设计完成后，通车使用是对路基质量的一个考验。一些公路的车流量大，特别是一些重要路段的公路，每天都会有不间断的车流量经过，一些为了追求经济利益的企业在交通运输上可能会出现高负荷车辆，甚至超载车辆，在大强度的负荷承载量作用下，就容易使路基渗透性的材料发生偏移，进而造成路基沉陷。

⑥其他影响因素。在不同的条件和状况下，造成公路路基下沉的影响因素还有很多，如施工不当、在设计施工阶段偷工减料，或者不按照施工的规范要求、不遵守规范程序、管理不当等；发生一些无法预料的地质灾害，导致地质条件发生变化等。

3．路基沉陷的防治方法

①注意选用良好的填料，严禁用腐殖土或有草根的土块，应分层填筑、分层夯实，并及时排除流向路基的地面水或处理好地下水。

②填石路堤从下而上，石块应由大到小认真填筑，并用石渣或石屑填空隙。

③原地面为软弱土层时，要采取相应的处置方法，提高路基的稳定性。

4．路基沉陷的处治方法

路基沉陷病害的处治方法主要有换填土层法、反压护道法、粉喷桩法、灌浆法等。

①换填土层法。换填土层法适用于处理各类浅层软弱地基。当建筑范围内上层软弱土较薄时，则可采用全部置换处理。对于较深厚的软弱土层，当仅用垫层局部置换上层软弱土时，下卧软弱土层在荷载下的长期变形可能依然很大。例如，对较深厚的淤泥质土类软弱地基，用垫层置换上层软土后，通常可提高持力层的承载力，但不能解决由于深层土质软弱而造成地基变形量大对上部建筑物产生的有害影响问题。对于体型复杂、整体刚度差或对差异变形敏感的建筑，均不应采用浅层局部置换的处理方法。

②反压护道法。当路堤下沉、两侧或路堤下坡一侧隆起时，可采取在路堤两侧或一侧做适当高度与宽度的护道，在护道重力作用下，使路堤两侧或单侧有隆起的趋势得以平衡，保证路堤稳定。在非耕作区和取土不困难的地区，路堤高度不大于2倍的极限高度，主要用于处理软土，有时也可以采用泥沼土。

③粉喷桩法。粉喷桩法是处理10 m以内路基下沉病害的方法。粉喷桩处理软土地基是通过专门的机械将粉体固体化剂喷出后在基地深处与软土强制搅拌，利用固化剂和软土地基之间产生的物理、化学反应，形成强度、刚度大的柱体。

④灌浆法。灌浆法是利用液压、气压或电化学原理，通过注浆管将浆液均匀地注入地层中，浆液以充填、渗透和挤密等方式占据土粒间或岩石裂缝中的空间，经人工控制一定时间后，浆液将原松散的土粒或裂缝胶结成一个整体，形成一个结构新、强度大、防水性

能高和化学稳定性良好的结晶体。

（二）路基翻浆

路基翻浆是指春融时期由于土基强度急剧降低，在行车作用下，路面表面出现不均匀起伏、弹簧或破裂冒浆等现象，主要原因是地下水排出不好或水位发生变化。

冻胀和翻浆主要发生在我国北方各省及南方的季节性冰冻地区。潮湿地段的路基在冬季开始冻结，不断向深处发展，上、下层形成了温度坡差，土中温度高处的水分便向上移动，从而造成大量水分积聚在土基上层，并且逐渐结成聚冰层。由于气候的变化，零度等高线不断下移，形成一层或多层聚冰层。土基中水分冻结后体积膨胀，使路面冻裂或冻胀隆起。春季气温回升到零度以上，土基开始解冻，由于路面导热性大，路中的融解速度较两侧快，水分不易向下及两侧排出，土基上层含水率达到饱和、过饱和，在车辆重复作用下土基承载力极低，使路面出现弹簧、裂纹、拥包、车辙、冒浆等，即为翻浆现象。翻浆的发生不仅会破坏路面、妨碍行车，严重的还会中断交通，对国民经济建设和国防战备都具有一定的危害，并增加道路维护工作。路基中水分来源不同，并以不同形式存在于路基土中。

根据导致翻浆的水类来源的不同，可将翻浆分为地下水类、地面水类、土体水类、气态水类、混合水类五个类型。

地下水类。受地下水的影响，土基经常潮湿，导致翻浆。地下水包括上层滞水、潜水、层间水、裂隙水、泉水、管道漏水等。潜水多见于平原区，层间水、裂隙水、泉水多见于山区。

地面水类。受地面水的影响，使土基潮湿，导致翻浆。地面水主要指季节性积水，也包括路基路面排水不良而造成路旁积水和路面渗水。

土体水类。因施工遇雨或用过湿的土填筑路堤，造成土基原始含水也过大，在负温度作用下使上部含水率增加，导致翻浆。

气态水类。在冬季强烈的温差作用下，土基中的水主要以气态形式向上运动，聚集在土基顶部和路面结构层内，导致翻浆。

混合水类。受地下水、地面水、土体水或气态水等两种以上水类综合作用产生翻浆。此类翻浆需要根据水源主次定名，如地下水、地面水类等。

路基翻浆的过程：秋季（聚水）→冬季（冻结）→春融（含水量增加）→强度降低行车荷载翻浆。

1. 路基翻浆的影响因素

影响公路翻浆的主要因素有土质、温度、水、路面、行车荷载、人为因素等，其中，土质、温度、水是形成翻浆的三个自然因素。

（1）土质

粉性土是最容易翻浆的土，这种土的毛细水上升较高，在负温度作用下水分聚流严重，而且土中的水分增多时，土强度降低幅度大而快，容易丧失稳定。粉性土的毛细水上升虽高，但上升速度慢。因此，只有在水源供给充足，并且在土基冻结速度缓慢的情况下，才能形成比较严重的翻浆。粉性土和黏性土含有大量腐殖质和易溶盐时，则更易造成翻浆。砂土一般情况下不会发生翻浆，这种土毛细水上升高度小，在冻结过程中水分聚流现象很轻；同时，这种土即使含有大量水分，也能保持一定的强度。

（2）温度

一定的冻结深度和一定冷量（冬季各月负气温的总和）是形成翻浆的重要条件。在同样的冻结深度和冷量的条件下，冬季负气温作用的特点和冻结速度的快慢对形成翻浆的影响也很大。例如，当初冻的时候气温较高或冷暖交替出现，温度为 –3（–5 ℃）~ 0 ℃停留时间较长，冻结线长期停留在路面下较浅处，就会使大量水分聚流到距路面很近的地方，产生严重翻浆。反之，如冬季一开始就很冷，冻结线很快下降到距路面较深的地方，则土基上部聚冰少就不易出现翻浆。除此之外，春天气温的特点和化冻速度对翻浆也有影响，如春季化冻时，天气骤暖，土基急速融化，则会加重翻浆的程度。

（3）水

翻浆过程就是水在路基土中转移、变化的过程。路基附近的地表积水及浅的地下水，能提供充足的水，是形成翻浆的重要条件。秋雨及灌溉会使路基土的含水率增加，使地下水水位升高，将会加剧翻浆的程度。

（4）路面

路面结构与类型对翻浆也有一定的影响。例如，在比较潮湿的土基上铺筑沥青路面后，因沥青面层透气性较差，路基土中的水分不能通畅地从表面蒸发，使得水分滞积于土基顶部与基层，导致路面失稳变形，以致出现翻浆。

（5）行车荷载

公路翻浆是通过行车荷载的作用 - 最后形成和暴露出来的。当其他条件相同时，在翻浆季节，交通量越大、车辆荷载越重，则翻浆越严重。

（6）人为因素

下列情况都将加剧翻浆的形成：

①设计时对翻浆的因素考虑不周。路基设计高度不够，特别是低洼地带，路线没有避开不利的水文地质地带，缺乏防治翻浆的措施，以及路面结构组合不当，厚度偏薄等。

②施工质量有问题。填筑方案不合理，不同土质填料混杂填筑，或采用大量的粉质土、腐殖土、盐渍土、大块冻土等劣质填料，或分层填筑时压实度不足。

③维护不当。排水设施堵塞，路拱有反向坡，路面、路肩积水，对翻浆估计不足，且无适当的防护措施。

综上所述，造成冻胀和翻浆的条件，首先是寒冷的气候，冬季寒冷的时间越长，路基土壤的冻结深度越大；其次，必须有水源，还必须有毛细作用强的粉土、细砂等细颗粒土壤。关于造成翻浆的原因，重车的作用也是重要的，特别是当路面有一定的结构强度的情况下，翻浆是与重车的作用分不开的。由此可见，影响翻浆的因素是温度、水、土质、路面结构和行车荷载。因此，解决冻胀和翻浆的途径如下：

①消除水源，即及时排除地表积水，用地下排水降低地下水水位，或者用隔离层切断水的供应；

②换土，即在冻结深度内用不产生冻胀和翻浆的土壤（如砂砾）替换不良的土壤（如粉土、细砂）；

③在春融期间，禁止或限制重车通行；

④做好路基路面综合设计，如采用合理的路基填土高度、设置隔温层等，以使路面满足防冻要求。

2. 路基翻浆分级

①轻：路面龟裂、湿润、车辆行驶时有轻微弹簧。

②中：大片裂纹、路面松散、局部鼓包、车辙较浅。

③重：重度变形、翻浆冒泥、车辙很深。

3. 路基翻浆防治的一般原则

①贯彻"以防为主，防治结合"的原则。

②根据地区与路段特点，因地制宜、就地取材。

③根据路基填土高度，结合地面水和地下水，做好冻胀与翻浆地区的路基设计。

④对于高级和次高级路面，除按强度进行结构层设计外，还需考虑容许冻胀要求进行复核；对于中、低级路面，则根据防治翻浆要求进行设计。

4. 路基翻浆病害类型

（1）地下水类翻浆病害

①在地势低洼、积水难以排出、地下水水位埋深又浅的地区，路基填土高度不大时，冻结期由于地下水补给使土体含水量增大，春季引起道路翻浆。

②在丘陵区或山区的挖方和半填半挖地段，由于开挖使路基顶面接近地下水水位或者路堑边坡切断含水层且排水不畅时春季产生道路翻浆。

③在半山腰的填方路堤，有时压住含水层或泉眼，使水分渗入路基，冬季引起路基冻胀，春季化冻时产生翻浆，一般称为两肋翻浆；城市道路有时因地下管道漏水，路基含水量增加，将导致道路翻浆。

（2）地面水类翻浆病害

由于降雨、灌溉等使路基两旁积水而又不能及时排出，渗水会使路基含水量增加，又由于冻结过程中的水分迁移作用，使路面下土层含水量增加，春季融化时会翻浆；由于养护不良、路基边沟堵塞、路面出现车辙、局部洼坑、两侧路肩高于路面等情况使路面或边沟长期积水，渗入路基后使土体含水量增大，春季将引起局部翻浆。

5.路基翻浆防治措施

防止翻浆的基本途径：防止地面水、地下水或其他水分在冻结前或冻结过程中进入路基上部，可将聚冰层中的水分及时排除或暂时蓄积在透水性好的路面结构层中；改善土基及路面结构；采用综合措施防治。

（1）做好路基排水，提高路基

良好的路基排水可以防止地面水或地下水浸入路基，使路基土体保持干燥，从而减轻冻结时水分聚流的来源，这是预防和处理地面水类和地下水类翻浆的有效措施。提高路基是一种效果显著、简便易行、比较经济的常用措施。增大路基边缘至地下水或地面水之间的距离，使路基上部土层保持干燥，在冻结过程中不致因过分聚冰而失稳。

（2）铺设隔离层

隔离层设在路基顶面下 0.5~0.8 m 处，其目的在于阻断毛细水上升通道，保持上部土基干燥，防止翻浆发生。在地下水水位或地面积水水位较高，不宜提高路基时，可铺设隔离层。

（3）设置路肩盲沟或排水渗沟

①路肩盲沟：为及时排除春融期间路基中的自由水，达到疏干路基上部土体的目的，可在路肩上设置横向盲沟。路基盲沟适合于路基土透水性较好的地下水类翻浆路段。

②排水渗沟：为了降低路基的地下水水位，可在边沟下设置盲沟或有管渗沟。为了拦截并排除流向路基的层间水，可采用截水渗沟。

（4）换土

对因土质不良造成翻浆的路段，可在路基上部换填水稳性好、冰冻稳定性好、强度高的粗颗粒土，以提高土的强度和稳定性。一般可根据地区情况、道路等级、行车要求、换填材料等因素确定换土厚度。一般在路基上层换填 40~60 cm 厚的砂性土，路基即可基本稳定。

（5）改善路面结构层

①铺设砂（砾）垫层。砂（砾）垫层是用砂砾、粗砂或中砂做成的垫层，具有较大的空隙，能隔断毛细水的上升。化冻时能蓄水、排水，冻融过程中体积变化小，可减小路面的冻胀和变形，而且还具有一定的强度，能将荷载进一步扩散，从而减小路基的应力和应变。砂（砾）垫层的厚度可按蓄水原则或排水原则设置。蓄水原则是指春融期间，路基化冻后的过量水分能全部集中于砂垫层中。根据蓄水的需要并考虑砂（砾）垫层被污染后降低蓄水能力的情况，经调查研究得出：中湿路段砂（砾）垫层的经验厚度为 0.15~0.20 m；潮湿路段为 0.2~0.3 m。排水原则是将春融期汇集于砂垫层中的水分通过路肩盲沟排走。砂垫层厚度应由路面强度及砂（砾）垫层构造和施工要求决定，一般为 0.1~0.2 m。

②铺设水泥稳定类、石灰稳定类或石灰工业废渣类基（垫）层。这类基（垫）层具有较好的板体性、水稳性和冻稳性，可以提高路面的整体强度，起到减缓和防止路基冻胀及

翻浆的作用。但在重冰冻地区潮湿路段，石灰土不宜直接采用，需要与其他措施配合应用，如在石灰土下铺设砂垫层等。

③设置防冻层。对于高级和次高级路面结构层的总厚度，除满足强度要求外，还应满足防冻层厚度要求，以避免路基内出现较厚的聚冰带，从而防止产生导致路面开裂的不均匀冻胀。

（三）崩塌

崩塌是陡崖或陡峭斜坡上的岩土体在重力作用下突然脱离母体，发生崩落、滚动的现象或者过程。崩塌又称为崩落、垮塌或塌方。崩塌的特点主要有崩塌速度快、发生猛烈；崩塌体运动不沿固定的面或带发生；崩塌体在运动后，其原有整体性遭到完全破坏；崩塌的垂直位移大于水平位移。

1. 崩塌的危害

崩塌是危岩失稳崩落瞬间的动力行为；落石是危岩失稳后的体态。崩塌会造成行车事故与人身伤亡，破坏线路和其他设施，增加大量基建投资。因此，研究崩塌产生原因及防治措施在公路养护工作中是非常重要的。

2. 崩塌的类型

（1）根据坡地物质组成划分

①崩积物崩塌：山坡上已有的崩塌岩屑和沙土等物质，由于它们的质地很松散，当有雨水浸湿或受地震震动时，可再一次形成崩塌。

崩积物是指陡峻斜坡上的土石体突然向坡下翻滚坠落所形成的堆积物。产生于土体的称为土崩，产生于岩体的称为岩崩；规模巨大的，涉及山体稳定的称为山崩；产生于河、湖岸坡的称岸崩。崩落大小不等的土石碎屑物，堆积于坡脚，总称为崩积物。

②表层风化物崩塌：在地下水沿风化层下部的基岩面流动时，引起风化层沿基岩面崩塌。

③沉积物崩塌：有些由厚层的冰积物、冲击物或火山碎屑物组成的陡坡，由于结构松散，形成崩塌。

④基岩崩塌：在基岩山坡面上，常沿解里面、地层面或断层面等发生崩塌。

（2）根据崩塌体的移动形式和速度划分

①散落型崩塌：在节理或断层发育的陡坡，或是软硬岩层相间的陡坡，或是由松散沉积物组成的陡坡，常形成散落型崩塌。

②滑动型崩塌：沿某一滑动面发生崩塌，有时崩塌体保持了整体形态，和滑坡很相似，但垂直移动距离往往大于水平移动距离。

③流动型崩塌：松散岩屑、砂、黏土，受水浸湿后产生流动崩塌。这种类型的崩塌和泥石流很相似，也称为崩塌型泥石流。

3. 崩塌产生的原因

（1）内在因素

岩土类型、地质构造、地形地貌，这三个内在条件，又统一称为地质条件，它是形成崩塌的基本条件。

①岩土类型。岩土是产生崩塌的物质条件，一般而言，各类岩、土都可以形成崩塌，但不同类型的岩土，所形成崩塌的规模大小不同。通常，坚硬的岩石和结构密实的黄土容易形成规模较大的崩塌，软弱的岩石及松散土层，往往以坠落和剥落为主。

②地质构造。各种构造面，如节理、裂隙面、岩层界面、断层等，对坡体的切割、分离，为崩塌的形成提供脱离母体（山体）的边界条件。坡体中的裂隙越发育越易产生崩塌，与坡体延伸方向近乎平行的陡倾角构造面，最有利于崩塌的形成。

③地形地貌。地貌是引起崩塌的基本因素。一定的坡度和高差是崩塌发生的基本条件。据调查，由坚硬岩石组成的斜坡，当坡度大于 50° 或 60° 、高差大于 50 m 时，才可能发生崩塌。由松散物质组成的坡地，当坡度超过它的休止角时可能出现崩塌，一般坡度大于 45° 、高差大于 25 m 可能出现小型崩塌，高差大于 45 m 可能出现大型崩塌。黄土地区，坡度在 50° 以上才可能发生崩塌。高山峡谷、悬崖陡岸多数是崩塌易发地段。

（2）外在因素

诱发崩塌的外界因素很多，主要因素如下：

①地震。地震引起坡体晃动，破坏坡体平衡，从而诱发坡体崩塌。

②融雪、降雨。融雪、大雨、暴雨和长时间的连续降雨，使地表水渗入坡体，软化岩土及其中的软弱面，从而诱发崩塌。

③地表冲刷、浸泡。河流等地表水体不断地冲刷坡脚，削弱坡体支撑或软化岩、土，降低坡体强度，从而诱发崩塌。

④不合理的人类活动。如开挖坡脚，地下采空、水库蓄水、泄水、堆（弃）渣填土等改变坡体原始平衡状态的人类活动，都会诱发崩塌活动。

⑤还有一些其他因素，如冻胀、昼夜温度变化等也会诱发崩塌。

4. 崩塌的防治措施

①绕避，对大规模崩塌以绕避为主：

A. 以跨河桥的方式，改线到对岸；

B. 以山内隧道形式将线路内移（但要避开隧道口崩塌）。

②修筑挡墙来进行加固。

③修筑遮挡物，如明洞、棚洞、落石平台等。

④清除危岩。若山坡上部可能的崩塌物数量不大，而且母岩的破坏不甚严重，则以全部清除为宜。在清除后，还须对母岩进行适当的防护加固。

⑤做好排水工程。地表水和地下水均为崩塌落石产生的诱因，在可能发生崩塌落石的

地段，务必要做好地面排水和地下排水工程。

（四）滑坡

滑坡是指斜坡上的土体或者岩体，受河流冲刷、地下水活动、雨水浸泡、地震及人工切坡等因素影响，在重力作用下，沿着一定的软弱面或者软弱带，整体地或者分散地顺坡向下滑动的自然现象。它是山区道路的主要病害之一。大规模的滑坡可以堵塞江河，摧毁道路。

滑坡大多发生在地质不良的山区。影响滑坡发生的因素主要有岩性、构造、水和地震等。泥岩、页岩、千枚岩、云母片岩等软弱岩层和黏土、黄土、碎石土等松软土层易产生滑坡。

1. 滑坡产生的过程

一般来说，滑坡的发生是一个长期的变化过程，通常将滑坡的发育过程划分为蠕动变形阶段、滑动破坏阶段、渐趋稳定阶段三个阶段。

（1）蠕动变形阶段

斜坡内部某一部分因抗剪强度小于剪切力而首先变形，产生微小的移动；变形进一步发展，直至坡面出现断续的拉张裂缝；随着拉张裂缝的出现，渗水作用加强，变形进一步发展，后缘拉张，裂缝加宽，两侧剪切裂缝也相继出现。

（2）滑动破坏阶段

①滑坡在整体往下滑动的时候，滑坡后缘迅速下陷，滑坡壁越露越高，滑坡体分裂成数块，并在地面上形成阶梯状地形，滑坡体上的树木东倒西歪地倾斜，形成"醉林"。

②随着滑坡体向前滑动，滑坡体向前伸出，形成滑坡舌。

③滑动时往往伴有巨响并产生很大的气浪，有时造成巨大灾害。

（3）渐趋稳定阶段

①由于滑坡体在滑动过程中具有动能，因此滑坡体能越过平衡位置，滑到更远的地方。

②在自重的作用下，滑坡体上松散的岩土逐渐压密，地表的各种裂缝逐渐被充填，滑动带附近岩土的强度由于压密固结又重新增加，这时整个滑坡的稳定性也将得到很大提高。

③经过若干时期后，滑坡体上的东倒西歪的"醉林"又重新垂直向上生长，但其下部已不能伸直，因而树干呈弯曲状，有时称它为"马刀树"，这是滑坡趋于稳定的一种现象。

2. 滑坡的成因

滑坡是具有滑动条件的斜坡在多种因素综合作用下的结果，但对某一特定滑坡总有一或两个因素对滑坡的发生起控制作用，称它为主控因子。在滑坡防治中应着力找出主要因子及其作用的机制和变化幅度，并采取主要工程措施消除或控制其作用以稳定滑坡，对其他因素则采取一般性措施达到综合性治理的目的，如地下水作用引起者以地下截排水工程为主，因削弱坡体支撑力引起者则以恢复和加强支挡工程为主。

（1）地质因素

①山坡表层为渗水的土或破碎岩层，下层为不透水的土或岩层，且层理向路基倾斜。在这种情况下，当有地面水渗入或有地下水活动时，就可使表层土或岩层滑动造成滑坡。

②山坡岩层软硬交错，且其软弱面向路基倾斜，由于风化程度不同或地下水侵蚀等原因，岩层可能沿某一软弱面向下滑动。

③边坡较陡，上部有堆积物或松散层，或上边坡为岩层交错的断开地带，在自身或外界因素的影响下，容易产生滑坡。

（2）水文因素

①边坡上有灌溉渠道或水田，没有进行适当处理，渗漏严重或有大量雨水渗入滑坡体内，使土体潮湿软化，增加土体质量，降低土的强度，促进滑坡的产生。

②地下水是引起滑坡的主要条件之一，地下水量增加，浸湿滑坡面，降低滑坡面的抗滑能力，从而加速滑坡的形成。

③截水沟漏水或设置不合理。例如，在渗水性强的边坡上设置截水沟，沟内没有铺设防水层，当地面水集中流入天沟后，水分大量渗入土体内部，以致产生滑坡。

④沿溪路堤受河水水位涨落或河水冲刷滑坡坡脚，减弱支撑力，引起坡体下滑。

3. 滑坡的防治措施

滑坡的防治要贯彻"及早发现，预防为主；查明情况，综合治理；力求根治，不留后患"的原则结合边坡失稳的因素和滑坡形成的内外部条件，治理滑坡可以从以下两个大的方面着手。

（1）排水

排水的原则：区内水尽快汇集、排出；区外水应拦截、旁引。

①地表排水：设置截水沟和排水明沟系统。截水沟是用来截排来自滑坡体外的坡面径流；排水明沟系统用来汇集坡面径流以将其引导出滑坡体。

②地下排水：设置各种形式的渗沟或盲沟系统，以截排来自滑坡体外的地下水流。

（2）改善边坡岩土力学强度

常用的措施：削坡减载；边坡人工加固，如修筑挡土墙、护墙等支挡不稳定岩体；以钢筋混凝土抗滑桩或钢筋桩作为阻滑支撑工程；预应力锚杆或锚索；固结灌浆或电化学加固法加强边坡岩体或土体的强度。

（五）泥石流

泥石流是指在山区或者其他沟谷深壑地形险峻的地区，因为暴雨、暴雪或其他自然灾害引发的山体滑坡并携带有大量泥沙及石块的特殊洪流。泥石流具有突然性，以及流速快、流量大、物质容量大和破坏力强等特点。发生泥石流常常会冲毁公路、铁路等交通设施甚至村镇等，造成巨大损失。研究泥石流在公路养护工作中是非常重要的。

1. 泥石流形成条件

①地质条件。凡是泥石流发育的地方，都是岩性软弱。风化强烈、地质构造复杂，褶皱、断裂发育，新构造运动强烈，地震频繁的地区。由于这些原因，导致岩层破碎，崩塌、滑坡等各种不良地质现象普遍发育。这为形成泥石流提供了丰富的固体物质来源。斜坡内的一些层面、节理、断层、片理等软弱面若与斜坡坡面倾向近于一致，则此斜坡的岩土体容易失稳成为滑坡。

②地形条件。泥石流流域的地形特征是山高谷深，地形陡峻，沟床纵坡大。

③水文气象条件。泥石流发生的水文气象条件是指暴雨给沟谷区域带来大量的汇聚水。水既是泥石流的组成部分，又是泥石流的搬运介质。松散固体物质大量充水达到饱和或过饱和状态后，结构破坏、摩阻力降低、流动性增大，从而与水一起流动形成泥石流。春夏季节高强度的暴雨使得沟谷的水流和泥石混合形成泥石流，且短时间内突然性地大量沿沟谷喷发出来，冲毁下游的建（构）筑物，造成泥石流灾害。

④人类工程活动的影响。人类工程活动不当可促使泥石流发生、发展或加剧其危害。乱垦滥伐会使植被消失、山坡失去保护、土体疏松、冲沟发育，大大加重水土流失，进而山坡稳定性被破坏，滑坡、坍塌等不良地质现象发育，结果就很容易产生泥石流，甚至那些已退缩的泥石流又有重新发展的可能。修建铁路、公路、水渠及其他工程建筑的不合理开挖，不合理的弃土、弃渣、采石等也可能会形成泥石流。

2. 泥石流的防治措施

泥石流防治坚持"预防为主、防治结合、因地制宜、因害设防、加强管理、注重效益"的原则。其防治措施有以下几种：

（1）生物措施

泥石流灾害不少是由于水土流失恶性发展形成的，生物治理措施主要是对泥石流沟采取封山育林、植树造林等措施，因地制宜地建立起水源涵养林、水土保持林、薪炭林、工程防护林、经济林等，扩大流域内乔灌草植被，提高森林覆盖率，使生态得到恢复，截滞、拦蓄大量降水，减少地表径流，减少水土流失。它通过植物群落的地上和地下共同作用，达到"土蓄水、水养树、树固土"的目的，从而逐渐控制泥石流的发生或削减泥石流的规模。

（2）工程措施

①在泥石流沟上方修筑桥梁、涵洞跨越避险工程，既可使泥石流有排泄通道，又能保证道路的畅通。

②在泥石流下方修筑隧道、明硐和渡槽的穿越工程，使泥石流从上方排泄，下方交通不受影响。

③对泥石流地区的桥梁、隧道、路基及重要工程设施修筑护坡、挡墙、顺坝等防护工程，从而抵御泥石流的冲刷、冲击、侧蚀和淤埋等危害。

④修筑导流堤、急流槽、束流堤等排导工程，改善泥石流流势、增大桥梁等建筑物的

排泄能力。

(六) 水毁

水毁是指因暴雨、洪水造成路基、路面、桥涵及其他设施的损毁。

多年来，公路和桥梁的洪水水毁，以及因洪水引发的崩塌、滑坡、泥石流等地质灾害，一直是公路最大的自然灾害。在众多影响因素中，水是最重要和最活跃的因素，因素在公路、桥梁工程中必然涉及许多水力学问题。

在我国南方多雨季节，有时会因山洪暴发而引起频繁的塌方或冲毁路基，这就是水毁。公路特别是山区公路的水毁，形形色色、各式各样。其主要类型有：桥渡因洪水的冲击与冲刷而造成的破坏；沿河公路及其冲刷防护建筑物因洪水的顶冲与淘刷而造成的坍塌和破坏；因洪水造成山区公路小型人工排水构造物功能失效与毁坏。

1. 常见路基水毁的破坏形式

①山区公路中许多路段与河道并行，沿河路基常因河弯凹岸冲刷、顶冲与斜冲而发生坍塌或遭到破坏。

②小桥涵被冲毁后，造成两端路基水毁。

③路面设计高程不够，洪水漫溢路面，冲刷路面造成路面和路基水毁。

④公路紧靠山边，暴雨时水从山坡汇流而下，轻则冲刷路面，重则冲毁路基。

⑤滑坡、崩塌体堵塞路基边沟，使边沟排水漫溢到路面上，冲毁路面和路基。

⑥洪水漫溢路面，冲毁路面和路基。

2. 水毁的成因

（1）自然因素

自然因素作用是公路水害产生的一个重要原因。地球自身内、外应力的作用和各种气候条件的综合作用，为公路水害的发生创造了条件。引发公路水害的自然因素主要有以下三个方面。

①地质原因。公路水害的成因和活跃程度受地质构造的影响。对于断裂构造，存在着一定的构造带且风化强烈，为泥石流塌方、滑坡等灾害提供了充分的固体物质。泥岩、页岩经强烈风化后，又为这些灾害提供了细颗粒的物质，从而造成桥涵淤塞、河床抬高，引发路基垮塌等多种病害。

②地形、地貌原因。公路地形高低悬殊，山坡陡峭，在重力和水力作用下，松散稳定性差的物料易形成垮塌和水土流失，为各种公路水害的产生和发展提供了条件。如山体植被稀少，自然横坡较大，局部性暴雨强度较大、频率高，河床比降大，那么公路水害程度也较大。因此，地形、地貌因素是公路水害发生的又一重要原因。

③气象原因。雨季降雨集中，一次降雨量大，易为公路水害的形成提供丰富、充足的水分条件。松散的固体堆积物在强降雨的作用下，当含水率达到饱和时，其黏结性、凝聚

力迅速降低，在强降雨形成地面径流的冲击下，固体堆积物力的平衡很快被破坏，各种塌方、滑坡、泥石流等水害便会发生，从而直接导致公路水害。因此，气候因素也是公路水害发生的原因之一。

（2）环境的破坏

环境的破坏是公路水害产生的直接原因。公路沿线的经济建设，沿线土地开发和不合理的人类活动破坏了自然生态平衡，破坏了山体的稳定性。公路建设本身就是对自然状态山体稳定边坡的破坏，无论是挖方还是弃土堆置，都会不同程度地诱发滑坡、崩塌、泥石流等灾害的发生。

森林的过量采伐，使植被覆盖率降低，也会导致公路水害的发生。陡坡开荒，过度放牧，不仅加剧了坡面的侵蚀，也加速了各种灾害的活动。根据调查和观测，泥沙和石屑在干燥状态下的稳定静止角度为35°；潮湿状态下的稳定静止角度只能达到25°，因此应在自然坡度超过25°的坡面上开荒种地。雨水的作用使小块体土壤移动，对坡面土壤的侵蚀由弱变强，坡面被侵蚀冲刷的沟芽逐年扩大；陡坡边坡上的土壤、小石块、石屑等在侵蚀冲刷中被大量带走，淤积边沟或汇入沟中，在桥梁涵洞及沟谷的入口处淤塞河道，并抬高沟床、河床，使洪水流向发生改变，冲毁路基，毁坏桥涵，冲刷河岸或坡脚，从而造成公路垮塌等灾害。

恢复并保护公路沿线生态环境所采取的措施如下：

①在公路沿线山坡上植树造林，采取以防护林为主的生物治理措施，并辅以与水土保持相结合的综合治理措施。

②修建公路开挖后的高大边坡，应采取单元水土保持措施，采取种植根系发达、传播速度快的树木，以及增加植被等措施实施生态保土，增加水土涵养，减小地面径流对坡面的冲刷，从而增强坡面稳定性。

③禁止在公路边坡开荒和毁林开荒，保护好坡面植被，增强山坡地的水土保持能力。

④加强公路沿线及沿线河流两岸坡耕地的治理，采取坡改梯和退耕还林相结合的手段。

⑤预防并制止过度放牧。

第四节 路基防护设计方法

一、路基防护设计

由岩土修筑成的路基，大面积的暴露于自然界中，长期承受各种自然因素（如雨、雪、日晒、冲刷等）的作用，在这种不利的水、温条件下，路基土体的物理力学性质常发生较大变化，主要体现在以下三个方面。

①路基浸水后含水率增大，强度降低；饱和后的土体强度将急剧下降；岩性差的岩体，在水、温变化条件下，会加剧其风化过程；路基表面在温差作用下形成胀缩循环，在湿差作用下形成干湿循环，也可导致强度的衰减和剥蚀。

②雨水冲刷和地下水浸入，使路基浸水和表层失稳，易造成和加剧路基的水毁病害。

③在近旁河流的冲击、淘刷和侵蚀作用下，也会损坏路基。

因此，路基防护是保证路基强度和稳定性的重要措施之一。路基防护包含路基边坡坡面防护、冲刷防护、风沙及雪害地段路基平面防护、路基保温防护等内容。边坡坡面防护是指为防止路基坡面发生溜坍等病害所采取的防护加固措施；路基平面防护是指对风沙、雪害地段路基两侧采取的防护加固措施；保温防护是指为保护冻土而采取的防护措施。

（一）路基边坡坡面防护与冲刷防护

路基边坡的破坏最主要的原因是水的影响，路基边坡的表面并不是绝对平整的，而总是有一些凹槽，水在边坡上流动时会将坡面逐渐冲成小沟，水流也随之更加集中，造成小沟的加深和扩大，最后导致边坡的破坏。此外，在温度和湿度的交替变化作用下，再加上风吹日晒的影响，也会造成坡面的风化、剥落及坍塌等破坏。因此，应及时进行边坡坡面防护。

边坡坡面防护主要是保护路基边坡表面免受雨水冲刷，减缓温度及湿度变化的影响，防止和延缓软弱岩土表面的风化、剥落等演变过程，从而保护路基边坡的整体稳定性。边坡坡面防护设施本身不承受外力作用，必须要求坡面岩土整体牢固。此外，坡面防护还应与排水设施相配合，以便雨水能尽快排出路基范围。

路基边坡坡面防护设计应结合边坡的岩土性质、地质构造、水文地质条件、气候环境、边坡方位、边坡坡率和高度等采用植物防护或植物防护与工程防护相结合的措施。路基边坡坡面防护工程一般不采用全坡面混凝土或浆砌片石防护，当填料及气候条件适宜时，要优先采用植物防护。植物防护宜采用灌草结合，灌木优先的方式。

植物防护：种草或喷植草，土质边坡，坡率缓于1：1.25，当边坡较高时，可用土工网、土工网垫与种草结合防护。

铺草皮：土质和强风化、全风化的岩石边坡。坡率不陡于1：1。草皮可为天然草皮，亦可为人工培植的土工网草皮。

种植灌木：土质和全风化的岩石边坡。坡率不陡于1：1.5。树种应为根系发达、枝叶茂盛、适合当地迅速生长的低矮灌木。

喷掺砂水泥土：厚度6~10 cm，材料为砂、水泥、黏性土。易受冲刷的土质堑坡，坡率不陡于1：0.75。选好材料配合比和水灰比，一般应通过试喷这一环节。

喷浆：厚度不小于5 cm，材料为砂、水泥、石灰。易风化但未遭强风化、全风化的岩石堑坡，坡率不陡于1：0.5。选好材料配合比和水灰比，一般应通过试喷这一环节。

喷混凝土：厚度不小于8 cm，材料为砂、水泥、砾石。易风化但未遭强风化、全风化的岩石堑坡，坡率不陡于1：0.5。选好材料配合比和水灰比，一般应通过试喷。

挂网喷护：锚杆铁丝网（或土工格栅）喷混凝土或喷浆，锚周深度1.0～2.0 m，网距20～25 cm，其他同喷护。喷混凝土或喷浆防护的岩石边坡，当坡面岩体破碎时，为加强防护的稳定性而采用。锚孔深度应比锚固深度深20 cm，其他同喷护。

干砌片石护坡：一般厚度30 cm，其下设不小于10 cm厚的砂砾石垫层。土质路堤边坡，有少量地下水渗出的局部堑坡，局部土质堑坡嵌补，坡率不陡于1：1.25。基础应选用较大的石块，应自下而上地进行栽砌，接缝要错开，缝隙要填满塞紧。

浆砌片石护墙：厚度30～40 cm，水泥砂浆砌筑。易风化的岩石边坡和土质边坡，坡率不陡于1：1。

浆砌片石或混凝土骨架护坡：骨架宜用方格形，也可采用人字形、拱形。方格内铺种草皮、喷植中或干砌片石等。土质和全风化的岩石边坡，当坡面受雨水冲刷严重或潮湿时，坡率不陡于1：1。护坡四周需用浆砌片石镶边，混凝土骨架视情况在节点处加锚杆，多雨地区骨架宜做成截流沟式。

浆砌片石护墙：等截面厚度为50 cm，变截面顶宽10 cm，底宽视墙高而定。土质和易风化剥落的岩石边坡，坡率不陡于1：0.5，等截面护墙高不宜超过6 m，当坡率较缓时，不宜超过10 m，变截面护墙，单级不宜超过12 m，超过时宜设平台，分级砌筑。

1. 植物防护

植物防护是利用成活的灌木、乔木或草等植物作为防护材料，通过植物的叶、茎和根系与被保护土体的共同作用，形成有生命的保护层，保护边坡等工程免受大气降水与地表径流的冲刷，达到稳固土体、保持水土、改善环境、防御灾害的目的。

①喷播植草是将草（灌木）种子、化肥、土壤改良剂、土壤稳定剂、种子黏结剂（纸浆）、水等充分混合后，用专用机械均匀地将其喷射到边坡上，用无纺布覆盖，适当洒水养护使种子发芽、生长，以形成植被的植草方法。

②植生带是采用专用机械设备，依据特定的生产工艺，把植物种子、肥料、保水剂等按一定的密度定植在可自然降解的无纺布或其他材料上，并经过机器的滚压和针刺的复合定位工序，复合而成的有草籽的带状草地建植材料。植生带的立体网状纤维结构能吸收雨水冲击所产生的能量，起到防止土壤侵蚀之功效，并且能有效阻止土壤颗粒的移动；雨水在纤维层内的流动，减小了雨水形成径流对土壤地表的冲刷力；植生带使植物种子分布更加均匀，且不受人为因素和水流冲刷的扰动，能保持稳定状态，改善绿化效果，同时节约了种子的播种量。

A. 种植灌草或喷播植草、灌木：土质边坡，不陡于1：1.25。

B. 栽植灌木：土质、软质岩和全风化的硬质岩石边坡。不陡于1：1.5。

C. 植生带植草、灌木：砂类土或碎石类土边坡、全风化的硬质岩石或强风化软质岩边坡。不陡于1：1。

D. 植生袋植草、灌木：砂类土或碎石类土边坡、硬质岩边坡或弱风化软质岩边坡、盐碱地边坡。不陡于1：0.75。

E. 客土植生：漂石土、块石土、卵石土、碎石土、粗粒土和强风化的软质岩或强风化、全风化的硬质岩石路堑边坡，或由其弃渣填筑的路堤边坡。不陡于1：1。

F. 喷混植生：漂石土、块石土、卵石土、碎石土、粗粒土和强风化、弱风化的岩石路堑边坡。不陡于1：0.75。

③植生袋是将植物种子混合在种植基材中，装填在可自行降解的网袋里形成的袋状植物建植材料。植生袋一般分五层，最外层及最内层为尼龙纤维网，次外层为无纺布，中间层为植物种子、长效复合肥、生物菌肥等混合料，次内层为能在短期内自动分解的无纺棉纤维布。植生袋绿化技术是各类边坡绿化中重要的绿化施工方法之一。因其使用简单方便、植物出苗率高、坡面绿化效果持续稳定，目前已在各类边坡绿化中快速推广应用。

④客土植生是指种植地的表层土质不适宜植物生长时，采取在种植地铺设或置换一定厚度的适宜植物生长的土壤（或混合材料），然后种植灌木、乔木或草等植物。

⑤喷混植生是采用专用的喷射机，将拌和均匀的种植基材喷射到坡面（或挂网的坡面）上，植物依靠基材生长发育，形成坡面植物防护。

路基边坡采用植物防护时，天然土层厚度不宜小于30 cm；边坡土（岩）质不适宜植物生长时，应采取土质改良、客土、喷混植生等措施，客土厚度不应小于20 cm，喷混植生厚度不宜小于10 cm。填充于骨（框）架、土工格室内的种植土应含有植物生长必需的平衡养分和矿物元素，粒径不应大于30 mm。

植物防护不应采用油脂性植物。常用植物应结合植物生长的自然条件、降水量和气温等选用。

东北地区：紫穗槐、胡枝子、沙棘、荆条、冬青、小叶锦鸡儿、柠条锦鸡儿、柽柳（红柳）、小叶黄杨、辽东水蜡、榆叶梅、东北连翘、紫丁香、红瑞木、卫矛、金银忍冬、越橘、杜鹃、杜香、柳叶绣线菊、杞柳、蒙古柳、兴安刺玫、刺五加、毛榛、小黄柳、茶条槭、六道木、偃伏莱木。苔草、小叶樟、芍药、地榆、沙参、线叶菊、针茅、野豌豆、隐子草、冷蒿、冰草、早熟禾、紫羊茅、防风、碱草、艾蒿、苜蓿、鹅冠草、高羊茅。

东北、华北、西北风沙地区：紫穗槐、沙柳、沙棘、柠条、锦鸡儿、毛条、山竹子、花棒、杨柴、踏郎、黄柳、杞柳、柽柳（红柳）、沙拐枣、梭梭、胡枝子、沙木蓼、白刺、沙冬青、沙枣、向梭梭。沙蒿、沙打旺、甘草中、苜蓿、羊草、大针茅、鸭茅。

黄河上中游地区：紫穗槐、夹竹桃、四翅滨藜、野枸杞、柽柳（红柳）、绣线菊、虎榛子、黄蔷薇、柄扁桃、沙棘、胡枝子、金银科、连翘、麻黄、多花木兰、白刺花、山楂、柠条、荆条、黄栌、六道木、金露梅、酸枣、山皂角、花椒、山杏、山桃。黑麦草、茅尾草、早熟禾、无芒雀麦、羊草、苜蓿、黄背草、白草、龙须草、沙打旺、冬棱草、小冠花、高羊茅。

华北中原地区：紫穗槐、夹竹桃、胡枝子、柽柳（红柳）、黄荆、酸枣、荆条、杞柳、绣线菊、昭山白、金露梅、杜鹃、高山柳、尖叶锦鸡儿、山皂角、花椒、枸杞、山杏、山桃、马棘。蒿草、蓼、紫花针、羽柱针茅、昆仑针茅、薹草、黄背草、白草、龙须草、沙打旺、冬梭草、小冠花、高羊茅、狗芽根。

长江上中游地区：紫穗槐、夹竹桃、胡枝子、荆条、三棵针、小檗、绢毛蔷薇、报春、爬柳、密枝杜鹃、山胡椒、乌药、箭竹、马桑、白花刺、化香、绣线菊、月月青、车桑子、盐肤木、黄荆、红花继木、小叶女贞。茵草、野古草、蕨、白三叶、红三叶、黑麦草、苜蓿、雀麦、高羊茅。

中南华东（南方）地区：紫穗槐、夹竹桃、山毛豆、胡枝子、荆条、爬柳、密枝杜鹃、胡枝子、茅栗、化香、白檀、海棠、野山楂、红果钓樟、绣线菊、马桑、水马桑、蔷薇、黄荆、红花继木、小叶女贞。香根草、芦苇、水烛、菖蒲、莲藕、芦竹、芒草、野古草、高羊茅、狗芽根。

热带地区：紫穗槐、蛇藤、米碎叶、龙须藤、小果南竹、杜鹃。金茅、野古草、海芋、芭蕉、蕨类。

⑥土质路堤、路堑边坡植物防护。土质路堤边坡宜栽植灌木，土质路堑边坡应采用栽植灌木或灌草结合的植物防护措施。下列边坡采用植物防护时，宜与土工网、土工网垫、立体植被护坡网、浆砌片石（或混凝土）骨架、混凝土框架梁、混凝土空心砖等工程防护相结合。

A.边坡高度超过4～6 m。

B.填料为膨胀土、粉土、砂类土、碎石类土和易风化软岩块的路堤边坡。

C.膨胀土、粉土、砂类土和碎石类土等路堑边坡坡面易受雨水冲刷或有地下水渗出、坡面潮湿的路堑边坡。

短时间浸水的路堤边坡，应选用根茎发达、缠绕性强和耐湿、耐水淹的灌木。

砂类土、碎石类土等土壤瘠薄的路堑边坡，种草、灌木种子时宜在坡面上开挖水平横沟或挖坑，水平横沟行距宜为20～40 cm，深度不应小于20 cm，沟内或坑内回填种植土或放置植生带。必要时可采用客土植生、喷混植生等措施。

路堑边坡坡面较光滑，植物种子着落困难时，应采取在坡面上挖槽、沟或蜂窝状浅坑等增大坡面粗糙度的措施。

⑦石质路堤、路堑植物防护。石质路堤边坡采用植物防护时，其设计应符合下列规定：

A.路堤边坡高度较小时采用客土植生，或铺设土工网垫、立体植被护坡网等土工合成材料后客土植生。

B.路堤边坡高度较大时采用骨架、混凝土空心砖内客土栽植灌木，或铺设植生袋植草、灌木的进行绿色防护措施。

⑧石质路堑边坡植物防护应综合考虑岩体结构、结构面产状、风化程度、边坡坡率与高度、地下水、气候条件等因素，采取下列措施：

A. 岩石风化呈土状的边坡，宜栽植灌木或灌草结合防护。

B. 强风化软质岩边坡，宜结合土工网、土工网垫、立体植被护坡网、土工格室等进行客土植生，或采用植生带植草、灌木进行植物防护。

C. 硬质岩边坡或弱风化软质岩边坡坡率不陡于 1∶1 时，宜结合空心砖、骨架或框架梁内客土植生、植生袋植草或喷混植生防护。

D. 硬质岩边坡或弱风化软质岩边坡坡率陡于 1∶1 时，宜采用植生袋（外挂网固定）植灌木、草，挂网喷混植生或挂网预埋植生带后进行喷混植生防护。

⑨喷混植生的喷射厚度应根据施工地点的气候、水文、地层岩性、边坡坡率和堑坡高度等综合确定。所采用的种植基材，应符合下列规定：

A. 具有良好的透气性、团粒化度和酸碱度。

B. 含有植物生长必需的平衡养分和矿物元素。

C. 具有较好的保水能力。

D. 具有一定的强度和较强的抗暴雨侵蚀能力。

2. 骨架护坡

①骨架护坡可用于路堤边坡和土质、全风化岩层及强风化软质岩路堑边坡防护。

②骨架护坡可采用片石砌筑、混凝土浇筑或预制混凝土构件拼装。

③骨架护坡宜采用带截水缘的拱形、人字形、方格形等，骨架间距宜采用 2~4 m。骨架嵌入边坡的深度应结合边坡岩土性质和坡率、气候条件等综合确定，不应小于 0.4 m。

拱形、人字形骨架护坡：该形式一般用浆砌片石或片石混凝土做肋，用水泥预制混凝土块做成拱形窗台，坡面水从肋上排出，窗内可植草，是一种较为理想的防护形式。

方格形骨架护坡：该形式可预制安装，也可用水泥混凝土现浇和石砌。工艺简单，网格内可植草。但只适用于填方边坡和土质挖方边坡。

④骨架护坡可多级设置，边坡坡率不应陡于 1∶1，每级高度不宜大于 12 m。

⑤骨架护坡内宜根据土质及环境条件采用铺设干（浆）砌片石、混凝土块、空心砖、种植草灌等防护措施。

3. 实体护坡

①干砌片石、浆砌片石或混凝土实体护坡，宜用于风沙、浸水及受河流冲刷地段的路堤边坡及河岸和水库岸坡等的防护，也可用于土质和宜风化剥落的岩石路堑边坡防护。

②实体护坡用于河流冲刷或岸坡防护时，应符合下列规定：

A. 干砌片石护坡、混凝土预制块护坡可用于水流较平顺、不受主流冲刷且流速小于 3 m/s 的地段。

B. 浆砌片石或混凝土预制块护坡可用于受主流冲刷、流速不宜大于 8 m/s、波浪作用强烈的地段。

C. 护坡下应设反滤层。

③实体护坡用于路堑边坡防护时，单级高度不宜超过 12 m，超过时宜设平台、分级砌筑或浇筑。

④干砌片石护坡厚度不宜小于 0.25 m，浆砌片石护坡厚度不宜小于 0.3 m，现浇混凝土护坡厚度不宜小于 0.15 m，预制混凝土护坡厚度不宜小于 0.08 m。

⑤实体护坡基础埋置深度，冲刷防护地段应埋设在冲刷深度以下不小于 1 m 或嵌入基岩内不小于 0.2 m；路堑地段应埋置在路肩线以下不小于 1 m，并且不应高于侧沟砌体底面。

4. 孔窗式护坡（墙）

①孔窗式护坡（墙）可用于易风化或风化破碎的岩石路堑边坡、坡面易受侵蚀的土质路堑边坡防护。

②孔窗式护坡（墙）可采用片石或混凝土预制块砌筑、混凝土浇筑。

③护坡（墙）单级高度不宜超过 12 m，超过时宜设平台分级砌筑或浇筑。

④孔窗式护坡（墙）坡率不宜陡于 1∶0.75，开孔尺寸宜选用 2~4 m，窗孔内宜喷混植生或种植植物。

⑤孔窗式护坡（墙）的基础应埋置在路肩线以下不小于 1 m，并且不高于侧沟砌体底面；地基为冻胀土时，埋置在冻结深度以下不小于 0.25 m。

5. 锚杆框架梁护坡

①锚杆框架梁护坡可用于土质、软质岩及风化硬质岩路堑边坡防护，可与植物防护、土工网垫客土植生、空心砖内客土植生、喷混植生、生态袋、植生袋、喷锚网、柔性防护网等防护组合使用。

②锚杆框架梁护坡可多级设置，边坡坡率不宜陡于 1∶0.75，单级高度不宜超过 15 m。

③锚杆框架梁采用钢筋混凝土现浇时，可按正方形或菱形布置，节点处设置锚杆。框架梁节点间距不宜小于 2 m，截面尺寸不宜小于 0.3 m；混凝土强度等级应不低于 C30，锚杆长度不宜小于 5 m。

④护坡防护起点、讫点处各 0.5 m 宽度处应采用现浇混凝土或浆砌片石砌筑镶边加固，护坡堑顶应设置混凝土或浆砌片石镶边，护坡坡脚应设置混凝土或浆砌片石基础。

⑤年平均降雨量超过 600 mm 地区，框架梁上应设置截水槽，边坡平台应设置截水沟。

6. 喷射混凝土（砂浆）护坡

①喷射混凝土（砂浆）护坡可用于风化破碎、节理裂隙较发育或较高陡的岩石路堑边坡。必要时可增加挂网措施。

②重力喷射砂浆宜采用纯净的细砂，粒径应为 0.10~0.25 mm；机械喷射砂浆和喷射混凝土宜采用纯净的中粗砂，粒径应为 0.25~0.50 mm，含土量不应超过 5%。

③喷射砂浆厚度不宜小于 5 cm；喷射混凝土厚度宜为 7~10 cm。

④喷射混凝土（砂浆）护坡应设置泄水孔，并每隔 2~3 m 上下左右交错布置。地下

水发育时，应根据情况适当加密、加深、加粗泄水孔。

7. 石笼防护

①石笼防护可用于流速 4～5 m/s、波浪高 1.5～1.8 m 的周期性浸水地段的河岸或路基边坡防护。在有滚石的河段，不宜采用石笼防护。

②编织石笼的材料可选用镀锌铁丝、宾格合金钢丝、土工格栅或土工网。

③石笼内填充石料应选用坚硬不崩解，未风化的卵石、块石，石料块径应大于网孔尺寸。

④镀锌铁丝石笼的材料表面应镀锌作防锈层保护；宾格合金钢丝网石笼应采用合金含锌钢丝材料编织。

⑤石笼应铺设在平整、夯实的基底上；石笼用于垒砌时宜采用长方体，用于平铺时宜采用扁长方体。

8. 防护网

①危岩、落石范围和崩塌体规模较小或虽较大但距线路较远时，可结合清除危石处理措施设置防护网防护。

②坡面危石分布较多且体积较大，可根据检算采用主动防护网防护，或分级采用被动防护网防护。坡面危石、孤石分散且难以清理时，宜采用被动防护网防护或进行综合治理。

③落石动能及其弹跳高度宜通过现场滚落石试验观测确定；现场滚落石试验观测难以实施时，可采用理论计算或数值模拟计算的方法予以确定。

④被动防护网设计高度应为落石弹跳高度加 1.0 m，最小设计高度不应小于 2.0 m。

⑤被动防护网钢柱的高度不应低于防护网设计高度，钢柱间距不宜大于 12.0 m，最小间距不宜小于 4.0 m。

9. 土工合成材料防护

①土工合成材料可与其他工程材料、工程措施相结合用于路基边坡防护，且应符合下列规定：

A. 细粒土、粉细砂或软岩填筑的较高路堤，可于边坡表层不小于 3 m 宽度范围铺设土工网、双向土工格栅加筋补强结构形式，抑制边坡浅层溜坍和增强边坡抗冲蚀能力。

B. 改建或增建二线帮宽或加宽陡坡地基填土路堤，可于边坡坡面至填土界面内采用双向土工格栅加筋补强结构形式，提高界面处摩擦力，增强路堤整体稳定性。

C. 受地形、环境等条件限制，路堤需收坡时，可采用加陡边坡的加筋土路堤形式。

②土质、风化岩、易风化软岩和坡面有地下水渗出的路堑边坡以及坡面易受雨水冲刷的路堤边坡，宜采用立体植被护坡网、土工网垫、土工网等结合种植植物、植生袋等绿色防护措施。

③土工合成材料石笼或沉枕、土工模袋等可与土、石、混凝土相结合，用于覆盖冲刷防护工程的坡面或河底。

土工格栅或土工网石笼：用土工格栅或土工网等制成箱形或圆柱形，笼内装块石、卵石形成条体或块体。适用于临时工程，流速 4～5 m/s、无滚石河段。

土工合成材料沉枕：土工织物缝成管袋，内填砂石料等制成的枕状物。流速 4～5 m/s、冲刷较严重的护坡、护底，如丁坝、顺坝等。

土工模袋：土工模袋内充填流动性水泥砂浆或混凝土，厚度视工程需要确定护坡坡度不陡于 1∶1.5。充填水泥砂浆时，容许流速为 2～3 m/s；充填混凝土时，容许流速大于 3 m/s。

④土工合成材料石笼和沉枕应满足下列要求：

A.石笼与沉枕应具有足够大的体积和质量，其尺寸应通过稳定性计算确定，稳定性计算一般应校核抗滑、抗浮稳定和水流作用下的稳定性。

B.制作沉枕的管袋材料宜采用机织型土工织物，其强度应满足相关要求。

C.防护范围内的上、下端应有锚固措施。

⑤土工模袋应满足下列要求：

A.模袋必须铺放在稳定的边坡上，必要时应进行稳定性分析。

B.模袋设计应根据工程条件选用混凝土或砂浆模袋。

C.模袋护坡厚度可分别按抗弯曲应力、抗浮动、抗冰推力进行计算，取其大值，并进行模袋护坡的稳定性校核和排渗核算。竣工后的砂浆模袋护坡平均厚度不应小于 10 cm，混凝土模袋护坡平均厚度不应小于 15 cm。

D.土工模袋应能承受不小于 0.2 MPa 的压力。

⑥粉砂、细砂填筑的路堤边坡及粉细砂地层路堑边坡，可选用立体植被护坡网、土工网、土工网垫等作为风蚀防护层。

⑦土工合成材料用于路基两侧防沙工程时，固沙措施宜采用立体植被护坡网、土工网、土工网垫等覆盖于沙面或沙地上固定浮沙；阻沙措施宜采用土工网方格沙障和高立式土工合成材料防沙网沙障。

（二）风沙及雪害地区路基平面防护

①为防止铁路发生沙害，在路基两侧一定范围内，需要采取各种工程防护和植物固沙措施，用以控制地表风蚀和改变沙的搬运堆积条件，按其作用和性质分为输沙、固沙、阻沙。这几种工程防沙措施，各有其特点和使用条件，按风沙活动规律有机组合为一个整体，各尽其职，层层阻拦，形成严密的防沙体系，以达到最佳防沙效果。如草方格沙障，虽是一种行之有效的固沙措施，但外缘仍不断遭到沙埋，需要设置高立式栅栏，作为阻沙屏障。包兰线中的沙漠路基，以路基为中线，由近及远，设置砾石平台输沙带、草方格与植物固沙带及高立式栅栏阻沙带的综合防护体系，防沙效果十分显著。

②两侧防沙体系应自路堤（或路堑）坡脚（或堑顶）外依序设置防火带、防护带、植被保护带等。防护带内工程防护和植物防护措施应相互协调配合，发挥整体效能。

③防沙林和采用草类等易燃材料的防护带,应在路基坡脚或堑顶外选用卵石土、碎石土、粗砾土等铺设防火带。防火带宽度应符合《铁路工程设计防火规范》的规定。

④路基两侧应根据沙源、风况、沙丘活动情况和天然植被状况等,分别按严重、中等和轻微风沙地段设置防护带和植被保护带。防护带和植被保护带宽度一般可按下列规定设置:

A.严重风沙地段,迎主导风向侧防护带宽度宜为250～300 m,植被保护带宽度不宜小于400 m;背主导风向侧防护带宽度宜为100～200 m,植被保护带宽度不宜小于150 m。

B.中等风沙地段,迎主导风向侧防护带宽度宜为150～200 m,植被保护带宽度不宜小于300 m;背主导风向侧防护带宽度宜为100 m左右,植被保护带宽度不宜小于100 m。

C.轻微风沙地段,迎主导风向侧防护带宽度宜为100 m左右,植被保护带宽度不宜小于200 m;背主导风向侧防护带宽度宜为50 m左右,植被保护带宽度不宜小于50 m。

列车运行速度越快,铁路等级越高,对钢轨、轨枕的要求越高,对沙害控制越严,故防护带和植被保护带宽度应取大值。

⑤防护类型应依据风沙活动特征、输沙量、地形和防护材料性质等综合确定,可采用平铺粗粒土、设置阻沙沙障、挡沙墙或高立式沙障等措施。平铺粗粒土的材料可选用卵石土、碎石土、粗砾土、矿渣、炉渣等;阻沙沙障包含草方格、苇把、树枝栅栏、黏性土埂等;挡沙墙或高立式沙障一般含:挡沙沟堤、土坯墙、干砌片石墙及高立式沙障、挡风墙等。

⑥有水源可利用或年平均降水量大于250 mm地区,应采用植物固沙;在年平均降水量为100～250 mm且湿沙层含水率大于3%的地区,宜采用植物固沙。固沙植物应选择生长良好、固沙能力强的当地沙漠植物。

⑦雪害地区应根据地形、地貌、植被、气候、风向、积雪厚度,并结合线路位置、路基高度等因素在路基一侧或两侧设计防护林带。防护林带应选用上、下紧密,使风雪流不易通过的乔、灌木混合林,对林带起到长期的防护作用。林带树种应根据当地土壤和气候条件,选用适合当地生长、易于成活、生长快的树种。

⑧在不宜种植防护林或防护林未起作用前,可在迎风一侧设置固定式或活动式防雪栅栏、防雪堤、防雪沟或导风板等,并与主导风向垂直。当地形开阔积雪严重时,可采用防雪堤、防雪栅栏、灌木林带相结合的综合防护体系。固定式防雪栅栏高度不应小于3.0 m,活动式的高度宜为1～2 m,其位置可距路堑堑顶或路堤坡脚外30～50 m。

⑨易发生掩埋线路的严重雪害或有雪崩情况的地段,可采用明洞或棚洞等防护措施。

(三)路基保温防护

①多年冻土地区路基应根据年平均地温、冻土厚度、冻土类别、平面分布特征及路基的稳定状态综合分析,采用保温层、通风管、热棒、遮阳板、保温护道等措施。青藏高原

地区宜采用片石气冷路基，边坡设置片（碎）石护坡等措施。

②多年冻土区路堤采用聚氨酯板、聚苯乙烯板或挤塑聚苯乙烯板等保温材料时，应根据路堤高度、地表地温、地层含水情况经热工计算确定。

隔热保温材料属低热导性材料，其导热系数为填土的 1/20 ~ 1/5。从路基热阻的角度看，隔热保温材料相当于一定当量厚度的填土，铺设隔热保温层相当于增加了路基填高。由于受路基高度的限制，路基左右侧温度场存在很大差异，在低路堤中使用保温板的同时，两侧宜使用碎石护坡或热棒等综合工程处理措施，以调整路基左右侧温度场。

③多年冻土区路基埋设通风管时，可采用预制钢筋混凝土管、钢管或 PVC 管、EP 双壁波纹管。

在路基横断面方向埋设水平通风管，扩大了空气与路堤的接触面，增加了空气向路堤及地基传输能量的途径。利用冻土地区负积温远大于正积温的特点，使传入路堤及地基的冷量大于传入的热量，增加路堤及地基中的冷储量，降低冻土地温，保护多年冻土。通风管材质宜优先选用钢筋混凝土管，铺设采用挖槽法施工，使用时应满足以下条件：寒冷、多风且风力强劲的气候环境；路基填土高度不应小于 4.0 m。

④多年冻土区路基采用热棒降温时，热棒直径和间距应根据热棒类型、所采用的工质和地——气温差等因素综合确定。热棒是主动防护措施中应用范围最广的冻土保护技术，适用于路堤、路堑，但其造价较高。

⑤多年冻土区高含冰量地段路基两侧或向阳一侧边坡可设遮阳板防护。

⑥多年冻土区采用片石气冷路基降温时，片石层厚度不宜小于 1.0 m，片石粒径宜为 0.1 ~ 0.3 m，并应在片石层顶部设置 0.2 m 厚碎砾石层和 0.2 m 厚中粗砂垫层，片石层底应做好防排水措施。片石层通过强迫对流作用传输的冷量大于传入的热量，负积温约为正积温的 3 倍，增加了地基的冷储量，降低了地温，保护了多年冻土。

⑦多年冻土区高含冰量地段路堤两侧应设置保温护道，护道材料可采用细粒土或细粒土内埋设聚苯乙烯泡沫（EPS）隔温板等。应满足下列要求：

A. 位于人为活动频繁或地面排水困难的地段，宜设土护道，其尺寸取大值；

B. 位于岛状多年冻土带或地温较高地面保温条件差的地段，护道尺寸宜取大值；

C. 朝向差别明显地段，向阳侧的护道尺寸宜取大值或仅在向阳侧设置护道。

D. 青藏高原地区可采用片（碎）石保温护道，片石粒径宜为 0.1 ~ 0.3 m。

⑧多年冻土区采用片（碎）石护坡时，片（碎）石层粒径一般为 5 ~ 8 cm，厚度不宜小于 0.8 m，阳坡侧应适当加厚。

片（碎）石空隙内的空气在一定温度梯度的作用下产生对流，增强了地层寒季的散热，减少了暖季的传热，遮蔽了太阳对原路基坡面的辐射，能起到降低地温、主动保护冻土的效果。片（碎）石护坡不仅可作为高原铁路冻土路基的主动保护措施，也可作为运营期病害整治。

二、边坡养护

边坡是指为保证路基稳定,在路基两侧做成的具有一定坡度的坡面。边坡可分为路堤边坡和路堑边坡两种。

(一)边坡的分类

公路边坡的分类标准很多,根据边坡的成因、岩性、坡高等分类依据。在公路边坡工程中,往往同时按多个标准分类,如岩石高边坡、失稳土质边坡开挖陡坡等。相对于其他用途的边坡而言,公路边坡根据路面与天然地面的相对位置,将路基边坡划分为路堤边坡和路堑边坡。当路基面高于天然地面时,用土石方填筑起来的路基斜坡称为路堤边坡;当路基面低于天然地面时,将天然地面挖开做成的路基斜坡称为路堑边坡。

(二)边坡及结构物养护的一般规定

①路基边坡养护应保持坡面与坡体稳定,支护结构满足承载能力、结构安全和抗灾能力的要求。

②当路基边坡出现冲刷、风化剥落或碎落坍塌等浅表病害时,应及时清理和整理坡面,可采取生态防护、工程防护或冲刷防护等坡面防护措施。

③当路基边坡出现明显病害时,应根据检测和专项评定结果等采取修复或加固措施。对适修性很差的原有结构物,应拆除重建。

④当路基边坡经专项评定或风险评估确认需要进行加固,或出现下列情况时,应进行加固:

A.边坡失稳或出现失稳迹象时。

B.支护结构及构件有损坏时。

C.因路基拓宽改造可能影响边坡安全时。

D.遭受灾害损坏或已发生过安全事故时。

⑤路基边坡加固方法应根据病害类型、成因和规模等,选用一种方法或多种方法的组合,并应符合下列规定:

A.边坡工程变形及失稳与地表水或地下水直接相关时,应采取截排水等工程措施。

B.路堑边坡整体稳定性及支护结构稳定性等不满足要求时,可选用削方减载法或堆载反压法。牵引式斜坡和膨胀性土体不宜采用削方减载法。

C.发生较大变形和开裂的边坡,或支护结构承载能力、抗滑移或抗倾覆能力等不满足要求,且有锚固条件时,可选用锚固法。

D.边坡整体稳定性或支护结构稳定性不满足要求,且嵌岩段地基强度较高时,可选用抗滑桩法。抗滑桩可与预应力锚杆联合使用,并与原有支护结构共同组成抗滑支护体系。

E.支护结构、构件或基础加固,可选用加大截面法。

F. 支护结构地基土、岩土边坡坡体、抗滑桩前土体或提高土体抗剪参数值的加固，可选用注浆法。

G. 当采用组合加固法时，各支护结构的受力和变形应相互协调。

⑥路基边坡加固设计应采用动态设计法，应按有关规定进行结构强度、承载力和整体稳定性等验算，并应符合下列规定：

A. 加固范围应根据专项评定结果及设计分析确定，可对边坡工程整体、区段、支护结构或排水系统进行加固处理，但均应考虑边坡工程的整体性。

B. 原支护结构及构件的几何尺寸应根据实测结果确定。

C. 原支护结构及构件的材料强度，当现场检测数据符合原设计值时，可采用原设计标准值；当检测数据与原设计值有差异时，应采用检测结果推定的标准值。

D. 新增支护结构与原结构组合时，新增支护结构或构件的抗力和原支护结构或构件的有效抗力，应根据专项检查、勘察和评定结论及加固措施等确定。

E. 地震区支护结构或构件的加固，除应满足承载力要求外，还应复核其抗震能力，并应考虑因支护结构刚度增大和结构质量重分布而导致地震作用效应增大的影响。

⑦边坡加固施工除应满足现行国家有关标准的要求外，还应满足下列要求：

A. 施工过程中可能出现大变形或塌滑的边坡工程，应先采取临时性加固措施，再实施永久性加固。

B. 当支挡结构物发生倾斜、滑动或下沉时，应先卸载，再维修加固。

C. 对施工过程中可能引发较大变形的边坡和支护结构，应在施工期间进行监测。

（三）边坡破坏的几种形式

受外界不利因素的影响，自然边坡、人工开挖或者填筑的边坡，都有可能发生滑动、倾倒等形式的失稳性破坏。边坡失稳不仅会毁坏坡面植被，还会因严重的工程事故而造成巨大的经济损失，甚至危及人身安全。因此，修筑公路边坡，首先要判断边坡稳定情况，然后对潜在的失稳破坏边坡采取必要的工程措施或生态防护措施，以保证边坡稳定和行车安全。

1. 深层破坏

公路岩质边坡和土质边坡的失稳形式各不相同。其中，平面破坏、楔形破坏和曲面破坏是一种深层失稳破坏，一般是在坡面 2 m 以下深处沿滑移面产生剪切滑移破坏，滑移面是平面、楔形面或曲面。这种破坏因滑下的土石方量大，有时可达数万方，造成的危害极大。公路土质边坡深层破坏一般是圆弧滑动模式。

公路边坡破坏基本上分为滑体整体旋转运动和非整体旋转运动两类。在这个意义上，可以将公路边坡失稳类型分为圆弧状滑动和平板状滑动。无论是圆弧状滑动还是平板状滑动，除后缘开明缝外，还必然存在左右两侧侧壁裂缝。圆弧状滑动易发生在由均质土和风化岩构成的边坡或节理细而发育的岩石边坡等处。地层中存在节理、断层、层理等构造软弱线，或者存在软弱夹层，且呈顺坡倾向临空面时，则沿不连续面易发生平板状滑动。

2. 浅层破坏

公路边坡浅层破坏，一般发生在坡面的表层或坡面下不足 2 m 的范围内。虽然滑下的土石方量很小，但它严重破坏了坡面的植被，对于这种破坏也应有足够的认识。

①剥落。剥落发生在容易风化的岩土坡面，如红层岩坡或膨胀土边坡，这些边坡开挖后如果不及时防护，坡面将发生风化，岩土体风化成散粒状后，将顺坡滑落下来。对于这种坡面如果使用方法不当，风化的坡面会对植被造成破坏。

②落石。落石发生在块状结构、碎裂状结构的岩坡或者土石混合的土坡中。其原因可能是坡面受雨水冲刷或风化作用，浅层岩石局部松动后，在重力作用下从坡面落下所造成的破坏。对这种坡面应先清除或加固危石。

③崩塌。斜坡上的岩体，在重力或其他外力作用下-突然向下崩落的现象，叫作崩塌。崩塌的发生往往与斜坡陡峻、岩性坚硬、地质构造发育有关的地貌地质条件相联系，相塌落石可以发生在开挖的人工边坡上，也可以发生在开挖边坡的自然山坡上，而较大规模的崩塌多发生在开挖边坡陡峻的自然斜坡上。对这种坡面首先应找出易崩塌处，然后予以加固。

④堆塌。对于碎裂状结构和散体结构的岩坡以及易风化的坡面和黏砂性的土坡等，在地表水顺坡流下时，会带走坡面松散、软弱的土颗粒，在坡面形成条条沟状，还会出现坡面沟蚀，有的地方被掏空后，还会出现局部滑塌，滑塌和沟蚀冲积物将堆积在坡脚，形成堆塌破坏。另外，对于节理发育或软质、风化的岩体，由于边坡开挖得过陡，在坡顶或边坡外缘产生拉张裂缝，并逐次向山侧发展而发生堆塌。堆塌体多呈半锥体形，堆塌直到稳定的安息角为止。在这些边坡上即使做了植被防护，如果方法不当，也会发生坡面沟蚀，从而破坏已做好的植被。

⑤表层滑塌。坡体表面若分布有软弱岩土体或者一些破碎的硬质岩，在大气风化作用及水的侵蚀作用下，就有可能造成这些表层破碎的岩土体沿局部软弱面滑动坍塌，称为表层滑塌。

⑥风化剥落。风化剥落发生在容易风化的岩土坡面，如泥岩、砂岩、红层岩坡或土质边坡，这些边坡坡面开挖后，在雨水、日照等自然作用下，将发生严重的风化。坡体风化后在坡面形成一定厚度的松散层，在重力和雨水作用下，该松散层将顺坡滑落造成风化剥落破坏。对这种坡面须首先清除风化层或者将风化层稳定于坡面。

⑦错落，斜坡岩体在重力作用下，沿软弱面整体性快速下错的现象称为错落。其整个错动带的形状为折线形，后壁坡度较陡，下部坡度较缓；错动面出现在坡脚临空面以上，其错落体的垂直位移量大于水平位移量。对该类边坡应先找出错落体并予以加固。

⑧浅层滑坡。坡体浅层若分布有较软弱的岩土体或者破碎的硬质岩石，则在自然的影响下，易造成这些浅层岩土体在重力作用下沿其下一定的软弱面或带产生整体的以水平位

移为主的向下滑动现象,此即坡面浅层滑坡。滑面埋深不大,滑体厚度较小,一般在 2 m 以内。浅层滑坡将对坡面植被造成较大范围的破坏。

(四)路基边坡主要病害

1. 路基边坡滑塌

路基边坡滑塌问题是公路工程中最为常见的路基病害之一。其多是由于公路处于山谷或者河谷地区,其路堑边坡多由膨胀土或碎石类等风化残积土组成,还有一种可能是由路堤边坡软质土料填筑而成,从而导致公路发生坍塌等病害。

2. 路基边坡冲沟

路基边坡冲沟多发生在汇水集中区或高填路段,诱发原因:急流槽位置或间距设置不当;边坡压实度不足;防护形式不当(多为分散排水时);边坡土质不良等。

3. 防护体滑落

诱发原因:水毁;圬工砌筑质量不符合要求;勾缝不密;未设粗砂滤层或泄水孔;坡脚支撑不稳。

4. 植草枯死

诱发原因:土质、环境不适;草种不适;病虫害;寿命终止。

(五)路基边坡防护技术

1. 土质边坡工程防护技术

(1)一般土质路堤边坡

①边坡高度 $H \leq 4 \text{ m}$ 时,采用草皮护坡。

②边坡高度 $4 \text{ m} < H \leq 8 \text{ m}$ 时,采用方格骨架内草皮护坡。

③边坡高度 $H > 8 \text{ m}$ 时,采用拱形骨架内草皮护坡。

(2)一般土质路堑边坡

①边坡高度 $H \leq 8 \text{ m}$ 时,采用生态防护。

②边坡高度 $W > 8 \text{ m}$ 时,采用拱形骨架内植草护坡。

但对于特殊性土质,如红黏土、膨胀性土等,边坡如防护不当或不及时,将容易发生病害甚至破坏。红黏土、膨胀性土等边坡,应以柔性防护为主,采用骨架、土工合成材料、排水及生态防护等综合性防护措施,并根据具体情况具体分析。

(3)坡脚挡墙

经调查分析,路堑边坡受雨水冲刷,坡脚是受冲刷最严重的部位。根据对边坡应力状态的多方面分析,边坡应力集中部位为坡脚及坡顶,在坡脚处最大主应力显著增高,而最小主应力显著降低,坡脚处剪应力较大,形成剪应力增高带,故在坡脚处易产生剪切破坏。因此,在边坡坡脚增设挡墙,可减少应力集中,提高边坡坡脚抗冲刷能力。

(4)骨架护坡

土质边坡可广泛使用骨架护坡,风化花岗岩边坡使用骨架护坡时,必须注意以下内容:

①骨架应与排水结合起来,骨架设计成排水沟形式;

②根据土中原生及次生裂隙的多少,主肋适当加粗到 60～100 cm(深)×60 cm(宽),间距为 4 m;

③骨架形状为拱形(拱高 4 m)或菱形、方格(间距 3 m)形、人字(间距 3 m)形,骨架嵌入坡面深度 40 cm;

④根据临界冲刷长度 $L<6$ m,则骨架的间距应以 6 m 为主。

⑤边坡植物防护技术。种草防护、铺草皮防护、种树防护、土工网植草防护、行栽香根草防护、蜂巢式网格植草防护、客土植生(客土喷播)植物防护、喷混植生植物防护、植生基质喷射防护。

2.软质岩边坡工程防护技术

根据对大量边坡的调查及软质岩边坡的病害规律和风化机理分析,软质岩边坡的病害主要是边坡表面的风化剥落和边坡崩坍及滑坡破坏。因此,软质岩边坡的防治应从边坡的可能性破坏方面进行,其重点是防治边坡坡面,让边坡不进一步风化。对不稳定边坡需要进行加固支护等,常用的支护处理方法如下:

①合适的边坡坡比设计。

②排水技术,常采用渗透式支撑肋、深层排水管及时排除地表与地下水。

③边坡支挡结构,适用的主要有重力式挡土墙、悬臂式挡土墙和扶壁式挡土墙、锚杆挡土墙、抗滑桩及桩板墙、锚固[预应力锚杆(索)、非预应力锚杆(系统锚杆)]、土钉墙。

针对软质岩边坡的主要特点病害,边坡防护的重点是防止边坡受雨水等外在因素的影响,植物防护、骨架植物防护与工防护等防护处理方法,均可用于软质岩边坡防护。目前普遍提倡的是生态护坡。水泥混凝土喷浆防护和护面墙护坡由于外观与效果不是很理想,在高速公路上使用较少,用得比较成功并普遍采用的是植物防护、骨架植物防护。考虑到软质岩边坡较破碎,常采用锚杆骨架护坡,边坡防护与边坡加固相结合。在边坡不稳定的情况下,锚杆长度与间距根据计算分析确定;在边坡稳定的情况下,考虑到软质岩的风化深度,距离边坡面 4 m 以内的范围,温度变化相当显著,大部分温差都是在这段距离内完成的。因此,需要采用 4～6 m 的锚杆长度。软质岩风化严重,边坡节理裂隙发育、岩体破碎,锚杆骨架梁护坡方法的最大优点是锚杆主要起支撑混凝土骨架的作用,用锚杆加固后可使锚杆骨架梁与边坡岩体成为整体,骨架可采用混凝土或浆砌块(片)石,并与排水相结合,以减少雨水对边坡的冲刷。

3.硬质岩边坡工程防护技术

硬质岩边坡的主要破坏类型是边坡崩塌落石,形成崩塌落石的条件包括地形、地貌、岩性及地质构造等。地形条件是陡峻的斜坡地形,地貌条件是陡峻的峡谷岸坡、山区河曲凹岸、冲沟岸坡和山坡陡崖处,岩性对崩塌落石起控制作用。影响崩塌发生的因素包括降雨与地下水、地震、风化、植物及人为因素。崩塌落石的防护，主要采用以下措施：

①防崩遮挡建筑物：明洞和棚洞等。

②防崩支撑建筑物：高支墙、明洞式支墙、柱式支墙、支撑挡土墙和支护墙。

③防崩拦截建筑物：主被动柔性防护网、落石平台、落石槽、拦石堤、拦石墙。

④加固措施：嵌补、锚杆锚索、灌浆等。

⑤清除措施。

⑥排水措施。

4. 石质边坡坡面防护

石质边坡原则上全部采取生态防护。

①对高度不大于 12 m、岩石较完整的稳定边坡采用一级生态防护。

②对高度大于 12 m 的边坡采用分级生态防护。

③对岩石易破碎、风化严重的边坡，采用锚杆式钢筋混凝土方格骨架内植草（灌木）护坡。

（六）路基边坡病害的治理措施

路基防护工程主要分为防护工程与支挡工程两大类。一般来说，将用作防止路基被冲刷和风化，主要起隔离作用的设施称为防护工程；将防止路基或山体因重力作用而滑塌，主要起支撑作用的结构称为支挡工程。

1. 植物防护

植物防护可美化路容、协调环境、调节边坡土的湿度与温度，起到固结和稳定边坡的作用。它对于坡高不大、边坡比较平缓的土质坡面而言，是一种简易有效的防护设施。土质边坡防护也可采用拉伸网草皮固定草种布或网格固定撒种。采用土工合成材料进行土质边坡防护的边坡坡度宜为 1∶1.0～1∶2.0。

植物防护主要有种草、铺草皮、植树。采用植物覆盖层对坡面进行防护，工序简单、效果好。它可以减缓地面水流速度，调节表层水流状况。植物根系深入土层，在一定程度上对表层土壤会起到固结作用。

植物防护的养护主要是植物的养护，对草和树应适时浇水、施肥和除虫，保障植物正常生长。为了达到美化的效果，还应经常进行修剪、整形。对于草皮死亡、树木缺株，应针对情况进行补植。由于水流作用，植物根部被冲空，坡面及坡顶裂缝、隆起，坡面局部冲沟时，应针对病害情况进行维护或改变防护形式。

2. 石砌护坡

石砌护坡主要有干砌块（片）石、浆砌块（片）石、护面墙、钢筋混凝土预制挂板等。

当石砌护坡发生松动、下沉、隆起等病害时，应针对护坡破损的严重程度，采取恢复或拆除重建，或改为其他更有效的防护形式。护坡发生裂缝，可用水泥砂浆进行灌缝修补。

泄水孔堵塞，墙内渗水，可疏通泄水孔或在护坡的中、下部增设泄水孔，以排泄护坡背面的积水及减少渗透压力，保障边坡稳定。

3. 抛石防护

抛石主要用于受水流冲刷和淘刷的路基边坡和坡脚，特别适合于沿河床路基的防护，且不受气候条件限制，对于季节性浸水和长期浸水的情况均适用。一般在枯水季节施工，附近盛产大块砾石、卵石及废石方较多的路段，应优先考虑采用此防护措施。这是一种直接防护，它会将水与坡面隔离开。

4. 石笼护坡

对笼筐破损，应及时采取换修笼筐、填足笼中填石、封闭笼筐等措施。对腐蚀严重的普通铁丝铁笼可更换为镀锌铁丝制作的铁笼。当石笼破损而无法修复时，石料被水流冲失，应视情况重新设置或改换其他有效防护措施。

5. 坡面处治

坡面处治包括抹面、喷浆、挂网喷护、勾缝灌缝、锚固等。对坡面处治应进行定期检查，发现风化、空洞、脱落等应及时进行维修养护。

6. 挡土墙

挡土墙是防止土体坍塌而修筑的，主要承受侧向土压力的墙式建筑物。其广泛应用于支撑路堤填土或路堑边坡，以及桥台、隧道洞口与河流堤岸。其技术状况的好坏对公路往往带来比较大的影响。

路基在遇到下列情况时可考虑修建挡土墙：路基位于陡坡地段或岩石风化的路堑边缘地段；为避免大量挖方及降低边坡高度的路堑地段；可能产生塌方、滑坡的不良地质路段；水流冲刷严重或长期受水浸泡的沿河路基地段；为节约用地、减少拆迁或少占农田的地段；为保护重要建筑物、生态环境或其他特殊需要的地段。

①挡土墙类型。公路上常用的挡土墙按设置位置可分为路堑挡墙、路堤挡墙、路肩挡墙和山坡挡墙等类型。按墙体材料挡土墙可分为石砌挡土墙、混凝土挡土墙、钢筋混凝土挡土墙、钢板挡土墙等。按结构形式挡土墙可分为重力式、半重力式、衡重式、悬臂式、扶壁式、锚杆式、锚锭板式、加筋土式、桩板式和垛式等。

②挡土墙检查。挡土墙除经常检查其有否损坏外，每年应在春秋两季各进行一次定期检查，对北方冰冻严重地区尤应注意，主要检查挡土墙在冰冻融化后墙身及基础的变化情况，以及冰冻前所采取的防护措施效果。另外，在反常气候、地震或重型车辆通过等特殊情况后应进行及时检查，发现裂缝、断裂、倾斜、鼓肚、滑动、下沉或表面风化、泄水孔堵塞、墙后积水、周围地基错台、空隙等情况，应查明原因，并观察其发展情况，采取相应的修理、加固措施，做好工作记录，建立技术档案备查。

③挡土墙的养护要求。对挡土墙应加强检查，发现病害应查明原因，并观察其发展趋

势，采取相应的修复、加固等措施，损坏严重时，可考虑拆除全部或部分重建。应保持挡土墙的泄水孔畅通，定期检查和维修，清理伸缩缝、沉降缝，使其正常发挥作用。重建或增建挡土墙，应根据公路所在地区地形及水文地质等条件合理选择挡土墙类型。

④挡土墙病害处治。

A. 泄水孔堵塞。挡土墙背后填土潮湿，含水率大，但泄水管却长期不出水，周围块石表面干燥无水迹。其原因主要有泄水孔进水口处反滤材料被堵塞，因反滤层碎石含泥量大或反滤层外未包滤布，填土进入反滤层；反滤层设置位置不当，起不到排水作用；泄水孔被杂物堵塞。

治理方法：如条件许可，可挖开墙后填土，重新填筑反滤材料；如泄水孔堵塞，则清除孔内堵塞物。

B. 沉降缝不垂直。沉降缝不垂直或上下错位，缝宽不一致；有时表面虽垂直，但墙身内部块石相互交叉重叠，形成假缝。沉降缝不垂直应视现场挡土墙沉降情况，将影响沉降的块石拆除重砌；当条件许可或质量另有要求时应全部拆除重砌。

C. 勾缝砂浆脱落。勾缝砂浆出现裂缝，随后起壳成块状或条状脱落。勾缝砂浆脱落的治理方法是将脱落的砂浆铲除，并将黏附在块石表面的砂浆清理干净，重新按施工规范要求勾缝。

D. 挡土墙滑移。挡土墙整体外移，与相邻挡土墙产生错位，且上、下位移大致相等。挡土墙滑移的治理方法为可将墙身后填土挖除，按规范要求重新分层填筑、分层压实，必要时采用稳定土或渗水材料作为回填材料；如条件许可，可增加墙前填土的高度，以增加挡墙的被动土压力。

⑤挡墙倾斜。挡土墙整体前倾，与相邻挡土墙产生位移，且位移上大下小成楔形。治理方法如下：

A. 挖开墙后填土，重新按规范要求回填。

B. 改用稳定土或渗水材料回填。

C. 套墙加固法。在原墙外侧加宽基础、加厚墙身。施工时，应挖除一部分墙后填土，减小土压力，同时应注意新旧基础和墙身的结合。方法是凿毛旧基础和旧墙身，必要时设置钢筋锚栓或石榫，以增强联结。墙后回填土必须分层填筑并夯实。

D. 增建支撑墙加固法。在挡墙外侧，每隔一定的间距增建支撑墙。支撑墙的基础埋置深度、尺寸和间距应通过计算确定。

⑥砌体断裂或坍塌。砌体产生较大的裂缝，整体倾斜或下沉，严重时砌体发生倒塌或墙身断裂。治理方法如下：

A. 沉陷、倒塌的砌体在查明原因后拆除重砌。

B. 如果是基础原因，可挖开墙前基础填上裂缝，加宽基础或打入基桩且新基础必须与原基础连成一体。

C.较小的裂缝可采用墙体注浆办法解决。

第五节　路基防护施工及质量检测

在雨水、风、气温变化及水流冲刷的作用下,公路路基边坡会产生各种变形甚至失稳破坏,如边坡表面岩土体剥落、小规模滑塌甚至大规模滑坡等,影响路基的稳定和交通安全。为保证公路的使用通畅、安全、舒适及美观,对路基进行有效防护与支挡是非常必要的。

路基防护类型按作用可划分为:坡面植物及工程防护、沿河路基防护、锚固及支挡防护、柔性防护网防护。

公路边坡沿公路分布的范围广,对自然环境的破坏较大。在防护的同时,注意保护环境和创造环境,采用适当的绿化防护方法,则会使公路具有安全、舒适、美观、与环境相协调的特点,也将会产生可观的经济效益、社会效益和生态效益。

对于公路边坡的绿化、防护及美化,设计阶段应遵循以下原则:

①首先对边坡的自然条件进行充分调查,在掌握地理地质、边坡形状、土壤特性及气候环境的基础上确定总体设计方案。

②"点、线、面"有机结合,即局部地段重点防护、绿化和美化,局部地段过渡处理。

③设计手法且采用自然式和规则式并用。

④从安全、美学角度,考虑植物品种配置和种植形式,形成色彩、色带的韵律变化。

⑤选用固土护坡作用强的植物,以植草为主,灌、草结合,短、长期水保效益兼顾,从根本上防止水土流失。

需要指出的是,针对同一坡面可只采用一种或同时采用几种防护形式组合,如锚杆框架内植草、挂网喷混凝土后在边坡平台处种植常绿爬藤植物等,即既要确保路基边坡稳定,又要兼顾美观。

路基防护工程施工总体要求如下:

①路基防护工程施工前,应对边坡进行修整,清除边坡上的危石、松石或松土。修整后的坡面应大面平顺且排水顺畅,并与周边地形相协调。

②路基防护工程宜与路基挖填方工程紧密、合理衔接,开挖一级防护一级,并及时进行养护。

③应根据开挖坡面地质水文情况逐段核实路基防护设计方案,如发现现场实际情况与设计图纸不相符,应及时反馈至相关方以便妥善处理。

④各类防护工程应置于稳定的基础或坡体上。坡面防护层应与坡面密贴,不得留有空隙。

⑤路基防护工程施工中,应采取有效措施截排地表水和导排地下水。

⑥工程材料质量应符合设计及相关要求。
⑦每处坡面防护应设置检修通道及必要的安全扶栏。
⑧施工中应加强安全防护，确保人员及工程安全，严禁采取大爆破及大开挖。

一、路基坡面植物及工程防护

路基坡面防护总体包括植物防护和坡面工程防护。植物防护有种花草（喷播或撒播）、铺草皮、植树、植生袋、三维植被网、骨架植物等防护形式；工程防护有喷浆或喷混凝土、锚杆挂网喷护、干砌片石、浆砌片石或浆砌混凝土预制块护坡、护面墙等防护形式。

对受自然因素作用易产生破坏的边坡坡面应根据气候条件、岩土性质、边坡高度、边坡坡率、水文地质条件、施工条件、环境保护、水土保持要求等因素，经技术经济比较后选择适宜的防护措施。

（一）植物防护

1. 种草

（1）作用

种草是一种施工简单、造价经济而有效的坡面防护措施。草能覆盖地表土，防止雨水冲刷，调节土的温度，防止裂缝产生，固结表面土壤，防止坡面风化剥落，加强路基的稳定性。坡面可允许缓慢流水（0.4～0.6 m/s）的短时冲刷。

种草防护可起到绿化、美化环境，使公路具有安全、舒适、美观、与环境相协调等特点。

（2）适用条件

①适用于草类生长的土质路堑和路堤边坡上，且边坡坡度较缓、边坡高度不高的路基。

②对边坡土层不宜于种草的，可先铺一层有利于草生长的种植土，铺土厚度10～15 cm。为使种植土与边坡结合牢固，可沿边坡坡面每隔100 cm的距离挖20 cm宽的台阶。

③对于经常浸水或长期浸水的路基边坡，草不易生长，不宜采用此种防护。

（3）草种的选择

选用的草籽要适合当地土质和气候条件，通常应选择易成活、根系发达、茎干低矮、枝叶茂盛、生长能力强的多年生草种，如白茅草、毛鸭嘴、鱼肩草及两耳草等。

（4）施工注意事项

①播种草籽可根据具体情况撒播或行播。为使草籽均匀分布，可将草籽与砂、干土或锯末混合播种。草籽埋入深度应不小于5 cm，种完后将土耙匀并适当拍实，使土盖住草籽，然后洒水，保持土壤潮湿。

②路堤的路肩和路堑顶边缘应埋入与表层齐平的带状草皮，草皮厚度为5～6 cm，宽度为20～25 cm。

③播种时间一般应在春季、秋季，不可在干燥的风季或暴雨季节播种。

④播种前,必须将表土耙松,土块打碎、整平,清除石块、杂草及有害物质,并对表土进行均匀施肥,施肥量每 1 000 m³ 不得少于 70 kg。草籽在坡面的播撒量每 1 000 m³ 不少于 9 kg。路堑边坡或路堤较高时,可通过试验采用草籽与含肥料的有机质泥浆的混合物,喷射于坡面上。

⑤加强管理,经常检查成活率,必要时应进行补充播种。

2. 铺草皮

（1）作用

铺草皮对坡面的防护作用同种草防护,但效果更好,并可用在较高、较陡和坡面冲刷较重的边坡上,铺草皮比种草防护收效快。

（2）适用条件

铺草皮适用于坡面缓于 1∶1 的各种土质边坡及严重风化的软质岩石边坡。为防止表水冲刷产生冲沟、流泥等病害,在种草成活率低,且附近草皮来源较易的情况下,可用铺草皮防护。

（3）草皮选择与要求

①草皮应选择根系发达、茎矮叶茂的耐旱草种,如白茅草、假俭草、绊根草等。

②草皮规格:草皮宜选用带状或块状。挖草皮时草皮的两端最好斜切,横断面呈扁平四边形,长 30 cm、宽 20 cm、厚 10 cm。干燥和炎热地区,草皮厚度可增加到 15 cm。

（4）施工注意事项

①草皮应与坡面密贴,并用木槌将草皮的斜边拍紧拍平。每块草皮的四角用长 20～30 cm、直径 2～3 cm 的木桩或竹桩钉固,桩与坡面垂直,露出草皮表面不超过 2 cm。当边坡缓于 1∶1.5 时,可不钉桩。岩层钉木桩或竹桩有困难时,可将坡面挖成深为 5～10 cm 的锯齿形,铺上浸湿变软的草皮块并拍紧。

②当为路堑时,草皮应铺过堑顶肩部至少 100 cm 或铺至截水沟,坡脚应选用厚度适当且整齐的草皮或做其他加固处理。

③当草皮来源不足,而草根容易蔓延时,在高度不大的土质路堤边坡,可改用方格草皮结构。草皮应嵌入边坡 4～8 cm,草皮条宽 20～30 cm,在坡顶和坡脚 50～100 cm 高度内满铺草皮,也可在方格内撒播草籽。

④铺草皮前,边坡表层要挖松整平,较大的坑凹或冲沟应填平,然后洒水,均匀湿润坡面。

⑤铺草皮可自坡脚向上铺钉,也可自上而下铺钉。护坡顶部和两端的草皮应嵌入坡面内,草皮护坡的边缘与坡面衔接处应平顺,以防水和雨水沿草皮与坡面间隙渗入而使草皮下滑。

⑥铺草皮施工一般应在春季或秋季进行,气候干旱地区则应在雨季进行。

⑦铺种的草皮应进行洒水养护,使坡面湿润,直至草皮成活。

3. 三维植被网

（1）护坡机理

三维植被网防护是土工织复合植被防护坡面的一种典型形式。

三维植被网以热塑料树脂为原料，采用科学配方及工艺制成。其结构分为上、下两层：下层为一个经双面拉伸的高模量基础层，强度足以防止植被网变形；上层是由具有一定弹性的、规则的、凹凸不平的网包组成，其材质疏松柔韧，留有 90% 以上的空间可填充土壤及草籽，将草籽及表层土壤牢牢固定在立体网中间。同时，由于网包表面凸凹不平，故可使风及水流在网包表层产生无数小涡流，起到缓冲消能作用，并促使其携带物沉积在网垫中，这样就有效地避免了草籽及幼苗被雨水冲走流失，大大提高了植草覆盖率。同时，三维网固定于坡面上，直接对坡面起到固筋作用。当植草生长茂盛后，植物根系可从网包中舒适均衡地穿过，深入地下达 0.5 m 以上，与网包、泥土三者形成一个坚固的绿色保护整体，起到复合护坡的作用。

（2）三维植被网的特点

①由于网包的作用，能降低雨滴的冲蚀能量，并通过凸出的网包降低坡面雨水的流速，从而有效地抵御雨水的冲刷。

②在边坡表层土中起着加筋加固作用，从而有效防止表面土层的滑移。

③在边坡防护中使用三维植被能有效地保护坡面不受风、雨、洪水的侵蚀。三维植被网的初始功能是有利于植被生长，随着植被的形成，它的主要功能是帮助草根系统增强其抵抗自然水土流失能力。

④三维植被网能做成草毯进行异地移植，能解决快速防护工程的植被要求。

（3）施工流程

①边坡整齐、平整。当路基土方已经完工并经监理工程师验收后，放出路基边坡坡脚桩。直线路段路基边桩及坡脚桩每 20 m 打桩，曲线路段加密到 5~10 m，以保证路基边坡线平滑、顺直。定出路基边桩及坡脚桩后，用白灰标出控制线，然后刷坡。刷坡可采用人工配合挖掘机进行。刷坡后将边坡上的土块粉碎、平整，并施入底肥。

②开挖沟槽。在坡顶及坡脚按照施工图纸设计尺寸，人工开挖预埋植被网的沟槽，并平整。

③覆网。边坡整理完工并经监理工程师验收后，按照设计图纸和施工规范要求或工程师的指示，及时进行人工铺设 EM3 型三维植被网。覆网时，先将网置于坡顶沟槽内，然后从坡顶到坡脚依次进行。网块之间要重叠搭接，搭接宽度不宜小于 10 cm。

④固定。覆网后按照一定的密度和方式，采用竹钉（长 25 cm）或 R 形钢筋（长 25 cm）打入边坡进行固定。

⑤覆土。当三维植被网固定好以后，在网上覆一薄层土进入网包（可以用木条刮入），而土壤要求细碎、肥沃、pH 值适中。

⑥播种。根据当地的气候、土质、含水率等因素,选择易成活、枝叶茂盛、根系发达、茎低矮、多年生、便于养护且经济的草籽种类。为使草籽均匀分布,草籽应掺加细砂或细土搅拌均匀后播撒。

⑦再覆土。撒播草籽后,在网上面再均匀覆盖一层薄土(总厚度约为2 cm),并适当拍实,使边坡表面平整,并保证使土盖住草籽。

⑧覆盖纤维布或稻草、秸秆。为了让草籽尽快发芽,边坡上面应考虑采用纤维布或稻草、秸秆等进行覆盖,使土壤保持湿润和适宜草籽生长的温度。

⑨浇水养护。种植草籽后应适时进行洒水施肥、清除杂草等养护管理,直到草籽成活并覆盖坡面。

(4)施工注意事项

①用挖掘机刷坡时,要预留约20 cm宽由人工清除,以保证路基边坡的密实度。人工刷坡时要挂线,并用坡度尺检验路基边坡坡度,以确保路基边坡的外观和线形。

②开挖沟槽和刷坡一次不要过长,防止雨水、风沙等作用破坏路基边坡坡面。

③植被网尽量与坡面贴附紧密,防止悬空,使网保持平整,不产生皱褶。

④撒播草籽应在无风、气温在15 ℃以上的天气进行,避免在干燥的风季和暴雨季节播种。

⑤浇水时最好采用雾状喷施,防止形成径流,以免造成草籽分布不均匀而影响覆盖率和美观。

⑥养护期加强管理,以有效地养护所有种植面上的植物,直到养护期终止。

实践证明,采用三维植被网进行公路边坡防护,施工简便、劳动强度小、效率高,大大降低了工程造价,同时又美化了公路沿线的环境,具有非常广阔的应用前景。

4. 植树

(1)适用条件

植树防护适宜于各种土质边坡和严重风化的岩石边坡,但在经常浸水、盐渍土和经常干涸的边坡及粉质土边坡上不宜采用。

植树防护最好应用在1∶1.5或更缓的边坡上。

(2)树种选择和要求

①树种应为根系发达、枝叶茂盛、能迅速生长分蘖的低矮灌木,如紫穗槐、夹竹桃。

②选择紫穗槐的树苗至少要有一年的树龄。挖掘树苗时,不得损伤大的根系,最好带些土,以利于成活。

③夹竹桃是截枝插栽,用来截枝的夹竹桃树要有两年以上的树龄,每一根截枝最少要有四节,下端切成斜形,上端切齐平,并用泥土包好,防止水分蒸发。

④植树布置有梅花形和方格形,植树间距40~60 cm,植树坑深为25 cm,坑直径为20 cm,每坑内栽紫穗槐两棵、插夹竹桃三根。

（3）施工注意事项

①边坡如有不利于灌木生长的砂石类土,则栽种的坑内应换填宜于灌木生长的黏质土。

②灌木栽种后,坑中应及时填土压实,并经常浇水,保持坑内湿润,直到灌木发芽成活。

③栽种灌木的边坡,在大雨过后要进行检查,发现问题及时处理。

④栽种灌木应当在当地的植树造林季节。

（二）骨架植物防护

1. 防护介绍

浆砌片石骨架植草防护,既能稳定路基边坡,又能节省材料。其造价较低、施工方便、造型美观,能与周围环境自然融合,是目前高速公路边坡防护的主要形式之一,被广泛推广应用。其结构形式主要有方格形、人字形、拱形及多边混凝土空心块等。骨架内可以铺草皮、植草或栽砌卵石进行防护。

2. 适用条件

①浆砌片石骨架植草防护适用于土质和强风化岩石边坡,防止边坡受雨水侵蚀,避免土质坡面上产生沟槽。当边坡潮湿,发生溜坍及坡面受冲刷严重时,若采用草皮护坡易被冲毁脱落,则可采用浆砌片石骨架的加强措施。

②骨架内铺草皮、植草或栽砌卵石,应根据土质情况和边坡坡度及当地材料来源等情况选用。

3. 施工流程

①边坡整理成型。按设计坡度比刷坡成型,刷坡采用人工配合挖掘机进行。

②浆砌片石骨架。按设计骨架尺寸1:1放样挂线,并开挖砌槽。选择质地坚硬、无缝隙、无风化的优质石料自下而上砌筑骨架。骨架结构一般采用方格形,骨架间距为3~5 m。骨架底部坡脚1.0 m和顶部0.5 m范围用M5.0水泥砂浆砌片石镶边加固。

③回填耕植土。主要针对岩质边坡或原边坡土壤不易于草种生长的边坡。

④植草与养护。植草与养护方法与种草防护方法相同。针对岩质边坡,骨架内多采用植生袋植草。

4. 施工注意事项

①骨架表面与草皮表面应平顺,在降雨量大且集中的地区,骨架上可做成截水沟式,以分流排除地表水。

②施工前应清理坡面浮土、碎石,填补坑凹地。

③骨架内植草,草皮下宜铺设50~100 mm厚种植土,草皮应与坡面和骨架密贴,以防地表水沿缝隙渗入,损坏防护工程。

（三）工程防护

工程防护包括喷浆或喷射混凝土防护（简称喷护）、锚杆挂网喷护、干砌片石、浆砌片(卵)石护坡和护面墙等结构形式。工程防护用于路堑边坡防护时,应注意与边坡渗沟或排水孔配合使用,防止边坡变形。

1. 喷护

(1) 适用条件

喷护适用于边坡易风化、裂隙和节理发育、坡面不平整的岩石路堑边坡,且边坡较干燥,无流水侵入。对于高而陡的边坡,当需大面积防护时,采取此类型更为经济实用。

(2) 喷护的优缺点

喷护初期强度高、抗雨水冲蚀能力强,但造价高,缺乏景观效果,不符合"绿色环保"的要求。针对边坡喷护与环境协调性差的问题,一般可采取与攀爬植物配合使用的办法;在边坡工程实践中一般多采用锚杆框架替代其使用。

(3) 施工流程

①施工准备。在边坡进行喷射前,先清理坡面杂物,清除浮石及松动岩石,并用水冲洗;采取相应措施,对泉水、渗水进行处治;对各种原材料进行试验检测,满足相关技术要求。

水泥:应采用强度等级不低于42.5的普通硅酸盐水泥。

砂:喷浆采用粒径为0.10~0.25 mm的纯净细砂;喷射混凝土采用粒径为0.25~0.50 mm的中粗砂,砂的含量不得超过5%。

混凝土粗集料:喷射混凝土的粗集料应采用纯净的卵石或碎石,最大粒径不得大于25 mm,大于15 mm的颗粒应控制在20%以下,针片状颗粒含量不得超过15%。

速凝剂;速凝剂应采购信誉好的厂家生产的产品,掺量应根据需要通过试验确定。

②配合比设计:水泥砂浆及混凝土的配合比应根据施工机械及当地材料供应情况通过试验确定。常用的配合比(质量比),水泥:砂浆=1:4(水泥砂浆),水泥:石灰:砂=1~1:6(水泥石灰砂浆),水泥:砂:粗集料=1:2:2~1:2:3(混凝土)。

③喷射机械。喷浆防护边坡常用机械喷护法施工。目前,喷浆工艺有三种:干喷、潮喷和湿喷,分别对应三种喷射机械。

④喷射。喷射砂浆强度不应低于M10,厚度不宜小于50 mm,一般为50~70 mm;喷射混凝土的强度不应低于C15,厚度不宜小于80 mm,一般为100~150 mm,当厚度大于100 mm时,宜分两次喷射,第二次喷射混凝土作业前应清除结合面上的浮浆和松散碎屑。施工作业前,应通过试喷,选择合适的水胶比,以保证喷射坡面的质量。当喷浆水胶比过小时,灰体表面颜色灰暗,出现干裂,回弹量大,粉尘飞扬;当水胶比过大时,灰体表面起皱、拉毛、滑动,甚至流淌;当水胶比合适时,胶体呈黏糊状,表面光滑平整,回弹量小。在喷射作业过程中,除喷射手外,可根据坡面地形条件、输料管长度等情况安排人员辅助喷射手施工,如辅助理管、铲除回弹料等。

⑤养护。砂浆或混凝土初凝后,应立即开始养护,养护期一般为5~7 d。

(4) 施工注意事项

①喷射作业顺序应自下而上进行,喷枪嘴应垂直坡面,并与坡面保持 0.6～1.0 m 的距离。

②喷浆完成后,应及时对喷浆层顶部进行封闭处理。

③坡脚岩石风化比较严重时,应设高为 1～2 m、顶宽为 40 cm 的浆砌片石护裙。

④为防止堵塞,输料管直径以 20～30 m 为宜,其喷射工作压力为 0.15～0.20 MPa。喷嘴供水压力要比喷射工作压力大 0.05～0.10 MPa,以保证水与干料拌和均匀。

⑤喷浆施工严禁在结冰季节或大雨天进行作业。

⑥为保证施工安全,喷射手应佩戴防护面罩,穿防尘服,其他参加施工人员应戴防尘口罩。

⑦喷射作业时应按要求制取试件,在标准条件下养护 28 d 后试压,作为喷浆或喷射混凝土的强度标准。

⑧喷护工程应经常检查维修,有杂草及时拔除,开裂处要及时灌浆勾缝,脱落处要及时补喷。

2. 锚杆挂网喷护

（1）适用条件

当坡面岩体风化破碎严重时,为了加强防护的稳定性,则采用锚杆挂网喷护。锚杆挂网喷护是"锚杆＋钢筋网＋喷混凝土（喷浆）"的联合支护形式,锚杆常用直径为 16～32 mm 螺纹钢筋制作,钢筋网采用 4～10 mm 的光圆钢筋编制而成,孔径视边坡岩石情况而定,一般为 10 cm。

（2）锚杆挂网喷护的优点

①技术先进、成本低。比浆砌防护先进,且成本降低 20%。

②施工速度快。施工简便,不受部位和方向的限制,不像浆砌防护那样受影响条件多,加快了施工进度。

③质量有保证。喷射混凝土具有较好的力学性能和整体性,可在坡面形成封闭的、具有较高强度的混凝土保护壳,防止雨水对坡面造成冲刷破坏。

（3）施工流程

①清理坡面。将坡面上的乱石、杂草、树木、浮渣等清理干净。

②支架搭设。施工时采取逐级开挖,逐级防护。每级边坡垂直高度一般为 10 m,防护施工为高空作业,因此要求施工排架必须牢固稳定,必要时要备安全绳及安全防护网。

③锚杆孔成孔。除满足设计要求外,还要注意成孔角度,锚杆孔应尽量垂直自然坡面,以利于挂网。锚杆钻孔前应根据设计要求及坡面岩石情况,定出孔位并做标记。锚杆孔距误差不宜超过 10 cm。

④注浆。注浆前,应对注浆材料进行原材料试验检测。注浆材料及配合比应满足以下要求。

水泥：应采用强度等级不低于42.5的普通硅酸盐水泥。

砂：宜采用中细砂，粒径不大于2.5 mm，使用前应过筛。

砂浆配合比：水泥：砂＝1∶1～1∶2（质量比），水胶比为0.38～0.45。

砂浆应拌和均匀，并随拌随用。注浆开始或中途停止超过30 min时，应用水或稀水泥浆润滑注浆罐及其管路。注浆时，注浆管应插至距孔底5～10 cm处，随砂浆的注入缓慢匀速拔出。杆体插入后，若孔口无砂浆溢出，则应及时补注。一次拌和的砂浆应在初凝前用完，并严防石块及杂物混入。

⑤插锚杆。成孔后先进行注浆，注浆时若孔上无砂浆溢出应及时补浆，之后插入锚杆，注意锚杆稳定后不要随意敲击，不准悬挂重物。锚杆杆体应平直、除锈、去污。

⑥绑扎钢筋网。铺设钢筋网时要随坡面起伏变化而变化，钢筋网平铺于坡面上，与坡面距离不得小于20 mm，并用钢筋锚钉固定。钢筋网与锚杆连接牢固，最好焊接。

（4）施工注意事项

①锚杆应嵌入稳固基岩内，锚固深度根据设计要求结合岩体性质确定。锚杆孔深应大于锚固长度200 mm。

②钢筋保护层厚度不宜小于20 mm。

③固定锚杆的砂浆应捣固密实，钢筋网应与锚杆连接牢固。

④铺设钢筋网前宜在岩面喷射一层混凝土，钢筋网与岩面的间隙宜为30 mm，然后再喷射混凝土至设计厚度。

⑤喷射混凝土的厚度要均匀，钢筋网及锚杆不得外露。

⑥做好泄、排水孔和伸缩缝。

⑦养护过程中如发现剥落、外鼓、裂纹和露钢筋网时，应清理后补喷。

3. 干砌片石护坡

（1）适用条件

干砌片石护坡适用于坡度缓于1∶1.25的土质路堑边坡或边坡易受地表水冲刷以及有少量地下水渗出，而产生小型溜坍等病害的地段。

（2）施工注意事项

①干砌片石厚度一般为30 cm。当边坡为粉质土、松散的砂或粉砂土等易被冲蚀的土时，在干砌片石的下面应设厚度不小于10 cm的碎石或砂砾垫层。

②干砌片石护坡基础应选用较大石块砌筑，如基础与排水沟相连，其基础应设在沟底以下，并按设计要求砌筑浆砌片石。

③施工时，应自下而上进行立砌（栽砌），砌块间彼此镶紧，接缝要错开，缝隙间用小石块填满并塞紧。

4. 浆砌片石护坡

（1）适用条件

浆砌片石护坡适用于坡度缓于1∶1易风化的岩石边坡,以及坡面防护采用干砌片石不适宜或效果不好的边坡;填方边坡浸水部位及锥坡坡面较常采用。对于严重潮湿或严重冻害的土质边坡,在未进行排水措施以前,则不宜采用浆砌片石护坡。

(2) 一般规定

①浆砌片石护坡一般采用等截面,其厚度视边坡高度及坡度而定,一般为 30~40 cm。

②边坡过高时应分级设平台,每级高度不宜超过20 m,平台宽度视上级护坡基础的稳固要求而定。

③护坡沿线路方向每隔10~15 m应设置一道伸缩缝,缝宽20~30 mm。在基底地质条件有变化处应设沉降缝,也可将伸缩缝与沉降缝合并设置。

④护坡应留泄水孔,一般采用直径为100 mmPVC圆管,间距2~3 m,上下排交错布置。

⑤为便于养护维修检查,应在坡面适当位置设置0.6 m宽的台阶形踏步。

⑥勾缝施工应符合相关要求。

(3) 施工注意事项

①当用于路堤边坡,应待路堤完成沉降后再施工。

②当护坡面积大,且边坡较陡或坡面变形较严重时,为增强护坡自身稳定性,可采用肋式护坡。

③砂浆终凝前,砌体应覆盖,砂浆初凝后,立即进行养护。

④在冻胀变化较大的土质边坡上,护坡底面应铺设100~150 mm厚的碎石或砂砾垫层。

5. 浆砌片石护面墙

浆砌片石护面墙能防护治理比较严重的坡面变形,适用于各种土质边坡及易风化剥落而破碎的岩石边坡。在公路工程中,护面墙多用于覆盖各种软质岩石层和较破碎岩石的挖方边坡防护,如易风化的云母片岩、绿片岩、泥质页岩、千枚岩及其他风化严重的软质岩层和较破碎的岩石地段的坡面防护,以防止自然因素的影响继续风化破坏。护面墙在高速公路路堑边坡防护中应用比较普遍,且边坡稳定,效果较好。

浆砌片石护面墙有实体护面墙、菱形窗孔式及拱形窗孔式护面墙、拱式护面墙及肋式护面墙。

(1) 实体护面墙

实体等截面护面墙厚度一般为0.5 m,根据情况可适当加厚;其高度,当边坡为1∶0.5时不宜超过6 m,当边坡缓于1∶0.5~1∶1时不宜超过10 m。

实体护面墙采用浆砌片石时,其施工工艺与浆砌片石护坡相同。

(2) 菱形窗孔式护面墙

根据预留窗孔形状可分为菱形窗孔式护面墙和拱形窗孔式护面墙，二者工程防护效果基本相同，一般仅外观有差异。

①变截面护面墙的高度，单级不宜超过 20 m，否则应采用双级或三级护面墙，但总高度一般不宜超过 30 m。双线或三级护面墙的上墙高不应大于下墙高，下墙的截面应比上墙大，上、下墙之间应设错台，其宽度应使上墙修筑在坚固、牢靠的基础上，错台宽度一般不宜小于 1 m。

②护面墙基础。护面墙基础应置于冻结线以下，地基承载力一般不宜小于 0.3 MPa。否则应采取加固措施。一般将墙底做成倾斜的反坡，其倾斜度，土质地基采用 0.1 ~ 0.2，岩石地基采用 0.2 或等于墙面坡度。

③耳墙。为增加护面墙的稳定性，当护面墙高度超过 8 m 时，在墙背中部设置一道耳墙；护面墙高度超过 13 m 时，设置耳墙两道，间距为 4 ~ 6 m。当墙背坡度陡于 1∶0.5 时耳墙宽为 0.5 m；墙背坡度缓于 1∶0.5 时耳墙宽为 1.0 m。

（3）拱形窗孔式护面墙

窗孔式护面墙的窗孔通常为半圆拱形，高度为 2.5 ~ 3.5 m，宽度为 2.0 ~ 3.0 m，圆拱半径为 1.0 ~ 1.5 m。

（4）拱式护面墙

当拱跨大于 5.0 m 时，多采用混凝土拱圈。拱圈厚度应根据拱圈上部护面墙垂直高度而定，墙高 5 m 时采用 20 cm，墙高 10 m 时采用 24 cm，墙高 15 m 时采用 30 cm。拱矢高为 81 cm。

当护面墙为变截面时，拱圈以下的肋柱采用等厚截面。

当拱跨为 2 ~ 3 m 时，拱圈可采用 M10 水泥砂浆砌块石。拱的高度视边坡下部岩层的完整程度而定。

（5）浆砌片石护面墙施工注意事项

①护面墙施工应先清除边坡风化层至新鲜岩面。对风化快速的岩层，清挖到新鲜岩面后立即修筑护面墙。

②护面墙背必须与路基坡面密贴，边坡局部凹陷处，应挖成台阶后用与墙身相同的圬工砌补，不得回填土石或干砌片石。

③各式护面墙墙顶均应设置 25 cm 厚的墙帽，并使其嵌入边坡 20 cm，以防雨水灌入。

④护面墙每 10 ~ 20 m 应设伸缩缝一道。护面墙基础建在不同地基上时，在相接处应设沉降缝。沉降缝及伸缩缝的宽度为 2 cm，可用沥青麻筋或沥青木板填塞。

⑤在施工护面墙防护过程中，如果坡面中地下水不能顺利排出，会严重影响护面墙的稳定和使用寿命。因此，在坡体内有地下水的路段，应采取有效排水措施，设置倾斜排水孔或边坡渗水沟。护面墙应设 10 cm × 10 cm 或直径为 10 cm 的泄水孔。泄水孔上下左右间隔 2 ~ 3 m 交错布置；纵坡坡度为 5%，泄水孔后应设碎石和砂砾反滤层。

⑥护面墙高度等于或大于6 m时，应设置检查梯和拴绳环，多级护面墙还应在上下检查梯之间的错台上设置安全栏杆，以便养护维修。

⑦护面墙施工应重视洒水养护工作。

二、沿河路基防护

山区公路沿河路线或傍水库线路，因河流的天然演变，路基及岸坡会经常或周期性地受到水流的冲刷作用。为了保证公路路基及岸坡的稳固和安全，必须采取有效的冲刷防护措施对路基进行防护。

沿河路基受水流冲刷，应根据河流特性、水流性质、河道地貌、地质等因素，结合路基位置经技术经济比较后，选用适宜的防护工程类型或采取导流或改移河道等措施。

（一）直接防护

所谓直接防护就是对边坡直接加固，以抵抗水流的冲刷及淘刷作用。

直接防护适用于水流流速不宜过大、流向与河岸路基接近平行的地段，或者路基位于宽阔的河滩、凸岸及台地边缘等水流破坏作用较弱的地段。若在山区河流狭窄的地段，虽然纵坡陡、流速大、破坏作用较强烈，但因受地形条件的限制，很难改变水流的性质，则不得不采取直接加固的方法。

1. 抛石（或堆石）防护

（1）适用条件与作用

抛石防护应用范围很广泛，主要用于稳固水下边坡，对于经常浸水且水较深地段的路基边坡防护及洪水季节防洪抢险更为常用。

抛石可以防止水下边坡遭受水流冲刷和波浪对路基边坡的破坏，以及淘空坡脚。

（2）一般规定

①石料选取。抛石防护类似在坡脚处设置护脚，所抛石料应选用坚硬不易风化的石料。抛石的粒径大小与水流速度、水深、浪高及边坡坡度有关，石料粒径一般为300～500 mm。为了使抛石有一定的密实度，宜采用大小不同的石块掺杂抛投。

②抛石坡度。抛石切忌乱抛，抛石坡度应根据水深、流速和波浪情况确定。

③抛石厚度。抛石厚度宜为粒径的3～4倍，用大粒径时不得小于2倍。

④抛石类型。常用的抛石类型有普通抛石和带反滤层抛石。反滤层的作用是在洪水退走后，使路堤本身迅速干燥，减少路基土被冲走，适用于黏质土路堤并应在枯水时施工。反滤层一般分层设置，从里向外第一层用10～15 cm厚的粗中砂；第二层用厚10～20 cm、粒径为1～3 cm的砾石；第三层用厚度为20 cm的碎石或卵石。

（3）施工注意事项

①抛石防护石堆的顶面高程，应为设计水位加上波浪侵袭、壅水高度及0.5 m的安全

高度；基底埋设在冲刷深度以下不小于 1.0 m 或嵌入基岩内；顶部宽度应不小于 1.0 m，底部尺寸由抛石顶外侧，按抛石外侧坡度放坡与河底的交点到边坡坡脚的距离确定。

②对于波浪很强烈的水库边岸防护或海岸防护，当需要的石块尺寸及质量过大时，可采用混凝土预制的异形块体作为护面抛投或铺砌材料。

③除特殊情况外，抛石防护宜在枯水季节施工。

2．干砌片石防护

（1）适用条件

干砌片石适用于易受水流侵蚀的土质边坡、严重剥落的软质岩石边坡、周期性浸水及受冲刷轻且流速为 2~4 m/s 的河岸路基及边坡。根据护坡的厚度干砌片石常分为单层干砌片石和双层干砌片石两种。

（2）一般规定

①石料应选用未风化的坚硬岩石。

②干砌片石时，不得大面积平铺，石块应彼此交错搭接，不得松动。

（3）施工注意事项

①为了防止边坡内的细粒土被水流冲淘出来和增加护坡的弹性，以抵抗外力的冲击作用，在干砌护坡面层与边坡土之间设置 1~2 层砂砾垫层，垫层厚度为 10~15 cm。

②干砌片石护坡砌筑前应先夯实整平边坡，砌筑石块要互相嵌紧，以增强护坡的稳定性。

③干砌护坡顶的高度应为路基设计洪水位高加可能的壅水高、波浪侵袭高，再加 0.5 m 的安全高度。

④护坡基础应按可能的最大冲刷深度处理。当冲刷深度为 1.0 m 时，可采用塌石铺砌基础，其断面常用倒梯形，表面宽度不小于冲刷深度的 1.5 倍。塌石铺砌表层石块宜用比护坡石块宽度更大的尺寸。当冲刷深度大于 1.0 m 时，宜用浆砌片石脚墙基础并埋置在冲刷深度线以下。

⑤干砌护坡厚度等于或大于 35 cm 时，应采用双层铺砌。双层铺砌时应注意上下层之间的石块要很好地咬合嵌紧，上层石块的尺寸应大于下层石块的尺寸。

3．浆砌片石防护

（1）适用条件

浆砌片石护坡适用于经常浸水的受水流冲刷或受较强烈的波浪作用的路基边坡防护和河岸及水库边岸防护，也可用于有流冰及封冻的河岸边坡防护。

（2）一般规定

①砌筑护坡的石料宜选用坚硬、耐冻、未风化的石料，其抗压强度不小于 30 MPa。

②用于冲刷防护的浆砌片石护坡的最小厚度一般不小于 35 cm，并采用双层浆砌，在

非严寒地区可使用 M7.5 砂浆,在严寒地区应使用 M10 砂浆。

③浆砌片石护坡应设适当厚度的垫层。当护坡厚度较大时,可采用厚度为 15～25 cm 的砂砾垫层。砌筑前坡面应整平拍实。

④用于冲刷防护的浆砌片石护坡基础以脚墙为好。当冲刷深度小于 3.5 m 时,可将基础直接埋置在冲刷深度线以下 0.5～1.0 m,并考虑基础底面置于河槽最深点以下。当冲刷深度更深时,可将基础埋置在冲刷深度线以上较稳定的且有足够承载力的地层内,而在基脚前采用适当的平面防淘措施。

⑤浆砌片石护坡应设置伸缩缝,间距为 10～15 m,缝宽度为 2 cm,用沥青麻筋或沥青木板填塞。

⑥为了排除护坡可能的积水,应在护坡的中下部设置交错排列的泄水孔,可采用 10 cm×15 cm 的矩形孔或直径为 10 cm 的圆形孔,孔的间距为 2～3 m。泄水孔后附近范围内应设反滤层,以防淤塞。

4. 石笼防护

(1)适用条件

石笼是河床加固和路堤防止冲刷效果较好的柔性体防护。钢丝石笼能经受较高流速的冲刷,一般可抵抗 4～5 m/s 的流速,体积大的可抵抗 5～6 m/s 的流速,允许波浪高为 1.5～1.8 m 的水流。因此,石笼防护适用于水流含有大量泥沙及基底地质良好的路基边坡。

(2)石笼防护的优缺点

石笼防护的优点是具有较好的强度和柔性,而且可利用较小的石料。当水流中含有大量泥沙时,石笼中的空隙能很快淤满,而形成一个整体的防护层;其缺点是钢丝网易锈蚀,使用年限一般只有 8～12 年。当水流中带有较多的滚石时,容易将钢丝网冲破,此时一般不宜采用。

(3)石笼制作

①石笼网可用镀锌钢丝和普通钢丝编织。规则形状的石笼应用 6～8 mm 的钢筋组成框架,然后编织网格。网孔形状以六角形为好,常用的网孔尺寸有 6 cm×8 cm、8 cm×10 cm、10 cm×12 cm、12 cm×15 cm 等。具体采用何种规格应根据填充石料的最大粒径确定,网孔宜略小于最大粒径。编网时宜用双结,以防网孔变形。

②石笼的外形一般为箱形和圆柱形。石笼的断面尺寸,长方体常采用宽 1.0 m,高 1.0 m,扁长方体一般采用宽 1.0 m,高 0.5 m,圆柱体的直径一般采用 0.5～1.0 m。

③石笼的长度可按需要而定,但应每隔 3～4 m 设置横向框架一道。当石笼全长小于或等于 12 m 时,纵向框架筋宜用 6 mm 钢筋;当石笼长大于 12 m 时,纵向框架筋宜用 8 mm 钢筋。横向框架可用 6 mm 钢筋。

④底层为扁长方体石笼一端的上下纵向主骨架筋可做成挂环,以便于锚定石笼。骨架筋的连接宜采用环绕自身紧缠 3 圈的扭结,以防石笼受力下垂时被拉散。

⑤长方体和扁长方体的笼盖与笼体的，连接以及相邻石笼之间的连接，可沿连接线每隔 0.2 m 用钢丝对折成双线绕两圈扭三个花。

（4）一般规定

①应选用浸水不崩解、不易风化的石料。

②基底应大致整平，必要时用碎石或砾石垫层找平。

③石笼应做到位置正确，搭叠衔接稳固、紧密，以确保整体性。

④石笼防护施工质量应符合规定。

（5）施工注意事项

①石笼防护用于防护岸时，一般采用垒砌形式，只有当边坡坡度等于或缓于 1：2 时才会采用平铺形式。

②用于防护基础淘刷时，一般采用平铺于河床并与坡脚线垂直安放，同时将与基础连接处钉牢固定的形式，其铺设长度不宜小于河床冲刷深度的 1.5～2.0 倍。

③贴近网孔的外层应用较大的石块仔细码砌，并使石块的棱角凸出网孔以外，以利于保护钢丝网；内层可用较小的石块填充。

④为了施工方便，石笼防护应在枯水季节进行施工。

5. 浸水挡土墙防护

挡土墙是用来支撑陡坡以保持土体稳定的一种构造物，它所承受的主要荷载是土压力。浸水挡土墙是挡土墙众多种类中的一种，其作用是避免沿河路基挤缩河床，防止水流冲刷路基。因此，浸水挡土墙防护适用在峡谷急流的河段，因地形限制不宜设置其他类型的冲刷防护。用于冲刷防护的挡土墙，应按浸水条件及所受土压力、水流作用力或波浪作用力等荷载的最不利组合进行设计。

浸水挡土墙应选用坚硬未风化且浸水不崩解的石料。

浸水挡土墙的基础应妥善处理，最好埋置在不被冲刷的岩层上。对于可能被冲刷的河床地层，应将基础埋置在冲刷深度线以下不小于 1.0 m 的地方。若冲刷深度很深，则应根据河床的地质情况采用桩基础或连续墙基础，或者在有条件时采用平面防淘措施。

为了减小墙后的渗透压力和排除墙后积水，应根据当地自然条件和墙后可能积水情况设置适当的集水和排水设施。

浸水挡土墙宜采用片石混凝土结构。

（二）间接防护

间接防护是用导流或阻流的方法来改变水流的性质，或者迫使主流流向偏离被防护的地段，或者改变河槽中冲刷和淤积的部位，以间接地防护河岸路基。

间接防护的适用条件为河床较宽、冲刷和淤积大致平衡、水流性质较易改变的河段；有些地方可以顺河势布置横向导流建筑物时，可采用挑水坝；当防护地段较长时，则更适宜。其优点是防护效果好，而且工程费用也比直接防护少。对于不宜过多侵占河槽的情况，宜采用顺水坝使水流偏转，以达到防护的目的。

采用间接防护时，或多或少地侵占了一部分河床，因而不同程度地压缩和扰乱了原来的水流，加重了其他地方的冲刷和淘刷作用，所以应特别注意修建这类防护建筑物后对被防护地段上下游及对岸的影响，应防止对农田水利、居民点及重要建筑物造成损害而引起纠纷。

1. 导流坝

常用的导流坝有挑水坝和顺水坝两种。

（1）挑水坝

挑水坝也叫作丁坝，挑水坝的作用是迫使水流改变方向，离开被防护的河岸。挑水坝压缩水流断面较多，能强烈地扰乱原来的水流，单个挑水坝起不到防护作用，必须成群布置。

挑水坝可由乱石堆砌而成，或砌片石。其断面一般采用梯形，坝身的顶宽一般为 2～3 m，坝头顶宽为 3～4 m，下游边坡较缓，一般为 1：1.5～1：2。上游为 1：1.0～1：1.5。坝的长度不宜太长，一般不超过稳定河宽的 1/4。挑水坝的布置间距，山区弯曲河段可考虑为坝长的 1～2.5 倍，顺直河段则为坝长的 3～4 倍。

由于挑水坝坝根与河岸相接，容易被冲开而使挑水坝失去作用，所以应结合地质及水流特点将坝根嵌入岸边 3～5 m，并在上下游加设防冲刷设施。

挑水坝群的布置形式有上挑、下挑及垂直布置。上挑式坝轴线与水流方向的夹角小于 90°，下挑式坝轴线与水流方向的夹角大于 90°，垂直布置坝轴线与水流方向的夹角为 90°。按洪水淹没情况又分为漫水式和不漫水式。不漫水的挑水坝宜布置成下挑式，起到减轻水流对坝头的冲击作用。漫水的挑水坝宜布置成垂直或上挑式，以降低坝顶溢流的流速。在平原、半山区的宽浅河段，水流易于摆动，当流速和冲刷力不大时，也可将漫水水坝布置成垂直或上挑的形式，以促进坝间淤积，较快地形成新岸。

（2）顺水坝

顺水坝常与水流平行，导流建筑物的轴线大体沿治导线的边缘线布置。顺水坝的作用是使水流较匀顺和缓地改变方向，偏离被防护的河岸。

顺水坝压缩水流断面较少，并不扰乱或很少扰乱原来的水流，不致引起过大的冲刷，坝体和基础的防护均可较轻。但坝的全长与被防护地段的长度相等，故造价较高。

顺水坝的结构大体与挑水坝相同。坝头受力比挑水坝小，一般无须加宽，顶宽为 1～2 m，迎水面边坡坡度为 1：1.5～1：2.5，背水边坡坡度为 1：1～1：1.5。坝的长度为防止冲刷河岸长的 2/3。

顺水坝的起点应选择在水流匀顺的过渡地段，坝根应牢固嵌入河岸 3～5 m，终点可与河岸连在一起，下游端与河岸留有缺口，以宣泄坝后水流。顺水坝一般以漫水式居多，坝顶与中水位齐平。

2. 防护林带

植林须有适宜的条件，主要应该有利于林带的成活和快速生长，适宜于被防护的路基外侧有宽阔的河滩或仅在洪水时才被淹没的台地，河滩及台地的土质适宜树木生成，有洪水时流速不大于 3.0 m/s。

防护林带的作用是洪水期使流速降低，减缓冲刷，泥沙沉积，从而起到防护的效果。

防护林带最适宜栽植杨柳类的乔木和灌木。其特点是生长快，对土的要求低，根系发达，枝梢茂密，在长期经受水淹的情况下仍能成活。栽培时宜成行，行列可与水流方向成正交或逆水方向斜交约 45°。当水的流速小于 1.0 m/s 时，可用单棵插枝法；当水的流速大于 1.0 m/s 时，宜用成束插枝法，每束 5~6 棵。插枝时应插在预先挖好的小圆穴内并注意培土。林带的边缘部分易受水流冲击，应采用篱笆插枝法。在预先挖好的引水沟内成束插枝并按棵距钉入木桩，用长 1.5~2.0m 的柳条组成篱笆。林带的行距宜为 0.8~1.5 m，棵距为 0.4~0.8 m。

沿河岸或路基护脚，宜采用灌木与乔木间植，并每隔 10~20 m 的相等间距设置一道篱笆，以促使泥沙淤积，防止坡脚冲刷。植树宜在秋末季节进行。

防护林带的布置应按导流堤设计原理，即应为顺上游流势的圆顺曲线，由水流的边缘轮廓线至被防护的河岸或路基坡脚之间，按规定的行距和棵距整片栽植，行列的方向宜逆水方向倾斜 45°。

3. 改移河道防护

改移河道防护适用于山区及半山区河道弯曲不规则的河段，通过改弯取直或将急转弯改圆顺，以达到路基防护的目的。

改移河道防护时，挖河道的工程量较大，施工时应组织机械设备赶在洪水期之前完成，以保证已施工路基的安全。

改移河道施工时，应按设计要求开挖河道及处理弃方。

三、边坡锚固防护

公路滑坡、崩塌等不稳定边坡的加固处治主要应根据边坡稳定性分析资料鉴别边坡的破坏模式，确定边坡不稳定程度及范围，对锚固方案的合理性、安全性进行技术经济论证，选取适当的锚固及支挡措施。常见的锚固措施有预应力锚索和全黏结型钢筋锚杆两种。

（一）预应力锚索防护

1. 岩土锚固原理

岩土锚固技术是把一种受拉杆件埋入地层中，以提高岩土自身强度和自稳能力的一门工程技术；由于这种技术大大减轻了结构物的自重、节约工程材料并确保工程的安全和稳定，具有显著的经济效益和社会效益，因而目前在工程中得到了极为广泛的应用。

岩土锚固的基本原理就是利用锚杆（索）周围地层岩土的抗剪强度来传递结构物的拉力或保持地层开挖面的自身稳定。锚杆（索）可以作用于结构物上，以承受外荷的抗力；可以使锚固地层产生压应力区并对加固地层起到加筋作用；可以增强地层的强度，改善地层的力学性能；可以使结构与地层连锁在一起，形成一种共同工作的复合体，使其有效地承受拉力和剪力。在岩土锚固中，通常将锚杆和锚索统称为锚杆。

锚杆按是否预先施加应力，分为预应力锚杆（索）和非预应力锚杆（索）。预应力锚索是指锚索锚固后施加一定的外力，使锚索处于主动受载状态；预应力锚索在锚固工程中占有重要地位，预应力锚索的锚筋为钢绞线。目前，在公路滑坡处治中广泛采用预应力锚索加固技术。非预应力锚索是将钢筋通过张拉机强拉到一定程度后，固定在土中或构件中形成的一种锚固系统。

2. 预应力锚索结构

预应力锚索是一种将拉力传至稳定岩层或土层的结构体系，主要由锚头、自由段和锚固段组成。

①锚头：锚索外端用于锁定锚索拉力的部件，由垫墩、垫板、锚具、保护帽和外端锚筋组成。

②锚固段：锚索远端将拉力传递给稳定地层的部分锚固深度和长度，应按照实际情况计算获取，要求能够承受最大设计拉力。

③自由段：将锚头拉力传至锚固段的中间区段，由锚拉筋、防腐构造和注浆体组成。

④锚索配件：为了保证锚索受力合理、施工方便而设置的部件，如定位支架、导向帽、架线环、束线环、注浆塞等。

3. 预应力锚索适用条件

在边坡工程中，当潜在滑体沿剪切滑动面的下滑力超过抗滑力时，将会出现沿剪切面的滑移和破坏。在坚硬的岩体中，剪切面多发生在断层、节理、裂隙等软弱结构面上。在土层中，砂性土的滑面多为平面，黏性土的滑面一般为圆弧状。有时也会出现沿上覆土层和下卧基岩间的界面滑动。为了保持边坡的稳定，一种办法是采用大量削坡直至达到稳定的边坡角，另一种办法是设置支挡结构。多数情况下，单纯采用削坡或挡土墙往往是不经济或难以实现的，这时可采用预应力锚索加固边坡。

4. 预应力锚索施工基本要求

预应力锚索施工质量的好坏将直接影响锚杆的承载能力和边坡稳定、安全。因此，在正式施工前，应根据工程施工条件和地质条件选择适宜的施工方法，编制详细的施工组织设计，对施工人员进行技术培训，确保施工质量达到要求。

5. 预应力锚索施工要点

（1）锚索体加工和组装应遵守下列规定

①锚索表面无损伤，除锈去污，并严格按设计尺寸下料。

②编排钢丝或钢绞线，应安设排气管；每股钢丝或钢绞线沿锚索轴线方向应平直、头齐，每隔 1.0~1.5 m 设置一个隔离架或一个内芯管，必要时可设置对中支架；锚索体应捆扎牢固，捆扎材料不宜用镀锌材料。

③锚索体与内锚头及外锚具的连接必须牢固，其强度应大于锚索的张拉力。

（2）孔口支撑墩应符合下列规定

①支撑墩尺寸和强度，应根据所施加的预应力大小、岩体强度和施工场地等条件决定。

②支撑墩的承力面应平整，并与锚索的受力方向垂直。

（3）预应力锚索的安装必须遵守下列规定

①机械式内锚头安装时，宜采用活扣绑扎，待内锚头送至锚固部位后，再松绑固定；安装过程中应防止捆扎材料损伤和磨断，以防外夹片脱落。

②胶结式内锚头的胶结材料，采用水泥浆时，水胶比宜取 0.5~0.55；采用水泥砂浆时，胶砂比宜采用 0.5~1.0，水胶比宜取 0.40~0.45。胶结材料未达设计强度时，不得张拉锚索。

③安装锚索时，必须保护好排气管，防止扭压、折曲或拉断。

（4）锚索张拉和锁定的规定

①锚索张拉前应对张拉设备进行标定。

②锚索张拉应按规定的程序进行。编制张拉程序时，应考虑邻近锚索张拉时的相互影响。

③锚索正式张拉前，应预张拉 1~2 次，预张拉力取设计张拉荷载的 20%~30%，锚索是否超张拉应按锚索的材料性质决定。非低松弛钢绞线及钢丝应张拉到设计荷载的 105%~110%，持荷 2 min 后再进行锁定。

④锚索锁定后 48 h 内，若发现有明显应力松弛，则应进行补偿张拉。

⑤封孔注浆应注意注浆前应检查排气管是否畅通，发现堵塞应采取措施。

（5）预应力锚索的施工安全应遵守下列规定

①张拉锚索时，前方严禁站人。

②施工面在上层作业时，下方严禁有人作业或停留。

③封口水泥砂浆未达到设计强度的 70% 时，不得在锚索端部悬挂重物或碰撞锚具。

（二）预应力土层锚杆防护

预应力土层锚杆是将预应力通过锚杆传递到土层的体系。锚杆的一端与结构物相连，另一端锚固在土层内，通过对锚杆施加预应力，以承受土压力并保证土体的稳定。

1. 特点及适用范围

①受力合理，能充分利用土体的抗剪强度平衡结构物的拉力，因而比较经济。

②主动抗衡土压力，能有效地限制土体的滑动。

③改善土体的受力状态，使锚固范围内的土体处于压应力状态，增强了土体的稳定性，并能提高滑移面上的抗剪强度。

④锚固力的作用点和作用方向可以根据需要选取，从而获得最佳的稳定效果。

⑤施工过程中，当地层条件变化时，可及时调整设计参数。

⑥施工方便，无须使用大型机械。

预应力土层锚杆适用于公路边坡及深基坑的支护。预应力土层锚杆按锚固体结构形式分为圆柱形、端部扩大头形和连续球体形三种。圆柱形锚杆施工工艺简单，造价低，适用于承载力较低的非黏质土、硬黏质土等；端部扩大头形锚杆可采用爆破扩孔或机械扩孔，适用于承载力较高、施工工艺较复杂的黏质土层；连续球体形锚杆是圆柱形锚杆在一次常压灌浆形成锚固体的基础上，利用设于锚固段上端的密封袋和隔一定距离开有环向小孔，并附有橡胶环的注浆套管，对其由下向上连续进行高压劈裂灌浆，使浆液冲开锚固体，向周围土体扩散、渗透、挤压，形成多个连续扩头体，增大了锚固体的体积，提高了锚杆的承载能力，改善了锚固体周围土体的力学性能，特别适用于饱和黏质土层。

2. 预应力土层锚杆施工

（1）施工材料及要求

预应力锚杆的预应力筋常用的材料为钢绞线、精轧螺纹钢筋及普通螺纹钢筋。常用的钢绞线强度不应低于有关技术规范规定的标准值，如常用的 $7 \times 5 \, mm (d = 15.0 \, mm)$ 钢绞线强度按标准抽样检验的强度，不得低于 1 470 MPa。常用的精轧螺纹钢筋直径为 $d = 25 \, mm$ 及 $d = 32 \, mm$，抽检的强度标准值 $d = 25 \, mm$ 的不得低于 900 MPa，$d = 32 \, mm$ 的不得低于 750 MPa。

锚杆灌浆浆液水胶比为 0.45～0.50 在加入砂时，应为粒径小于 2.0 mm 的洁净砂子。拌和水的要求为饮用水。当需要掺入外加剂时，应通过试验确定掺加量。

（2）施工工艺

①钻机就位：一般采用修筑坡道靠钻机自身行走就位，当无法修坡道时，也可用起重机吊运。

②钻孔：钻机开始钻孔时，应按设计位置先放出锚杆孔的位置并做出标记。

在硬黏土或不易坍孔的地层中进行钻孔，可采用干式螺旋钻成孔法；在易坍孔的地层中进行钻孔，则可采用水冲式带护壁套管的成孔法施工。钻孔前，现场要备好钻杆和套管，同时应有充足的水源，提供水源要有 0.6 MPa 的压力，可由水箱及水泵来保证供应。

施钻时应中速运转，根据土质的软硬调整钻孔机的快慢。钻孔过程中，需经常使套管做往复进退动作，每接一次套管前至少做一次进退动作，以提高孔壁光滑度和减少孔壁与套管间的摩擦阻力。

当钻孔至底部时，稍微延长套管的转动时间，使孔底冲水充分，将悬浮土冲得比较干净，有利于放置锚杆和保证锚杆根部形成比较理想的水泥浆凝固体，从而提高锚杆的承拉力。

钻孔的主要工作在于接装钻杆和套管。钻杆和套管一般为 1.5 m 的标准节,节间以丝扣连接。因此,操作时保护丝扣和及时涂抹掺石墨的润滑油是一项关键性的工作。

在土层锚杆施工现场常有大量含泥沙和水泥浆的泥浆水,对这部分泥浆水要及时予以处理。一般做法是使其经排水沟流至集水井,清水用水泵从上面抽走,下面的泥沙及时挖出,用专用的罐车运送到大容积的沉淀池,定期抽出池内上层浮水,再按计划处理下面的稀泥。

③预应力筋制作及安放。要在现场设置锚杆组装场地,需搭设组装工作案板和遮阳防雨篷。案板上有供钢索滑行的槽钢,钢索要装在特制的开卷笼内。锚杆组装程序为:接长注浆塑料管→安装钢索支架→绑扎钢索→焊钢索类帽→穿套自由段钢索套管→捆绑封口布袋。

锚杆柔软而细长,质量为 4~6 kg/m,适宜人力抬运,抬运时 3 m 左右一人。抬运锚杆的道路要求平整,现场坡度要小于如修土坡有困难,为防止抬运锚杆时弄断注浆塑料管,则应搭设适当坡度的脚手架。

当锚杆抬运到位时,施工人员应检查一遍注浆塑料管是否完好,发现损坏应及时修理。把锚杆尖端对准套管口,再将锚杆徐徐放入套管内,孔口处要有人再次检查注浆塑料管是否有破损,发现问题应及时处理。

露出孔外的锚杆钢索要有足够的长度,根据现有张拉设备和锚固构造要求确定,一般不小于 2 m。遇有钻孔超过设计深度时,要采取措施将钢索拴住,直至第一次注浆的浆体达到一定强度后再松开,以防止锚杆顺坡下滑。

④拔套管。将锚杆杆体放好后,即开始拔套管。

⑤浆液的配合比、搅拌及压力注浆。水泥灰浆的配合比应经过试配并报批,一般使用的水胶比为 0.45~0.50,水泥的灰浆强度应符合设计规定。配制的灰浆:一要保证强度要求;二要保证灌注压浆的顺利操作。

搅拌灰浆要用机械搅拌,并随拌随用,以保证压浆时不堵塞。

连续球体形锚杆的注浆一般分为两次。第一次为填充注浆,主要目的是以水泥浆充满钻孔和封口布袋。注浆压力一般为 0.3~1.0 MPa。若注浆至封口布袋处,则需将注浆枪置于布袋中,至浆液充满布袋为止。第二次注浆为劈裂注浆,在第一次注浆后,以具有足够压力的水泥浆劈破已具强度的第一次注浆的浆体。一般在浆体强度达到 5 MPa 时即可进行,通常为一昼夜左右;第二次注浆压力为 2.0~4.0 MPa。

连续球体形锚杆注浆是以一硬质塑料管连接注浆泵出口与特制注浆枪来完成的。注浆从锚杆下端开始,每 50 cm 移动一次定点注浆装置,直至封口布袋处。

⑥外锚头制作。围檩用 H 型钢为好,因为 H 型钢双向刚度均大,故无须另行加固,使用方便。也可采用工字钢做围檩。

⑦锚杆张拉。当水泥浆体强度达到 15 MPa 时，可对锚杆进行张拉。锚杆张拉由专用设备进行，如油泵、穿心式千斤顶和锚具等。

锚杆张拉应按张拉程序进行，张拉时由专人操纵机械，记录和观测数据，并随时画出锚杆荷载——变位曲线图，用于判断锚杆质量。

（3）施工注意事项

①为保证施工质量，应加强技术管理工作，建立质量保证体系，制定岗位职责及工序检验制度，以确保按设计要求及施工技术规范施工。当施工过程中出现异常情况需变更设计时，应履行设计变更审批手续。

②认真填写施工原始记录，按要求办理检验签认手续并妥善保管，作为竣工档案资料。

③做好施工现场的组织管理工作及试验检测工作。注浆时按要求制取试件并在标准条件下养护 28 d 试压，作为灰浆强度的凭证。

④在锚杆张拉前，应对张拉设备进行标定，符合要求后方可用于张拉作业。张拉时应严格按照张拉程序及设备操作规程操作，并及时填写施工记录，发现问题及时与施工技术负责人联系解决。

⑤着重高度重视施工安全工作，除建立安全施工措施外，应确保在施工过程中落实。这里强调预应力张拉施工的安全，施工脚手架搭设牢固，防止钻机设备倾斜、掉落，以及高压注浆的安全。

（三）锚杆混凝土框架植草防护

1. 防护介绍

锚杆混凝土框架植草防护是近年来在总结锚杆挂网喷浆（混凝土）防护的经验教训后发展起来的，它既保留了锚杆对风化破碎岩石边坡的主动加固作用，防止岩石边坡经开挖卸荷和爆破松动而产生的局部破坏，又吸收了浆砌片石（混凝土）骨架植草防护造型美观、便于绿化的优点，适用于土质边坡和坡体中无不良结构面、风化破碎的岩石路堑边坡。

锚杆混凝土框架植草防护的形式有多种组合：锚杆混凝土框架＋喷播植草、锚杆混凝土框架＋挂三维土工网＋喷播植草、锚杆混凝土框架＋土工格室网＋喷播植草、锚杆混凝土框架＋混凝土空心块＋喷播植草等。

2. 适用条件

锚杆混凝土框架植草防护适用于边坡高度较大、稳定性较差的土质边坡和岩石路堑边坡。坡体中无不良结构面、风化破碎的岩石路堑边坡，宜采用非预应力的系统锚杆。

3. 施工流程

①坡面成型。对于高陡边坡，施工时边坡应从坡顶向下逐级开挖、逐级加固，即开挖一级、防护一级，不得一次开挖到底。

②测定孔位。根据施工设计图，计算出锚杆布设范围内控制孔位点坐标，用仪器将其

测放于坡面上，并用固定桩固定。坡面其他孔位点定位，以已测放出的控制孔位点为基准，用钢尺丈量即可。孔位允许偏差不大于 50 mm。

③钻机选择。根据锚固地层的类别、锚杆孔径、锚杆深度以及施工场地条件等来选择钻孔设备。

④钻机就位并调整角度。锚杆孔位确定后，搭设钻机平台，并用锚杆将其与坡面固定。根据坡面测放孔位，准确安装固定钻机，并调整机位，确保开孔位准确。除锚杆孔位准确外，还须按设计调整钻孔倾角和方向，倾角允许误差不大于3°。

⑤钻孔。钻孔要求干钻，禁止采用水钻，以确保锚杆施工不会恶化边坡岩体的工程地质条件和保证孔壁的黏结性能。钻孔速度根据使用钻机性能和锚固地层严格控制，防止钻孔扭曲变形，造成下锚困难或其他意外事故。钻孔深度应不小于设计值。

⑥清孔。钻进达到设计深度后，不应立即停钻，应继续稳钻 1 ~ 2 min，以防孔底达不到设计孔径。钻孔孔壁不得有沉渣及水体黏滞，必须清理干净。在钻孔完成后，使用高压空气（风压 0.2 ~ 0.4 MPa）将孔内岩粉及水体全部清除出孔外，以免降低水泥砂浆与孔壁岩土体的黏结强度。

⑦安装锚杆。锚杆有预应力和非预应力两种。杆体应严格按照设计图纸加工制作，若锚杆与混凝土框架钢筋相干扰，则可局部调整框架钢筋间距。要确保每根钢筋顺直，并除锈、除油污。杆体入孔前需核对锚孔编号，确认无误后再人工缓慢将锚杆体放入孔内，用钢尺测量杆体孔外露长度，确保锚杆锚固长度。

⑧锚孔注浆。注浆常采用二次高压劈裂注浆。一次常压注浆从孔底开始，如一次注浆不满，要补充注浆，直至注满为止。注浆压力宜不低于 0.2 MPa，浆液宜按水胶比 0.40 ~ 0.45，胶砂比 0.5 ~ 1.0 配制。二次注浆在一次注浆形成的水泥结石体强度达到 5.0 MPa 后，分段依次由下至上进行，注浆压力、注浆数量和注浆时间根据锚固体的体积及锚固地层情况确定。注浆结束后，将注浆管、注浆枪和注浆套管清洗干净，同时做好注浆记录。

⑨混凝土框架施工。锚杆施工完成后，测量放出框架位置，采用人工开挖框架槽体，石质坡面使用风镐开凿。框架钢筋绑扎方法是先竖梁、后横梁。如为非预应力锚杆，锚杆尾部不需外露、不需加工丝口、不用螺母和混凝土锚头封块，只需将锚杆尾部与竖梁钢筋相焊接成一整体。模板采用短钢筋固定在坡面上，线条美观。混凝土浇筑时，尤其在锚孔周围钢筋较密集，需充分振捣，以保证混凝土质量。

4. 施工注意事项

①当岩层破碎或松软饱水等易于塌、缩孔及卡钻、埋钻的地层中采用跟管钻进技术。

②钻孔时，如遇塌、缩孔等不良钻进现象时，须立即停钻，及时进行固壁灌浆处理（灌浆压力 0.1 ~ 0.2 MPa），待水泥砂浆初凝后重新扫孔钻进。

③钻进过程中，应对每个孔的地层变化、钻进状态（钻压、钻速）、地下水及一些特

殊情况做好现场施工记录。

④清孔时，除相对坚硬完整的岩体锚固外，不得采用高压水冲洗。

四、边坡支挡防护

不稳定边坡的支挡主要应根据边坡稳定性分析资料鉴别边坡的破坏模式，确定边坡不稳定程度及范围，对支挡方案的合理性、安全性进行技术经济论证，选取适当的支挡措施。常见的支挡措施有抗滑桩、挡土墙等。当然，对于复杂的不稳定边坡，如滑坡等地段的防护一般采用锚固和支挡联合使用，也可单独采用锚固或支挡。

桩是深入土层或岩层的柱形构件。抗滑桩的工作原理是通过桩身将上部承受的坡体推力传给桩下部的侧向土体或岩体，依靠桩下部的侧向阻力来承担边坡的下推力，而使边坡保持平衡或稳定。抗滑桩与一般桩基类似，但主要是承担水平荷载，抗滑桩是边坡工程中常用的处治方案。

（一）抗滑桩

1. 抗滑桩的类型

抗滑桩按材质分类，有木桩、钢桩、钢筋混凝土桩和组合桩。

抗滑桩按成桩方法分类，有打入桩、静压桩、就地灌注桩。就地灌注桩分为沉管灌注桩和钻孔灌注桩两大类。在常用的钻孔灌注桩中，又分为机械钻孔桩和人工挖孔桩。

抗滑桩按结构形式分类，有单桩、排桩、群桩和有锚桩。其中排桩常见的有椅式桩墙、门式刚架桩墙、排架抗滑桩墙，有锚桩常见的有锚杆和锚索，锚杆常见的有单锚和多锚，锚索抗滑桩多用单锚。

抗滑桩按桩的埋入情况分类，有全埋式和半埋式（悬臂桩）；按布置形式分类，有密排桩（桩顶以混凝土承台连接的为承台式桩）和互相分离的单排桩及多排桩。

目前，公路边坡工程中较多采用人工挖孔钢筋混凝土就地灌注抗滑桩进行防护。

2. 抗滑桩的适用条件

抗滑桩常设置在边坡浅层及中层滑坡的前缘，适用于以下两种情况：

①当采用重力式支挡建筑时，工程量大、不经济的边坡；

②当施工开挖滑坡前缘时，易引起滑坡体剧烈滑动的边坡。

3. 抗滑桩的布设

①抗滑桩的平面布置。抗滑桩的平面布置是指桩的平面位置和桩间距。一般根据边坡的地层性质、推力大小、滑动面坡度、滑动面以上的厚度、施工条件、桩型和桩截面大小以及可能的锚固深度、锚固段的地质条件等因素综合考虑决定。

对一般边坡工程，根据主体工程的布置和使用要求确定布桩位置。

对滑坡治理工程，抗滑桩原则上布置在滑体的下部，即在滑动面平缓、滑体厚度较小、锚固段地质条件较好的地方，同时还应考虑到施工是否便利的问题。对地质条件简单的中小型滑坡，一般在滑体前缘布设一排抗滑桩，桩排方向应与滑体垂直或接近垂直。对于轴向很长的多级滑动或推力很大的滑坡，可考虑将抗滑桩布置成两排或多排，进行分级处治，分级承担滑坡推力；也可考虑在抗滑地带集中布置 2~3 排、平面上呈品字形或梅花形的抗滑桩或抗滑排架。对滑坡推力特别大的滑坡，可考虑采用抗滑排架或群桩承台。对于轴向很长的具有复合滑动面的滑体，应根据滑面情况和坡面情况分段设立抗滑桩，或采用抗滑桩与其他抗滑结构组合布置方案。

②抗滑桩的间距。抗滑桩的间距受滑坡推力大小、桩型及断面尺寸、桩的长度和锚固深度、锚固段地层强度、滑坡体的密实度和强度、施工条件等诸多因素的影响，目前尚无较成熟的计算方法。合适的桩间距应该使桩间滑体具有足够的稳定性，在下滑力作用下不致从桩间挤出。可按在能形成土拱的条件下，两桩间土体与两侧被桩所阻止滑动的土体的摩阻力不少于桩所承受的滑坡推力来估计。一般桩间距最大为 15 m，常用的间距为 6~10 m。若桩间采用了结构连接来阻止桩间楔形土体的挤出，则桩间距完全决定于抗滑桩的抗滑力和桩间滑体的下滑力。

当抗滑桩集中布置成 2~3 排排桩或排架时，排间距可为桩截面宽度的 2~3 倍。

4. 抗滑桩的断面

抗滑桩的桩身断面有圆形、方形、矩形、工字形等，应根据作用在桩背上下滑力的大小、施工要求、土石性质和水文等条件来选定。一般采用矩形断面，其尺寸以 1.5 m×2.0 m 和 2.0 m×3.0 m 两种截面使用较多。

5. 基本要求

钢筋混凝土灌注桩是一项质量要求高、施工工序较多，且必须在短时间内连续完成的地下隐藏工程。因此，施工应严格按程序进行，备齐技术资料，编制施工组织设计，做好施工准备。应按设计要求，有关规范、规程及施工组织设计，建立各工序的施工管理制度，保证施工有序、快速、高质量地进行。

6. 抗滑桩施工

（1）施工中稳定滑坡的措施如下

①清理滑坡坡面，铲除陡坡、陡坎壁，填塞裂缝。如有可能，可根据设计需要，先在滑体范围内外分别浆砌圈形截水沟，以减少地表水下渗。

②在抗滑桩施工范围内应大致整平地面，靠山一侧刷出宽度不小于 2 m 的平台，另一侧若是弃渣或松散滑体，应填平夯实，避免对抗滑桩产生侧压。

③桩孔开挖，应视下滑力的大小、滑体的土石结构破坏程度及地下水等不同情况，采用全面同时开挖或跳跃式间隔开挖。

④根据地质条件，护壁可采用混凝土、钢筋混凝土、木质和喷护等方法，如地质条件许可且开挖不深，能确保施工安全，可不设支护，一直挖至设计高程，符合桩基已置于较

好的基岩上，井孔垂直且不小于设计尺寸和已达最低一层滑动面下 5 m 以上时，立即绑扎钢筋（或下预制钢筋笼），灌注桩身混凝土，不容拖延时间。

⑤桩孔孔口 10 m 内不应存放大堆材料，弃渣亦应在 30 m 以外，产生振动大的机械应设在 50 m 以外。

（2）桩孔开挖的准备工作

①现场核对设计，按设计测定桩位，进行施工放样。放样时，要根据工地具体情况和施工可能发生的误差，每边较设计尺寸略大一些（一般为 5 cm）。然后，整平孔口场地。

②在井口上竖立井架式三脚架或摇头扒杆出渣、进料，起吊高度应高出井口 3 m 以上，搭设临时防雨篷，做好井口排水沟。为了保证施工人员的人身安全，井口设栏杆（薄壳支护高出地面者可不设）及供起吊人员装卸料用的脚踏板和井口开关门。

③配置起吊用箩筐或特制的活底箱、桶及 0.5 t 的卷扬机。当桩间距离较短（5~7 m）时，要考虑开挖与护壁混凝土灌注的工序间隙时间。

④配置井内开挖用的短镐、铲、锹和钻岩机、风镐与空压机及管道，供人员上下用的梯子。

⑤配备井内用的高压送电线路及低压照明、发电机和变配电设备、爆破器材、通风设备及管路和安装材料。

⑥若井内有地下水，还应配备潜水泵或其他类型的高扬程抽水机。

（3）抗滑桩孔开挖

①劳动力组织。根据开挖、提升、出渣及断面形式等条件，一般每孔配备 10 人，其中分配如下：井内开挖作业 4 人，卷扬机及抽水机驾驶员 1 人，制作、安装支撑 2 人，井口接卸、拴套重物 1 人，接运出渣 2 人。另组织混凝土工班 1 个，人数视具体情况而定（无混凝土工作时转作备料），钢筋加工也应有专业小组负责。

②井下放炮。在开挖中常会遇到孤石或基岩，须进行放炮，在滑动面以下土质坚硬的地方，为加快施工进度，也需爆破松土。爆破时要注意眼孔布置和装药量。

③井壁塌方处理。在施工过程中，因土层软弱、松散、地下水作用，或因放炮作用引起塌方面积较小时，必须严格控制井内及邻近孔的放炮，立即进行护壁支护，在塌空处填充块石，护壁适当加筋，浇灌混凝土未达到设计强度 80% 前不拆除模板顶撑；当塌方严重，土地过于松软和地下水作用继续坍塌时，必须加强观察，清除危石及悬土，在塌方处搭制托梁暗柱，并用木楔、长钉加固钉牢，里面用块石或废木填充，以阻止土石继续坍塌并立即支护，适当加密塌方处钢筋。浇灌混凝土未达到设计强度 80% 前，不宜拆除模板顶撑。

④井孔的开挖支护有混凝土薄壳护壁和木支护两种。

⑤安全注意事项应对照竖井施工办理，尤其应注意下述各点。

A. 工具必须放在吊斗内。上班时先送工具后送人入井，下班时，先送人后吊工具出井。工作人员上下井时，必须空手扶稳钢筋梯，严禁借用起吊绳索或吊斗上下井。

B. 井口必须设专人值班看守防护，不准任何料具、小石块落入井内伤人。

C. 装料时，吊斗不能装得太满。起吊架子、安全栅、绳索、滑轮、辘轳、机具等，每班操作前要认真检查，发现问题及时处理。

D. 注意检查木支撑和已成护壁有无变形，如有问题，立即撤出工作人员并报告有关部门。

（4）灌注抗滑桩身混凝土

①核对断面尺寸及桩底地质资料，放出桩底十字线。当混凝土护壁作为桩身断面时，护壁必须清刷干净。

②钢筋绑扎、焊接定位。绑扎钢筋有两种做法，一种是单根钢筋放到井下定位绑扎。但井下绑扎，电焊工作量大，对工人健康不利；另一种是根据起吊设备和抗滑桩深度情况，整体吊装，将钢筋预制成每节 5~7 m 的钢筋笼，逐节放到井下搭接焊牢。为防止钢筋笼在搬运和下井过程中变形，每节钢筋笼可增设直径 25~28 mm 加劲箍筋两道或增加钢轨、型钢等，钢筋笼就位后，其与护壁的间距应以混凝土块楔紧。

③灌注桩身混凝土。最好使用输送泵搅拌机置于井口，应随时观察井内情况，以防止意外发生。当钢筋笼定位后，以串筒漏斗将混凝土传送至井中捣固。

一般混凝土灌至一节钢筋笼外露部分 40 cm 时，进行下节钢筋笼搭接电焊（要注意上下节钢筋笼长短钢筋对口面），经检查合格后方可继续灌注混凝土。如此反复循环，直到灌完桩身混凝土。

④抗滑桩的承台施工。当设计为承台式抗滑桩时，在灌完桩身混凝土后，根据承台底面高程及承台底面轮廓尺寸进行放样，开挖土石方。凿除高出承台底面的桩孔混凝土护壁，安装承台模板，绑扎钢筋，分层灌注承台混凝土。

⑤所用钢筋加工、绑扎、焊接及混凝土的配合比选定与拌和、捣固、脱模、养护、用料要求等，均应按有关规定执行。

（5）施工注意事项

①施工过程中，为确保施工人员的安全和建筑物部位对应的准确性，应建立观测系统，布置对滑坡体、建筑物位置的准确观测，防止发生突发事故。

②抗滑体若有支挡建筑物、永久排水和防渗设施等，应使这些建筑设施与抗滑桩体正确连接，配套完成。

③桩基开挖过程中，应随时核对滑动面情况，及时进行岩性资料编录。当其实际情况与设计不符时应及时反馈，以便及时处理。

（二）挡土墙

挡土墙是公路路基中常见的一种支挡结构形式，其应用十分广泛。当山区地面横坡过陡时，常在下侧边坡设置挡土墙；或在靠山侧，由于刷坡过多，不仅土石方工程数量大，而且破坏了天然植被容易引起灾害，因此设置挡土墙以降低路堑高度；在平原地区多为良田，为了节约用地，往往也在路基一侧或两侧设置挡土墙；当高路堤、深路堑土石方数量大，取、弃土困难时，也可设置挡土墙以减少土石方数量；挡土墙还经常用来整治崩塌、滑坡等路基病害等。

根据在路基横断面上的位置，挡土墙可分为路肩墙、路堤墙及路堑墙。当墙顶置于路肩时，称为路肩式挡土墙；若挡土墙支撑路堤边坡，墙顶以上尚有一定的填土高度，则称为路堤式挡土墙，又称为坡脚式挡土墙；如果挡土墙用于稳定路堑边坡，则称为路堑式挡土墙；设置在山坡上用于防止山坡覆盖层下滑的挡土墙，称为山坡挡土墙。

根据墙体材料的不同，挡土墙有石砌挡土墙、砖，砌挡土墙、混凝土块砌挡土墙、混凝土挡土墙、钢筋混凝土挡土墙及木质挡土墙；根据挡土墙的结构，常见的形式有重力式、半重力式、衡重式、悬臂式、扶壁式、加筋土式、锚杆式、锚定板式和桩板式，此外，还有柱板式、垛式、竖向预应力锚杆式及土钉式等类型。

1. 重力式挡土墙的特点

重力式挡土墙依靠自重支撑土压力来维持其稳定性。一般多用片（块）石砌筑，挡土墙高度较大及在缺乏石料的地区可用混凝土修建。重力式挡土墙结构简单、施工方便、取材容易，但由于墙背侧向土压力主要是依靠墙身的自重来保持平衡，故墙身断面尺寸较大，圬工量较大，对地基承载力要求也较高。

为适应不同地形、地质条件及经济要求，重力式挡土墙具有多种墙背形式。其中，墙背为直线形的是普通重力式挡土墙，其断面形式最简单，土压力计算简便。带衡重台的挡土墙称为衡重式挡土墙。衡重式挡土墙由上墙、下墙和衡重台三部分组成，其主要稳定条件仍凭借于墙身自重，但由于衡重台上填土的重力使墙的重心后移，增加了墙身的稳定性，且因其墙前胸坡很陡，下墙背仰斜，所以可以减小墙的高度，减少开挖工作量，避免过分牵动山体的稳定，有时还可以利用台后净空拦截落石。衡重式挡土墙在山区公路中常采用，但由于其基底面积较小、对地基承载力要求较高，故应设置在坚实的地基上。不带衡重台的折线形墙背挡土墙则介于上述两者之间。

2. 重力式挡土墙的施工工艺流程

浆砌片（块）石重力式挡土墙施工工序主要有基坑开挖、基底处理与检测、砂浆配合比设计与拌制、基础砌筑、墙身砌筑、墙背填料填筑与压实等。

3. 重力式挡土墙的施工

（1）施工准备

①测量放样，恢复路基中线，精确测定挡土墙基座主轴线和起讫点两端的衔接是否合适。一般在直线段每20 m设一桩，曲线段每10 m设一桩，并可根据地形需要适当加桩。测定的重要控制桩应有护桩，并至少由2～3组构成，以便相互核对，确保精度。护桩需保留到工程结束，因此要设在施工干扰地区之外，埋置应稳固。

②按施工放样的实际需要增补横断面桩，测量中桩和挡土墙各点的地面高程，并设置

施工水准点。

③熟悉设计文件，会同设计单位进行现场核对。根据核对的工程量、工地特点、工期要求及施工条件，结合自身设备能力，做出实施性施工组织设计，包括施工方法、工程数量、开工及完工日期、需要劳力、机械设备、材料数量，以及其他临时工程和场地布置等，以便全面落实。

④在受地面积水和地下水影响的土质不良地段，应切实做好场地排水设施。

⑤外购及自采材料在采集前，先应通过试验鉴定，合格后方可进场。提前做好砂浆配合比及墙背填料的击实试验。

（2）材料要求

①石料。石砌挡土墙石料可采用片石、块石和料石三种，并应满足以下要求：

A. 石料应经过挑选，采用结构密实、石质均匀、无裂缝、不易风化的硬质石料。在冰冻地区，还应具有耐冻性。

B. 石料的抗压强度不低于25 MPa，在地震区及严寒地区应不低于30 MPa。

C. 片石应只有两个大致平行的面，其厚度不宜小于15 cm（卵形薄片者不得使用），宽度及长度不小于厚度的1.5倍，质量约为30 kg。用作镶面的片石应表面平整，尺寸较大，并应稍加修整。

D. 块石一般形状大致方正，上下面也大致平整；厚度不小于20 cm，宽度宜为厚度的1.0~1.5倍，长度为厚度的1.5~3.0倍，如有锋棱锐角应敲除。块石用作镶面石时，应由外露面四周向内加以修凿，后部可不修凿，但应略小于修凿部分。

E. 料石是由岩层或大块石料开裂并经粗略修凿而成，外形方正呈六面体，厚度为20~30 cm，宽度为厚度的1.0~1.5倍，长度为厚度的2.5~4.0倍，表面凹陷深度不超过2 cm。用作镶面的料石，丁石长度应比相邻顺石宽度至少大15 cm。修凿面每10 cm长须有整路4~5条，侧面修凿面应与外露面垂直，正面凹陷深度不超过1.5 cm，外露面应有细凿边缘，宽度为3~5 cm。

②砂浆。

A. 砂浆的组成。砂浆一般由水泥、砂和水拌和而成，也可用水泥、石灰、砂与水拌和而成，或用石灰、砂与水拌和而成。它们分别简称为水泥砂浆、混合砂浆和石灰砂浆。

水泥一般采用硅酸盐水泥和普通水泥，也可采用矿渣、火山灰、粉煤灰水泥。由于砂浆的强度较低，所以水泥的强度不宜太高；否则，水泥的用量太少，会导致砂浆的保水性不良。通常水泥的强度等级应为砂浆强度等级的4~5倍，水泥砂浆采用的水泥强度等级不宜大于42.5级，水泥混合砂浆采用的水泥强度等级不宜大于52.5级。

砂浆用砂一般采用洁净的中、粗砂，若中、粗砂缺乏，则可在增加适量水泥后采用细砂。拌和砂浆砌筑片石砌体时，砂的粒径不应超过5 mm；块石、料石砌体不应超过2.5 mm；强度等级大于M10的砂浆，含泥量不应超过5%；小于M10的砂浆，不应超过10%；砂浆用石灰应纯净,燃烧均匀,熟化透彻,一般采用石灰膏和熟石灰。淋制石灰膏时,要用网过滤,要有足够的熟化时间,一般在15 d以上,未熟化的颗粒大于0.6 mm以上者,不得超过10%;熟石灰粉用900目/cm² 以上的筛子筛分过,其筛余量不得大于3%。

拌和用水应干净,不含酸、盐、有机质等杂质,一般饮用的水均能满足砂浆的拌和要求,但工业废水、污水、沼泽水以及pH值小于5的酸性水和硫酸盐量超过0.27 mg/cm³的水,不能使用。

B.砂浆的拌制。砂浆强度等级代表其抗压强度。拌制砂浆必须符合设计要求,一般不得低于M5。严寒地区、地震烈度8度、墙高大于10 m(宜采用片石混凝土挡墙)和地震烈度9度以上的地震区,应较非地震区砂浆提高1级;勾缝用砂浆应比砌筑用提高一级。砌石砂浆强度主要取决于水泥强度和水胶比。

稠度:稠度主要包括和易性与流动性。一般情况下,将砂浆用手捏成小团,松手后不松散。水泥砂浆的水胶比应控制在0.60～0.70。

配合比:配合比用质量或体积比表示,可由试验确定,还可根据已有的经验和资料参考决定。

拌制方法:拌制方法可用人工或机械拌和。人工拌和不如机械拌和均匀,人工拌和至少应拌3遍,拌至颜色均匀为止。砂浆应随拌随用,保持适宜的流动性,在运输中已离析的砂浆应重新拌和。

C.砂浆塑化剂的应用。砂浆塑化剂是掺入水泥砂浆中能使其增加工作度的材料,常用的有非水硬石灰砂浆塑化剂和加气型砂浆塑化剂两种。加气塑化剂是一种加入水泥砂浆后产生微气泡状空气的外加剂,微气泡在砂浆中出现后,会与水泥颗粒一起填满较粗的砂粒间的孔隙,使砂浆获得较高的工作度。

(3)工艺方法

浆砌原理是利用砂浆胶结砌体材料使其成为整体的人工构筑物,一般砌筑方法有坐浆法、抹浆法、挤浆法和灌浆法四种。

坐浆法:坐浆法又叫铺浆法,砌筑时先在下层砌体面上铺一层厚薄均匀的砂浆,压下砌石,借助石料自重将砂浆压紧,并在灰缝上加以必要的插捣和用力敲击,使砌石完全稳定在砂浆层上,直至灰缝表面出现水膜。

抹浆法:用抹灰板在砌石面上用力涂上一层砂浆,尽量使其贴紧;然后,将砌石压上,辅助以人工插捣或用力敲击,使灰缝平实。

挤浆法:挤浆法是综合坐浆法与抹浆法的砌筑方法。除基底为土质的第一层砌体外,每砌一块石料,均应先铺底浆,再放石块;经左右轻轻揉动几下后,再轻击石块,使灰缝砂浆被压实;在已砌筑好的石块侧面安砌时,应在相邻侧面先抹砂浆,后砌石,并向下及侧面用力挤压砂浆,使灰缝挤实,砌体被贴紧。

灌浆法:把砌石分层水平铺放,每层高度均匀,空隙间填塞碎石,在其中灌以流动性较大的砂浆，边灌边捣实，直至砂浆不能渗入砌体空隙为止。

（4）基坑开挖

根据测量放线定出的位置，采用人工或机械开挖挡土墙基础基坑。公路建设条件，特别是地质条件，随着高速公路建设，变得越来越复杂，要求施工单位施工前不但要熟悉设计文件，而且要熟悉基础资料。基坑开挖过程中，要保证基坑边坡和施工人员的安全。基础开挖大多采用明挖，开挖时不宜全段贯通，而应采用跳槽方法开挖，以防止上部失稳。当坑内有积水时，应随时将其排干。当采用倾斜基底时，基底高程应按设计控制，不得超挖填补。

在天然地基土层上挖基，如基坑深度在 5 m 以内，施工期又较短，基底处于地下水水位以上且土的湿度正常，构造均匀。当基坑深度大于 5 m 时，应加设平台，这不仅有利于基坑边坡的稳定，也有利于基坑开挖。

①如土的湿度过大，会引起坑壁坍塌时，坑壁坡度可采用该湿度下的天然坡度；

②通过不同土层时，边坡可分层选定，并酌情留平台；

③山坡上开挖基坑，如地质不良时，应注意防止滑塌；

④岩石的饱和单轴极限强度在小于 5.5 ~ 30.0 MPa 及大于 30 MPa 时，分别定为极软岩、软质岩、硬质岩。

基坑开挖大小，须满足基础施工的要求。渗水土的基坑要根据基坑排水设施（包括排水沟、集水坑、网管）和基础模板等大小而定，一般基坑底面宽度应比设计尺寸各边增宽 0.5 ~ 1.0 m，以免施工干扰。基坑开挖坡底按地质、深度、水位等情况而定。

当排水挖基有困难或具有水中挖基的设备时，可采用下列水中挖基方法：

①挖掘机水中挖基适用于各种土质，但开挖时不要破坏基坑边坡的稳定性，可采用反铲挖掘和起重机配合抓泥斗挖掘。

②水力吸泥机适用于少类土及砾卵石土，不受水深限制，其出土效率随水压、水量的增加而提高。

③空气吸泥机适用于水深 5.0 m 以上的砂类土或有少量碎石、卵石的基坑，在黏土层使用时，应与射水配合进行，以免破坏土层结构。吸泥时应同时向基坑内注水，使基坑内水位高于河水位约 1.0 m，防止流沙或涌泥。

（5）基底处理与检验

任何土质基坑挖至设计高程后不得长时间暴露、扰动或浸泡而削弱其承载能力。一般土质基坑挖至接近设计高程时，保留 10 ~ 20 cm 的厚度，在基础施工前以人工突击挖除。因此，基坑开挖完成后，应及时对基底进行承载力检验。检验合格后，应及时进行下道工序施工。当基底土质为碎石土、砂砾土、砂性土、黏性土等时，应将其整平夯实。当遇有基底软弱或土质不良地段时，可按以下方法进行处理：

①当地基软弱、地形平坦、墙身又超过一定高度时，为减少地基压应力，增加抗倾覆

稳定性，可在墙趾处伸出一台阶，以拓宽基础。如地基压应力超过地基承载力过多，为避免台阶过多，可采用钢筋混凝土底板。

②如地层为淤泥质土、杂填土等，可采用砂砾、碎石、矿渣、灰土等材料予以换填或用砂桩、石灰桩、碎石桩、挤淤法、土工织物及粉喷桩等方法分别予以处理。

③若发现岩层有孔隙裂缝，应以水泥砂浆或小石子混凝土浇筑饱满；若基底岩层有外露软弱夹层，宜在墙趾前对此层做封面保护。墙趾地面纵坡较大时，为减少圬工，挡土墙的基底可做成不大于5%的纵坡。如为岩层，则可在纵向做成台阶，台阶尺寸随地形变动而定，一般宽度不小于50 cm、高度比不宜大于1∶2。

（6）基础砌筑

基坑完成后，按基底纵轴线结合横断面放线复验，确认位置、高程正确无误后方可进行基础砌筑，砌筑方法同墙身。基础砌筑应注意以下问题：

①砌筑前，应将基底表面风化、松散土石清除干净。

②砌筑基础的第一层砌块时，如基底为岩层或混凝土基础，应先将基底表面清洗、湿润，再坐浆砌筑，这样可使第一层砌块与基底黏结牢固，保证砌体与基底间的抗弯能力和抗剪能力；如基底为土质，则可直接坐浆砌筑。

③对于土质基坑或风化软岩基坑，在雨期施工时，应于基坑挖至设计高程，立即满铺砌筑一层。

④硬质岩石基坑，基础宜紧靠坑壁砌筑并插浆塞满间隙，使其与岩层形成整体。

⑤采用台阶式基础时，台阶转折处不得砌成竖向通缝，砌体与台阶壁间的缝隙应插浆塞满。

⑥砌筑基础时，应保证砌体砂浆不受水冲刷。

⑦在岩层破碎、土质松软或有水的地段，宜择旱季分段集中施工。

⑧基础完成后应立即回填，以小型压实机械分层夯实并在表面留3%的向外斜坡，防止积水渗入基底。

（7）墙身砌筑

砌筑前应将砌块表面泥垢清扫干净并用水保持湿润，基础顶面也应洒水湿润。砌筑时必须两面立杆挂线或样板挂线，外面线应顺直、整齐，逐层收坡，内面线应大致合适，以保证砌体各部尺寸符合设计要求，所以在砌筑过程中应经常校正线杆。砌块底面应卧浆铺砌，立缝填浆补实，不得有空隙和立缝贯通现象。砌筑工作中断时，可将砌好的砌块层孔隙用砂浆填灌。再砌时，表面要仔细清扫干净，洒水湿润。工作段的分段位置宜在伸缩缝和沉降缝处，各段水平缝应一致。分段砌筑时，相邻段的高差不宜超过1.2 m。砌筑砌体外皮时，浆缝需留出1~2 cm的缝槽，以便用砂浆勾缝。隐蔽面的砌缝可随砌随刮平，不另行勾缝。

砌筑时砌块及砂浆的供应方法：当工程零散、作业点距地面不高时，可用简单的马凳跳板直接运送；距地面较高时，可根据工地条件采用开架式起重机、固定式动臂起重机或桅杆式动臂起重机，各种木质扒杆或绳索吊机等小型起重设备及铁链、吊筐、夹石钳等捆装设备运送；当工程量较大时，可采用卷扬机带动轻轨斗车上料或摇头摆杆式垂直提升。

下面对浆砌片石、浆砌块石和浆砌料石三种情形分别加以阐述。

①浆砌片石。浆砌片石的一般砌石顺序为先砌角石，再砌面石，最后砌腹石。角石应选择比较方正且大小适宜的石块，否则应稍加清凿。角石砌好后即可将线移挂到角石上，再砌筑面石（即定位行列）。面石应留一个运送填腹石料的缺口，砌完腹石后再封砌缺口。腹石宜采取往运送石料方向倒退砌筑的方法，先远处，后近处。腹石应与面石一样，按规定层次和灰缝砌筑整齐且砂浆饱满。上下层石块应交错排列，避免竖缝重合，砌缝宽度一般不大于 4 cm。

砌体外侧定位行列与转角石应选择表面较平且尺寸较大的石块，浆砌时应长短相间并与里层石块咬紧，分层砌筑应将大块石料用于下层，每处石块形状及尺寸均应搭配合适。竖缝较宽者可塞以小石子，但不能在石块下用高于砂浆层的小石块支垫。排列时，石块应交错、坐实挤紧，尖锐凸出部分应敲除。

浆砌片石一般采用挤浆法和灌浆法砌筑。

挤浆法：挤浆法应分层砌筑，分层的高度宜在 50 ~ 100 cm(2 ~ 3 层)。分层与分层间的砌缝应大致找平，即每隔 2 ~ 3 层找平一次。分层内的每层石块不必铺通层找平砂浆，可按石块高低不平形状，逐块或逐段铺浆。砌筑时，每一块石料均应先铺砂浆再安放石块，然后经左右揉动后再用手锤轻击，将下面的砂浆挤压密实。在已砌好的片石侧面继续安放砌筑时，除坐浆外，应在相邻石块侧面铺抹砂浆，再砌石块，并向下面及抹浆的侧面用手挤压，用锤轻击，将下面和侧面的砂浆挤实，挤出的砂浆可刮起再用。分层内各层间石块的砌缝应尽可能错开，但不强求。分层与分层间的砌缝则必须错开，不得贯通。

灌浆法：此法与挤浆法不同之处在于，每层石块应选高度大致相同的石块，每一层应用砂浆砌平整理，而不是砌 2 ~ 3 层石块再找平。具体砌法是：先铺一层坐浆，将石块安放在砂浆上，用手摊紧。每层高度视石料尺寸确定，一般不应超过 40 cm 并随时选择厚度适宜的石块，用作砌平整理，空隙处先填满较稠的砂浆，用灰刀或捣棒插实，再用适当的小石块填塞紧密；然后，铺上层坐浆，以同样方法继续砌上层石块。

浆砌片石时，除按上述方法砌筑外，还应注意以下几点：

A. 应利用片石的自然形状，使其相互交错地衔接在一起。因此，除最下一层石块应大面朝下外，上面的石块不一定必须大面朝下，做到犬牙交错、搭接紧密即可。同时，在砌下层石块时，即应考虑上层石块如何接砌。

B. 石块应大小搭配、相互错叠、咬接紧密，并备有各种尺寸的小石块，作挤浆填缝用。

C. 片石与片石之间均应有砂浆隔开，不得直接接触。

D. 片石砌筑时应设置拉结石，并应均匀分布、相互错开，一般每 0.7 m² 至少设一块。

E. 石料的供应和砌石的配合也很重要，在砌角石、面石时，应采用比较方正的石块；

砌腹石时,可采用不规则形状面尺寸适宜的石块。

F. 使用片石应有计划。角石、面石应首先选出备用。砌体下层应选用较大石块,向上逐渐用较小尺寸石块。

G. 1 d 中完成的砌体高度不宜超过 1 m。冬季寒冷时,砂浆强度增长很慢,当天的砌筑高度还应减小。

②浆砌块石。浆砌块石同样采用铺浆法和挤浆法。具体砌法是:先铺底层砂浆并打湿石块,安砌底层。分层平砌大面向下,先砌角石,再砌面石,后砌腹石,上下竖缝错开,铺缝距离不应小于 8 cm,铺面石的垂直缝应用砂浆填实饱满,不能用稀浆灌注。填腹石也应采用挤浆法,先铺浆,再将石块放入挤紧,垂直缝中应挤入 1/3 ~ 1/2 的砂浆,不满部分再分层插入砂浆。厚大砌体,若不易按石料厚度砌成水平,则可设法挤配成较平的水平层,块石铺面。为使面石与腹石连接紧密,可采用丁顺相间、一丁一顺排列,有时也可采用两丁一顺排列。

浆砌块石时应注意以下几点:

A. 块石应平砌,应根据墙高进行层次配料,每层石料高度大致齐平。

B. 用作铺面的块石,表面四周应加以修整,使尾部略小,以利于安砌,铺面石应丁顺排列。

C. 镶面石灰缝宽为 2 ~ 3 cm,不得有干缝和瞎缝。上、下层竖缝应铺开不小于 8 cm。

D. 填腹块石水平灰缝的宽度不应大于 3 cm,垂直灰缝的宽度不应大于 4 cm,灰缝也应错开,灰缝中可以填塞小石块,以节省砂浆。

③浆砌料石。浆砌料石的砌筑过程中应注意以下几点:

A. 每层镶面料石均应按规定的灰缝宽度及错缝要求配好石料,再用铺浆法顺序砌筑,边砌边填立缝,并应先砌角石。

B. 按砌体高度确定砌石层数,砌筑料石时依石块厚薄次序,将厚的砌在下层、薄的砌在上层。

C. 只有当一层镶面石砌筑完毕后,才能砌填腹石,其高度与镶面石齐平。

D. 每层料石均应采用一丁一顺砌置,砌缝宽度均匀,缝宽不应大于 2 cm。相邻两层的竖缝应错开不小于 10 cm,丁石的上层和下层之间不得有竖缝,水平缝为通缝。

E. 竖缝应垂直,砌筑时须随时用水平尺及铅垂线校核。

(8) 勾缝

勾缝有平缝、凹缝和凸缝等。勾缝具有防止有害气体和风、雨、雪等侵蚀砌体内部,延长构筑物使用寿命及装饰外形美观等作用。在设计无特殊要求时,勾缝宜采用凸缝或平缝,勾缝宜用 (1:1.5) ~ (1:2) 的水泥砂浆,并应嵌入砌缝内约 2 cm。勾缝前,应先清理缝槽,用水冲洗湿润,勾缝应横平竖直、深浅一致,不应有瞎缝、丢缝、裂纹和黏结不牢等现象,片石砌体的勾缝应保持砌后的自然缝。

（9）墙顶处理

路肩式浆砌挡土墙墙顶宜用粗料石或现浇混凝土（C15）做成顶帽，其厚度通常为40 cm，顶部帽檐悬出的宽度为10 cm；不做墙帽的路肩墙或路堤墙和路堑墙，墙顶面宜以大块石砌筑，采用M5.0以上砂浆勾缝和抹平顶面，厚2 cm。

（10）沉降缝、伸缩缝砌筑

沉降缝、伸缩缝的宽度一般为2～3 cm。为保证接缝的作用，两种接缝均须垂直，并且缝两侧砌体表面要平整，不能搭接，必要时缝两侧的石料须加修凿。

砌筑接缝砌体时，最好根据设计规定的接缝位置设置，采用跳段砌筑的方法，使相邻两段砌块高度错开，并在接缝处挂线砌筑，使外露面又直又平。

接缝中尚需填塞防水材料，防止砌体漏水。当用胶泥作填缝料时，应沿墙壁内、外、顶三边填塞并捣实；当填缝材料为沥青麻筋或沥青木板时，可贴置在接缝处已砌墙段的端面，也可在砌筑后再填塞，但均需沿填壁内、外、顶三边填满、挤紧。不论填塞哪种材料，填塞深度均不得小于15 cm，以满足防水要求。

（11）砌体养护

对浆砌砌体应加强养护，以便砌体砂浆强度的形成和提高。养护时，应注意以下几点：

①不可在砌体上抛掷或凿打石块。已砌好但砂浆尚未凝结的砌体，不可使其承受荷载。

②若所砌石块在砂浆凝结后有松动现象，应予拆除，刮净砂浆，清洗干净后重新安砌。拆除和重砌时，不得撞动邻近石块。

③新砌圬工前一段落或收工时，须用浸湿的草帘、麻袋等覆盖物将砌体盖好。在一般气温条件下，砌完后10～12 h以内洒水养护，在炎热天气，砌完后2～3 h即需洒水养护。养护时间一般不少于7～14 h。

④养护时须使覆盖物经常保持湿润，在一般条件下（气温在15 ℃及以上），最初的3 d内，昼间至少每隔3 h浇水一次，夜间至少浇水一次；以后每昼夜至少浇水三次。

⑤新砌圬工的砂浆，在硬化期间不应使其受雨水冲刷或水流淹浸。

⑥在养护期间，除抗冻砂浆外，一般砂浆在强度尚未达到设计强度的70%以前，不可使其受力。

（12）墙背填料

待砌体砂浆强度达到75%时，应及时分层回填墙背填料，并应优先选择渗水性好、抗剪强度高且稳定、易排水的砂砾土填筑。严禁使用腐殖质土、盐渍土、淤泥、白垩土和硅藻土作为填料，填料中不得含有机物、冰块、草皮、树根等杂物和生活垃圾。如确有困难需采用不透水土壤时，必须做好砂砾反滤层，并与砌体同步进行。浸水挡土墙背应全部用水稳性和透水性较好的材料填筑。

墙背回填要均匀摊铺平整，并设不小于3%的横坡逐层填筑、逐层夯实，不允许向着墙背斜坡填筑，严禁使用膨胀性土和高塑性土。每层压实厚度不宜超过20 cm，碾压机具和填料性质应进行压实试验,确定填料分层厚度及碾压遍数,以便正确指导施工。路肩挡土墙顶面高程应略低于路肩边缘高程 2～3 cm,挡土墙顶面做成与路肩一致的横坡度,以排除路面水。

压实时应注意勿使墙身受较大的冲击影响,在距墙背 0.5～1.0 m 范围内,应采用小型压实机具碾压,不得采用重型振动压路机。小型压实机械有蛙式打夯机、内燃打夯机、手扶式振动压路机、振动平板夯等。

4. 施工注意事项

施工应与设计要求相配合,并严格按施工规范的规定执行,同时还应注意以下事项:

①施工前,应安排好截水、排水及防渗设施。

②在岩体破碎、土质松软或地下水丰富地段修建挡土墙,宜避开雨期施工。

③当基础完成后立即回填,以小型机械分层压实并在表层稍留向外的斜坡,以免积水渗入,浸泡基础。

④墙趾部分基坑,在基础施工完成后应及时回填夯实并做成外倾斜坡,以免积水下渗,影响墙身的稳定。

⑤挡土墙的外墙应用规格块、料石砌筑,并采用丁顺相间的方法,同时还应保证砂浆饱满,防止出现"墙体里外两层皮"的现象。

⑥注意泄水孔和排水层(即反滤层)的施工操作,保证排水通畅。

⑦浆砌挡土墙需待砂浆强度达 70% 以上时,方可回填墙背填料,且墙背填料应符合设计要求,避免采用膨胀土和高塑性土,并做到逐层填筑、逐层夯实。不允许向着墙背斜坡填筑,夯实时应注意勿使墙身受较大冲击影响。墙后地面横坡陡于 1∶3 时,应先做基底处理(如挖台阶),然后再回填。

⑧浆砌挡土墙的墙顶,可用 M5 砂浆抹平,厚 2 cm,下砌挡土墙墙顶 50 cm 厚度内,用 M2.5 砂浆砌筑,以利稳定。

5. 挡土墙常见病害

挡土墙常见病害和破坏的形式有滑移、倾覆、沉陷、墙身竖向开裂和横向断裂等。此外,还有勾缝脱落、表面破损、墙背填土沉陷、基础冲刷淘空、变形缝破损等病害形式。

①勾缝脱落。勾缝脱落是砌体挡土墙比较普遍的一种病害。砂浆勾缝在雨水表面径流作用下,砂浆被冲刷散失,水泥混凝土预制块或片(块)石砌缝外露。

②裂缝。裂缝是挡土墙比较常见的病害之一。挡土墙裂缝根据严重程度有两种,即贯通裂缝和未贯通裂缝。若发生贯通裂缝,则墙体可能发生断裂,很可能已失去支挡作用,危害程度较大,应及时加以处理。

③表面破损。表面破损主要是指浆砌片(块)石或预制砌块破碎松动、砂浆脱落,如维修不及时,将使雨水冲刷下渗,导致大面积散失、脱空和剥落,使得挡土墙的支挡作用降低甚至丧失。

④墙背填土沉陷变形。挡土墙背填土发生沉降变形是一种比较普遍的严重病害。由于填料选择不当，加之施工压实不足，在墙背排水不利的情况下，地表径流汇集、雨水下渗，在潜蚀作用下引起沉陷变形。当墙体泄水孔畅通时，土颗粒将随下渗水流移动，被水流带走，逐渐形成陷穴，使墙背脱空，影响行车的舒适性和安全性；若泄水孔被堵塞，则墙背将积水，填土含水率增大，强度大大减弱，土压力增大，极易使墙背填土发生沉陷变形，甚至会使土体发生溜坍、滑坡，导致挡土墙失稳和破坏。

⑤泄水孔堵塞。挡土墙中设置合理的泄水孔，有利于排除墙背填土积水，降低孔隙水压力，维持其稳定性。但由于施工质量问题，如反滤层设置不合理或泄水孔结构施工不符合设计要求等，在使用过程中随水流的作用，可能使泄水孔的排水通道被细颗粒材料堵塞，从而形成墙背填土积水，容易导致冻胀、湿陷、滑塌等严重病害的产生。

⑥基础冲刷淘空。基础冲刷淘空是公路水毁的一种主要形式，而且危害较大。处于暴雨集中、雨水冲刷严重或沿河、冲沟地段的挡土墙，常因雨水急速局部冲刷基础，使底部材料被形成的涡流冲蚀、卷起带走，随着冲刷深度和范围的增大，导致基础脱空。如不及时处理，则会进一步导致结构物失稳破坏。

⑦沉降缝、伸缩缝破损变形。沉降缝、伸缩缝破损变形主要是指缝在施工中未按要求完全封闭、设计中设置位置不合理或设置数量不足，从而在自然因素和人为因素的作用下，导致缝被颗粒材料填充、变形量不足而被挤裂或拉开。

第三章　路基排水工程

第一节　路基排水的基本类型

路基内水分过多,会降低土基的承载力。地下水会使路基软化,不但会降低土基强度,还会造成边坡坍塌,严重时还会造成整个路基滑塌,严重影响公路的运营和使用。

为了保证路基及边坡的坚固和稳定,必须设置必要的排水设施,与沿线的桥梁和涵洞形成一个完好的排水系统。

路基的水主要是大气降水,水渠、自然沟渠中的水及地下水,所以路基的排水设施也分为地表排水和地下排水两类。相对而言,地下排水较困难,由此设计时不易发现问题,因此施工时不但要按设计认真施工,还要深入了解地下水可能造成的危害而加以防治。常见的路基地表排水设施主要包括边沟、截水沟、排水沟、涵洞等,地下排水设施主要包括暗沟(管)、渗沟、渗井等。

排除地面水的各种设施应充分考虑多方面进入路基范围的水,包括因降雨、降雪以及从公路附近地区流向道路范围的水流,还包括路堑边坡排水和农田横跨道路的排水工程,并由此来确定排水设施的排水。地表排水设施主要有边沟、截水沟和排水沟等。

一、地表排水

(一)地表排水设施

1.边沟

设置在挖方路基的路肩外侧或低路堤路基的坡脚外侧,用以汇集和排除路基范围内和流向路基的少量地面水的沟槽称为边沟。挖方地段和填土高度小于边沟深度的填方地段均应设置边沟。边沟流水断面大小及深度应根据汇水面积大小来确定,断面形式由边沟出土的类别决定,土质边沟一般为梯形或三角形,石质边沟一般为矩形或梯形。梯形边沟的内侧边坡坡度一般为(1:1)~(1:1.5),外侧边坡坡度与路堑边坡坡度相同。当边沟外设碎落台时,外侧边坡坡度与内侧边坡坡度相同。边沟的深度和宽度一般不小于0.4 m,干旱地区和分水点采用0.3 m,高速公路和一级公路的边沟断面应稍大,其深度和底宽可采用0.8~1.0 m。

一般情况下，边沟不宜与其他沟渠合并使用。为控制边沟中的水不致过多，一般每隔300～500 m（特殊情况200 m）设排水涵一道，用以及时将边沟水排至路基范围之外。边坡的沟底纵坡与路线纵坡相同，且不宜小于0.2%，以免水流阻滞淤塞边沟。当沟底纵坡大于3%时，应对边坡进行加固；当纵坡超过6%时，水流速度大且冲刷严重，可采用跌水或急流槽的形式缓冲水流。另外，在设置超高的平曲线区段内，由于挖方地段路基内侧标高的改变，可能形成边沟积水，危害路基，因此，应注意使平曲线段边沟沟底与曲线前后沟底平顺衔接。

2. 排水沟

设置排水沟的目的在于将水流从路基排至路基范围以外的低洼处或排水设施中。在平原微丘区，当原有地面沟渠蜿蜒曲折，并且影响路基稳定时，可用排水沟来改善沟渠线路。有时为了减少涵洞数量，也使用排水沟来合并沟渠。

排水沟一般为梯形断面，底宽不小于0.5 m；深度根据流量而定，但不宜小于0.5 m；边坡坡度视土质情况而异，一般可取（1∶1）～（1∶1.5）；排水沟应尽量做成直线，如必须转弯，其半径不宜小于10～20 m；排水沟长度根据实际需要而定，通常不宜大于500 m。

一般应使排水沟与原水道水流方向成锐角相交，并力求小于45°，保证汇流处水流顺畅，若限于地形，锐角连接有困难，则可用圆弧线形连接。

3. 截水沟

截水沟是设置在挖方路基边坡坡顶以外或山坡路堤的上方，垂直于水流方向，用以截引路基上方流向路基的地面径流的排水设施。截水沟可以防止地表径流冲刷与侵蚀挖方边坡和路堤坡脚，并减轻边沟的泄水负担。

截水沟的断面形状一般多为梯形，底宽不应小于0.5 m；深度应根据拦截的水流量确定，一般不宜小于0.5 m；边坡坡度视土质而定，一般土质边坡坡度可取（1∶1）～（1∶1.5）。

截水沟离路堑边坡坡顶的距离视土质不同而异，以不影响路堑边坡稳定为原则，一般取$d > 5$ m，在截水沟与路堑之间堆筑挡土台。

4. 跌水与急流槽

设置于需要排水的高差较大而距离较短或坡度陡峻的地段的阶梯形构筑物，称为跌水。其作用主要是降低流速和消减水的能量。急流槽是具有很陡坡度的水槽，其作用主要是在很短的距离内，水面落差很大的情况下进行排水。

一般在重丘、山岭地区，地形险峻，排水沟渠纵坡较陡，水流湍急，冲刷力强，为减小其流速，降低其能量，防止对路基造成危害，多采用跌水或急流槽。沟底纵坡较陡的桥涵，为使水流稳定而顺利地通过，也可将其涵底及涵洞进出水口做成跌水或急流槽。此外，若必须沿高边坡将水流排至坡脚，可将截水沟接向边沟，为避免边坡受到冲刷，以及需要减速消能的排水设施，均可采用跌水或急流槽。

从水利计算特点看，跌水和急流槽的构造可分为进水、槽身和出水三部分。

（二）地表排水设施施工方法

1. 施工程序

①测量放线：利用设计单位提供的测量控制网，定出边沟中心和路面边缘的控制点位置，在该位置打上标有桩号的木桩并测出桩顶标高，作为边沟施工时的轴线。

②土方开挖：边沟和排水沟土方开挖采用反铲开挖，人工配合清理，利用自卸汽车运输，山坡截水沟挖基采取人工挖掘运送。

③砌筑：自制一批尺寸与设计相符的边沟钢筋或木质骨架大样，土方开挖后，将大样的中心与边沟轴线控制点对齐，下底放置在设计标高处，稳固后带上线，根据带线后的边沟断面进行片石砌筑。砌筑用的砂浆必须严格按照实验室提供的配合比进行配制。砌筑时片石间距一般控制在1~2 cm，采用坐浆法（挤浆法）施工，使片石能被砂浆充分包裹。砌筑表面必须紧靠着所拉的线，以确保其表面平整。

2. 施工要点

（1）边沟的施工要点

①挖方地段和填土高度应小于边沟深度的填方地段均应设置边沟。

②平曲线处边沟施工时，沟底纵坡应与曲线前后沟底纵坡平顺衔接，不允许曲线内侧有积水或外溢现象发生。

③认真做好边沟加固。

A. 土质地段的边沟纵坡大于3%时应采取加固措施。

B. 采用浆砌片石加固时，砌缝砂浆应饱满，沟身不漏水。

④在边沟与填方路基相邻处设置跌水或急流槽，将水流直接引至填方坡脚以外，以免冲刷边坡，影响路基稳定。

⑤当边沟水流向涵洞进水口时，为避免边沟水流的冲刷，应根据地形条件在涵洞进口处设置窨井、跌水或急流槽等构造物，将水流引入涵洞。

⑥当边沟水流向桥梁时，应在桥头翼墙或挡土墙之后设置跌水或急流槽，将水引入河道。

（2）排水沟的施工要点

①排水的线形应平顺，转弯处宜做成弧线形。

②排水沟的出水口应设置跌水和急流槽将水流引出路基或排水系统。

（3）截水沟的施工要点

①截水沟的边缘距挖方路基坡顶的距离视土质情况而定，以不影响路基边坡为原则。一般土质至少应距路堑顶边缘5 m，黄土地区不应小于10 m，并应采取防渗加固措施。

②截水沟应按设计要求进行防渗及加固处理。地质不良地段、土质松软地段、渗水性大或裂隙较多地段，截水沟沟底、沟壁、出水口均应进行加固处理，以防止水流渗漏和冲刷。

③截水沟长度超过 500 m 时，应选择适当的地点设出水口，将水引至沟中或涵洞流出。截水沟必须有牢固的出水口，必要时需设置跌水或急流槽。

3. 质量控制

①砌体砂浆配合比准确，砌缝内砂浆均匀饱满，勾缝密实。

②浆砌片石工程咬扣紧密，嵌缝饱满、密实，勾凹缝保持自然流畅，缝宽大体一致且无通缝。

③排水设施施工时，注意衔接顺畅，做到沟底平整并有一定的坡度，以利于排水。

④砌体内侧及沟底应平顺，沟底不得有杂物。

⑤急流槽与消力池底应做成粗糙面，并按设计要求设置消力坎，以利于排水，起到消力作用。

⑥无论何种形式的边沟、截水沟、排水沟相接，均应设置渐变段，使过渡自然平顺，渐变段长度视具体现场而定。

二、地下排水

当地下水影响路基稳定性或强度时，应根据地下水类型、含水层埋藏深度、地层的渗透性等条件及对环境的影响，采取拦截、引排、疏干、降低或隔离等措施，且地下排水设施应与地表排水设施相协调。

设置地下排水设施应进行工程地质和水文地质调查、勘探和测试，查明水文地质条件，获取有关水文地质参数。

地下排水设施形式可按下列原则确定。

①当地下水埋藏浅或无固定含水层时，可采用隔离层、排水垫层、暗沟和渗沟等。

②当地下水埋藏较深或存在固定含水层时，可采用仰斜式排水孔、渗井、排水隧道等。若地下水或地面水流量较大，则应设置专用地下管道予以排除。

由于地下排水设施设置于地面以下，不易维修，建成后难以查明失效情况，因此在施工及质量检测过程中应严格按设计施工，并注重日常养护，以免结构失效而后患无穷。

（一）排水垫层和隔离层的设计要求

①当黏质土地段地下水位埋深小于 0.5 m 或粉质土地段地下水位埋深小于 1.0 m 时，细粒土填筑的低路堤底部宜设置排水垫层或隔离层。

②排水垫层的厚度不应小于 0.3 m，垫层材料宜选用天然砂砾或中粗砂。当采用复合防排水板作为隔离层时，可不设排水垫层。

③隔离层可选用土工膜、复合土工膜、复合防排水板等土工合成材料，防渗材料的厚

度、材质及类型应根据气候、地质条件确定，土工合成材料应符合现行《公路土工合成材料应用技术规范》的规定。

（二）暗沟

暗沟是指设在地面以下引导水流的沟渠。暗沟和排水沟的作用差不多，区别在于暗沟设置在地面以下。暗沟的主要作用是利用其透水性，将路基范围内的泉水或渗沟汇集的水流汇集到沟内，并沿沟排到指定的地点，截断和排除来自山坡路基的地下水，加强路基稳定。

（三）渗沟

（1）渗沟的作用

渗沟是最常见的地下排水沟渠。当路基土之中含水过多时，可以用渗沟来吸收汇集和排除地下水，降低地下水水位。也可以用渗沟来拦截流向路基的地下水，即采用渗透方式将地下水汇集于沟内，并通过沟底通道将水排到指定地点。渗沟的作用是降低水位或拦截地下水，汇集和拦截流向路基的地下水，并将其排除在路基范围之外，使路基土保持干燥，不因地下水产生病害。它的水利特性是稳流，但其构造与简易暗沟有所不同。

（2）渗沟的分类及使用条件

渗沟由排水层、反滤层、封闭层组成。渗沟类型应根据地下水赋存条件、渗流量、使用部位及排水距离等选用，渗沟横断面尺寸应按地下水渗流量计算确定。根据构造的不同，渗沟可分为填石渗沟（盲沟）、洞式渗沟和管式渗沟三类。

A.填石渗沟（盲沟）：可用于地下水流量不大、排水距离较短的地段，是常用的一种渗沟。盲沟通常为矩形或梯形，在盲沟的底部和中部用较大碎石或卵石填筑，中间用土工合成材料包裹有孔的硬塑管，管四周填以大于硬塑管孔径的等粒径碎、砾石，组成盲沟。在盲沟顶部作封闭层，用双层反铺草皮或其他材料（如土工合成的防渗材料）铺成，双层反铺草皮能起到封闭防水层的作用，并在其上夯填厚度不小于0.5 m的黏土防水层。

填石渗沟（盲沟）、无砂混凝土渗沟最小纵坡不宜小于1%，管式及洞式渗沟最小纵坡不宜小于0.5%。渗沟出水口应高出地表排水沟常水位0.2 m以上。渗沟纵向长度应不大于250～350 m，若渗沟过长，则应加设横向泄水管，将纵向渗沟内的水迅速地分段排出。

盲沟的埋置深度应满足渗水材料的顶部（封闭层以下）不得低于原有地下水水位的要求。当排除层间水时，盲沟底部应埋于最下面的不透水层上。当采用土工织物作反滤层时，应先在底部及两侧沟壁铺好就位，并预留顶部覆盖所需的土工织物，并拉宜平顺紧贴下垫层，所有纵向或横向的搭接缝应交替错开，搭接长度均不得小于300 mm。

B.洞式渗沟：可用于地下水流量大，或缺乏水管的情况。

C.管式渗沟：可用于地下水流量较大、地下水位埋藏浅、地下排水距离较长的地段。

（3）在渗沟施工中，需注意以下问题

①渗沟的布置应尽可能与地下水流向互相垂直。
②渗沟的横宽一般视埋藏深度、排水要求、施工和维修便利而定。
③汇集水流时，为防止含水层中砂土挤入渗沟，应设反滤层。
④渗沟的施工宜由下游向上游进行。
⑤为了核查维修方便，宜设置检查井。

当地下存在多层含水层的时候设置渗井。其中影响路基的上部含水层较薄，排水量不大，且平式渗沟难以布置，可采用立式（竖向）排水，设置渗井，穿过不透水层，将路基范围内的上层地下水引入更深的含水层中去，以降低上层的地下水位或全部予以排除。渗井能够将储水层里面的水通过渗井穿过隔水层，引到透水层中去。透水层是较深的区域，而且对路基稳定性影响较小。

（四）渗井

当地下存在多层含水层的时候设置渗井。其中影响路基的上部含水层较薄，排水量不大，且平式渗沟难以布置，可采用立式（竖向）排水，设置渗井，穿过不透水层，将路基范围内的上层地下水引入更深的含水层中去，以降低上层的地下水位或全部予以排除。渗井能够将储水层里面的水通过渗井穿过隔水层，引到透水层之中去。透水层是较深的区域，而且对路基稳定性影响较小。

（五）地下排水设施质量控制点

排水工程施工应满足设计要求并符合施工规范的规定，依照实际地形，选择合适的位置，将地面水和地下水排出路基以外。检查验收时要符合《公路工程质量检验评定标准土建工程》的规定。

三、涵洞排水

在路基施工中常见的涵洞类型有盖板涵、拱涵、圆管涵、箱涵、倒虹吸涵等，下面简单介绍盖板涵施工情况。

（一）盖板涵施工程序

测量放样→基础开挖→清理基底→基础钢筋安装→浇筑基础→浇筑墙身→安装盖板→台背回填→洞口施工。

（二）盖板涵施工方法

1. 准备工作

涵洞开工前应根据设计文件资料进行现场核对，核对时还需注意农用排灌要求，如需要变更设计时，则按变更程序进行办理；对地形复杂陡峻沟谷涵洞、斜交涵洞、平曲线和纵坡上涵洞，应先绘制出施工详图，然后再依图放样施工。

2. 测量放样

基础的底宽度为基础的尺寸加上两侧预留排水或砌筑站人的宽度，根据土壤类别和深度，确定挖基坡度，算出上口宽，划出开挖范围，钉好桩橛。在施工场地附近设置控制桩和照查桩，以便经常核对涵洞位置。涵洞测量放样时应注意以下事项：

①注意核对涵洞纵横轴线的地形剖面图是否与设计图相符；

②注意涵洞的长度、涵底标高的正确性；

③对斜交涵洞及曲线上和陡坡上的涵洞，应考虑交角、加宽、超高和纵坡对涵洞具体位置、尺寸的影响；

④注意锥坡、翼墙、一字墙和涵洞墙身顶部和上下游调治构造物的位置、方向、长度、高度、坡度，使之符合技术要求。

3. 挖基

根据测量放样出的挖基施工范围，进行开挖。如果基础土石方量很大，则采用人工配合机械施工；如果遇到岩石，则需进行松动爆破，然后进行人工处理，爆破必须严格采用松动爆破，避免药量过大导致基地岩层被破坏。

4. 清理基础

基础开挖完成后，对基底进行全面清理，石质基底可用水进行清洗，土质基底须清扫干净，然后按照基底设计高程进行复核，同时进行基底承载力试验。

5. 立侧模、线架

基坑测量结果和承载力均达到设计要求后，根据基础钢筋混凝土的形式，做出样板、线架，有关的各部尺寸、变化点的高程要标定在线架与样板上，施工中要经常检查、核对，以便较好地控制施工质量。

6. 浇筑混凝土（基础和墙身）

混凝土采用混凝土搅拌机集中拌和，罐车运输进行浇筑。混凝土应分段、分层浇筑，上层混凝土在下层混凝土初凝前完成浇筑。上、下层同时浇筑时，上层与下层前后浇筑距离应保持 1.5 m 以上。混凝土使用插入式振动器进行振捣，且在振捣过程中，移动的间距不超过振动器作用半径的 1.5 倍；振动器应插入下层混凝土 50~100 mm，布点要均匀，以保证混凝土的密实性。混凝土应一次性连续浇筑，当混凝土浇筑至模板顶后，应及时清除表面已离析的混合物和水泥浮浆。浇筑涵洞基础和涵台墙身时，根据现场基底情况，每 4~10 m 设置一道沉降缝，沉降缝宽度为 2 cm，沉降缝两端面应保持竖直、平整，上下不得交错，缝间采用沥青麻絮填塞。

7. 盖板的预制

钢筋混凝土盖板采取集中预制，对正交涵洞预制时仅对底模尺寸进行变换即可。当涵洞为斜交时，应将洞口盖板预制为梯形，具体施工工艺如下：

①对盖板底模和侧模进行打磨,除去锈迹和局部疤痕,然后在模板上涂抹脱模剂,最后安装模板,测量尺寸和角度。

②在安装好的模板内绑扎钢筋,安装钢筋时注意将事先制作好的混凝土块(3~4 cm)平稳安放在底层钢筋下,使钢筋保持设计规定的净保护层间距。

③钢筋安装完毕后复核盖板长度、宽度及角度,如果符合要求,则可以开始浇筑混凝土。浇筑时振捣必须密实,同一块板一次性浇筑完毕,并对表面进行找平清光,对超出侧模的混凝土予以清除,保持盖板厚度一致。

④当盖板的强度达到设计强度的90%后方能脱模搬运存放,盖板在存放时采用两点搁置(方木支垫于支撑线位置),不得翻转。

8. 盖板的安装

当涵台的强度达到设计强度的90%时,即可安装盖板。安装时采用汽车式起重机吊运安装,施工中应注意以下事项:

①盖板在装卸和运输过程中,应注意安放平稳,以防碰撞破坏盖板表面和棱角。

②安装前,先清扫涵台顶的污物和杂尘,将涵台顶湿润,摊铺一层砂浆,然后将盖板安放就位。

③盖板在墙身和基础沉降缝处断开,沉降缝两侧的盖板采用沥青麻絮进行填塞,其余盖板之间采用 M30 水泥砂浆充填。

④盖板安装完毕后采用 M30 水泥砂浆充填台背与盖板间的空隙。

9. 台背回填和涵顶填土

盖板填缝强度达到90%后即可进行台背回填,台背回填在不小于两倍台高范围内,采用透水性较好的砂质土和砂粒石土,不得采用含有泥草或冻土块的土。回填土应对称分层夯实、分层检查,每一压实层的松铺厚度不宜超过 15 cm,回填时涵洞两侧的填土与压实应对称回填。填土时先用小型手扶振动夯或手扶振动压路机碾压,在涵顶以上 50 cm 范围内采用轻型静载压路机碾压。涵洞顶部至路床顶面的压实度均为95%。

10. 洞口工程

洞口工程包括跌水井、八子翼墙和墙锥(一字端)坡等形式,施工时应注意以下事项:

①涵洞进出口采用锥坡时,一字翼墙与洞身一同浇筑,采用跌水井、八字翼墙时均应与洞身分开砌筑,连接缝内填以沥青麻絮。

②洞口帽石,可按涵洞孔径预制或现场浇筑。

③涵洞进出口铺砌、排水设施应做好与路基排水沟、原有沟渠的顺应连接,以保持涵洞排水流畅。

11. 软土地基涵洞基础的处理

在涵洞基坑开挖后,经检测,如果发现地基承载能力达不到设计要求,应结合实际情况选用下列处理方案进行地基处理:

①基坑超挖。在基坑开挖后，经检测地基承载能力达不到设计要求，则可根据检测实际的地质情况判定下层的土质情况，在监理工程师的许可下进行基坑的超挖，若以下地基的承载能力满足设计要求，即可进行基础的施工。

②换填。在基坑超挖后仍不能满足设计要求的，可扩大基坑的开挖面积，浆砌片石或干砌片石，再铺设碎石垫层，使涵洞的地基应力扩散，经验算满足地基的承载能力后，可进行基础的砌筑。

③钢筋混凝土基础。在浆砌或干砌片石、铺设碎石垫层后，发现基底应力仍然不能满足设计要求，可考虑将原浆砌基础变更为钢筋混凝土整体式基础，使路基填筑后，涵洞能够均匀沉降。

第二节　路基排水的适用条件

一、一般规定

施工前，应对排水设计进行现场核对，如发现问题应及时反馈处理，全线的沟渠、桥涵等应形成完整的排水系统。临时排水设施宜与永久排水设施相结合，排水方案应因地制宜、经济实用。施工前，宜先完成临时排水设施。施工期间，应经常维护临时排水设施，保证水流畅通。

路堤段落设计有涵洞时，宜安排涵洞先行施工。地表水、地下水的临时和永久排水设施应及时完成。

路堤填筑期间，作业面应设 2%～4% 的排水横坡，表面不得积水，应采取临时排水措施防止水流冲刷边坡。路堑施工，时应及时排除地表水。

边沟、排水沟、截水沟等地表排水设施迎水侧不得高出地表，应从下游向上游开挖。截水沟通过地面坑凹处时，应将凹处填平夯实。

二、路基排水工程质量标准

（一）排水设施外观质量

排水设施外观质量应符合下列规定：
①纵坡合适，曲线线形圆滑。
②沟壁平整、稳定，无贴坡。沟底平整，排水畅通，无冲刷和阻水现象。
③各类防渗、加固设施坚实稳固。
④对于浆砌片石工程，嵌缝均匀、饱满、密实，勾缝平顺无脱落、密实、美观，缝宽

均衡协调；砌体咬合紧密；抹面平整、压光、顺直，无裂缝、空鼓。

⑤对于干砌片石工程，砌筑咬合紧密，无叠砌、贴砌和浮塞。

⑥水泥混凝土砌块的强度满足设计要求，砌体平整，勾缝整齐牢固。

⑦基础与墙身设置的伸缩缝、沉降缝应垂直对齐。

三、路基设计的一般要求

公路路基是路面的基础，它承受着本身土体的自重和路面结构的重量，同时还承受由路面传递下来的行车荷载，所以路基是公路的承重主体。

公路路基属于带状结构，随着天然地面的高低起伏，标高不同，路基设计需根据路线平、纵、横设计，精心布置，确定标高，为路面结构提供具有足够宽度的平顺基面。

路基承受行车荷载作用，主要在应力作用区的路基工作区范围之内，其深度一般在路床顶面以下 0.8 m 或 1.2 m 范围以内。此部分路基按其作用可视为路面结构的路床，其强度与稳定性要求，可根据路基路面综合设计的原则确定。坚固的路基，不仅是路面强度与稳定性的重要保证，而且能为延长路面使用寿命创造有利条件，所以路基路面的综合设计至关重要。

为了确保路基的强度与稳定性，使路基在外力因素作用下，不致产生不允许的变形，在路基的整体结构中还必须包括各项附属设施，其中有路基排水、路基防护与加固以及与路基工程直接相关的设施，如弃土堆、取土坑、护坡道、碎落台、堆料坪及错车道等。

由于路基标高与原地面标高有差异，且各路段岩土性质的变化，各处附属设施的布置不尽相同，因此各路段的路基横断面形状差别很大。路基横断面形式的选定和各项附属设施的设计，同是路基设计的基本内容。

一般路基通常指在正常的地质与水文等条件下，填方高度和挖方深度小于规范规定高度和深度的路基。一般路基可以结合当地的地形、地质情况，直接选用典型断面图或设计规定，不必进行个别论证和验算。对于高路堤与陡坡路堤、深挖路堑以及地质和水文等条件特殊的路基，如滑坡地段路基、软土地区路基，为确保路基具有足够的强度与稳定性，需要进行个别设计和验算。

路基设计一般应该避免高路堤和深路堑，当路基中心填方高度超过 20 m、中心挖方深度超过 30 m 时，应该结合路线方案与桥梁、隧道等构造物或分离式路基做方案比选。在进行方案比选时，既要考虑建设期间的工程量、施工方法等因素，又要考虑运营期间因路基病害所增加的养护维修工程量和因此造成的运营效益损失，还要考虑整个社会效益。在工程投资相差不多的情况下，应优先选用桥隧工程以及采用新技术、新工艺、新材料的工程方案。

为了保证路基的强度和稳定性，一般对路基的设计有如下要求：

①路基设计之前，应做好全面调查研究，充分收集沿线地质、水文、地形、地貌、气

象、地震等设计资料。改建公路设计时，还应收集历年路况资料及当地路基的翻浆、崩塌、水毁、沉降变形等病害的防治经验。

②路基设计应根据当地自然条件和工程地质条件，选择适当的路基横断面形式和边坡坡度。河谷地段不宜侵占河床，可视具体情况设置其他结构物和防护工程。

③陡坡上的半填半挖路基，可根据地形、地质条件，采用护肩、砌石或挡土墙；当山坡高陡或稳定性差，不宜多挖时，可采用桥梁、悬出路台等构造物；三、四级公路的悬崖陡壁地段，当土体岩石整体性好时，可采用半山洞。

④沿河路基边缘标高，应不低于路基设计洪水频率的水位加壅水高、波浪侵袭高，以及 0.5 m 的安全高度，并根据冲刷情况，设置必要的防护设施。沿河路基废方应妥善处理，以免造成河床堵塞、河流改道或冲毁沿线构造物、农田、房屋等不良后果。

四、路基设计

在工程地质和水文地质条件良好的地段修筑的一般路基设计包括以下内容：①选择路基断面形式，确定路基宽度与路基高度；②选择路堤填料与压实标准；③确定边坡形状与坡度；④路基排水系统布置和排水结构设计；⑤坡面防护与加固设计；⑥附属设施设计。

（一）路基宽度

路基宽度为行车道宽度及其两侧路肩宽度之和。当设有中间带、加（减）速车道、爬坡车道、紧急停车带、错车道等时，应计入这部分的宽度。技术等级高的公路，设有中间带、路缘石、变速车道、爬坡车道、紧急停车带等，均应包括在路基宽度范围内。路面宽度根据设计通行能力及交通量大小而定，一般每个车道宽度为 3.50～3.75 m。技术等级高的公路及城镇近郊的一般公路，路肩宽度尽可能增大，一般取 1～3 m，并铺筑硬质路肩，以保证路面行车不受干扰。各级公路路基宽度按《公路工程技术标准》的规定进行设计。

路基占用土地，是公路通过农田或用地受限制地区时的突出问题。建路占地必须综合规划，统筹兼顾，讲究经济效益，农业与交通相互促进。公路建设应尽可能利用非农业用地，少占农田。高速公路局部路段可选用高架道路，以桥代路。山坡路基应尽量使填挖平衡，扩大和改善林业用地，保护林区牧地，防止水土流失，维护生态平衡。减少高填深挖，利用植物防护、绿化与美化路基。所有这些，在路基设计与施工过程中，亦应予以综合考虑。

（二）路基高度

路基高度是指路堤的填筑高度和路堑的开挖深度，是路基设计标高和地面中心线标高之差。路基设计标高，无中央分隔带的公路，应为路基边缘高度；有中央分隔带的公路，应为中央分隔带外侧边缘的高度；在设置超高加宽路段，则为设置超高加宽前的路基边缘高度。

路基的填挖高度，是在路线纵断面设计时，综合考虑路线纵坡要求、路基稳定性和工程经济等因素确定的。从路基的强度和稳定性要求出发，路床部分土层应处于干燥或中湿状态，路基高度应根据临界高度并结合公路沿线具体条件和排水及防护措施确定路堤的最小填土高度。

高路堤和深路堑的土石方数量大、占地多、施工困难、边坡稳定性差、行车不利，应尽量避免使用，不得已而一定要用时，应进行个别特殊设计。

为保证路基稳定，应尽量满足路基临界高度的要求，若路基高度低于按地下水位或地面水位计算的临界高度，可视为矮路堤。矮路堤通常处于行车荷载应力作用区范围内，同时经受着地面和地下水不利水文状况的影响。有时为了增强路基路面的综合强度与稳定性，需要另外增加投资加强路面结构或增设地下排水设施。同时，为满足行人需要，应设置上跨桥梁，因此，究竟如何合理确定路基的高度，需要进行综合比较后才可择优取用。

沿河及受水浸淹的路基，其高度应根据技术标准所规定的设计洪水频率，求得设计水位，再增加 0.5 m 的余量。如果河道因设置路堤而压缩过水面积，致使上游有壅水，或河面宽阔而有风浪，则应增加壅水高度和波浪冲上路堤的高度（即波浪侵袭高度）。所以沿河浸水路堤的高度，应高出上述各值之和，以保证路基不致淹没，并据此进行路基的防护与加固。

（三）路基边坡坡度

路基边坡坡度对路基稳定十分重要，确定路基边坡坡度是路基设计的重要任务。

路基边坡坡度的大小取决于边坡的土质、岩石的性质及水文地质条件等自然因素和边坡的高度。在陡坡或填挖较大的路段，边坡稳定不仅影响到土石方工程量和施工的难易，而且是路基整体稳定性的关键。因此，确定边坡坡度对于路基的稳定性和工程的经济合理性至关重要。一般路基的边坡坡度应通过边坡稳定性验算或根据多年工程实践经验和设计规范推荐的数值采用。

1. 路堤边坡

沿河浸水路堤的边坡坡度，在设计水位以下视填料情况不宜陡于 1∶1.75，在常水位以下部分可采用（1∶2.0）~（1∶3.0）。

当公路沿线有大量天然石料或路堑开挖的废石方时，可用以填筑路堤。填石路堤应由不易风化的较大（大于 25 cm）石块砌筑，边坡坡度一般可用 1∶1。

陡坡上的路基填方可采用砌石，砌石应用当地不易风化的开山片石砌筑。

砌石顶宽一律采用 0.8 m 基底面以 1∶1.5 的坡率向路

基内侧倾斜，砌石高度一般为 2~15 m，墙的内外坡依砌石高度选定。

2. 路堑边坡

路堑是从天然地层中开挖出来的路基结构物。设计路堑边坡时，首先应从地貌和地质构造上判断其整体稳定性。遇到工程地质或水文地质条件不良的地层时，应尽量使路线避开;而对于稳定的地层,则应考虑开挖后,是否会由于减少支撑,坡面风化加剧而引起失稳。

影响路堑边坡稳定的因素较为复杂,除了路堑深度和坡体土石的性质之外,地质构造特征、岩石的风化和破碎程度、土层的成因类型、地面水和地下水的影响、坡面的朝向以及当地的气候条件等都会影响路堑边坡的稳定性,在边坡设计时必须综合考虑之。

岩质路堑边坡形式及坡率应根据工程地质与水文地质条件、排水防护措施、边坡高度、施工方法,结合自然稳定边坡和人工边坡的调查综合确定,必要时可采用稳定性分析方法予以检算。

由于地表岩层和自然条件,以及路基构造要求与形式变化极大,岩石路堑边坡率难以定型,应结合当地的工程地质和水文条件,参考各地现有自然稳定的山坡和人工成型稳定的山坡,加以对比选用。必要时应进行个别设计和稳定性验算,还必须采用排水和护坡与加固等技术措施。在地震地区的岩石路堑边坡坡率应参考《公路工程抗震规范》规定。

(四)路基稳定性分析

路基边坡的稳定涉及岩土性质与结构、边坡高度与坡度、工程质量与经济等多种因素。一般情况下,对于边坡不高的路基,例如不超过 8.0 m 的土质边坡、不超过 12.0 m 的石质边坡,可按一般路基设计,采用规定的坡度值,不做稳定性分析计算。地质与水文条件复杂、高填深挖或特殊需要的路基,应进行边坡稳定性的分析计算,据此选定合理的边坡坡度及相应的工程技术措施。

岩(土)质路基边坡的稳定是土力学与岩体力学的重要研究课题,长期以来世界各国已经提出多种计算原理与方法,计算机技术的发展,为边坡稳定计算开辟了新的途径。

土坡稳定性分析的各种方法,按失稳土体的滑动面特征,大体可归纳为直线、曲线和折线三大类,而且均以土的抗剪强度为理论基础,按力的极限平衡原理建立相应的计算式。

岩石路堑边坡的稳定性,很大程度上取决于岩石产状与结构,边坡失稳岩体的滑动面主要是地质构造上的软弱面。边坡稳定分析应首先进行定性分析,确定失稳岩体的范围和软弱面(滑动面),然后进行定量力学计算。

路基边坡稳定性的分析计算方法,还可以分成工程地质法(比拟法)、力学分析法和图解法。工程地质法属于实践经验的对比,力学分析法是数解方法,对于某些比较复杂的数解方法,亦可运用图解加以简化。任何一种方法,都带有某种针对性和局限性,为了便于工程上实际运用,采取某些假定条件,将主要因素加以简化,次要因素忽略不计,因此现有的各种方法均属于近似解。合理地选定岩土计算参数,如黏结力、内摩擦角及单位体积重力等,比选择何种计算方法更为重要,所以在路基设计前,要加强地质勘察测试工作。

边坡稳定性计算方法,应根据边坡类型和可能的破坏形式,按下列原则确定:规模较大的碎裂结构岩质边坡和土质边坡宜采用简化 Bishop 计算;对可能产生直线形破坏的边坡宜采用平面滑动面解析法进行计算;对可能产生折线形破坏的边坡宜采用不平衡推力法计算;对结构复杂的岩质边坡,可配合采用赤平投影法和实体比例投影法分析及楔形滑动面法进行计算；当边坡破坏机制复杂时，宜结合数值分析法进行分析。

边坡稳定性计算应分成以下三种工况：

①正常工况，边坡处于天然状态下的工况；

②非正常工况Ⅰ，边坡处于暴雨或连续降雨状态下的工况；

③非正常工况Ⅱ，边坡处于地震等荷载作用状态下的工况。处于季冻区的边坡，在上述三种工况基础外，应考虑冻融的影响。

深挖方路基边坡宜采用折线式或台阶式边坡。台阶式边坡中部应设置边坡平台，边坡平台的宽度不宜小于 2 m。坚硬岩石地段边坡可不设平台，其边坡坡率可调查附近已建工程的人工边坡及自然山坡情况，根据边坡稳定性分析综合确定。边坡防护设计应根据边坡地质和环境条件、边坡高度及公路等级，采取工程防护与植物防护的综合措施，稳定性差的边坡应设置综合支挡工程，并采用分层开挖、分层稳定和坡脚预加固技术。对地震烈度在 7 度及以上的强震区，边坡防护结构宜做抗震设计。

五、特殊路基设计

特殊路基包括特殊土（岩）路基、不良地质路基和特殊条件下路基。路线通过特殊路段，应进行综合地质勘察，查明特殊地质体的性质、成因类型、规模、稳定状况及发展趋势；特殊路基设计所需要的物理力学参数，宜采用原位测试的数据，并结合室内试验资料综合分析确定。特殊路基设计应考虑地质和环境等因素对路基的影响，以及这些因素的发展变化规律。路基病害整治应遵循以防为主、防治结合、力求根治的原则，通过综合技术经济比较，因地制宜，采取合理的整治方案和有效的工程措施。如果分期整治，应保证在各种因素的变化过程中不降低路基的安全度，存在多种特殊土（岩）或特殊地质条件路基的工点应进行综合设计。

滑坡地段路基设计，应查明滑坡性质及滑坡体附近的地形地貌、水文地质和工程地质条件，以及滑坡的成因类型、滑坡规模与特征等，分析评价滑坡稳定状况、发展趋势和对公路工程的危害程度，及时采取有效措施，保证路基施工和运营安全。对规模大、性质复杂、变形缓慢以及短期内难以查明其性质的滑坡，可采取全面规划、分期整治的方案。滑坡防治应根据滑坡类型、规模、稳定性，并结合滑坡区工程地质条件、公路的重要程度、施工条件及其他要求，采取排水、减载、反压与支挡工程的综合治理措施。高边坡、特殊岩土和存在不利结构面的边坡，应采取必要的预防措施，避免产生工程滑坡。

高速公路、一级公路的滑坡防治应进行滑坡监测与动态设计。滑坡防治监测包括施工安全监测、防治效果监测和营运期监测，应以施工安全监测和防治效果监测为主。在施工期间，监测结果应作为判断滑坡稳定状态、指导施工、反馈设计和防治效果检验的重要依据。

监测点应布置在滑坡体稳定性差或工程扰动大的部位，力求形成完整的剖面，采用多种手段互相验证和补充。防治效果监测应结合施工安全和营运期监测进行,防治效果监测时间应在整治工程完工且公路营运后不少于一年,施工期监测数据采集时间宜为每天一次,营运期监测数据采集时间间隔宜为 7~15 d,在外界扰动较大时,如遇暴雨,应加密观测次数。同时应及时分析滑坡监测资料,预测滑坡位移、变形的发展趋势和整治工程的效果,适时调整滑坡整治工程设计和施工方案,保证工程施工安全和路基稳定。

(一)崩坍与岩堆地段路基

崩坍与岩堆地段路基设计,应调查该地段的地形、地貌、地质、水文、气象等资料,查明已经发生的崩坍与岩堆的类型、范围、成因及对公路的危害程度,作出公路建成后崩坍与岩堆的发生或发展预测与稳定评价,并考虑综合防治措施。

路基设计应避免高填、深挖并远离崩坍物堆积区。对于中、小型崩坍地段,采取遮蔽、拦截、清除、加固等工程措施进行综合治理。

在岩堆地段,应根据路基类型、岩堆规模和物质组成、下伏岩土的性质和坡度、地下水以及地表水的情况等,对岩堆的稳定性进行分析。岩堆地段路基应采用低路堤或浅路堑,并采取稳定加固措施。

1. 崩坍防治措施

①边坡或自然坡面比较平整、岩石表面风化易形成小块岩石呈零星坠落时,宜进行坡面防护,以阻止风化发展,防止零星坠落。

②山坡或边坡坡面崩坍岩块的体积及数量不大,岩石的破碎程度不严重,可采用全部清除并放缓边坡措施。

③岩体严重破碎,经常发生落石路段,宜采用柔性防护系统或拦石墙与落石槽等拦截构造物。拦石墙与落石槽宜配合使用,设置位置可根据地形合理布置。落石槽的槽深和底宽通过现场调查或试验确定。拦石墙墙背应设缓冲层,并按公路挡土墙设计,墙背压力应考虑崩坍冲击荷载的影响。

④对在边坡上局部悬空的岩石,若岩体仍较完整,有可能成为危岩石,可视具体情况采用钢筋混凝土立柱、浆砌片石支顶或柔性防护系统。

⑤易引起崩坍的高边坡,宜采用边坡锚固。

⑥当崩坍体较大、发生频繁且距离路线较近而设拦截构造物有困难时,可采用明洞、棚洞等遮挡构造物处理。遮挡构造物应有足够的长度,洞顶应有缓冲层,并应考虑堆积石块荷载和冲击荷载的影响。

2. 岩堆防治措施

①处于发展中的岩堆地段路基,应尽量减少开挖,采取挡土墙、坡面封闭等防护措施。也可采用拦石墙与落石槽或修建明洞、棚洞等遮挡构造物。

②岩堆地段路基,应采取下列处治措施。

A. 位于岩堆上部时，宜采用台口式路基，并放缓边坡或沿基岩面清除路基上方的岩堆堆积物。

B. 位于岩堆中部时，挖方边坡应设置挡土墙。

C. 位于岩堆下部时，宜采用填方路基通过岩堆。

③对活跃的岩堆补给区，应根据其面积、岩体类型和规模，采取拦截或加固工程措施；岩堆地段路基稳定性不足时，宜设置抗滑挡土墙或抗滑桩。

（二）泥石流地区路基

泥石流地区路基设计，应查明泥石流的成因类型、规模、特征、活动规律、发展趋势及危害程度。泥石流治理应全面考虑排导、拦截以及水土保持等各项措施，做好总体规划，进行综合治理。泥石流的防治措施，主要有以下几种：

1. 跨越措施

①桥梁适用于跨越流通区的泥石流沟或者洪积扇区的稳定自然沟槽。设计时应结合地形、地质、沟床冲淤情况、河槽宽度、泥石流的泛滥边界、泥浪高度、流量、发展趋势等，采用合理的跨度及形式。

②隧道适用于路线穿过规模大、危害严重的大型或多条泥石流沟。隧道方案应与其他方案做技术、经济比较后确定。

③泥石流地区不宜采用涵洞，在活跃的泥石流洪积扇上禁止使用涵洞。对于三、四级公路，当泥石流规模不大、固体物质含量低、不含较大石块，并有顺直的沟槽时，方可采用涵洞。

④过水路面适用于穿过小型坡面泥石流沟的三、四级公路。过水路面的路基横断面应为全封闭式，可与桥梁、涵洞等联合使用。路基坡脚应设抑水墙以防止冲刷。

2. 排导措施

（1）排导沟

排导沟适用于有排沙地形条件的路段。出口应与主河道衔接，出口标高应高出主河道20年一遇的洪水水位。排导沟纵坡宜与地面坡一致。排导沟的横断面应根据流量计算确定，排导沟应进行防护。

（2）渡槽

渡槽适用于排泄流量小于 30 m^3/s 的泥石流，且地形条件应能满足渡槽设计纵坡及行车净空要求，路基下方有停淤场地。

渡槽应与原沟顺直平滑衔接，纵坡不小于原沟纵坡，出口应满足排泄泥石流的需要。渡槽设计荷载按泥石流满载计算，并考虑冲击力，冲击系数可取 1.3。

（3）导流堤

当在堆积扇的某一区间内，需要控制泥石流的走向或限制其影响范围时，可设置导流堤以防止泥石流直接冲击路堤或壅塞桥涵。

导流堤的高度应为设计使用年限内的淤积厚度与泥石流的沟深之和；在泥石流可能受阻的地方或弯道处，还应加上冲起高度和弯道高度。

3. 拦截措施

（1）拦挡坝

拦挡坝适用于沟谷的中上游或下游没有排沙或停淤的地形条件且必须控制上游产沙的河道，以及流域来沙量大，沟内崩塌、滑坡较多的河段。

拦挡坝坝体位置应根据设坝目的，结合沟谷地形及基础的地质条件综合考虑确定，并注意坝的两端与岸坡的衔接和基础埋置深度。坝体的最大高度不宜超过 5 m，坝顶宜采用平顶式。当两端岸坡有冲刷可能时，宜采用凹形。

（2）格栅坝

格栅坝适用于拦截流量较小、大石块含量少的小型泥石流。格栅坝的格栅间隔按拦截大石块、排除细颗粒的要求布置，其过水断面应满足下游安全泄洪的要求。坝的宽度应与沟槽相同。坝基应设在坚实的地基上。

（三）岩溶地区路基

岩溶地区路基设计，应采用遥感、物探、钻探及其他有效方法进行勘察，取得岩溶地貌、岩溶发育程度、发展规律、溶洞围岩性质以及地面水、地下水活动规律等方面的资料。位于岩溶地段路基，应结合工程实际判别岩溶对路基工程的危害程度，选择合理的方法进行处治。

①路基上方的岩溶泉和冒水洞，宜采用排水沟将水截流至路基外。对于路基基底的岩溶泉和冒水洞，宜设置集水明沟或渗沟，将水排出路基。

②对于稳定路堑边坡上的干溶洞，洞内宜采用干砌片石填塞。

③位于路基基底的开口干溶洞，当洞的体积不大、深度较浅时，宜予以回填夯实；当洞的体积较大或深度较深时，宜采用构造物跨越。对于有顶板但顶板强度不足的干溶洞，可炸除顶板后进行回填，或设构造物跨越。

④通过溶洞围岩分级或计算判断下伏溶洞有坍塌可能时，宜采用下列方法进行加固：

A. 洞径大、洞内施工条件好的无充填溶洞，采用浆砌片石或钢筋混凝土的支撑墙、支撑柱进行加固。

B. 深而小的溶洞不便于洞内加固时，采用石盖板或钢筋混凝土盖板跨越可能的破坏区。

C. 对于顶板较薄的溶洞，当采用地表构造物跨越有困难或不经济时，可炸除顶板，按明洞的方式进行处理。

D. 对于有充填物的溶洞，优先采用注浆法、旋喷法进行加固，不能满足设计要求时可采用构造物跨越。

E. 如需保持洞内流水通畅时,应设置排水通道。

⑤对于路基范围内的土洞应先判明土洞是否仍在发展。对于已停止发展的土洞可按一般地基进行评价,需加固时可采用注浆、复合地基等方法进行处理;对于还在发展中的土洞,可采用构造物跨越。

(四)软土地区路基

应调查收集沿线的地形、地貌、工程地质、水文地质、气象等资料,按照《公路工程地质勘察规范》的有关规定,采用适宜的勘探方法进行综合勘探试验和现场原位测试,并进行统计与分析,为设计提供可靠的软土物理力学性质指标。软土地基上公路路基的设计包括沉降计算、稳定验算及其相应的处治方法的设计;施工中的沉降与侧向位移(稳定)观测的技术要求应作为设计内容。

1. 常用的地基加固措施

①软土地基上修筑的路堤底部均宜设置透水性水平垫层,厚度以 0.50 m 为宜。对于缺少砂砾的地区,可以将土工合成材料和砂砾垫层配合使用,以减小砂砾垫层的厚度。

②轻质路堤可采用粉煤灰、泡沫聚苯乙烯(EPS)块等轻质材料填筑。采用 EPS 路堤时,应计算路堤的压缩变形和抗浮稳定性。

③路堤加筋应采用强度高、变形小、耐老化的土工合成材料作为路堤的加筋材料。

④反压护道可在路堤的一侧或两侧设置,其高度不宜超过路堤高度的 1/2,其宽度应通过稳定计算确定。

⑤排水固结法。应根据软土厚度与性质、路堤高度、路基稳定与工后沉降控制标准、施工工期等,综合分析并确定软土地基采用砂垫层预压或袋装砂井(塑料排水板预压)或真空联合堆载预压的处理方案。

⑥粒料桩。振冲粒料桩适用于十字板抗剪强度大于 15 kPa 的地基土;沉管粒料桩适用于十字板抗剪强度大于 10 kPa 的地基土,粒料桩的直径及设置深度、间距应经稳定、沉降验算后确定,相邻桩净距不应大于 4 倍桩径。

⑦加固土桩。采用深层拌和法加固软土地基的十字板抗剪强度不宜小于 10 kPa。采用粉喷桩法加固软土地基时,深度不应超过 15 m,加固土桩的直径及设置深度、间距应经稳定验算确定并应满足工后沉降的要求。相邻桩的净距不应大于 4 倍桩径。

⑧强夯。饱和软黏土地基中夹有多层粉砂或采用在夯坑中回填块石、碎砾石、卵石等粒料进行强夯置换时可以采用强夯法处理。强夯施工前,必须在施工现场选择有代表性的路段进行试夯,以指导大面积施工。

2. 沉降与稳定观测设计

①软土地基上的高填方路堤和桥头路堤应进行沉降与稳定观测设计,其设计内容主要

包括沉降观测与侧向位移（稳定）测点位置、观测仪选型与布设、观测方法、观测频率。必要时，应进行软土地基深部位移观测。

②路堤填土速率应满足下列要求：

A. 填筑时间不小于地基抗剪强度增长需要的固结时间。

B. 路堤中心沉降量每昼夜不得大于 10～15 mm，边桩位移量每昼夜不得大于 5 mm。

3. 软土地基试验段

软土地基上路堤宜结合工程实际，选择代表性地段提前填筑试验路堤。

4. 路面铺筑时间的确定

路面铺筑应在沉降稳定后进行，采用双标准控制：即要求推算的工后沉降量小于设计容许值，同时要求连续两个月观测的沉降量每月不超过 5 mm，方可卸载开挖路槽并开始路面铺筑。

（五）膨胀土地区路基

膨胀土地区路基设计，应查明膨胀土分布范围、成因类型、土体的结构层次、下水分布及埋藏条件和膨胀土的矿物成分、物理和力学性质及膨胀特性等资料。

路基设计应综合考虑膨胀土类型、土体结构与工程特性、环境地质条件与风化深度等因素，保证路基稳定，满足路用要求。

路基设计应避免大填、大挖，以浅路堑、低路堤通过为宜。当路基填挖大、工程艰巨及稳定性差时，应与桥隧方案比选确定。当路基通过时，必须有保证路基稳定的措施。

公路通过膨胀土地段时，路基设计应以防水、保湿、防风化为主，结合坡面防护，降低边坡高度，连续施工，及时封闭路床和坡面。

边坡防护加固应遵循下列规定：

①可能发生浅层破坏时，宜采取半封闭的相对保湿防渗措施；

②可能发生深层破坏时，应先解决整体边坡的长期稳定，并采取防止浅层破坏的措施；

③膨胀土强度指标应采用低于峰值强度值，可采用反算和经验指标；

④支挡结构基础埋深应大于气候影响层深度，反滤层应适当加厚。

第三节　路基排水病害及处治

一、概述

路基路面是道路的重要组成部分。路基在长期的运营过程中，在行车荷载、降雨等外界因素影响下，工作性能会逐渐劣化，导致最终出现一系列的路基病害，严重时会通过路面病害表现出来,严重影响公路的使用性能与使用寿命。良好的路基应具有足够的稳定性、强度与刚度,以满足路面结构及行车荷载对路基工作性能的要求。大量的研究及工程实践表明,路基性能的下降导致路面结构应力集中,是路面病害产生的根源。因此,为了提高公路使用性能及使用寿命,加强路基养护就显得尤为重要。

此外,路面结构应具有良好的使用性能、耐久性和结构安全性,以满足在设计使用年限内不产生结构性破坏。随着通车年限增加,受气候、地域、交通荷载、路面材料等多种因素的影响,路面结构会出现车辙、裂缝、坑槽、泛油、路基沉陷等损坏,使路面使用性能逐渐衰减,不同的路面结构组成、材料配合比、气候条件和交通荷载,病害的主要特征以及严重程度有所不同,造成路面使用性能的衰减均有较大差异。因此需要根据路面的不同病害成因及养护时机,采取相应的养护、补强和改建措施,以使路面的使用性能得到部分恢复,甚至提高,延长路面使用寿命。

为了掌握路基、路面使用性能的变化情况,以便及时采取各种养护和改建措施,延缓其衰变和恢复其性能,必须定期对现有路基、路面状况进行调查,以评定路基、路面的使用性能及其剩余寿命。

二、路基病害类型

(一) 路基沉陷

路基沉陷的特征是路基表面产生过大的竖向位移。路基沉陷将导致路面结构和功能损坏,出现纵横坡变碎、行车颠簸。路基沉陷可分为两种情况:

①路基本身的变形引起路基表面沉陷。产生这种沉陷的主要原因有路基填筑材料选择不当、路基没有充分压实。这种整体沉降一般较为均匀。另外还有一个原因是填筑路基的材料颗粒大小相差悬殊,路基内各部分强度不一,这种沉陷一般不均匀,将导致路面破坏。

②在路基的自重作用下,地基产生过大沉降或向两侧挤出。产生这种沉陷的主要原因是由于路基的天然地面承载能力不足,地基下有较厚的湿软弱层或附近取土坑太靠近,路基修筑前未经处理或处理不当,加上路基填土高度过高使得路基自重加大,导致地面下软弱层产生过大压缩变形。

(二) 边坡的滑塌

边坡的滑塌是指路基的部分土体沿边坡向下移动,破坏原有路基边坡的形态。它是路基最常见的病害之一。根据边坡土质类别、破坏原因和滑塌规模不同,可分为以下几种:

①溜方。溜方是少量路基土体沿边坡向下移动形成的,一般指的是边坡上薄的表层土下溜。它主要是由于路面水冲刷边坡而引起的。

②滑坡。滑坡是指路基上较大一部分土体在重力作用下与路基分离,沿某一滑动面滑动。滑坡导致路基整体破坏,这种病害破坏性较大。产生滑坡的主要原因有:路堤边坡过

陡、施工填筑不当、路基土体强度不够，或坡脚被冲刷、路堑开挖边坡坡度选择不当、边坡稳定性不足等。

③崩塌。崩塌是指大量的土体脱离坡面沿边坡滚落。在路堑中，由于开挖边坡破坏了原来岩层结构的稳定，如连续降雨，在水的作用下岩层层间丧失稳定，这是对路基破坏程度较大的病害。

④剥落和碎落。剥落是指在大气干湿热冷的循环作用、振动或水的侵蚀作用下，路堑边坡风化岩层表层部分岩石从坡面上向下滚落。碎落是指少量土体沿路堑边坡滚落，它会引起边沟堵塞，有时也会危及行车安全。

⑤路基沿山坡滑动。在较陡的山坡填筑路基，若路基底部结合处理不当，加上排水不畅，则路基底部被水浸湿，从而丧失整体稳定性，整个路基可能沿倾斜的原地面滑动。

⑥路基坍散。路基坍散是指路基边坡失去其原有的整体形状，以及边坡下沉，路基的大部分毁坏。路基坍散是较为严重的病害。其主要原因是施工方法不正确，没有做好分层压实，路基整体强度不足。

⑦不良地质和水文条件造成的路基破坏。路基的不良地质水文条件，如泥石流、溶洞、大暴雨、地震、自然灾害等，均可能导致路基的大规模破坏。在道路勘测设计过程中，应力求避开这些地区。若出现这类病害，则首先需要调查产生不良地质灾害的原因，然后采取专门技术措施，保证路基的安全和稳定。

（三）水毁冲沟

水毁冲沟是指边坡出现冲沟、缺口，因水冲蚀而引发的局部沉陷等损坏，严重影响路基的稳定性。

出现水毁冲沟的主要原因包括路基压实不够、工程地质不良、路基填料土质差、路基排水不畅或缺乏防护等。

（四）排水不畅

排水不畅是指路基边沟、排水沟、截水沟等排水系统淤塞，导致水无法从路面或路基及时排出，加剧水对公路的损坏；沟内杂草未能及时清除，或有垃圾、碎砾石、土等堆积等均可造成排水不畅。

（五）其他

其他病害有路肩损坏，路缘石缺损，挡土墙等圬工工体出现的表面、局部和结构等路基构造物损坏。通常，路肩损坏是指土路肩、硬路肩或紧急停车带表面出现坑槽、裂缝、松散等病害，出现路肩损坏的主要原因有排水不畅、雨水冲刷、施工或材料不良等。路缘石缺损包括中央分隔带和路肩边侧的缘石和挡水带的缘石损坏或缺少。路基构造物损坏是指路肩边坡挡土墙等圬工砌体出现断裂、沉陷、倾斜、局部坍塌、基构造物损坏的主要原因是路基本身不稳定或构造物施工不良。

第四节 路基排水设计方法

水对土体的浸湿、饱和及冲刷作用,常常会造成土体的强度降低,导致路基的各种病害发生,如基床产生翻浆冒泥、下沉和冻害,路基边坡产生滑动和坍塌等,影响线路的正常运营。为了保持路基的稳定,使路基能经常处于干燥和坚固状态,应将可能停滞在路基范围内的地面和地下水及时排除,并防止路基范围以外的水流入或渗入路基范围内。因此,必须建立良好、完善的排水系统,做好路基范围内的地面水和地下水的排除工作。

路基属于完全暴露于大自然的露天工程,不可避免地受到自然环境的影响。易于冲蚀的土质边坡和易于风化的岩石路堑边坡施工完成后,在长期的自然风化和雨水冲刷的作用下,将发生溜坍、掉块和冲沟等坡面变形和破坏;而修建在河滩上和水库边的路堤,必然经常的或周期性的受到水流的冲刷作用,路基的边坡和稳定性必然受到很大的影响而遭破坏。因此,必须及早采取相应的防范措施。坡面破坏的轻重程度,除与边坡的岩土性质有关外,还与当地的气候环境以及地层、地质构造及边坡所处的方位有关,必须综合考虑这些因素,并结合现场的材料条件,选择适当的防护类型。

一、路基排水要求及一般设计原则

(一)路基排水的目的与要求

路基路面的病害有许多种,形成病害的因素也很多,其中水的影响是主要因素之一,例如,水分的积聚会导致土质路基边坡坍塌,基身沉陷或产生滑动;在寒冷地区还易冻胀翻浆。这些都会影响行车安全,甚至造成交通中断。根据水来源的不同,可将路基水分为地面水和地下水。

路基排水的目的,就是采用拦截、汇集、排除地表水或地下水的措施,将路基范围内的土基湿度降低到一定的限度以内,使路基常年保持干燥状态,确保路基及路面具有足够的强度与稳定性。

(二)路基排水设计的一般原则

①公路路基排水设计应防、排、疏相结合,并与路面排水、路基防护、地基处理以及特殊路基地区(段)的其他处治措施相互协调,形成完善的排水系统。

②路基排水设计应遵循总体规划、合理布局、少占农田、保护环境的原则,并与当地排灌系统相协调。

③排水困难地段,可采取降低地下水位、设置隔离层等措施,使路基处于干燥、中湿状态。

④施工场地的临时性排水设施，应尽可能与永久性排水设施相结合。各类排水设施的设计应满足使用功能要求，结构安全可靠，便于施工、检查和养护维修。

二、路基地表排水设施的构造与布置

常用的路基地表排水设备包括边沟、截水沟、排水沟、跌水与急流槽、拦水带、蒸发池和倒虹吸与渡水槽等设施。高速公路、一级公路的辅道应有自身的地表排水设施。这些排水设施，分别设在路基的不同部位，它们各自的主要功能、布置要求及构造形式，均有所差异。

（一）边沟

挖方路基路肩外侧及低填方路基坡脚外侧，与路中心线平行的路肩外缘均应设置的纵向人工沟渠，称之为边沟。其主要功能是汇集和排除路基范围内和流向路基的少量地面水，以保证路基稳定。平坦地面填方路段的路旁取土坑，常与路基排水设计综合考虑，使之起到边沟的排水作用。

边沟排水量不大，一般不需要进行水文、水力计算，只需依沿线具体条件，直接选用标准横断面即可。边沟由于紧靠路基，通常不允许其他排水沟渠的水流进入，也不能与其他人工沟渠合并使用。

边沟不宜过长，应尽量使沟内水流就近排至路旁自然水沟或低洼地带，必要时增设涵洞，将边沟水流引入路基另一侧排出。

边沟的纵坡（出水口附近除外）一般与路线纵坡一致。平坡路段，边沟仍应保持0.3%～0.5%的最小纵坡。边沟出水口附近，以及排水困难路段，如回头曲线和路基超高较大的平曲线等处，边沟应进行特殊设计。

边沟可采用三角形、流线形、梯形或矩形横断面，按公路等级、所需排泄的流量、设置位置和土质或岩质选定。高速公路及一级公路宜采用三角形或碟形边沟；受条件限制而需采用矩形横断面时，应在顶面加带槽孔的盖板。二级及二级以下公路可采用梯形横断面，边沟内侧边坡坡度按土质类别采用（1∶1.5）～（1∶1.0）；岩石挖方路段，可采用矩形横断面，其内侧坡面用浆砌片石砌筑以保持直立。矩形和梯形边沟的底宽与深度不应小于0.4 m。挖方路段边沟的外侧坡面应与路堑下部坡面的坡度一致。

边沟的纵坡坡度应结合路线纵坡、地形、土质、出水口位置等情况选定，尽可能与路线纵坡坡度保持一致。当路线纵坡坡度小于沟底最小纵坡坡度时，边沟应采用沟底最小纵坡坡度，并缩短边沟出水口的间距。高速公路及一级公路的土质边沟，均应采取防护措施。

边沟出水口的间距，一般地区不宜超过500 m，多雨地区不宜超过300 m，三角形和碟形边沟不宜超过200 m。边沟出水口的排放应结合地形、地质条件以及桥涵水道位置，排引到路基范围外，使之不冲刷路堤坡脚。

（二）截水沟

设置在挖方路基边坡顶以外或山坡路堤上方的适当位置，用以拦截路基上方流向路基的地面水，减轻边沟的水流负担，保护挖方边坡和填方坡脚不受水流冲刷和损害的人工沟渠，称为截水沟（又称天沟），降水量较少或坡面坚硬和边坡较低以致冲刷影响不大的地段，可以不设截水沟；反之，如果降水量较多且暴雨频率较高、山坡覆盖层比较松软、坡面较高、水土流失比较严重的地段，必要时可设置两道或多道截水沟。

山坡填方路段可能遭上方水流作用，此时必须设截水沟，以拦截山坡水流保护路堤。截水沟与坡顶之间，要有不小于 2.0 m 间距，并做成向截水沟倾斜 2% 的横坡，如土质良好、路堑边坡不高或进行沟壁铺砌时，路堑距坡顶的距离也可小于 2 m。截水沟应结合地形和地质条件沿等高线布置，将拦截的水顺畅地排向自然沟谷或水道。截水沟的长度以 200～500 m 为宜，超过 500 m 时，可在中间适宜位置增设泄水口，由急流槽或急流管分流排引。

截水沟一般采用梯形横断面，边坡坡度为（1∶1.5）～（1∶1），沟底宽度与沟的深度不宜小于 0.5 m，当地质或土质条件差，有可能产生渗漏或变形时，应采取相应的防护措施。

（三）排水沟

排水沟主要用于排除来自边沟、截水沟或其他水源的水流，并将其引至路基范围以外的指定地点。排水沟的布置必须结合地形条件，因势利导，离路基尽可能远些，平面上力求短捷平顺，以直线为宜，必须转向时，尽可能采用大半径（10～20 m 或以上），缓慢改变方向。排水沟距路基坡脚的距离一般不宜小于 3～4 m，也不宜超过 300 m，沟底纵坡以 1%～3% 为宜。当纵坡大于 3% 时，应采取加固措施；大于 7% 时，则应改用跌水或急流槽。

排水沟的断面形式一般为梯形，其截面尺寸由水力、水文计算确定。用于山沟、截面水沟及取土坑出水口处的排水沟，由于其流量较小，不须特殊计算，但底宽与沟深均不得小于 0.5 m，土沟的边坡率可取（1∶1.5）～（1∶1）。

高速公路、一级公路通过耕地、居民区的填方路基宜设坡脚排水沟。路堤边沟设急流槽地段，排水沟距路基坡脚距离不宜小于 2 m。

边坡平台设排水沟时，平台应做成 2%～5% 向内侧倾斜的排水坡度。可采用三角形或梯形横断面，当水量较大时，宜设置 30 cm×30 cm 的矩形、三角形或 U 形排水沟，排水沟可用水泥预制构件拼装，沟壁厚度 5～10 cm。排水沟必要时应予加固，以防止水流对沟渠的冲刷与渗漏。

（四）跌水与急流槽

跌水和急流槽均为人工排水沟渠的特殊形式，可用于陡坡地段，沟底纵坡可达 45°，是山区公路路基排水常见的结构物。由于纵坡陡峭、水流湍急、冲刷严重，要求跌水与急流槽的结构必须稳固耐久，通常采用浆砌块石结构，并且有相应的防护加固措施。

跌水有单级和多级之分，沟底有等宽和变宽之别。单级跌水适用于排水沟渠连接处，由于水的落差较大，需要消能或改变水流方向。较长陡地段的沟渠，为减缓水流速度，并予以消能，可采用多级跌水。其断面尺寸必须通过水文、水力计算确定。多级跌水底宽和各级长度，均采用各自相等的对称形，也可根据实地需要，设置为变宽或不等长度与高度。跌水可带消力池，并根据坡度和坡长的不同，设置成单级或多级。不带消力池的跌水，其台阶高度不应大于 0.5 m，以 0.3 ~ 0.4 m 最为适宜，高度和长度之比应与地面坡度相吻合。带消力池的跌水，单级跌水墙的高度以 1 m 左右为宜，消力坎的高度以 0.5 m 左右为宜，消力坎与跌水墙的距离以 5 m 左右为宜，但高度与长度之比也应结合原地面的坡度确定。消力池台面应设 2% ~ 3% 的外倾纵坡，消力坎顶宽不宜小于 0.4 m，坎底应设泄水孔。跌水的槽身横断面可采用矩形，浆砌片的槽底厚度为 0.2 ~ 0.4 m，槽壁厚 0.3 ~ 0.4 m。槽深度最小 0.2 m，槽宽度最小 0.25 m。

跌水两端的土质沟渠，应注意加固，保持水流畅通，不致产生水流冲刷和淤积，以充分发挥跌水的排水效能。在路堤和路堑坡面或者坡面平台上从坡顶向下竖向集中排水时，或截水沟、排水沟纵坡较大时，可设置急流槽或急流管。

急流槽的纵坡，比跌水的平均纵坡更陡，结构的坚固、稳定性要求更高，是山区公路回头曲线、沟通上下线路基排水及沟渠出水口的一种常见排水设施。急流槽主体部分的纵坡依地形而定，一般可达 1∶1.5。当急流槽纵坡陡于 1∶1.5 时，宜采用金属管，管径至少 20 cm。各节急流管用管桩锚固在坡体上，其接口应采用防水联结，以免管内水流渗漏而冲刷坡面。

急流槽可采用由浆砌片石铺砌的矩形横断面或者由水泥混凝土预制件铺筑的矩形横断面。浆砌片石急流槽的槽底厚度可为 0.2 ~ 0.4 m，槽壁厚 0.3 ~ 0.4 m。

急流槽厚度可为 0.2 ~ 0.3 m。槽顶应与两侧斜坡表面齐平。槽深最小 0.2 m，槽底宽最小 0.25 m，槽底每隔 2.5 ~ 5.0 m 应设置一个凸榫，嵌入坡体内 0.3 ~ 0.5 m 以避免槽体顺坡下滑。

急流槽或急流管的进水口与沟渠泄水口之间应设置成喇叭式联结，变宽段应为至少 15 cm 的下凹，并设立铺砌防护。急流槽或急流管的出水口处应设置消能设施，可采用石块铺筑的消力坪或消力池。

（五）拦水带

拦水带是路基横断面为路堤时路面表面水的排除方法，一般设置在路肩外侧，目的是将路面表面水汇集在拦水带同路肩铺面（或者路肩和部分路面铺面）组成的浅三角形过水断面内，然后通过按一定间距设置的泄水口和急流槽集中排放到路堤坡脚外，对高速及一级公路，在路堤较高、纵坡较大且土质疏松的情况下，即使采用护面防护，仍要选择拦水带和急流槽的排水方式；对二级公路及二级以下公路，只有在多雨地区、纵坡大和土质坡面的高路堤才考虑设置拦水带。

对于高速公路及一级公路，要求路表积水只能覆盖路肩宽度；对于二级公路及二级以下公路，要求路表积水不能漫过毗邻车道的一半宽度；对于中央分隔带设缘石的高速公路及一级公路超高段上侧半幅路面，以及未设路肩的道路（如设非机动车道分隔带的道路断面），其拦水带的水面不能漫过毗邻车道的一半宽度。

按汇集路面表面水的要求，拦水带的顶面应略高于过水断面的设计水位，而后者的限值受制于水面不漫过右侧车道外边缘或中心线的要求，拦水带的设计外露高度（即过水断面的水深），还取决于设计流量和路肩的横向坡度。在高速公路及一级公路路堤边缘设防撞护栏时，拦水带的高度可以大些，但一般不超过 15 cm；在不设防撞护栏时，为了保障偶尔驶出路肩的车辆安全，拦水带的高度不应大于 10 cm，并且迎车面的斜坡坡度不宜陡于 1：2（最好采用 1：4），以便车轮能滚过拦水带。拦水带泄水口可做成对称式或非对称式的喇叭口，其间距应根据流量确定，以保证降水时路面积水能迅速排除，泄水不能进入车行道为原则，一般为 20～50 m，干旱少雨地区可达 100 m。泄水口长度一般为 2～4 m，分为对称式和非对称式。对称式便于施工，但在有纵坡的路段上，非对称式泄水口的泄水能力由于水流顺畅而优于对称式。因此，对于设在纵坡坡段上的泄水口，建议采用非对称式。水流通过泄水口时的水流状态为孔口流，为提高泄水口的泄水量，可在泄水口处设置低凹区。为便于施工，低凹区可设在拦水带内边缘的外侧。低凹区采用与路肩相同的铺面结构，以免受到水流的冲刷破坏。

为了避免汇集在拦水带内的路表积水横向流过相交的道路、匝道、超高段路面、横坡变换处的路面，或者流经相衔接结构物的铺面，应在这些地点设置泄水口，将汇集的水排出去。泄水口的间距取决于过水断面水面漫流宽度的要求和泄水口的泄水能力。在凹形竖曲线的底部，须设置三个泄水口，以备设在最低点的泄水口被杂物堵塞后还有两个后备的泄水口可以排放汇集的地表水。

（六）蒸发池

气候干旱、排水困难地段，可利用沿线的集中取土坑或专门开挖的凹坑修筑蒸发池，以汇集路表水，并通过蒸发和渗漏使之消散。蒸发池边缘距路基边沟不应小于 5 m，较大的蒸发池面积不得小于 20 m²。蒸发池同边沟或排水沟之间设排水沟相连，池中水位应低于排水沟沟底。池的容量应以一个月内的地表水汇入池中的水量能及时完成渗透和蒸发为依据，但每个池的容量不超过 200～300 m³，蓄水深度不应大于 1.5 m。

蒸发池的平面形状采用矩形或其他的形状，其设置不应使附近地面形成盐渍化或沼泽化，蒸发池周围可围筑土埂以防止其他水流流入池中。

(七)倒虹吸与渡水槽

当水流需要横跨路基时，可根据流水的需要设置管道或水槽，从路基下部或上空跨过，称为倒虹吸或渡水槽，前者相当于涵洞，后者为简易过水桥梁，两者属于造价较高的路基排水结构物，一般因配合两侧农田水利而设置。

倒虹吸管的设置，往往是路基穿过原有沟渠，且沟渠水位高于路基，不宜设涵洞，也不能架空。

倒虹吸是利用上下游水位差，迫使水流降落而复升，经路基下部埋设的管道引向另一侧。此种结构为有压管道，水流连续改变方向，水流条件较差，管内易漏水，极易淤塞受阻，也难以修复与清理，需要采用时，必须进行合理设计。一般情况下，管道选用箱形或圆形，以水泥混凝土或钢筋混凝土结构为主，有条件时也有使用铸铁管，孔径为 0.5 ~ 1.5 m。主管埋置深度要求上面填土的厚度不小于 1.0 m，也不宜埋置过深，以填土不超过 3.0 m 为宜。管道两端设竖井，可以竖立或倾斜，视地形和用地条件而定，井底标高低于管道，起沉淀泥沙作用。为减少堵塞，除要求管道内具有 1.5 m/s 以上的流速外，在进口处宜设置沉沙池和拦泥栅。

渡槽相当于过水桥，是穿过农田地区路堑段常用的过水形式之一。渡槽可分为进出水口、槽身与下部支撑三个结构，其中进出水口的结构形式。槽身断面小于两端人工沟槽，以提高主槽的流速和降低主体结构的造价。为此主槽与沟槽之间设过渡段，其中，出水段要比进水段长，过渡段的平面收缩角为 10° ~ 15°。主槽较短时，槽身与沟的断面尺寸相同，此时不设过渡段。主槽两端连接的土质沟渠，应予以加固。加固的长度不小于沟内水深的 4 倍。

三、路基地下排水设施的构造与布置

当地下水露出路基范围或地下水位较高，影响路基、路面强度或边坡稳定时，应设置地下排水设施加以排除。

常用的地下排水设施有暗沟（管）、渗沟、渗井等。排水设施的类型、设置地点及尺寸应根据工程地质和水文地质条件决定。由于地下排水设施埋置于地面以下，不易维修，在路基建成后又难以查明失效情况，因此要求地下排水设施能牢固有效。

(一)暗沟(管)

暗沟（管）又称盲沟，可利用其透水性将地下水汇集到沟内，并沿沟排至指定地点，其水力特性属于紊流。

路基底局部范围有泉水外涌或要排除地下集中水流时，应设置暗沟（管）将水引排至路堤坡脚外或路堑边沟内。泉井壁和沟壁可采用浆砌片石砌筑，沟顶设置石盖板，盖板顶面上的填土厚度不应小于 50 cm。沟宽视泉井范围而定。

暗沟的纵坡不宜小于1%，出水口应高出地表排水沟常水位0.2 m。寒冷地区的暗沟，应做防冻保温处理或将暗沟设在冻结深度以下。

在一侧边沟下设置暗沟，用以拦截流向路基的层间水，防止路基边坡滑坍和毛细水上升危及路基的强度与稳定性。路基两侧边沟下均设暗沟，用以降低地下水位，防止毛细水上升到路基工作区范围内，形成水分积聚而造成冻胀和翻浆，或土基过湿而降低强度等。在路基挖方与填土交界处的横向暗沟，用以拦截和排除路堑下层间水或小股泉水，使路堤填土不受水害。

（二）渗沟

为降低地下水位或拦截地下水，可在地表以下设置渗沟。渗沟可分为管式渗沟、洞式渗沟和边坡渗沟。当水量较大时，渗沟底部可增设排水管（孔）。

为拦截含水层地下水或降低地下水位，可设置管式渗沟。

渗沟的埋置深度按地下水的高度（为保证路基或坡体稳定）、地下水位需下降的深度，并根据含水层介质的渗透系数等因素考虑确定。排水管可采用带槽孔的塑料管或水泥管。

管径按设计渗流量确定，但最小内径宜为15 cm（渗沟长度不大于150 m时）。排水管周围回填透水性材料，管底回填料的厚度为15 cm，管两侧的回填料宽度不宜小于30 cm。

透水性回填料可采用粒径5～40 mm的碎石或砾石，但粒径小于2.36 mm的细粒含量不得大于5%。含水层内的细粒有可能随渗流进入沟内而堵塞渗沟时，应在渗沟的迎水面沟壁处设置反滤织物。

带孔排水管，其圆孔的内径为5～10 mm，纵向间距为15 mm，按4排或6排对称地排列在圆管断面的下半截。槽口按两排间隔165°对称排列在圆管断面的下半截，在渗沟内安设排水管时，槽孔向下。

在盛产石料的地区，也可采用洞式渗沟在路基范围外拦截地下水，渗沟底部，以浆砌片石组成矩形排水槽，槽顶覆盖水泥条形盖板，形成排水洞。其横断面尺寸按设计渗流量的要求确定。板条间留有宽20 mm的缝隙，间距不超过300 mm。在盖板顶面铺以透水的土工织物。沟内回填透水性填料，沟顶覆盖20 cm厚的不透水封闭层。含水层内的细粒有可能随渗流进入沟内而堵塞渗沟时，应在渗沟的迎水面沟壁处按渗滤要求设置若干层粒料反滤层，每层反滤层由厚度为15～25 cm的粒料组成。

为疏干潮湿的土质路堑边坡坡体和引排边坡上局部出露的上层滞水或泉水，可采用边坡渗沟，修建边坡渗沟的边坡坡度不应陡于1:1。

边坡渗沟应垂直嵌入边坡坡体，其平面形状宜采用条带形布置，对范围较大的潮湿坡体，可采用增设支沟的分岔形布置或拱形布置。主沟间距6～10 m，渗沟宽度1.2～1.5 m，其基底应设在较干燥且稳定的土层内，筑成阶梯状，基础采用浆砌片石。沟内回填透水性粒料，其底部采用大粒径的碎石或砾石，而上部可采用较小粒径的沙砾。粗回填料外围设置反滤织物或反滤层。沟顶部采用干砌片石铺砌，其表面与边坡面大致齐平。下部出水口宜采用干砌片石垛支撑，渗出的水流直接进入边沟。

（三）渗井

渗井属于竖直方向的地下排水设施。当地表水或对路基有影响的浅层地下水较难排除时，距地面不深处有良好的渗水层，且地下水流向背离路基或较深，可设置渗井，穿入透水层中，将路基范围内的上层地下水及少量地面水，引入更深的透水层中去，以排除地面水或降低上层的地下水位。

渗井的平面布置，以及孔径与渗水量，按水力计算而定，一般为直径 1.0～1.5 m 的圆柱形，也可为边长为 1.0～1.5 m 的方形。井深视地层构造情况而定。井内由中心向四周按层次分别填入由粗而细的砂石材料、渗水粗料、反滤细料。填充粒料要求筛分冲洗，施工时需用铁皮套筒分隔填入不同粒径的材料，不得粗细材料混杂，以保证渗井达到预期排水效果。

四、路基排水的综合设计

对于路基的各个组成部分，为了完成各自的排水任务，需采用不同的排水设备，而要完成整个的排水任务，将全部地面水有效地拦截、汇集、引导和宣泄到路基范围之外，就必须将各种排水设备组成一个完整的综合排水系统，使各处的水均能顺畅地排出。

布置排水系统时，应首先着重分析研究所遇到的各种水的来向和它们对路基的危害程度，然后根据其轻重缓急，分别采用不同的排水设备，把对路基确有危害的水流有效地排除；同时，也要考虑每一项排水设备可能起到的作用，以及它们在位置、构造等方面的具体要求，在布置时使之大体符合这些要求，起到预期的作用。

排水系统综合设计必须满足如下基本要求：

①路基排水，必须与农田排灌和水土保持工作结合起来考虑。如地形平坦，灌溉渠道较多的地段，路线通过时可能或多或少地破坏原有的农田灌溉系统；路线穿过梯田，可能切断位于路基下侧梯田的水渠。对此，应采取相应的措施，如增设涵管、渡槽等，以保证农田正常排灌的需要，各种排水沟渠也可同时作为灌溉渠道，两者应有机地结合。在汇水面积较大、植被稀少、易受到冲刷的坡面上，宜采用多道小断面截水沟来拦截并排除坡面水，以免水量过于集中而造成冲刷；也可结合水土保持措施，采取分散径流、降低流速、节节拦蓄的方针，使泥不下山、水不出沟，既防止了坡面的冲刷，有利于农业，又保证了路基山坡的稳定性。总之，因地制宜和综合治理，是路基排水综合设计的基本要求之一。

②对于明显的天然沟槽，一般宜依沟设涵，不必勉强改沟与合并。对于沟槽不明显的漫流，应在上游设置束流设施，加以调节，尽量汇集成沟，导流排除。对于较大水流，注意因势利导，不可轻易改变流向，必要时配以防护加固工程，进行分流或束流。

③地面沟渠宜大体沿等高线布置。可提高截流效果，减少工程量。尽可能使沟渠垂直

于水流方向，且应力求短捷，水流通畅。沟渠转弯处应以圆曲线相接，以减少水流的阻力。

④路基排水系统的布置与桥涵布置相结合。桥涵是渲泄水流的主要构造，在布置桥涵时应考虑路基排水的需要。桥涵的位置和密度应结合截水沟、边沟或排水沟等沟渠对出水口位置的要求，桥涵的孔径大小应能满足排水量的需要。在布置路基排水系统时，也应结合桥涵的布置情况，确定各沟渠排引的方向及出水口的位置。

⑤收集现有资料，进行总体规划。路基排水综合设计必须做好收集已有的工程地质和水文地质等有关资料，并通过野外调查及坑深和钻探测试，收集相关数据，做出总体规划，提出总体布置方案，逐段逐项进行细部设计计算，并进行效益分析和经济核算。

对于排水系统中各沟渠排引方向及出水口位置的具体布置，可按下列步骤进行：

A. 将主要流向路基的天然沟和排水沟规划成横向排水系统（垂直路线方向）。

B. 拦截山坡水流，设置成纵向排水系统，并汇集排入横向排水系统，或者拦蓄山坡水流，做成纵向蓄水系统。

C. 在横向和纵向排水沟渠之间的山坡上，根据面积大小和地形，确定是否需要设置支沟和各种排水沟渠，以构成排水网络。

D. 在路基两侧设置边沟、排水沟等，或利用取土坑排水，保证路基经常干燥。

E. 选定桥涵的位置，并使这些沟渠同桥涵连成网。

F. 考虑是否需要设置地下排水系统。

利用渗沟将路基上方出现的泉水汇集，经排水沟排至自然沟内，同时，截水沟与边沟拦截并汇集地面水也排至自然沟内，在自然沟路线处设置涵洞将水流排至路基下方。上述几种排水设施，构成该段路基的排水系统，同时解决了地面流水与地下泉水对路基的危害，疏干了路堑顶部的泉水，可防止边坡滑塌等危害。

在丘陵及山岭地区，除设边沟排水外，还应注意坡面上水流的冲刷会造成边沟淤塞并影响路基的稳定。这时应考虑是否在上方坡面上设置截水沟拦截、引导水流离开路基。

路基排水系统综合设计，应按一般路段和特殊路段区别对待。在一般路段上，水流的危害较小，排水设计可简单些。此时，仅需拟定一些主要原则，并分别在横断面图上和工程数量表上注明，交由施工单位具体掌握。而对地质和水文条件复杂的或者已产生严重路基病害的路段，则应单独进行排水设计。在平面图上具体布置排水系统，确定各项排水设备的平面位置、排水方向、构造、出入口、纵坡等。

在路基排水系统的综合设计中，还应照顾当地农田水利规划，以便在防范路基水害的同时，不致损害农田水利，并有利于农业生产。

五、路基防排水设计

排水设备的设计应合理，与桥涵、隧道、车站等排水设备衔接配合，有足够的过水能力，并且应与水土保持和农田水利的综合利用相结合。

（一）排除地面水

在细粒土路基中，为使路基经常处于干燥、坚固稳定的状态，必须及时修建好地面水排水设施，使地面水迅速排离路基范围，防止地面水停滞下渗和流动冲刷而降低路基的稳定性。

地面水渗入路基土体后，会降低土的抗剪强度。地面水的流动会造成路基边坡面冲刷和坡脚冲刷。地面水渗入含易溶盐的土（如黄土）中会产生溶蚀作用形成陷穴。当气温下降时，地面水也常成为寒冷地区产生冻害的一个重要因素。凡此种种都说明了地面水对路基稳定性的严重危害。此外，地面水还给施工及运营造成许多困难和危害。因此，路基地面排水工程对路基稳定性具有重要影响。

地面排水设计应包括沿线地面排水系统设计和排水设施设计。路基地面排水系统设计包括路堤排水、路堑排水、路基面防排水以及可能停滞在路基范围以内的地面水排水设计。通过排水设施设计将路基本体范围内的地面水顺畅排出，将流向路基本体的地面水进行截流并引排，以达到保持路基本体范围内土体干燥的目的。

1. 路基地面排水设施

路基地面排水设施主要包括排水沟、侧沟、截水沟（天沟）、跌水、急流槽和缓流井等。

①排水沟。用以排除路堤范围内的地面水。当地面较平坦时，设于路堤两侧，当地面较陡时，应设于迎水一侧。当有取土坑时，可用取土坑代替排水沟。排水沟均应设置在路堤天然护道以外。

②侧沟。路堑地段用以排除路基面和路堑边坡坡面的地面水。设于路基面两侧或一侧（半路堑）。

③天沟。用于排除山坡迎水方向流向路堑的地面水。

④跌水。主槽底部呈台阶状的急流槽，其构造可有单级和多级两类，每级高差为 0.2～2.0 m，利用台阶跌水消能。一般应作铺砌防护。

⑤缓流井。沟底纵坡较陡的水沟，可设计成两段坡度较缓的水沟用缓流井连接起来。两段水沟的落水高差最大可达 15 m。

⑥急流槽。用片石、混凝土材料筑成的衔接两段高程较大的排水设施。主槽纵坡大，水流急。出口设有消力池、消能槛等消能装置。沟底纵坡可达 1∶2。设在路堑边坡上的急流槽又称吊沟。

2. 地面排水设施的设计原则

①设计前必须进行充分的调查研究，使排水系统的规划和设计做到正确合理，减少占地，并与当地排灌系统和水土保持工程相协调，完善出水口处理，避免水土流失和水资源污染，重视环境保护。

②排水设施要与具体路基工程防护加固措施相适应。路基地面排水设施不得兼做其他用途，也不得排入饮用水源。排水沟渠的出水口应尽可能引接至天然河沟，以减少桥涵工

程，不应直接使水流入农田，损害农业生产。

③排水设计应经济适用。排水沟渠应选择在地形地质较好的地区范围内通过，以节约加固工程量。对于排水困难和地质不良地段应进行特殊设计。

④不良地质地段的路基地面水的排出要与具体工程措施相适应和协调，确保工程稳定和排水顺畅。特殊土地区，为加强排水设施的稳定性和防止渗漏，对排水设施的基础要进行必要的处理，并对沟渠进行防护。

⑤为了使水流尽快排出，避免冲刷、淤积堵塞，各排水设施的沟底纵坡须满足一定的要求，坡度不小于2‰。为了将水流尽快排出路基体外，要选择最短的路径，否则会产生淤积、堵塞、渗漏、溢出等情况，不利于路基稳定。一般情况下，排水沟、天沟的单面排水坡坡段长度不要超过400 m。

⑥为了防止水流溢出并具有一定的安全储备，各排水设施常需要预留一定的安全高度，沟顶至少应高出流水面0.2 m。

⑦水对土体的浸湿、饱和及冲刷作用常是促使路基病害发生和发展的重要原因之一。为了保持路基能经常处于干燥、坚固和稳定状态，首先做好排除地面水工作，将可能停滞在路基范围以内的地面水迅速排除出去，并防止路基范围以外的地面水流入路基范围内，不使其下渗浸湿路基土体或形成漫流冲刷路基边坡，尤其是对受水浸泡后易于松软或膨胀的特殊土、易于软化的岩石路基以及地质不良地段的路基更要注意做好排水工程。为了充分发挥路基地面排水设施的功能，地面排水设施的布置应充分利用地形和既有排水系统，形成完善的排水系统，使水流顺畅，不出现堵塞、溢流、渗漏、淤积、冲刷、冻结等。

⑧为了避免天沟、排水沟集中水流对地表的冲蚀，从而改变原有地形地貌，因此引入自然沟渠的天沟、排水沟，其末端应设置消能、沉淀设施。

⑨设计速度200 km/h及以上铁路的侧沟、天沟、排水沟应采用混凝土浇筑或预制构件拼装。

3. 填方地段路基排水设计

①路堤排水的主要目的是引排坡面水流和路基面水流，因此，路基坡脚外应根据地形、气象等情况设置排水设施，坡面水的出口主要是指设置在路堤坡脚外的排水沟。当无排水沟时，通过散流的形式流入天然地表。

②为了保证路基的稳定性，排水沟要设置在天然护道外，并根据地势情况单侧或双侧布设。

③地面横坡不明显地段，填高小于2.5 m的路堤应在路堤两侧设置排水沟。路基填方段排水沟的主要作用是汇集路堤坡面水并截流地势较高侧天然地面水。由于按照一般路基基床的规定，基床结构层的厚度为2.5 m，该厚度内受到列车动应力的影响最大，一旦地面积水或形成局部径流，可能使基床受水浸泡或毛细水上升，将严重影响基床的强度，因此在路堤两侧边坡高度小于2.5 m的地段，若地势较为平坦时，于两侧设置排水沟。若两

侧边坡高度小于2.5 m，但路基横向地面坡度明显时，经调查研究确认不会存在地面积水或形成地面局部径流时，可以仅在上游侧设置排水沟。

④设置骨架护坡时应结合降水量情况，采用带截水槽的拱形、人字形或方格形骨架结构。

⑤护坡的截水槽与路堤排水沟之间可根据流量设置连接排水槽，避免边坡集中水流冲刷坡脚。

⑥特殊土（岩）及不良地质地段，由于工程对水的敏感性比较强，排水沟的位置应根据路堤稳定性的要求按个别设计确定。如多年冻土地区地面水的排除，要结合具体工程措施来进行。当需要设置挡水培时，要充分考虑挡水埝与路堤坡脚之间的降水，使之通过线路纵向顺畅排入桥涵设施，避免经常性积水产生的水化热，影响多年冻土地基的稳定。当经过充分研究论证后，可以在路堤坡脚设置土护道，以达到拦截上游侧地表水的作用。

⑦边坡平台截水沟的设置应结合具体工程情况确定，选择适宜的出水口并进行加固处理。

⑧困难情况下可采取设置圬工护脚等措施代替排水沟，并设置不小于2.0 m宽的4%向外排水护道。

4. 挖方地段路基排水设计

①路肩外侧应设置侧沟，以汇集并排泄坡面和路基面上的表面水。上坡侧堑顶外设置天沟拦截堑顶外地表径流。位于挖方地段的路基，其路肩外两侧均要设置侧沟。干旱与极干旱荒漠带，一次降雨能全部渗入沙层而不产生径流时，可以不设侧沟。

②侧沟可采用梯形或矩形横断面。土质、软质岩、强风化或全风化的硬质岩地段，应采取防止冲刷或渗漏的加固措施。深长路堑且反坡排水地段的侧沟，在无条件设桥涵时，为减少开挖量，采用带槽孔盖板的矩形断面。

③侧沟水不应流经隧道排出。当排水困难且隧道长度小于300 m，洞外路堑侧沟水量较小、含泥量少时，经研究比较确定。

④长大路堑和反坡排水困难地段，可增设桥涵建筑物将侧沟水引出路基之外。

⑤对于采用渗水性较好材料进行基床表层换填的地段，为了减少或阻止降水下渗到基床底层，可以在基床表层底部设置防水土工膜。为了使基床表层底部的渗水能够顺利进入侧沟，侧沟底面高程要低于换填底面高程0.2 m，且靠线路侧沟壁应预留出水孔。

⑥天沟水不应排至路堑侧沟。当受地形限制，需要将天沟水通过急流槽（吊沟）或急流管引入侧沟排出时，应根据流量调整侧沟尺寸，并对进出口进行加固和消能等处理，设置拦水墙。

⑦为避免路堑坡顶的地面水流入堑坡形成冲刷，进而影响堑坡的稳定性，路堑天沟内边缘至堑顶距离不宜小于5 m。当沟内采取加固防渗措施时，距离应不小于2 m。

⑧急流槽应采用由混凝土或浆砌片石砌筑的矩形断面。急流槽的主体部分应每隔

2~5m设置防滑平台，嵌入坡体内。

5. 路基面防排水设计

①路基面水应采取适当措施引入排水沟或侧沟，或设置集水井进行集中引排。有特殊要求的路基面应进行防水下渗处理。对于普通单线及双线铁路路基，路基面水通过设置排水横坡进行引排；而客运专线铁路则根据路基面结构及轨道类型，采取措施加强横向排水。常用的措施是将路基面水纵向集中后横向引排。直线地段的无砟轨道路基面水通过横向坡度以散流的形式排出；曲线地段，为避免积水，通过设置集水井及横向排水管集中引排。集水井及横向排水管的布置、埋设深度等需根据降水量大小和防冻要求等确定。

②既有线路基面帮宽地段时，应由线道床坡脚处设置向外侧的排水横坡。既有线路基面抬高或下挖时，应由线路中心向两侧设4%的横向排水横坡。

③增建二线地段路基面排水应根据第二线路肩与既有路肩的高差，自既有线路肩或以下向外设4%的排水横坡。增建二线地段路基面排水不应削弱既有路基的排水条件。

④膨胀土（岩）地区路基基床底层顶面或换填层底面应加强封闭、隔水处理。

⑤黄土地区路基面防排水应结合路基结构层位的填料性质确定。

（二）排除地下水

1. 地下水对路基稳定性的危害

地下水在路基范围内的存在和活动，往往引起各种路基病害，主要有以下几个方面：

①浸湿软化。地下水浸湿路基土体，使其强度降低，在列车荷载及其他外力作用下，路基将产生各种病害，如基床翻浆冒泥，挤出下沉，边坡表土滑动、溜坍，路堤溃爬或沿倾斜基底面滑动等。地下水在路基旁侧的山坡地层中活动时，可降低山坡土体及其结构面的强度，影响其稳定性，导致崩塌、滑坡等病害的发生。

②冻胀及盐渍化。路基表层冻结时，通过毛细水在冻结峰面处聚集形成冰晶和很厚的分凝冰析离体，引起强烈冻胀，使路基发生冻胀变形，冻层融化时又会产生翻浆冒泥；在地下水含盐量大的地区，由于毛细水的活动，可能使路基土体盐渍化，引起路基松胀等病害。

③潜蚀。地下水可溶解土中的易溶盐类，地下水径流可以带走土中的细颗粒，这些均能降低地基土的强度，甚至形成地下洞穴，引起地表塌陷，进而引起路基下沉、坍塌等病害。

④流砂及液化。粉细砂地层被地下水饱和后可能随地下水流动形成流砂，在地震作用下或列车荷载作用下产生液化，引起路基下沉、滑动等病害。

因此，针对以下情况需要考虑采取措施进行地下排水处治：

①路堑边坡体内含水层出露或路堤基底范围内含水层出露时，需要设置渗沟，将含水层范围内的地下水进行拦截并引排至路基范围之外；

②在地下水位高而填土高度受到限制、路堑基床顶面距离地下水位很近时，为降低路基的湿度，提高其承载能力，须设置渗沟或采取其他措施以降低地下水位；

③土质路堑边坡坡体含水率很大且易产生坡体滑动时，可以设置渗沟以疏干坡体；

④在特殊岩土或特殊条件路基地段，为配合路基稳定性处理措施，可以采取措施拦截或疏干地下水。如滑坡路段、黄土路段、多年冻土路段等。

2. 路基地下水降低与排除的主要设施

地下水可大致分为承压水和无压水（如潜水），又可据其存在环境分为裂隙水和孔隙水，在岩溶地区还有活动于溶洞、地下河等岩溶构造中的溶洞水，以及多年冻土地区的层上水、层间水和层下水等。降低路基地下水及排除地下水设备的选择，应根据不同类型的地下水及工程具体条件、要求确定。常用的降低和排除地下水的设备主要有如下几种。

（1）明沟及排水槽

明沟是兼排地面水及地下水的排水设备。沟底一般应挖至不透水层。若不透水层太深，沟底置于透水层内，则沟底及水沟边坡应用不透水材料作护层，以免沟中水渗入土中。

排水槽也是一种兼排地面水和地下水的设备。排水槽侧壁有渗水孔，侧壁外最好填一层粗砂、细砾石或炉渣组成的反滤层。渗水孔在槽壁的上部，槽内水面以下的槽壁是不透水的，以免水反渗入土中。

（2）渗水暗沟

渗水暗沟又称盲沟，是一种地下排水设备，用于拦截、排除较深含水层内的地下水，疏干滑体中的水或降低地下水位，通常采用明挖法施工。

渗水暗沟可分为有管渗沟和无管渗沟两种。埋设预制管而成的渗沟称为有管渗沟。就地砌筑的矩形断面渗沟称为无管渗沟。深埋的渗沟为便于检查、修理，其断面应较大，便于工作人员进出。渗沟较长时还应每隔适当距离设置检查井。沟顶应回填夯实，以免地面水渗入。按渗沟作用和设置部位，又可分为截水渗沟、引水渗沟、无砂混凝土渗沟、边坡渗沟和支撑渗沟等。

①截水和引水渗沟。截水和引水渗沟按其深度分为浅埋渗沟和深埋渗沟，浅埋式引水渗沟一般沿侧沟纵向布置，其出水口部分应偏离路基，深度一般为 2~6 m。深埋式引水渗沟应间隔一定距离设置检查井，深度一般大于 6 m。

浅埋渗沟可以引出低洼湿地、泉水出露地带和地下凹槽地层处的地下水，并使其循着最短通路排出，以疏干其附近土体中的水或降低地下水位。位于路堑侧沟下或侧沟旁的浅埋渗沟可以降低路堑范围内的地下水和疏干附近的土体，视需要布置在路基一侧或两侧。

渗沟的底部设置排水通道，排水孔应设在冻结深度以下不小于 0.25 m 处，通常采用圆管或盖板矩形沟，并用土工合成材料作反滤层。

对于浅埋渗沟，矩形沟尺寸一般为 0.3 m×0.4 m，圆管内径一般为 0.3~0.5 m。对于深埋渗沟，为了便于工作人员进入检查和维修，矩形沟尺寸一般为 0.8~1.2 m，圆管内径为 1.0 m，盖板上或圆管上所留进水缝隙或孔眼的大小及间距，以及反滤层的选择，可根据渗沟集水流量和所用填充材料的颗粒组成计算确定。

截水渗沟只需在渗流上游一侧沟壁进水，下游侧沟壁应不透水，可用黏土或浆砌片石做成隔渗层。截水的渗水暗沟的基底宜埋入隔水层内不小于 0.5 m。

渗沟顶部覆以单层干砌片石，表面用水泥砂浆勾缝，其上再用厚度大于 0.5 m 的土夯填到与地面齐平。

渗水暗沟的渗水部分可采用砂、砾石、无砂混凝土、土工合成材料作反滤层。反滤层的层数、厚度和颗粒级配要求应根据坑壁土质和反滤层材料经计算确定。砂砾石应筛选清洗，其中颗粒小于 0.15 mm 的含量不得大于 5%。

无砂混凝土块板反滤层的厚度可采用 10～20 cm。当坑壁土质为黏性土或粉细砂时，在无砂混凝土块板外侧，应加设厚 10～15 cm 的中粗砂或土工合成材料反滤层。

土工合成材料反滤层可采用无纺土工织物。当坑壁土质为黏性土或粉细砂时，可在土工织物与坑壁土之间增铺一层厚 10～15 cm 的中砂。

渗水暗沟内应采用筛选洗净的卵石、碎石、砾石、粗砂或片石充填；仰斜式钻孔内应设置相应直径的渗水管，渗水管可选用带孔的 PVC、PP/PE 塑料管、钢管、软式透水管、无砂钢筋混凝土管或混凝土管等。

渗水暗沟每隔 30～50 m，渗水隧洞每隔 120 m 和在平面转折、纵坡变坡点等处，宜设置检查井。检查井的井壁应设置反滤层。检查井内应设检查梯，井口应设井盖。当深度大于 20 m 时，应增设护栏等安全设备。

渗沟的出水口一般采用端墙，其下部留出与渗沟排水管孔径一致的排水孔。端墙基础应埋入当地冻结深度以下的较坚实稳定的地层内。在端墙以外，应紧接一段有铺砌的排水沟，其长度由设计确定。

②无砂混凝土渗沟。无砂混凝土渗沟由无砂混凝土壁板、钢筋混凝土横撑、钢筋混凝土盖板和普通混凝土基础等组成。无砂混凝土是由水泥、粗集料（砾石或角砾）及水拌制而成的。用无砂混凝土制作的各种圬工体具有透水孔隙，在排水渗沟中用无砂混凝土作沟壁，以代替施工困难的反滤层和渗孔设备，具有透水性能和过滤能力好，施工简便及节省材料等优点。无砂混凝土具有一定的强度，可以省去渗沟内部的填充料。使用时应注意其所处的地层条件及制作工艺。

③边坡渗沟主要用于疏干过湿的土质边坡坡体和边坡上出露的上层滞水，并起支撑边坡的作用。适用于边坡不陡于 1∶1 的土质路堑边坡，也可用于加固潮湿的容易发生表土坍滑的土质路堤边坡。边坡渗沟的平面形状可作条带形、分岔形和拱形等。对于较小范围的局部湿土或泉水出露处，宜用条带形布置；对于较大范围的局部湿土，宜用分岔形布置。当边坡表土普遍潮湿时，宜用拱形与条带形相结合的布置。一般其宽度大于 1.5 m。

④支撑渗沟。支撑渗沟主要起支撑作用，兼起排除地下水和疏干土壤中水的作用。支撑渗沟通常采用成组的条带形布置，断面采用矩形，宽度一般 2～3 m，各条渗沟之间的距离一般为 8～15 m。一般深度为数米到十几米，应布置在地下水露头和土壤中水发育处，

并顺滑动方向修筑。沟底必须置于滑面以下的稳定土层或基岩内。可以顺滑面的形状做成阶梯形，最下面一个台阶的长度宜较长，以增加其抗滑能力，基底应铺砌防渗。支撑渗沟的填充部分宜用重度较大的石块干砌。填充料与沟壁之间可视沟壁土层的性质设置或不设反滤层。渗沟顶部可用单层干砌片石覆盖，其表面用水泥砂浆勾缝，以防止地面水流入。

（3）渗水隧洞

渗水隧洞又称泄水隧洞，它用于截排或引排埋藏较深的地下水，或与立式渗井（渗管）群配合使用，以排除具有多层含水层的复杂地层中的地下水。

设置渗水隧洞时，必须掌握详细的水文地质资料，查明地下水的层次、分布及流量，以便准确地定出隧洞位置。隧洞平面布置宜采用条带状或树枝状，选择最短的排水通路布置。隧洞的断面形式，应根据其所在地层的性质确定。隧洞穿过不同性质的地层时，可采用不同的衬砌断面，并应在分界处设置沉降缝。在较破碎岩层或中密以上碎石类土层内可以选用具有顶拱和垂直边墙的拱形断面；在松散的碎石类土层或夹有少量的卵石、碎石的黏性土层内可以选用具有顶拱及底拱和曲线形边墙的拱形断面。

渗水暗沟和渗水隧洞的纵坡不宜小于5‰，条件困难时亦不应小于2‰。

（4）平孔排水

平孔排水或称平式钻孔排水，是用平卧钻机向滑体含水层打倾斜角不大的平孔，然后在钻孔内插入带孔的钢管或塑料管。平式排水钻孔的主要功能是引排地层内的地下水或分散的局部凹地集中的地下水，或与立式集水渗水井群配合使用以疏干潮湿的土体。立面上可布置成一层或多层。平孔位置必须在地下水位以下，隔水层顶板之上，尽量扩大其渗水疏干范围。平孔的间距，视含水层渗透系数和要求疏干的程度而定，一般以5～15 m为宜。

（5）集水渗井

当滑体中地下水埋藏较深或有多个含水层时，可用大口径竖井（直径可达3.5 m）和水平钻孔配合使用，以降低地下水和疏干其附近的土体。

集水渗井或渗管的顶部应用隔渗材料覆盖，以防淤塞，圆形集水渗井也可采用无砂混凝土结构以代替设置反滤层和填充渗水材料。

在地下各种排水渗沟、渗水隧洞及渗井等设备中，常用反滤层以防止含水地层中的细粒土被渗流带走，淤塞排出地下水的建筑。目前常用的反滤层有卵砾石（或砂）反滤层、无砂混凝土块板反滤层及土工织物反滤层。土工织物具有一定的强度、柔韧性和连续性，它可直接铺设在需要设置反滤层的地方，如支撑渗沟、边坡渗沟的两侧和基底台阶部分，使用起来很方便。

3. 主要的地下防排水设施设计要求

（1）明沟及排水槽

明沟及排水槽的过水能力、深度、使用条件应符合下列规定：

①有足够的过水能力，设计流量应超过所汇集的地面水流量与地下水流量之和。

②明沟深度不宜超过 1.2 m，超过时应采用槽沟，其深度不宜超过 2.0 m。

③沟槽外侧与含水层之间应设置反滤层。

④严寒或冻结期较长的寒冷地区应慎用。

⑤当地下水埋藏较浅时，可以考虑与地面水引排合并，但要保证有足够的过水能力，处理好防渗、防冻等。

（2）边坡渗沟

边坡渗沟的布置方式、断面形式、出水口应符合下列规定：

①边坡渗沟应垂直嵌入边坡坡体，其布置方式、结构构造、出口处理等均需根据具体情况确定。

②渗沟基底埋置在边坡潮湿土层以下较干燥而稳定的土层内，采用浆砌片石铺砌，按潮湿带的厚度做成具有 2%～4% 泄水坡的阶梯形。

③渗沟断面宜采用矩形，宽度不宜小于 1.2 m，深度视边坡潮湿土层的厚度而定。其外周设置反滤层，渗沟内用筛洗干净的小颗粒渗水材料填充。渗沟顶部一般用单层干砌片石覆盖，其表面大致与边坡齐平。必要时可在干砌片石表面用水泥砂浆勾缝。

④边坡渗沟下部的出水口，一般采用干砌片石垛，其作用是支挡渗沟内部的填充料并将渗沟中集引的土中水或地下水排入路堑侧沟或路堤排水沟内。

⑤坡体不稳定时，出口片石垛应具备抗滑能力。

（3）渗水隧洞

渗水隧洞的平面布置、断面形式、埋深、洞口位置、出水口应符合下列规定：

①隧洞平面布置宜采用条带状或树枝状，选择最短的排水通路布置。

②隧洞应埋入欲截引的主要含水地层下部的稳定地层内。设在滑坡区的隧洞，其顶部应置于滑动面（滑动带）以下不小于 0.5 m。

③隧洞的断面形式，应根据其所在地层的性质确定。隧洞穿过不同性质的地层时，可采用不同的衬砌断面，并应在分界处设置沉降缝。

④隧洞顶拱及边墙的进水部分应预留渗水孔，其外围应设置与渗水孔眼大小和隧洞所在地层性质相应的反滤层。

⑤隧洞洞口位置宜根据当地的地形、地质情况及便于迅速排水的条件选择，洞口挖方不宜太深。

⑥洞门墙应按挡土墙设计，宜采用仰斜重力式挡土墙。出水口的底部宜高出当地天然河沟的设计洪水位，且高度不小于 0.5 m。

⑦洞口应采取封闭措施。

第五节　路基排水施工及质量检测

路基路面的强度和稳定性与水的关系十分密切，水也是形成路基路面病害的主要因素之一。因此，必须十分重视路基路面的排水工程施工。通常为了排除地面水和地下水，往往在路基工程中设置地面排水和地下排水设施，而对于地面水中的大气降水等地表水，则还需要通过地表排水和路面结构排水进行排除。

一、地面排水施工

常见的地面排水设施有边沟、截水沟、排水沟、跌水与急流槽、蒸发池、倒虹吸与渡槽等，它们分别设在路基的不同部位，各有不同的功能。各类地面排水设施的沟槽顶面应当高出设计水位 0.1 ~ 0.2 m，其断面形状和尺寸应满足排泄设计流量的要求，不产生冲刷和淤积。

地面排水设施的施工中，应根据结构特点、现场条件、规范要求、具体情况等，按照有关施工规定进行施工，以确保工程质量和使用功能。

（一）地面排水设施的种类

1. 边沟

挖方路基以及填土高度低于路基设计要求的临界高度的路堤，在路肩外缘均应设置纵向人工沟渠，则称为边沟（侧沟）。其主要功能是排除路基用地范围内的少量地面水，也包括路面、路肩和边坡的流水。

（1）边沟的断面形状及尺寸

常用的边沟断面形式主要有梯形、矩形、三角形或流线型等，应按照公路等级、所需排水设计流量、设置位置、土质岩质情况等进行选定。

一般情况下，土质边沟宜用梯形，石质边沟宜用矩形；易于积雪或积沙的路段，边沟宜用流线型，其流线型从路肩开始，依据自然不必规则的原则进行施工；某些较矮的路堤，如果用地许可，采用机械化施工时，边沟可用三角形。如果公路两侧为农田，为少占用良田及防止农业用水对路基的破坏，可以就地取材，采用石砌矩形边沟。

梯形土质边沟的边坡，靠近路基的一侧边坡坡度宜采用（1∶1）~（1∶1.5），另一侧与挖方边坡的坡度一致。石质或经铺砌加固的矩形边沟的边坡，可以直立或稍有倾斜。三角形边沟的边坡宜采用（1∶2）~（1∶3）。流线型边沟的边坡需修整圆滑，以防止产生积雪积沙。

梯形和矩形边沟的深度和宽度一般为 0.4 ~ 0.6 m，多雨和潮湿地段，不宜小于 0.5 m，干旱地区或少水路段，尺寸可小一些，但不宜小于 0.3 m。

（2）边沟的平纵面位置的控制

边沟的平面位置由中心桩位置进行控制，其轴线由中心桩向横断面方向量出。为确保边沟边线顺直，直线段桩距一般为 20 m，曲线段桩距为 5 m。对于高速公路和一级公路的边沟，一般直接使用全站仪按照极坐标法原理进行放线。

边沟的纵坡坡度应结合路线纵坡、地形、土质、出水口位置等情况选定，尽可能与路线纵坡保持一致，以避免出现过大的挖方和填方。边沟的纵坡不宜过陡，以免水流冲刷造成损害；但也不宜过缓，以免造成水流不畅，形成阻塞和淤积。一般情况下，边沟纵坡以 1%～2% 为宜，任何情况下，均不应小于 0.3%～0.5%。

边沟的长度不宜过长，必要时可设置涵洞，将边沟水引入路基的另一侧排出。边沟断面、基础开挖前后均应进行平面、纵面测量控制。

（3）边沟的出水口处理

边沟的出水口是水流汇集和改变水流方向的地方，此处冲刷比较严重，容易出现脱空路基、产生坍塌，应结合地形、地质条件及桥涵水道位置进行设置，并应采取相应的措施，加以妥善处理。

平曲线路段的边沟，水流方向在此发生改变，尤其是小半径平曲线，因设置超高，内侧边沟标高降低，可能形成低洼积水；山谷展线，路基排水条件较差；平坡路堑地段，难以保证边坡的最小纵坡，而陡坡地段，路线常采用较陡纵坡。所有以上这些排水不利条件，宜结合路线设计综合考虑，并应在路基排水系统统一布置的基础上合理安排。

挖填结合的路段，内侧挖方边沟需利用涵洞将边沟水引向路基另一侧排出，此时边沟与涵洞底的高差很大，水流方向为接近 90° 的转弯。涵洞的进口处，必须设置跌水式的雨水井，不仅使其起到消能的作用，而且井底标高低于涵洞标高，起到沉积边沟水中的泥沙杂物的作用。

（4）边沟施工质量监控

施工现场除以上所述控制轴线、沟底纵断面高程及断面形状外，对浆砌片（块）石、浆砌混凝土预制件加固或现浇混凝土的边沟，还应按 80～200 m³（指混凝土）或每台班抽检 1～2 组砂浆或混凝土试件，标准养生 28 d 后测量其抗压强度。

砂浆或混凝土的合格性是指评定结果是否合格，而不是每天每组的平均值，也不是指抗压强度。

2. 截水沟

截水沟设置在挖方路基边坡坡顶以外，或山坡路堤上方的适当位置，它是用以拦截路基上方流向路基的地面水，减轻边沟的水流负担，保护挖方边坡和填方坡脚不受流水冲刷和损害的人工沟渠，也称天沟。它是多雨地区、山岭和丘陵地区路基排水的重要设施之一。

截水沟设在路堑坡顶或路堤坡脚的外侧，要结合地形和地质条件沿等高线布置，将拦截的水顺畅地排向自然沟谷或水道。降水量较少或坡面坚硬和边坡较低以及冲刷影响不大的地段，可以不设截水沟；反之，在降水量较多且暴雨频率高、山坡覆盖层松软、坡面较高、水土流失较严重的地段，必要时可设置两道或多道截水沟。

（1）截水沟断面形状及尺寸

当边坡土质良好，一般为（强）中风化石坡时，截水沟的下方一侧，可填置挖沟的土方，并要求做成顶部向沟倾斜2%的土台。

山坡填方路段可能遭到上方水流的破坏作用，此时必须设置截水沟，以拦截山坡流水保护路堤。截水沟与坡脚之间要有不小于2.0 m的间距，并做成2%的向沟倾斜的横坡，确保路堤不受水侵害。

截水沟的横断面形式一般多为梯形，沟的边坡坡度可根据岩土条件而定，一般采用（1∶1）～（1∶1.5）。沟底宽度不小于0.5 m，沟深按照设计流量而定，亦不小于0.5 m。当地质或土质条件较差，有可能产生渗流或变形时，应采取相应的防护措施，如采用浆砌块石（或片石）、混凝土板衬砌等防护。

（2）截水沟平、纵位置的确定

截水沟的位置应尽量与绝大多数地面水流方向垂直，以提高拦截能力和缩短沟的长度，截水沟应保证水流通畅，就近引入自然河沟内排出。截水沟的长度以200～300 m为宜，当超过500 m时，可考虑配以急流槽或涵洞等泄水构造物，将水引入指定地点。截水沟沟底应具有0.5%以上的纵坡，当条件允许时，纵坡坡度可适当加大，沟底与沟壁要求平整密实，不滞流、不渗水，必要时应当予以加固和铺砌。

（3）截水沟出水口的处理

截水沟的长度应控制在200～500 m，出水口布置一般应避免沟内水流排入边沟，尽量利用地形将沟中水流排入沟所在山坡一侧的自然河、沟中，或直接引到桥涵的进水口处。当与其他排水设施连接时，应平顺衔接，必要时设置跌水或急流槽。

（4）截水沟施工质量监控

截水沟挖出的土可在路堑与截水沟之间修成土台并及时夯实，台顶筑成2%倾向截水沟的横坡。沟壁最低边缘开挖深度不能满足断面设计要求时，可在沟壁较低处一侧培筑土埂。

截水沟经过的山坡很可能出现局部洞穴、凹陷。为防止回填土因压实不符合要求而产生工后沉降，通常用干砌片石回填至截水沟的基础底面。

黄土地区土质空隙较大，容易产生渗流，危及路基边坡的安全，尤其是湿陷性黄土。南方上边坡往往又是农田耕作地，雨水渗入边坡而影响边坡稳定性。这些路段的截水沟一般应采取浆砌片（块）石或浆砌混凝土预制块加固，并特别重视砌筑接缝的防渗问题。

3. 排水沟

排水沟主要用于排除来自边沟、截水沟或其他水源的水流，并将其引到路基范围以外的指定地点,以确保路基的稳定性。排水沟的平面布置主要取决于排水要求与当地地形条件,灵活性很大,通常要求进行专门的设计。当路线受到多段沟渠或水道的影响时,为保证路基不受水害,可以设置排水沟或改移渠道,以调节水流整治水道。

(1)排水沟的布置及断面尺寸

排水沟的布置,必须结合地形、地质、环境等条件,因势利导,离路基尽可能远些,平面上力求短捷平顺,以直线为宜,必须转向时尽可能采用较大半径(10~20 m),徐缓地改变方向,距路基的坡脚距离一般不宜小于 3~4 m。连续排水沟的长度宜短不宜长,一般不超过 300 m。纵面上控制最大量小纵坡,一般宜控制在 1%~3% 范围内。当纵坡大于 3% 时,需要进行加固处理;当纵坡大于 7% 时,则应改用跌水或急流槽。

排水沟的横断面形式一般多采用梯形,尺寸大小应经过水力水文计算而定。用于边沟、截水沟及取土坑出水口的排水沟,由于排水流量比较小,不需要进行特殊计算,但底宽与深度均应不小于 0.5 m,土沟的边坡坡度可取(1:1)~(1:1.5)。

(2)排水沟的进、出水口处理

排水沟水流注入其他沟渠或水道时,应使原水道不产生冲刷或淤积。通常应使排水沟与原水道两者成锐角相交,交角不宜大于 45°。当路线有条件时,可用半径 $R=10b$(方为沟顶宽度)的圆曲线朝向下游与其他水道相接。

排水沟出口应直接与天然河道连接,力求水流舒畅。进出水口高程必须现场实测,调查常年水位,并注意与桥涵的连接高程相配套。

对于地质不良或坡度较陡的排水沟,必要时应予以加固处理,以防止水流对沟渠产生冲刷与渗漏。

由于地面水流多采用分段汇流,因此排水沟的断面可以根据实际情况采用变截面。当沟底宽度不同时,要求徐缓相接,设置一个宽度渐变段,宽度渐变段的长度一般为两段宽度之差的 5~10 倍。

(3)排水沟施工质量监控

由于排水沟的平面布置比较灵活,施工前应编制排水沟平面位置图,进行测量放样,固定进出水口的沟底标高,报监理工程师或业主提出开工申请,经同意后才能正式开工。

排水沟所经过的地方往往存在承载力不足和凹凸不平等情况,局部相对高差比较大。排水沟渠在设计中尽量不提出具体的承载力指标,但实际工程中的基坑必须是密实硬土,凹穴部位应用片石回填至基础底面。梯形边沟侧墙墙背应是密实、稳定的原状土,而不应当是回填土,否则改用矩形断面。

开挖基坑的废土要妥善处置,不能污染周边环境。

4. 跌水与急流槽

跌水与急流槽均为人工排水沟渠的特殊形式,适用于陡坡地段,沟底纵坡可达 1%,是山区公路路基排水常见的结构物。

（1）跌水与急流槽的位置

高速公路和一级公路有比较完善的排水设计，位于路堤边坡的急流槽位置桩号、长度比较固定，但边沟、截水沟出口连接的急流槽位置变化比较大。对于后者，应在实地现场进行放样，具体考虑与连沟渠的衔接。定位时跌水与急流槽必须置于稳定、坚固的地基上。跌水往往在急流槽的终端，其出口直接与排水沟相连。

（2）急流槽与跌水的结构

①急流槽的结构。由于其纵坡较大、水流湍急、冲刷作用严重，所以跌水与急流槽必须用浆石块或水泥混凝土浇筑，且应当埋设牢固。一般来讲，截水沟和边沟的急流槽多采用浆砌片石；路堤边坡的排泄急流槽多选用水泥混凝土预制构件。

为了防止急流槽底部被冲刷掏空，纵坡较大的地段，急流槽进水口于路肩上增设拦水带，拦截路上流水顺利进入急流槽，进水口与沟渠泄水口之间做成喇叭口式连接，变宽段应有至少 15 cm 的下凹，并做铺筑防护。急流槽或急流管的出水口处应设置消能设施。高路堤道路纵坡不大的地段，急流槽进水口在路肩上做成簸箕形，引导路面汇集水流入急流槽。

急流槽是用于坡度较陡路段的水流不离开沟底的一种排水构造物，其多用于路堤和路堑或边坡平台上从坡顶向下竖向排水流入涵洞或天然水道，以及在特殊情况下用于拦截水流流入边沟的场合。

急流槽的结构组成与跌水相同，按水力计算特点，将急流槽分成进水口、槽身和出水口三个组成部分，进出口与槽身连接处因断面尺寸不同，应设置一定长度的过渡段。

急流槽的纵坡比跌水更陡，受水流冲刷更严重，要求更加坚固耐用，主要纵坡可达 60% 以上。为了节省投资和结构稳定，槽身倾斜宜控制在 100% 以内。

急流槽可以采用由浆砌片石铺砌的矩形断面或者由水泥混凝土预制件铺筑的矩形横断面。急流槽的主要尺寸应由水力计算而确定，其最小尺寸槽深为 0.20 m，槽底宽为 0.25 m。设计流量不超过 1.0 m³/s 及槽底纵坡为 60% ~ 100% 时，可参照有关设计资料进行选用。

急流槽或急流槽的进水口与沟渠泄水口之间宜采用喇叭口形式连接，变宽段应有至少 15 cm 的下凹，并做成铺砌防护。急流槽或急流槽的出水口处应设置消能设施，可采用混凝土或石块铺筑。

急流槽应牢固设于地面上，端部及槽身设阶梯形的耳墙，间隔为 2 ~ 5 m 埋入地面以下，以防止槽身出现位移。当急流槽的槽身较长时，应分段进行砌筑，每段长度以 5 ~ 10 m 为宜，各段之间应预留伸缩缝，以适应其温度变形和沉降变形。

②跌水的结构。在陡坡地段设置跌水结构物，可以在较短距离内降低水流流速、消减水流能量，避免出水口下游的桥涵结构物、自然水道或农田受到冲刷。

跌水呈台阶式，有单级跌水和多级跌水之分。单级跌水主要用于沟渠连接中水位落差较大、需要消能或改变水流方向时。多级跌水逐级台阶的高度与长度应根据地形与需要而定，可以各段的尺寸相等，也可以采用高低、长短和宽窄不同的结构形式。

按照水力计算的特点，跌水的构造可分为进水口、消力池和出水口三个组成部分。

跌水的三个组成部分需要根据水力计算的结果，确定其主要尺寸。一般情况下，如果地质条件良好、地下水位较低、设计流量不超过 1.0 ~ 2.0 m³/s，跌水台阶高度最大不宜超过 2.0 m；常用的简易多级跌水，跌水台阶高度可为 0.4 ~ 0.5 m。护墙要求石砌或混凝土浇筑，墙基埋深 1 约为水深的 1.0 ~ 1.2 倍，并不得小于 1.0 m，且应埋入冰冻线以下；护墙的厚度，石砌时为 0.25 ~ 0.30 m。

消力池主要起消能的作用，经常受到急流的冲击，要求必须坚固耐用，槽底具有 1% ~ 2% 的纵坡，底板厚度为 0.35 ~ 0.40 m，槽壁要高出计算水深 0.20 m 以上，其壁厚与护墙基本相仿。消力池末端应设置消力槛，其高度根据计算而定，但应比池内水深低些，为 $C = (0.2 ~ 0.3)P$，一般取 $C = 15 ~ 20$ cm；消力槛的顶厚度为 0.30 ~ 0.40 m，底部预留 5 ~ 10 cm 孔径的泄水孔，以便断流时池内不致积水。跌水两端的土质沟渠宜适当加固处理，保持水流畅通，不致使跌水产生淤积或冲刷，以充分发挥跌水的排水效能。

5. 蒸发池

为降低公路工程的投资，对于气候干旱、排水困难地段，在不适宜设置上述排水设施时，可利用沿线的集中取土坑或专门开挖的凹坑修筑蒸发池，以汇集路基上的地表水，并通过蒸发和渗漏使水消散，使路基不受水的侵蚀。

（1）蒸发池的位置

当直接使用取土坑作为蒸发池时，蒸发池边缘距路基边沟的距离不应小于 5 ~ 10 m，冻土、黄土、盐渍土地区应距离更大些，甚至超过 20 m，对于面积较大的蒸发池也不得小于 20 m。池内的水面应比路基边缘低至少 0.60 m，池中的水位应低于排水沟的沟底。蒸发池同边沟或排水沟之间设排水沟相连，池中水位应低于排水沟沟底。

当直接利用或人工挖掘专用蒸发池时，用排水沟将路基路面所汇集的地表水、地下水集中排泄到蒸发池。

蒸发池的平面形状可采用矩形或其他形状，池底应做成两侧边缘向中间倾斜的横坡。其设置后不应使附近地面形成盐渍化或沼泽化。为防止其他水流随意流入蒸发池内，在池的周围可围筑一定高度的土埝。

（2）蒸发池的容量

蒸发池的容量应以一个月地表水汇入池中的水量能及时完成渗透和蒸发作为依据，但每个蒸发池的容量不宜超过 200 ~ 300 m³，蓄水深度不应大于 1.5 ~ 2.0 m。

6. 倒虹吸与渡槽

当水流需要横跨路基时，可以根据地形条件和流水的需要等设置管道或水槽，从路基的下部或上空跨过。前者称为倒虹吸，相当于排水涵洞；后者称为渡槽，相当于简易过水桥梁。二者都属于造价较高的路基排水结构物，且多数为配合两侧的农田水利灌溉而设。

倒虹吸的设置，往往是路基穿过原有的沟渠，而且沟渠中的水位高于路基，既不宜设置涵洞，又不能进行架空。

倒虹吸是利用上下游的水位差，迫使水流降落而复升，经路基下部埋设的管道引向另一侧。此种结构为有压管道，水流连续在短距离内改变方向，水流条件变得很差，管内易漏水，极易淤塞受阻，也很难修复与清理，需要采用这种结构时，必须进行合理设计，必要时可进行模型试验。

一般情况下，管道宜选用箱形或圆形，以水泥混凝土或钢筋混凝土结构为主，有条件时也可使用铸铁管，孔径应根据水力计算而定，一般为 0.5～1.5 m。主管的埋置深度，要求管上的填土厚度不小于 10 m，但也不宜超过 3.0 m。管道的两端设置的竖井可以竖立或倾斜，应根据地形和用地条件而确定，井底的标高应低于管道，起沉淀泥沙的作用。为减少管内出现堵塞现象，除要求管道内具有 1.5 m/s 以上的流速外，在进口处宜设置沉砂池和拦泥栅。

渡槽相当于过水桥，是穿过农田地区路堑常用的过水形式之一。渡槽可分为进水口、出水口、槽身和下部支撑四个组成部分。

为便于槽身布置和降低工程投资，槽身的断面小于两端人工沟槽，以提高主槽的流速和减少槽身工程量。为此主槽与沟槽之间设置过渡段，其中出水段要比进水段的长度长一些，过渡段的平面收缩角为 10°～15°。当主槽槽身较短时，槽身与沟的断面尺寸相同，此时不设过渡段。主槽两端连接的土质沟渠应予以加固处理，加固的长度应不小于沟内水深的 4 倍。

（二）地面排水设施的施工工艺

1. 边沟施工的规定

①挖方地段和填土高度小于边沟深度的填方地段均应设置边沟，路堤靠山的一侧坡脚应设置不渗水的边沟。

②为了防止边沟漫溢或冲刷，在平原地区和重丘山岭区，边沟应分段设置出水口，多雨地区梯形边沟每段长度不宜超过 300 m，三角形边沟不宜超过 200 m。

③进行平曲线处边沟施工时，沟底纵坡应与曲线前后沟底纵坡平顺衔接，不允许曲线内侧有积水或外溢现象发生。曲线外侧边沟应适当加深，其增加值等于超高值。

④边沟的加固。为确保边沟在排水中不受到冲刷损坏，土质地段当沟底纵坡大于 3% 时，应采取加固措施；采用干砌片石对边沟进行铺砌时，应选用有平整面的片石，各砌缝要用小石子嵌紧；采用浆砌片石进行铺砌时，砌缝砂浆应饱满，沟身不漏水；如果沟底采用抹面，抹面应平整压光。

2. 截水沟施工的规定

①截水沟的位置。在无弃土堆的情况下，截水沟的边缘离开挖方路基坡顶的距离应根

据土质而定,以不影响边坡稳定为原则。如果为一般土质,至少应离开 5 m 的距离,对黄土地区不小于 10 m,并应进行防渗加固处理。截水沟挖出的土,可在路堑与截水沟之间修成土台并进行夯实,台顶应筑成 2% 倾向截水沟的横坡。

当路基上方有弃土堆时,截水沟应离开弃土堆坡脚 1~5 m,弃土堆坡脚离开路基挖方坡顶不应小于 10 m,弃土堆顶部应设 2% 倾向截水沟的横坡。

②山坡上路堤的截水沟离开路堤的坡脚距离至少应在 2.0 m 以上,并用挖截水沟的土填在路堤与截水沟之间,修筑成向水沟倾斜坡度为 2% 的护坡道或土台,使路堤内侧的地面水流入截水沟排出。

③截水沟长度超过 500 m 时,应选择适当地点设出水口,截水引至山坡侧的自然沟中或桥涵进水口处。截水沟必须有牢靠的出水口,必要时须设置排水沟、跌水或急流槽。截水沟的出水口必须与其他排水设施平顺衔接。

④为防止水流产生下渗和冲刷,截水沟应进行严密的防渗和加固,地质不良地段和土质松软、透水性较大或裂隙较多的岩石路段,对沟底纵坡较大的土质截水沟及截水沟的出水口,均应采取加固措施防止渗漏和冲刷沟底及沟壁。

3. 排水沟施工的规定

①排水沟的线形要求平顺,有条件的情况下,尽可能采用直线形,转弯处宜做成弧线,其半径不宜小于 10 m,排水沟的长度应根据实际需要而定,通常不宜超过 500 m。

②排水沟在沿着公路线路进行布设时,应离路基尽可能远一些,距路基坡脚的距离一般不宜小于 3~4 m。

③当排水沟、截水沟、边沟因其纵坡坡度较大,产生水流速度大于沟底、沟壁土的容许冲刷流速时,应采取沟的底部和侧壁表面加固措施。

4. 跌水与急流槽施工的规定

①跌水与急流槽承担高速水流的泄水必须采用浆砌与工结构,跌水的台阶高度可根据地形、地质等条件决定,多级台阶的各级高度可以不同,其高度与长度之比应与原地面坡度相适应。

②急流槽的纵坡坡度一般不宜超过 1∶1.5,同时应与天然地面的坡度相配合。当急流槽的长度较长时,槽底可分为几个不同坡度的纵坡,一般情况下上段纵坡较陡些,向下逐渐将其放缓。

③当急流槽的长度很长时,应分段进行砌筑,每段一般不宜超过 10 m,各段的接头处应用防水材料进行填塞,并确保密实无空隙。

④急流槽的砌筑应使自然水流与涵洞进、出口之间形成一个过渡段,基础应嵌入地面以下,基底要求砌筑抗滑平台并设置端护墙。

⑤路堤边坡急流槽的修筑,应能为水流排入排水沟提供一个顺畅通道,路缘石开口及流水进入路堤边坡急流槽的过渡段应连接圆顺。

5. 拦水缘石的施工规定

①为避免高路堤边坡被路面水冲毁,可在路肩上设置拦水缘石,将水流拦截至挖方边沟或在适当地点设急流槽,以便将水引离路基。在与高路堤急流槽连接处应设喇叭口。

②拦水缘石的尺寸必须符合设计的要求,必须按照设计安置就位。

③设置拦水缘石路段的路肩,应根据实际情况进行适当加固。

6. 蒸发池的施工规定

①用取土坑作蒸发池时,与路基坡脚间的距离不应小于 5～10 m,面积较大的蒸发池至路堤坡脚的距离不得小于 20 m,坑内水面应低于路基边缘至少 0.60 m。

②坑底部应做成两侧边缘向中部倾斜 0.5% 的横坡。取土坑的出入口应与所连接的排水沟或排水通道平顺相接。当出口为天然沟谷时,应将水妥善导入沟谷内,不得形成漫流,必要时予以加固。

③蒸发池的容量应当适宜,一般不宜超过 300 m³,其蓄水深度不应大于 1.5～2.0 m,蒸发池的周围应修筑土坡,防止其他水流流入池中。

④蒸发池位置的应得当,需要征得当地有关部门的同意,不应使附近地区产生泥沼化及影响当地的环境卫生。

二、地下排水施工

公路填方原地面、挖方边坡或路堑路床均可能存储一定量的地下水。对于填方原地面的地下水,通常在填筑填料前通过在填筑范围设置纵横交错的盲沟或暗沟、填土边线挖深排水沟渠,并结合不良地基的处理,通过适当提高路基填土高度,将地下水汇集、排除或降低地下水位。

公路路基常用的地下排水设施,按照其作用和使用条件不同,主要分为明沟、盲沟、渗沟和渗井等。对于水量不大的地下水以渗透为主汇集水流,可以就近予以排除。如遇有大量水流,则应当另设专用地下沟管予以排除。

埋置于地下的排水设施,不仅施工过程比较复杂,而且在经常性的养护维修中也比较困难,所以要求地下排水设施应当牢固有效。排除地下水的总原则:将危及路基整体稳定和局部稳定或严重降低路基强度的地下水,采取拦截、旁引、汇集、排除含水层的地下水,降低地下水位,以及采取隔离措施进行处理。

(一)地下排水设施的种类

1. 明沟

明沟主要拦截和引排路堑边坡上侧边沟外侧的上层滞水或浅层地下水,或路床上零星分布的泉水、含水层深度小于 2 m 的上层滞水。明沟易于修建、清理、养护和维修,因此能用明沟时则不用渗沟排水。

明沟通常设置在路基边缘，尽量与地表排水边沟相结合，此时明沟具有排泄地表水和地下水的双重功能。这种明沟的断面尺寸应适当增大，但深度不宜大于 2 m，以免沟坡产生失稳，影响行车安全。当明沟深度大于 1.2 m 时，则采用槽形的横断面，底宽一般为 0.80 m。

明沟沟壁与水层接触面需设置渗水孔及反滤层。渗水孔的数量和孔径根据地下水流量和含水层性质而定，一般孔径为 10 cm，孔距为 100 ~ 200 cm，沟壁最下一层渗水的底部要高出沟底 0.20 m 以上。反滤层多采用砂砾、碎石等材料，可直接在沟壁或墙背回填，厚度一般为 10 ~ 15 cm，也可采用土工布配合碎石做反滤层。沿沟槽每隔 10 ~ 15 m 或当沟槽通过软硬岩层分界处时，伸缩缝或沉降缝。

2. 盲沟

设在路基边沟下面的暗沟称为盲沟，其目的是拦截或降低地下水。盲沟通过边沟内分层填筑不同粒径的颗粒材料，透水性将地下水汇集于沟内，并沿沟排泄到指定的地点，其水力特性属于紊流。

简易盲沟的构造，断面一般呈矩形，当边坡陡于 1 : 0.2 时，也可以呈上宽下窄的梯形，底宽与深度之比大致为 1 : 3，宽为 0.3 ~ 0.5 m，深度为 1.0 ~ 1.5 m。沟内下部的填石，粒径一般为 3 ~ 5 cm，水可在填石缝隙中流动。为防止细料堵塞缝隙，粗粒径石块的上部和两侧分层填入颗粒较细粒料，每层厚度约为 10 cm，逐层的粒径大致按照 6 倍进行递减。盲沟的顶面与底面一般设有 0.30 m 厚的隔水层。

盲沟作为一种地下排水设施，其排水量比较小，长度也比较短，一般以 50 m 为限，沟底应具有 1% ~ 2% 的纵坡，盲沟出水口应高于口外最高水位 20 cm，以防止水流产生倒渗。

3. 渗沟

渗沟是盲沟中的一种特殊形式，按照其结构形式可分为盲沟式渗沟、洞式渗沟和管式渗沟三种。

盲沟式渗沟与上述的简易盲沟相仿，但其构造更加完善。当地下水流量较大，要求埋置更深时，可在沟底设置洞或管，前者称为洞式渗沟，后者称为管式渗沟。

洞式渗沟的位置与作用与简易盲沟基本相同，但尺寸可更大，埋置可更深。渗沟的具体尺寸应通过水力计算而确定，埋置深度可达 5 ~ 6 m 以上。

渗沟设置洞或管，实质上相当于沟底埋置可以渗水的涵洞。其中在涵洞盖板上预留渗水孔，洞底宽度约为 20 cm，盖板长度约为 $2b$，板的厚度一般应不大于 15 cm。洞身一般设在不透水层内，以利洞内的水排出路基，如果地基潮湿软弱，应设置砂石基础。为便于排水畅通，洞身应具有大于 0.5% 的纵坡。

管式渗沟的预制管，管柱由水力计算而确定，一般为 0.40 ~ 0.60 m，管壁上交错预留渗水孔,以便汇集沟内的渗水。泄水管应铺设在人工基座上,纵坡应采用1%～3%,并注意保温防冻。

4. 渗井

渗井是一种立式地下排水设施。在多层含水的地基上,如果影响路基的地下含水层较薄,且平式渗沟排水不易布置,可以考虑设置立式渗水井,向地下穿过不透水层,将上层含水引入下层渗水层,以利于地下水扩散排出。必要时还可以配合渗沟而设置渗井,平竖结合以便排除地下水。

渗井的孔径与平面布置应通过水力计算而确定,通常采用圆柱形或正方形,其直径或边长为1.0～1.5 m,井深应根据地层构造而定,以深入下面渗水层能够向下渗水为限。井内应填透水性良好的砂石材料,粒径要求为井中间的最粗,逐层向外粒径减小。填入的砂石材料应进行筛分冲洗,规格一致,不含杂物,施工时应用铁皮套筒进行分隔,分层填入相同粒径的材料,避免大小粒径混填,以保证设计所要求的孔隙,减少透水层的堵塞现象,实现排水的预期效果。

(二)地下排水设施的施工工艺

1. 排水沟和盲沟施工的规定

①当地下水位较高、潜水层埋藏不深时,可以采用排水沟或盲沟来截流地下水及降低地下水位,沟底宜埋入不透水层内。沟壁最下一排渗水孔(或裂缝)的底部宜高出沟底不小于0.2 m。排水沟或盲沟设在路基旁侧时,宜沿着公路路线方向进行布置,设在低洼地带或天然沟谷处时,宜顺着山坡的沟谷走向布置。设置的地下排水沟也可兼排地表水,但在严寒地区和寒冷地区不宜用于排除地下水。

②排水沟或盲沟采用混凝土浇筑或浆砌片(块)石砌筑时,应在沟壁与含水地层接触面的高度处设置一排或多孔向沟中倾斜的渗水孔。沟壁外侧应填筑透水性良好的粗粒材料或土工合成材料制成的反滤层。沿沟槽每隔10～15 m或当沟槽通过软硬岩层分界处时,应设置伸缩缝或沉降缝。

2. 渗沟施工的规定

①渗沟有盲沟渗沟、管式渗沟和洞式渗沟三种形式,无论何种形式的渗沟均应设置排水层(或管、洞)、反滤层和封闭层。

②盲沟式渗沟施工要求如下。

盲沟式渗沟通常采用矩形或梯形,在渗沟的底部和中间用较大粒径(3～5 mm)的碎石或卵石填筑,在碎石或卵石的上部和两侧,按照一定比例分层(层厚约为15 cm)填筑颗粒较细的中砂或粗砂,做成反滤层,逐层的粒径比例大致按照4∶1递减。砂石料颗粒小于0.15 mm的含量不应大于5%。用土工合成材料包裹有孔的硬塑料管时,管的四周应填以大于塑管孔径的等粒径碎石或砾石,组成渗沟。顶部做封闭层,用双层反铺草皮或其他材料（如土工合成的防渗材料）铺成，并在其上面夯填厚度不小于0.50 m的黏土防水层。

盲沟式渗沟的埋置深度应满足渗水材料的顶部（封闭层以下）不得低于原有地下水位的要求。当排除层间水时，渗沟底部应埋置于最下面的不透水层上。冰冻地区，渗沟埋深不得小于当地最小冻结深度。

盲沟式渗沟只宜用于渗流不长的地段，其纵坡坡度不宜太小，一般宜采用5%。出水口底面的标高应高出沟外最高水位0.20 m。

③管式渗沟主要适用于地下水引水较长、流量较大的地区。当管式渗沟长度为100～300 m时，其末端宜设置横向泄水管，以便分段排除地下水。

管式渗沟的泄水管可用陶瓷管、混凝土管、石棉管或塑料管等，在管壁上应设置一定数量的泄水孔，交错布置，间距宜小于20 cm。渗沟的高度应使填料的顶面高于原地下水位。沟底垫枕材料一般采用干砌片石；当沟底深入到不透水层时，宜采用浆砌片石、混凝土或土工合成的防水材料。

④洞式渗沟主要适用于地下水流量较大的地段，洞壁宜采用浆砌片石砌筑，洞顶应用盖板覆盖，盖板之间应留有一定的空隙，能使地下水流入洞内，洞式渗沟的高度要求与管式渗沟相同。

⑤渗沟的平面布置：除路基边沟下（或边沟旁）的渗沟应按照公路路线方向布置外，用于截断地下水的渗沟的轴线，均宜布置成与渗流方向垂直。用作引水的渗沟应布置成条形或树枝形。

⑥渗沟沟内用作排水和渗水的填充材料常用的有碎石、卵石和粗砂等，在填筑前应经过筛选和清洗，以确保其粒径和质量符合要求。

⑦渗沟的出水口宜设置端墙，端墙下部留出与渗沟排水通道大小一致的排水沟，端墙排水孔底面距排水沟底的高度不宜小于0.20 m，严寒和寒冷地区不宜小于0.50 m。端墙出口的排水沟应进行加固处理，以防止产生冲刷。

⑧渗沟顶部应设置封闭层，封闭层通常采用浆砌片石、干砌片石水泥砂浆勾缝，用黏土夯实，其厚度一般为50 cm，下面铺双层反铺草皮或土工布。严寒和寒冷地区沟顶填土高小于冰冻深度时，应设置保温层，并加大出水口附近的纵坡。保温层可采用炉渣、砂砾、碎石或草皮铺筑。

⑨渗沟排水层（或排水管、排水洞）与沟壁之间应设置反滤层。反滤层应选用颗粒大小均匀的砂、石材料分层埋填，相邻两层的颗粒粒径比例不宜小

⑩渗沟基底应埋入不透水层，渗沟沟壁的一侧应设反滤层汇集水流，另一侧用黏土夯实或浆砌片石拦截水流。当含水层很厚，沟底不能埋入至不透水层时，两侧沟壁均应设置反滤层。

⑪渗沟的开挖宜自下游向上游进行，并应随挖随即支撑和迅速回填，开挖后不宜暴

露太久,以免造成渗沟坍塌。采用支撑的渗沟应间隔开挖。

⑫当渗沟开挖深度超过 6 m 时,必须选用框架式支撑,在开挖时自上而下随挖随加支撑,施工回填时应自下而上逐步拆除支撑。

⑬为便于检查维修渗沟,每隔 30～50 m 或在平面转折和坡度由陡变缓处设置检查井。检查井一般采用圆形,内径不小于 1.0 m,在井壁处的渗沟沟底应高出井底 0.30～0.40 m,井底铺一层厚度为 0.10～0.20 m 的混凝土。检查井的井基如遇到不良土质,应采取换填和夯实等措施。对于兼起渗井作用的检查井的井壁,应在含水层范围设置渗水孔和反滤层。深度大于 20 m 的检查井,除应设置检查梯外,还应设置安全设备。井口顶部应高出附近地面 0.30～0.50 m,并应设井盖。

3. 渗井施工的规定

①当路基附近的地面水或浅层地下水无法排除,影响路基的稳定时,可以设置渗井,将地面水或地下水经渗井通过不透水层中的钻孔流入下层透水层中排除。

②渗井的直径一般为 50～60 cm,井内填充材料按层次在下层透水范围内填碎石或卵石,上层不透水层范围内填粗砂或砾石,填充料应采用筛选冲洗过的不同粒径的材料,应层次分明,不得粗细材料混杂填塞,井壁和填充料之间应设反滤层。

③渗井离路堤坡脚的距离不应小于 10 m,渗水井顶部四周(进口部分除外)用黏土筑堤围护,井顶应加混凝土盖好,严防渗井产生淤塞。

4. 渗池与暗管施工的规定

①渗池与暗管通常是由渗池汇集山坡地下水,再由暗管配合排出。这种形式适用于一般寒冷地区和严寒地区,并要求渗池与暗管埋设于当地冰冻线以下的土层中。

②渗池多用矩形,其中间填片石或块石,四周填粗砂、砾石做反滤层,池底及水源不接触的壁面采用草皮、黏土做成隔水层,渗池顶部应高于含水层顶面 20 cm,暗管底面应低于含水层底面。

③暗管可用陶瓷管、瓦管、混凝土管或塑料管制成,暗管纵坡坡度不得小于 0.5%,管底应用碎(砾)石及粗砂垫平,暗管四周的填土应夯实,以防止出现过大沉降。

5. 土工织物用于地下排水时的规定

①排水隔离层的设置。在承压地下水或地下水比较丰富的地方修筑路基时,可用土工织物在原地面与路基交界处设置排水隔离层,也可以在路基的内部设置排水隔离层,把地下水引入边沟,把从路面浸透的水隔离。

用于排水的隔离层应符合以下技术要求:

用于隔离层的合成纤维土工织物,其最小抗拉强度不应小于 50 Pa。

合成纤维织物铺在地面上,应用木桩或石块固定就位,其搭接长度纵向和横向宜为 100 cm。

在合成纤维织物上的铺筑材料,要求选用质量合格的矿渣、碎石或砾石,其最大粒径为30 cm，通过20 cm筛孔的材料不得大于10%，过0.074 mm筛孔的材料其塑性指数不得超过6%。铺筑材料应采用重型机械进行压实，其最小厚度为50 cm。

排水隔离层顶面要高出地下水位30 cm以上，隔离层无论采用何种施工方法，均不得使下层土产生大的扰动。

②为了改善渗沟的排水功能并提高其耐久性，管式渗沟可用土工织物包裹带渗水孔的渗管。洞式渗沟可用土工织物铺在盖板上，以阻止细沙土流入渗沟而造成淤积。

③渗沟或渗沟的排水层、反滤层填充料，可用土工织物包裹起来与沟外沙土隔离，使其增加使用年限和增强排水效果。

6. 承压水排出的规定

对于一般地区和寒冷地区承压水的排除（包括冻结沟和保温沟等设施），应按照下列规定进行布置和施工。

①对于一般地区，埋深较浅的承压水可采用在承压水出口处抛填片石或用混凝土预制块扣压等消能措施，使其变为无压水流后再采用排水沟或渗沟将水排出，也可采用排水隔离层把承压水引入排水沟。

②埋藏于两个隔水层之间的含水层中的重力水，在一般地区可以根据不同的含水情况和压力情况，采用渗沟、排水渗井及渗池和暗管等措施排除。

③寒冷地区埋藏于冻土层以下的承压水，可以采用以上的措施将水排出，但如果因地形或其他条件所限，排水设施未能埋设于当地冰冻深度以下，上层的填土应采取保温措施。为确保排水畅通，不至于因冰冻而堵塞，与排水设施出水口相连接的沟槽应做成保温沟。

④保温沟是在沟槽的顶部设置的保温覆盖层，其布设范围应在排水设施的出口向外延伸2~5 m，必要时应加大出水口排水沟的纵坡，使出口的水流速度较快，而不至于产生冻结。

⑤山坡较平缓、含水层和覆盖层均较浅，而且涌水量、动水压力都不大的情况下，可在覆盖层中挖掘冻结沟，使含水层袒露于负气温下产生冻结，使水源封冻于路基以外。

7. 特殊气候积聚水排出的规定

①对于埋深较浅的积聚水，可采用渗沟、排水渗井及砂桩等方法进行排除。对于深层积聚水，如果对路基造成危害，可采用深埋（深度大于6 m）渗沟法排除。

②砂桩由钻孔填砂而成，其钻孔直径一般为15 cm、20 cm，砂桩的深度必须穿过不透水层而达透水层中，寒冷冰冻地区砂桩底部应在冰冻线以下30 cm，砂桩平面应按梅花形布置，其间距为0.5~2.0 m。

三、临时路基与结构物台后排水施工

临时性路基的排水，通常是指路基土石方施工前和施工期间，为防止大气降雨、地下水冒出而污染周边农田，影响路基的稳定性和贻误工期而设置的各类临时性排水沟渠。施工时应充分注意临时排水沟渠与永久性排水沟渠相结合，前期的工程为后期服务。

（一）填（挖）前的临时排水沟渠

公路路线在穿越农田、软土、沼地、河塘湖泊、城郊结合地带时，原地面一般处于常年潮湿或季节性潮湿状态。遇到这类地形和地质情况，无论是填方还是挖方，在填挖施工前都必须首先做好临时排水，这样才能确保工程顺利进行和路基的施工质量。填（挖）前的临水排水具体设施如下。

1. 排水沟

路基边桩放线完毕后，在填方坡脚以外 1～2 m 处用挖掘机开挖临时排水土沟。沟的断面尺寸依据汇水面积、流量大小而定，一般情况下，底宽、沟深在 0.8～1.2 m，沟底高程和进水口、出水口相适应。

临时排水沟根据情况改造后可作为永久性排水沟，如果工期允许，最好在雨季前一步到位，直接按永久性排水沟进行施工。

2. 一字形排水沟

农田、沼地、软土地段排干地表水后，在正式填土前应纵横交错按照一字形布置排水沟，沟深一般为 0.6～1.0 m，将汇集的水直接排至预先开挖好的排水沟内。

这些地段往往伴随着大量的地下水。地表水排干后，对集中的泉水露头处设置暗沟；对分布面积比较广的地下水，则布设纵横交错的填石渗沟。一般可按照永久性建筑设置。暗沟和渗沟所汇集的水引入排水沟内。

路堤填筑范围内外的排水沟渠完成后，即可进行清淤回填等软土地基处理和路堤填筑等工作。

3. 抽水

在遍布山塘、鱼塘甚至水库地区修建公路时，其传统做法是抛石挤淤，并且直接填出水面；也可采用端部卸土法，直接从一端推土填筑，逐步向前赶水而填实。但是工程实践证明，以上两种方法清淤均不彻底，仍潜伏着边坡失稳、工后沉降量过大的危险。比较有效而安全的施工方法是选择旱季施工，彻底抽干积水后，进行清淤回填，同时砌石护坡或设置挡墙。

当水域面积较大，采用抽水排干有困难时，可采用逐段填土围堰，局部抽水、清淤、回填。水库、山塘、鱼塘的水流多数处于静态，且水深在 2 m 左右，如果有大量弃土可采用反挖法施工。即直接全宽填土至露出水面约 0.5 m 后，从路线中心开始，如再横向拓宽，用挖掘机挖除填土和淤泥，回填片石或非透水性黏土，逐段掘进。

4. 截水沟

路堑正式开挖前，应先在预估路基上方有可能遭受山坡水袭击的坡顶 5 m 或 10 m（黄土地区）之外开挖截水土沟。截水沟的出水口应直接或通过急流槽、跌水与排水沟相连。

截水沟必须在雨季到来之前完成。对于多雨地区的临时截水沟，其表面应用M7.5的水泥砂浆抹面，厚度一般为3～5cm，以防止产生冲刷。黄土地区除做好防冲刷外，还应注意做好防渗处理。

临时截水沟应与永久性截水沟相结合。如果工期允许，直接按永久性截水沟进行施工。

通过水田的路堑，可在坡顶上修筑拦水的田埂，田埂必须按要求进行夯实，以防止田间积水渗入路堑。

5. 横向临时排水

现代公路工程的土石方施工中，通常是涵洞与路堤填筑同步进行，或者是先进行填后挖施工涵洞。涵洞未做好之前，必须维持横穿公路的原来天然水道，不得随意将其堵塞。因此，应在涵洞位置附近设置临时排水管道。路基竣工后，临时管道可能继续使用，但多数是封闭进出水口，留在路基中按废弃处理。所以临时排水沟结构强度应符合永久使用的要求，通常横向临时排水采用孔径30～50cm的水泥混凝土预制管。

（二）施工期间的临时排水

土石方工程施工期间的临时排水设施是否完备，不仅直接影响边坡的稳定性、路基强度的均匀性、周围环境的协调性，而且影响路基工程的施工质量和施工进度。因此，除搞好施工前的排水外，还应重视在施工期间的临时性排水。施工期间的临时性排水可以采取以下措施。

1. 严格控制平整度和路拱横坡

填方路段各施工层中是否产生积水，在很大程度上取决于平整度。因此，必须按照设计要求和施工技术规范规定严格控制平整度，这样才有利于排水。路基在雨季施工中，为防止施工层表面留有积水，填方路堤应根据土质情况和施工时的气候状况做成2%～4%的排水横坡。

设超高的填方段，可考虑在上路堤最后1m填土才逐层过渡超高，即使填土已到达路床，土路肩也不应设超高。这样做的目的是分散排水，减少冲刷。

挖方施工中路基各层顶面的纵、横坡，应根据路堑的横断面形状、路线纵坡的大小、路堑施工断面长度和施工方法等因素而确定。路基各层均应保持平整，推土、挖土路段均不能有明显的积水窝坑，以保证在施工过程中能及时排除雨水。

2. 设置临时拦水带和急流槽

高速公路、一级公路及高填土的一般公路，其各施工层的宽度均比较大，所汇集的水如果不加以约束，将会直接冲刷边坡，形成缺口，污染农田。因此，雨季施工期间，必须在边缘设置土质拦水带，将水汇集到距路基一定距离处，然后集中排泄到临时急流槽，最终引入排水沟或附近天然河流中。

临时急流槽与永久性急流槽不同，其具体做法是：采用双层塑料薄膜、防渗土工布或编织袋做底层，铺筑在预先挖好的密实沟槽上，用竹签打入路基中固定，再用水泥砂浆进行抹面，抹面厚度一般为 2~3 cm。

3. 开挖临时纵向集水明沟

为确保路堑在雨季施工中每层不出现积水，在每一层挖土之前，应沿边坡坡面、中线用挖掘机挖出一道具有排泄能力的纵向集水明沟。其目的是及时排泄开挖范围内在雨后汇集的水流。

开挖要按横断面形状、路线纵坡进行掘进，尤其当边坡出现地下水渗出现象时，应自上而下逐层挖土，每一层均应留足够的排水坡度，不得出现藏水的窝坑。

4. 设置适量的临时集水井

路基施工过程中，当路堑或边坡内发生地下渗流时，应根据渗流水的位置、流量大小等方面，设置纵向排水沟、泉水集水井、边坡渗沟等设施，以降低地下水位或将地下水排出。

开挖过程中，边坡坡面中可能存在潜水层，出现渗水不断的情况，这种情况下应结合坡面处置，采用枝状或条状明沟汇水，将明沟所汇集的水引入临时集水明沟。挖至路床标高后，边坡渗水按永久性排水设施进行施工。

开挖过程中，当尚未到路床标高遇到地下泉水，当流量不大时可设置集水井，定时加以排除；如果流量较大，可分层提前用挖掘机横向挖沟，将水引至临时纵向集水明沟。挖至路床标高后，设置永久性暗沟。

以上所述是目前路基土石方填挖前和施工期间采取的临时排水措施，但在实际工程中地形、地质、地下水、降水等千变万化，应当灵活运用，特别注意要将临时性排水与永久性排水相结合，做到前期为后期服务。

（三）结构物台后排水

结构物台后排水主要是指涵洞涵背、桥台台背和挡土墙墙背的排水。这三种结构物是先建后填，如果施工中不特别注意，很容易造成背后下沉，路面出现跳车现象，严重影响行车安全。产生背后下沉的原因，除了填料性质、压实质量外，填料中的水也是重要因素。

1. 选用透水性良好的填料

山区公路的涵洞一般设在谷底。当路线纵坡较大时，路面下渗的水到达涵洞积聚在涵背之处，尤其以明涵更为明显。因此，在土压力破裂面范围内应选择透水性的材料进行回填，如砂砾、碎石、多孔混凝土，并在台身或墙身设置泄水孔，在回填料表面采取防渗措施，以防止地表水的渗入。

我国在一些公路中采用掺粉煤灰多孔混凝土作为涵背回填和排水材料，获得了较好的经济效益和社会效益。高速公路明涵涵背排水构造，台顶设置的排水渗沟可以有效地拦截、排走纵坡水流流至涵洞所积聚、下渗的路表水。为防止雨水产生下渗，通常在碎石层、渗沟底铺设防水封层，如防水砂浆、防渗土工膜。PVC管出口多用石（砖）砌小型急流槽。透水层顶面做成向渗沟倾斜的3%纵坡。设置贫混凝土是由于台背压实不足而采取的补救措施。

挡土墙墙后排水往往对墙背的反滤层重视不够，很多工程的反滤层仅在泄水孔周边堆放一些砂砾或碎石材料。工程实践证明，这种反滤层排水能力很低，黏土很容易堵塞排水孔道。

在多雨地区，有地下水渗出的路堑挡土墙和涵背应采用反滤排水结构，纵坡较陡的路肩（堤）的挡土墙、沿河挡墙都可以采用这种形式。

挡墙反滤层的施工工艺可采用反挖法，并配合人工进行夯实。

2. 桥台台后的排水方法

桥台台后的排水，除了在填料、压实、排水等方面与涵（墙）相同外，还应在桥头搭板下面设置拦截、排水渗沟。如果路线纵坡向桥涵处进行排水，该结构尚可将路面汇水下渗的雨水引排到管中。从工程造价方面考虑，对于低等级公路可用同粒径的碎石或类似洞式渗沟形式取代PVC管。

3. 大纵坡凹曲线底部排水

山区公路的纵坡较大，路面汇集的地表水渗到基层或底基层后，也会沿纵坡向凹线变坡处流动。当水流到达变坡点后，如果不采取措施及时排走，必然会因渗水而软化路基，危及路面。

除按上述要求做好桥涵两端台背排水外，还应当重视大纵坡、高填方凹曲线变坡点处的排水，这也是防止结构物台背下沉的重要措施。凹曲线变坡点两侧各5 m范围路床顶面以下10～15 cm范围，全宽应设置防渗土工布和碎石层，在变坡点路床处设横向PVC集水管，集水管出口砌筑小型急流槽，将水引排至规定的排水沟。为方便排水，拉坡时的凹曲线变坡点不得设置在路堑范围内。

第四章 路面排水工程

第一节 路面排水的基本类型

一、路界地表排水

路界地表排水的目的是把降落在路界范围内的表面水有效地汇集并迅速排除出路界，同时把路界外可能流入的地表水拦截在路界范围外，以减少地表水对路基和路面的危害以及对行车安全的不利。通常情况下，路界地表排水可以划分为坡面排水、路面表面排水、中央分隔带排水三部分。中央分隔带排水视其宽度和表面横向坡度倾向，可以包括中央分隔带和左侧路缘带，或者仅为中央分隔带。而在设超高路段，它还包括上侧半幅路面的表面水。坡面排水包括路堤坡面、路堑坡面和倾向路界的自然坡面的排水。

（一）坡面排水

工程中常用的地表排水设施包括边沟、排水沟、截水沟、跌水与急流槽等，必要时还有渡水槽、倒虹吸及蒸发池等。这些排水设施，在路基的不同位置具有不同的构造形式与排水功能。计算路基地表排水设施的径流量时，对高速公路、一级公路应采用 15 年，其他等级公路应采用 10 年的重现期内任意 30 min 的最大降雨强度。各类地表水沟沟顶应高出设计水位 0.2 m 以上。

1. 边沟

边沟是指设置在挖方路基的路肩外侧或低路堤的坡脚外侧且多与路中线平行的纵向人工沟渠，用以汇集和排除路基范围内和流向路基的少量地面水，并把它们引入顺畅的排水通道中，通过桥涵等将其泄放到道路的下方。平坦地面填方路段的路旁取土坑，常与路基排水设计综合考虑，使之起到边沟的排水作用。

由于排水量不大，边沟不需要进行水文和水力计算，而是依据沿线具体条件，选用标准横断面形式。另外，边沟紧靠路基，通常不允许其他排水沟渠的水流引入，也不能与其他人工沟渠合并使用。同时，边沟不宜过长，尽量使沟内水流就近排至路旁自然水沟或低洼地带，必要时设置涵洞，将边沟水横穿路基从另一侧排出。

边沟的纵坡（出水口附近除外）一般与路线纵坡一致。平坡路段，边沟宜保持不小于

0.5% 的纵坡。特殊情况容许采用 0.3%，但边沟出口间距宜减短。在边沟出口附近以及排水困难路段，如回头曲线和路基超高较大的平曲线等处，边沟应进行特殊设计。

边沟的横断面形式，有梯形、流线形、三角形及矩形等。边沟横断面一般采用梯形，其外侧边坡坡度与挖方边坡坡度相同，内侧边坡坡度为（1∶1.0）~（1∶1.5）。石方路段的边沟宜采用矩形横断面，其外侧边坡坡度与挖方边坡坡度相同，内侧边坡直立，坡面应采用浆砌片石防护。少雨浅挖地段的土质边沟可采用三角形横断面，其外侧边坡坡度与挖方边坡坡度相同，内侧边坡坡度宜采用（1∶2）~（1∶3）。三角形边坡的水流条件较差，流量较大时沟深宜适当加大。

梯形边沟的底宽与深度为 0.4 ~ 0.6 m，水流少的地区或路段，取低限或更小，但不宜小于 0.3 m；降水量集中或地势偏低的路段，取高限或更大一些。流线形边沟是将路堤横断面的边角整修圆滑，以防止路基旁侧积沙或堆雪，适用于沙漠或积雪地区的路基。

边沟可采用浆砌片石、浆砌卵石和水泥混凝土预制块防护。对于砌筑中所选用的砂浆强度，高速公路、一级公路取 M7.5，其他等级公路取 M5。边沟出水口附近，水流冲刷比较严重，因此必须慎重布置和采取相应措施。

路堑与高路堤衔接处的边沟排水布置，由于边沟泄出水流流向路堤坡脚处而产生较大高差，应根据地形与地质等具体条件，将出水口延伸至坡脚以外，以免边沟水冲刷填方坡脚。

边沟水流流向桥涵进水口时，应采取处治措施避免边沟流水产生冲刷。此外还应根据地形等条件，在桥涵进口前或在其他水流落差较大处，设置急流槽与跌水等结构物，将水流引入桥涵或其他指定地点。

在水流流至回头曲线处时，边沟的水较满且流速大，此时宜顺着边沟方向沿山坡设置引水沟，将水引至路基范围以外的自然沟中或设急流槽、涵洞等结构物，将水引下山坡或路基另一侧，以免对回头曲线路段造成冲刷。

2. 排水沟

其主要用途在于引水，将路基范围内各种水源的水流（如边沟、截水沟、取土坑、边坡和路基附近积水），引至桥涵或路基范围以外的指定地点。当路线受到多段沟渠或水道影响时，为保护路基不受水害，可以设置排水沟或改移渠道，以调节水流，整治水道。

排水沟的横断面一般采用梯形。排水沟的尺寸大小应经过水力水文计算选定。用于边沟、截水沟及取土坑出水口的排水沟，底宽与深度不宜小于 0.5 m，土沟的边坡坡度为（1∶1）~（1∶1.5）。

排水沟的位置，可根据需要并结合当地地形等条件而定，离路基尽可能远些，距路基坡脚不宜小于 2 m，平面上应力求直接，需要转弯时也应尽量圆顺，做成弧形，其半径不宜小于 10 ~ 20 m，连续长度宜短，一般不超过 500 m。

排水沟应具有合适的纵坡以保证水流畅通，不可流速太小而形成淤积，也不可流速太大而产生冲刷,为此宜通过水力水文计算择优选定。一般情况下,纵坡坡度可取 0.5%~1.0%,不小于 0.3%,也不宜大于 3%。若纵坡坡度大于 3%,应采取相应的加固措施。

3. 截水沟

截水沟又称为天沟,一般设置在挖方路基边坡坡顶以外或山坡路堤上方的适当地点,用以拦截并排除路基上方流向路基的地面径流,减轻边沟的水流负担,保证挖方边坡和填方坡脚不受水流冲刷。当路段降水虽较少或坡面坚硬和边坡较低以致冲刷影响不大时,可不设截水沟;反之,则应设截水沟。若在降水量较多且暴雨频率较高,山坡覆盖层比较松软,坡面较高,水土流失比较严重等情况的地段,可设置两道或多道截水沟。

山坡填方路段可能遭到上方水流的破坏作用,此时必须设截水沟,以拦截山坡水流保护路堤。截水沟与坡脚之间,要有不小于 2 m 的间距,并做成 2% 的向截水沟倾斜的横坡,确保路堤不受水害。

截水沟的横断面形式,一般为梯形,沟的边坡坡度因岩土条件而定,一般采用 (1:1.0)~(1:1.5)。沟底宽度不小于 0.5 m,沟深按设计流量而定,也不应小于 0.5 m。

截水沟的位置,应尽量与绝大多数地面水流方向垂直,以提高截水效能和缩短沟的长度。截水沟应保证水流畅通,就近引入自然沟内排出,必要时配以急流槽或涵洞等泄水结构物将水流引入指定地点。截水沟水流不应引入边沟,当必须引入时,应增大边沟横断面,并进行防护。沟底应具有 0.3% 以上的纵坡,沟底和沟壁要求平整密实,不滞流、不渗水,必要时予以加固和铺砌。截水沟的长度以 200~500 m 为宜。

4. 跌水与急流槽

跌水与急流槽是路基地面排水沟渠的特殊形式,用于纵坡大于 10%,水头高差大于 1.0 m 的陡坡地段。由于纵坡陡、水流速度快、冲刷力大,要求跌水与急流槽的结构必须稳固耐久,通常应采用浆砌块石或水泥混凝土预制块砌筑,并采取相应的防护加固措施。

(1) 跌水

跌水的构造按层数分为单级和多级,按沟底宽度分为等宽和变宽。单级跌水适用于排水沟渠连接处,由于水位落差较大,需要消能或改变水流方向。较长陡坡地段的沟渠,为减缓水流速度,并予以消能,可采用多级跌水,多级跌水底宽和每级长度,可以采用各自相等的对称形,也可根据实地需要,做成变宽或不等的长度与高度。

按照水力计算特点,跌水的基本构造可分为进水口、消力池和出水口三个组成部分。各个组成部分的尺寸,由水力计算而定,一般情况下,如果地质条件良好,地下水位较低,设计流量小于 1.0~2.0 m³/s,跌水台阶(护墙)高度 p 最大不超过 2.0 m。常用的简易多级跌水,台高 0.4~0.5 m,护墙用砌石或混凝土结构,墙基埋置深度为水深的 1.0~1.2 倍,并不小于 10 m,且应深入冰冻线以下,砌石墙厚为 0.25~0.30 m。消力池可以起消能作用,要求坚固稳定,底部具有 1% 的纵坡,底厚为 0.30~0.35 m,壁高应比计算水深至少大 0.20 m,壁厚与护墙厚度相仿。消力池末端设有消力槛,槛高依计算而定,要求低于池内水深,为护墙高度的 1/5 ~ 1/4,即 $C = (0.2 ~ 0.25)$p,一般取 $C = 15 ~ 20$ cm。消力槛顶部厚度为 0.3 ~ 0.4 m,底部预留孔径为 5 ~ 10 cm 的泄水孔,以利于水流中断时排泄池内的积水。

跌水两端的土质沟渠应注意加固,保持水流畅通,不致产生水流冲刷或淤积,以充分发挥跌水的排水效能。

(2)急流槽

急流槽是指坡度大于临界坡度的人工沟槽,是山区公路回头曲线沟通上下线路基排水及沟渠出水口的一种常见排水设施。其作用是在距离短、水面落差大的情况下引导水流。急流槽设计应注意进水口处的连接,使水流平顺流入。

急流槽主体部分的纵坡依地形而定,一般可达 67%(1∶1.5),如果地质条件良好,需要时还可更陡,但结构要求更严,造价也相应提高,设计时应通过比较而定。在材料使用方面,急流槽多用砌石(抹面)和水泥混凝土结构,也可利用岩石坡面挖槽。如临时急需,可就近取材,采用竹木结构。

按水力计算特点,由进口、主槽(槽身)和出口三部分组成。急流槽的进出口与主槽连接处,由于沟槽横断面不同,为了能平顺衔接,可设过渡段,出口部分设有消力池。各个部分的尺寸,依水力计算而定。对于设计流量不超过 1.0 m³/s,槽底倾斜为 (1∶1) ~ (1∶1.5) 的小型结构,急流槽的基础必须稳固,端部及槽身每隔 2 ~ 5 m 在槽底设耳墙并埋入地面以下。槽身较长时,宜分段砌筑,每段长 5 ~ 10 m,预留伸缩缝,并用防水材料填缝。

5. 倒虹吸与渡水槽

(1)倒虹吸

当水流需要横跨路基,同时受到设计高程的限制时,可以采用管道或沟槽,从路基底部跨越,这种构筑物称为倒虹吸,它属于地面排水的特殊结构物,并且大都是配合农田水利的需要而设置的。

倒虹吸的设置往往是因路基横跨原有沟渠,且沟渠水位高于路基设计高程,不能按正常条件下设置涵洞,此时采用倒虹吸是可行的方案之一。

倒虹吸是借助上下游沟渠水位差,利用势能迫使水流降落,经路基下部管道流向路基另一侧,再复升流入下游水渠。由于所设管道为有压管道,竖井式倒虹吸的水流多次垂直改变方向,水流条件较差,结构要求较高,容易漏水和淤塞,且难以清理和修复,应尽量不用或少用,使用时需合理设计,进行水力计算,选择最佳设计方案,并要求保证施工质量,使用时要经常检查维修。

倒虹吸管道有箱形和圆形两种,以水泥混凝土和钢筋混凝土结构为主,临时性简易管道可用砖石结构,永久性或急需时也可改用钢铁管道。管道的孔径为 0.5 ~ 1.5 m,管道附近的路基上覆填土厚度一般不小于 1.0 m,以免行车荷载压力过于集中,严寒地区也可防冻。考虑倒虹吸的泄水能力有限，且为了施工和养护方便，管道不宜埋置过深，以填土高度不超过 3.0 m 为宜。

倒虹吸管道两端设竖井，井底高程低于管道，起沉淀泥沙与杂物的作用。也可改用斜管式或缓坡式，以代替竖井式升降管，此时水流条件有所改善，但路基用地宽度增大，管道长度增加。为减少堵塞现象，设计时要求管道内水流的速度不小于 1.5 m/s，并在进口处设置沉沙池和拦泥栅。

倒虹吸管道进口处所设的沉沙池，位于原沟渠与管道之间的过渡段，池底和池壁采用砌石抹面或混凝土，厚度为 0.3 ~ 0.4 m（砌石）或 0.25 ~ 0.30 m（混凝土），池的容量以不溢水为度。水流经过沉沙池后，若水中仍含有细粒泥沙或轻质漂浮物，可设网状拦泥栅予以清除，确保虹吸管道不致堵塞。但拦泥栅本身容易被堵塞，需经常清理，以保证水流畅通，避免沉沙池和沟渠溢水而危害路基。倒虹吸的出口，也应设过渡段与下游沟渠平顺衔接，并对原有土质沟渠进行适当加固。

（2）渡水槽

渡水槽的结构和功能与倒虹吸相似，区别在于构筑物位于路面上部架空，相当于渡水桥。原水道与路基设计高程相差较大，如果路基两侧地形有利，或当地确有必要，可设简易桥梁，架设水槽或管道，从路基上部跨越，以沟通路基两侧的水流。

渡水槽的架设应满足道路对净空与美化的要求，其构造与桥梁相似，但主要作用是沟通水流，故除应在结构上具有足够的强度外，在效能上应符合排水的要求，其中包括进出口的衔接，以及防止冲刷和渗漏等。

为降低工程造价，槽身过水横断面一般均较两端的沟渠横断面小，槽中水流速度相应有所提高，因此进出口段应注意防止冲刷和渗漏。进出水口处设置过渡段，根据土质情况，分别将槽身两端伸入路基两侧地面 2 ~ 5 m，而且进出水口过渡段宜长一些，以防淤积。如果主槽较短，可取槽身与沟渠的横断面相同，沟槽直接衔接，可不设过渡段。水流横断面不同时，过渡段的平面收缩角为 10°~ 15°，据此可确定过渡段的有关尺寸。与槽身连接的土质沟渠，应予以防护加固，其长度至少是沟渠水深的 4 倍。

6. 蒸发池

蒸发池主要用在气候干旱、排水困难地段，可利用沿线的集中取土坑或专门设置蒸发池排出地表水。在设计上，其应在路基边沟（或排水沟）间设排水沟连接，边缘与路基边沟距离不应小于 5 m。面积较大的蒸发池不得小于 20 m。池中水位应低于排水沟的沟底。

蒸发池的容量应以一个月内路基汇流入池中的雨水能及时完成渗透与蒸发作为设计依据。每个蒸发池的容水量不宜超过 300 m³，蓄水深度不应大于 2.0 m。在工程中需要注意，蒸发池的设置不应使附近地面形成盐渍化或沼泽化。

（二）路面表面排水

路面表面排水旨在迅速把降落在路面和路肩表面的降水排走，以免造成路面积水而影响行车安全。路面表面排水在设计中应遵循下列规定：

①路堑地段路面表面水应通过横向排流的方式汇集于边沟内。

②路堤较高且边坡坡面未做防护，或坡面虽有防护措施但仍有可能受到冲刷的路段，应采用路面集中排水系统排除路表水。

③路线纵坡平缓、汇水量不大、路堤较低且边坡坡面不易受到冲刷的路段，以及设置了具有截水、排水功能的骨架护坡的高填方路段，可采用路面横向分散漫流排水方式排除路表水。

④设置拦水带汇集路表水时，高速公路及一级公路的设计积水宽度不得超过右侧车道外边缘；二级及二级以下公路不得超过右侧车道中心线。当硬路肩宽度较窄、汇水量大或拦水带形成的过水断面不足时，可采用沿土路肩设置 U 形路肩边沟等措施加大过水断面。路肩边沟宜采用水泥混凝土等预制件铺筑。

⑤采用路面横向分散漫流方式排除路表水时，宜对土路肩及坡面进行加固。

由于修筑拦水带和急流槽需增加工程投资，因而，应先进行经济性分析，确定是采用有效的坡面防护措施，还是修筑拦水带和急流槽更满足工程造价要求。拦水带可由沥青混凝土现场铺筑，或者由水泥混凝土预制块铺砌而成。采用水泥混凝土预制块拦水带时，应避免预制块影响路面内部水的排泄。

拦水带的泄水门可设置成开口（喇叭口）式。为提高泄水能力，设在纵坡坡段上的泄水口宜做成不对称的喇叭口，并在硬路肩边缘的外侧设置逐渐变宽的低凹区。泄水口的泄水量以及开口长度、低凹区宽度和下凹深度等尺寸应按泄水口水力计算确定。

二、路界地下排水

路基及边坡土体中的上层滞水，或埋藏很浅的潜水称为地下水，当地下水影响路基强度或边坡稳定时，应设置暗沟（管）、渗沟和检查井等地下排水设施。

（一）路界地下排水设计要点

①当地下水影响路基稳定或强度时，应设置暗沟、渗沟、渗井、渗水隧道或仰斜式排水管等地下排水设施，以拦截、引排含水层的地下水，降低地下水位或疏干坡体内地下水。

②应通过工程地质和水文地质调查、勘察，查明地下水的类型、补给来源、活动规律及其他有关水文地质参数，勘察成果应满足路界地下排水设计的需要。对含水地层或地下水富集带宜进行专门的调查和勘测。

③地下排水设施应具有足够的强度，能承受来自包括排水设施及路基路面施工的施工荷载、路面结构静荷载、行车荷载及路基变形或周围环境影响等产生的作用。

④地下排水沟管应尽可能采用较大的纵坡，在出水口端应加大纵坡坡度。其最小纵坡坡度一般不宜小于 0.50%；条件困难时，主沟的最小纵坡坡度不得小于 0.25%，支沟的最

小纵坡坡度不得小于0.20%。

⑤地下排水沟管的出水口间距不宜大于300 m，并应妥善处理出水口的排水通道，防止出现漫流或冲刷山坡坡面。可以允许将地下水排放到路界地表排水系统中，但出水口处的地下水必须处于无压状态。

⑥地下排水沟管的上游端头应设置45°倾角与地面清扫、疏通井管；在中间段的管道交汇处、转向处、管径或坡度变换处，应设置竖直的检查井管，其最大间距不得超过150 m。

（二）地下排水布置原则

应根据地下水类型、含水层埋藏深度、地层渗透性、地下水对环境的影响，并考虑与地表排水设施协调等，选用适宜的地下排水设施，并应符合以下规定：

①有地下水出露的挖方路基、斜坡路堤、路基填挖交替地段，当地下水埋藏浅或无固定含水层时，宜采用渗沟。

②对于存有地下水的坡面，当坡体土质潮湿、无集中的地下水流但危及路基安全时，宜设置边坡渗沟或支撑渗沟。

③当地下水埋藏深或为固定含水层时，可采用渗水隧洞、渗井。渗井宜用于地下含水层较多，但路基水量不大，且渗沟难以布置的地段。

④路基基底范围有泉水外涌时，宜设置暗沟（管）将水引排至路堤坡脚外或道路边沟内。

⑤当坡面有集中地下水时，可设置仰斜式排水孔。

（三）地下排水设施与构造

常用的路基地下排水设施有暗沟、渗沟、渗水隧洞和渗井等。其特点是排水量不大，主要是以渗流方式汇集水流，并就近排出路基范围以外。对于流量较大的地下水，应设置专用地下管道予以排除。

由于地下排水设施埋置在地面以下，不易维修，在路基建成后又难以查明失效情况，因此要求地下排水设施牢固有效。

1. 暗沟

相对于地面排水的明沟而言，暗沟又称为盲沟，属于隐蔽工程。从盲沟的构造特点看，由于沟内分层填以大小不同的颗粒材料，利用渗水材料透水性将地下水汇集于沟内，并沿沟排泄至指定地点，此种构造相对于管道流水而言，习惯上称为盲沟，在水力特性上属于紊流。

沟槽内全部填满颗粒材料，可以理解为简易盲沟，其构造比较简单，横断面为矩形，也可做成上宽下窄的梯形，沟壁倾斜度约1：0.2，底宽与深度大致为1：3，深1.0～1.5 m，底宽为0.3～0.5 m。盲沟的底部中间填以粒径较大（3～5 cm）的碎石，其空隙较大，水可在空隙中流动。粗粒碎石两侧和上部，按一定比例分层（层厚约 10 cm）填以较细粒径的粒料，逐层粒径比例大致按 6 倍递减。盲沟顶部和底面，一般设有厚 30 cm 以上的不透水层或顶部设有双层反铺草皮。

简易盲沟的排水能力较小，不宜过长，沟底具有 1%～2% 的纵坡，出水口底面高程应高出沟外最高水位 20 cm，以防水流倒渗。

寒冷地区的盲沟，应做防冻保温处理或将盲沟设在冻结深度以下。

2. 渗沟

采用渗透方式将地下水汇集于沟内，并通过沟底通道将水排至指定地点，此种地下排水设施统称为渗沟，它的作用是降低地下水位或拦截地下水，其水力特性是紊流，但在构造上与上述简易盲沟有所不同。

盲沟式渗沟与上述简易盲沟相似，但构造更为完善，当地下水流量较大，要求埋置更深时，可在沟底设洞或管，前者称为渗洞，后者称为渗水隧洞。

渗沟的位置与作用，视地下排水的需要而定，大致与简易盲沟相仿，但沟的尺寸更大，埋置更深，而且要进行水力计算确定尺寸。公路路基中，浅埋的渗沟在 2～3 m 以内，深埋时可达 6 m。

渗沟底部设洞或管，底部结构相当于顶部可以渗水的涵洞。洞身要求埋入不透水层内，如果地基软弱还应铺设砂石基础；洞身埋在透水层中时，必要时在两侧和底部加设隔水层，以达到排水的目的。洞底设置不小于 0.5% 的纵坡，使集水通畅排出。

渗水隧洞的设计应符合以下规定：

①滑动面（带）以下不小于 0.5 m。

②对滑动面以上的其他含水层，宜采用在渗水隧洞顶上设置渗井或渗管等方法引入隧洞中。渗水隧洞以下存在承压含水层时，宜在洞底部设置渗水孔。

③隧洞横断面净高不宜小于 1.8 m，净宽不宜小于 1.0 m。

④隧洞平面轴线宜顺直，洞底纵坡应不小于 0.5%，不同纵坡段可采用设台阶跌水或折线坡等形式连接。

⑤隧洞结构设计应符合现行公路隧道设计有关规定。

当排除地下水的流量更大或排水距离较长时，可考虑采用管式渗沟。渗沟底部埋设的管道，一般为陶土或混凝土的预制管，管壁上半部留有渗水孔，渗水孔交错排列，设于边沟下的管或渗沟。管的内径由水力计算而定，一般为 0.4～0.6 m，管底设基座。对于冰冻地区，为防止冻结阻塞，除管道埋在冰冻线以下外，必要时应采取保温措施，管径也宜较大一些。

同时排水管构造应符合：带孔的排水管，槽孔的内径宜为 5～10 mm，纵向间距宜为 75 mm，按 4 排或 6 排对称地排列在圆管断面的下半截；带槽的排水管，槽口的宽度宜为 3～5 mm，按两排间隔 165° 对称地排列在圆管断面的下半截。

3. 渗井

渗井属于立式地下排水设施,当地下存在多层含水层,其中影响路基的上部含水层较薄,排水量不大,且平式渗沟难以布置时,可采用立式(竖向)排水,设置渗井,穿过不透水层,将路基范围内的上层地下水引入更深的含水层中,以降低上层的地下水位或全部予以排除。

渗井的平面布置,以及孔径与渗水量,按水力计算而定,一般为直径 1.0~1.5 m 的圆柱形,也可是边长为 1.0~1.5 m 的方形。井深视地层构造情况而定,井内由中心向四周,按层次分别填入由粗到细的砂石材料,粗料渗水,细料反滤。填充料要求筛分冲洗,施工时需用钢板套筒分隔,填入不同粒径的材料,并要求层次分明,不得粗细材料混杂,以保证渗井达到预期排水效果。

鉴于渗井施工不易,单位渗水面积的造价高于渗沟,一般尽量少用。有时,因土基含水率较大,严重影响路基、路面的强度,其他地下排水设施不易布置,其他技术措施如隔离层的造价较高,此时渗井可作为技术措施之一进行设计比选,合适时有条件地选用。

三、路面内部排水设计

降落在路面表面的雨水,会通过路面裂缝、松散等病害处或沥青路面面层孔隙,或是由路肩侧向渗入路面结构内部,使沥青混合料的耐久性能逐渐下降,引发更多的病害。因此,必须重视路面结构内部排水。路面内部排水系统的设计通常需满足三方面的要求:①各项设施应具有足够的泄水能力,能够及时排除渗入路面结构内的自由水;②自由水在路面结构内的渗流路径和渗流时间不能太长;③排水设施具有较好的耐久性。

(一)路面内部排水

在下列情况下,应设置路面内部排水系统:

①年降水量为 600 mm 以上的湿润多雨地区,路基由透水性差的细粒土填筑的高速公路、一级公路或重要的二级公路。

②路基两侧有滞水,可能渗入路面结构内。

③严重冰冻地区,路床为粉性土的潮湿路段。

④现有路面改建或路基改善工程,需排除积滞在路面结构内的水分。

同时,路面内部排水系统的设计应满足下列要求:

①路面内部排水系统中各种排水设施的设计排泄量均应不小于路面表面水渗水量的 2 倍,下游排水设施的泄水能力应超过上游排水设施的泄水能力。

②排水设施应避免被渗流从路面结构、路基或路肩中带来的细料堵塞。

③系统的排水功能不应随时间很快降低。

当道路所处地区降雨量大(年平均降雨量大于 600 mm),对于高速公路和控制出入条件好的其他等级公路、城市快速路，可以考虑采用排水沥青面层替代传统的密级配面层，将面层也作为路面内部排水系统的一部分，极大提升雨天路面的排水效率。

排水沥青路面是指压实后空隙率在18%以上，能够在混合料内部形成排水通道的沥青路面类型，一般用于上面层或中上面层，其下为常规的密级配沥青路面，两者之间设有防水黏结层。由于排水沥青路面具有大空隙结构，雨水可快速渗透入路面中，经由连通空隙沿路面结构内部横向排出，从而消除严重影响行车安全的路表水膜。

排水沥青路面结构层包括沥青面层、基层、底基层、垫层等层次。面层通常由排水功能层、防水黏结层和下承层组成。下承层应密实防水，并具有较强的抗车辙性能。排水沥青路面采用半刚性基层时，宜采取减少基层横向裂缝的技术措施；排水沥青路面也可采用级配碎石等柔性基层。

单层排水沥青路面宜采用PAC-13结构形式，厚度以40～50 mm为主。双层排水沥青路面结构的排水功能层由小粒径排水沥青混合料上层和大粒径排水沥青混合料下层组成。上层与下层常用组合为PAC-10 + PAC-16、PAC-5 + PAC-13和PAC-13 + PAC-20。对于双层排水沥青路面，上层厚度宜为20～30 mm，下层厚度宜为35～50 mm。

在排水沥青路面表面排水功能层和下承层之间须设置防水黏结层。新建道路防水黏结层可采用改性乳化沥青类材料或改性热沥青类材料，如橡胶沥青、SBS改性沥青等。重载交通和旧路罩面工程的防水黏结层宜采用改性热沥青类材料。改性乳化沥青类的防水黏结层洒布量宜控制在0.3～0.6 kg/m²（以纯沥青计）。改性热沥青类防水黏结层洒布量宜控制在1.5～1.8 kg/m²，并洒布一定数量的碎石或预裹覆沥青碎石。

排水沥青混合料必须在对同类配合比设计和使用情况调查研究的基础上，充分借鉴成功的经验，进行配合比设计。

（二）边缘排水系统

路面边缘排水系统是沿路面边缘设置的，由透水性填料集水沟、纵向排水沟、横向出水管和过滤织物组成的排水系统。该系统是将渗入路面结构内的自由水，先沿路面结构层间空隙或某一透水层横向流入纵向集水沟和排水管，再由横向出水管排引出路基。这种排水系统常用于基层透水性小的水泥混凝土路面，特别是用于改善排水状况不良的旧水泥混凝土路面。水泥混凝土面层板的边缘和角隅处，由于温度和湿度梯度引起的翘曲变形作用以及地基的沉降变形，常出现板底面同基层顶面脱空的现象。下渗的路表水易积聚在这些脱空内，诱发唧泥和错台等损坏。设置边缘排水系统，便于将面层—基层—路肩界面处积滞的自由水排离路面结构。而对于排水状况不良的旧水泥混凝土路面，采用边缘排水设施方案，可以在不改变原路面结构的情况下改善其排水状况，从而提高原路面的使用性能和使用寿命。然而，自由水在路面结构层内沿层间渗流的速率要比向下渗流的速率慢许多倍，并且部分自由水仍有可能被阻封在路面结构内，因而，边缘排水系统的渗流时间较长，路面结构处于潮湿状态的时间要比基层排水系统长许多。

纵向排水管通常选用聚氯乙烯（PVC）或聚乙烯（PE）塑料管。排水管设3排槽口或孔口，其开口总面积不小于42 cm²/延米。管径按设计流量由水力计算确定，通常在70～150 mm范围内选用。排水管的埋设深度，应保证不被车辆或施工机械压裂，并应超过当地的冰冻深度。在非冰冻地区，新建路面时，排水管的管底通常与基层底面齐平；改建路面时，管中心应低于基层顶面。排水管的纵向坡度宜与路线纵坡相同，但不得小于0.3%。

横向出水管选用不带槽或孔的聚氯乙烯塑料管，管径与排水管相同。其间距和安全位置由水力计算并考虑邻近地面高程和公路纵横断面情况确定，一般在50～100 m范围内选用。出水管的横向坡度不宜小于5%。埋设出水管所开挖的沟，须用低透水材料回填。出水管的外露端头用镀锌钢丝网或格栅罩住。出水口的下方应铺设水泥混凝土防冲刷垫板或者对泄水道的坡面进行浆砌片石防护，以防止水流冲刷路基边坡。出水水流应尽可能排引至排水沟或涵洞内。

透水性填料由水泥处治的开级配粗集料组成，其孔隙率为15%～20%。粗集料最大粒径不大于40 mm，粒径4.75 mm以下的细粒含量不应超过16%，2.36 mm以下的细粒含量不应超过6%。为避免带孔排水管被堵塞，透水性填料在通过率为85%时的粒径应比排水管槽口宽或孔口直径大1.0～1.2倍。水泥处治的集料的配合比，应按透水性要求和施工要求通过试配确定。

集水沟底面的最小宽度，对新建路面，不应小于30 cm；对改建路面，应能保证排水管两侧各有至少5 cm宽的透水填料。透水填料的底面和外侧围以反滤织物（土工布），以防垫层、基层和路肩内的细粒侵入而堵塞填料空隙或管孔。反滤织物可选用由聚酯类、尼龙或聚丙烯材料制成的无纺织物，能透水，但细粒土不能随水透过。

（三）基层排水系统

基层排水系统一般是指直接在面层下设置的透水性排水基层，其边缘设置纵向集水沟和排水管以及横向出水管等排水系统。采用透水性材料作为基层，使渗入路面结构内的水分，先通过竖向渗流进入排水层，然后横向渗流进入纵向集水沟和排水管，再由横向出水管排引出路基。由于自由水进入排水层的渗流路径短，在透水性材料中渗流的速率快，基层排水系统的排水效果要比边缘排水系统好得多。一般在新建路面时采用此方案，排水基层设在面层下，作为路面结构的基层或基层的一部分，共同承受车辆荷载的作用。

排水基层也可采用横贯路基整个宽度的形式，不设纵向集水沟、排水管和横向出水管。渗入排水层内的自由水，横向渗流，直接排泄到路基坡面外，这种形式便于施工，但其主要缺点是，排水层在坡面出口处易生长杂草或被其他杂物堵塞，从而在使用几年后便不再能排泄渗入水，而集中积滞在排水层内的自由水反而使路面结构，特别是路肩部分，更易出现损坏。

在一些特殊地段，如连续长纵坡坡段、曲线超高过渡段和凹形竖曲线段等，排水层内渗流的自由水有可能被堵封或者渗流路径超过 45～60 m。在这些地段，应增设横向排水管以拦截水流，缩短渗流长度。

排水基层透水性材料可以采用经水泥或沥青处治，或者未经处治的开级配碎石集料。未处治的碎石集料的透水性一般比水泥或沥青处治的要低，其渗透系数为 60～1 000 m/d。而水泥或沥青处治的碎石集料的渗透系数为 1 000～6 000 m/d，其中沥青处治的碎石集料的透水性略高于水泥处治的碎石集料。未经水泥或沥青处治的碎石集料，在施工摊铺时易出现离析，在碾压时不易压实稳定，并且易在施工机械行驶下出现推移变形，因而一般情况下不建议采用作为排水基层。用作水泥混凝土面层的排水基层时，宜采用水泥处治的开级配碎石集料，其最大粒径可选取用 25 mm。而用作沥青混凝土面层的排水基层时，则宜采用沥青处治的碎石集料，最大粒径宜为 20 mm。材料的透水性同集料的颗粒组成情况有关，空隙率大的组成材料，其渗透系数也大，需通过透水试验确定。

纵向集水沟布置在路面横坡的下方。行车道路面采用双向坡路拱时，在路面两侧都设置纵向集水沟。集水沟的内侧边缘可设在行车道面层边缘处，但有时为了避免排水管被面层施工机械压裂，或者避免路肩铺面受集水沟沉降变形的影响，将集水沟向外侧移出60～90 cm。路肩采用水泥混凝土铺面时，集水沟内侧边缘向外移到路肩面层边缘处。

排水基层下必须设置不透水垫层或反滤层，以防止表面水下渗入垫层，浸湿垫层和路基，同时防止垫层或路基土中的细粒进入排水基层而造成堵塞。

排水垫层按路基全宽设在其顶面。过湿路基中的自由水上移到排水垫层内后，向两侧横向渗流。路基为路堤时，水向路基坡面外排流；路基为路堑或半路堑时，挖方坡脚处须设置纵向集水沟、排水管和横向排水管。

排水垫层一方面要能渗水，另一方面要防止渗流带来的细粒堵塞透水材料。为此，在材料级配组成上要满足关于渗透和反滤要求。

第二节　路面排水的适用条件

一、概述

路基强度和稳定性与水的关系十分密切。路基路面的病害有多种形式，导致病害的因素也很多，但水的作用是主要因素之一，因此，必须十分重视路基排水设计。根据水源的不同，影响路基路面的水流可分为地面水和地下水两大类，与此相适应的路基排水工程，则分为地面排水和地下排水。

地面水包括大气降水（雨和雪）以及海、河、湖、水渠及水库水。地面水对路基产生冲刷和渗透，冲刷可能导致路基整体稳定性受损害，形成水毁现象，而渗入路基土体的水分，则会使土体过湿而降低路基强度。

地下水包括上层滞水、潜水及层间水等，它们对路基的危害程度因条件不同而异。轻者能使路基湿软，降低路基强度；重者会引起冻胀、翻浆或边坡滑塌，甚至整个路基沿倾斜基底滑动。

水可以通过路面裂缝、路面表面和路肩渗入路面，或是由高水位地下水、截断的含水层和泉水进入路面结构，被围封在路面结构内的水分产生的有害影响可归纳如下：

①浸湿各结构层材料和路基土，易造成无黏结粒状材料和地基土的强度降低。

②使水泥混凝土路面产生唧泥，随之出现错台、开裂和整个路肩破坏。

③由于移动车辆产生高动水压力，进入空隙的自由水在行车荷载的作用下，会形成高孔隙水压力和高流速的水流，引起路面基层的细颗粒产生唧泥，结果使其失去支撑。

④冰冻深度大于路面厚度时，高地下水位会造成冻胀，并在冻融期间降低承载能力，且会使冻胀土产生不均匀冻胀。

⑤长时间浸泡在水中的沥青混合料很可能发生剥落，进而产生龟裂等病害，影响沥青混凝土的耐久性。

二、路基路面排水的目的与要求

路基排水目的就是将路基范围内的土基湿度降低到一定的限度以内，保持路基常年处于干燥状态，确保路基、路面具有足够的强度与稳定性。在道路修筑过程中，主要从以下三方面考虑：

①路基设计时，必须考虑将影响路基稳定性的地面水排出和拦截于路基用地范围以外，并防止地面水漫流、积滞或下渗。对于影响路基稳定性的地下水，则应予以隔断、疏干、降低，并引导至路基范围以外的适当地点。

②路基施工中，应校核全线路基排水系统的设计是否完备和妥善，必要时应予以补充或修改，应重视排水工程的质量和使用效果。此外，应根据实际情况与需要，设置施工现场的临时性排水措施，以保证路基土石方及附属结构物在正常条件下进行施工作业，消除路基基底和土体内与水有关的隐患，保证路基工程质量，提高施工效率。

③路基养护中，对排水设施应定期检查与维修，以保证排水设施正常使用，水流畅通，并根据实际情况不断改善路基排水条件。

三、路基路面排水设计的主要内容

路基路面排水设计的主要内容包括：路界地表排水，路面内部排水，路界地下排水，公路构造物、下穿道路及沿线设施排水，特殊地区及特殊路段排水等。因此，公路排水设计过程主要有排水系统总体设计、水文调查与计算、排水设施结构形式和材料选择、水利计算等内容。

路界地表排水包括路（桥）面表面、中央分隔带、坡面和由公路毗邻地带或交叉道路流入路界内的表面水的排除；路面内部排水包括路面边缘排水系统、排水基层或排水垫层单独或组合构成；路界地下排水包括暗沟、渗沟、渗井、渗水隧道或仰斜排水管等地下排水设施，拦截、引排含水层的地下水，降低地下水位或疏干坡体内地下水；公路构造物、下穿道路及沿线设施排水包括桥面排水、桥（涵）台和支挡构造物排水、隧道排水、下穿道路排水、沿线设施排水等；特殊地区及特殊路段排水包括多年冻土地区排水、膨胀土地区排水、黄土地区排水、盐渍土地区排水、滑坡路段排水和水环境敏感路段排水等。

第三节　路面排水病害及处治

一、沥青路面主要病害

沥青路面在使用过程中，由于行车荷载作用和环境因素的影响，路面逐渐产生各种损坏。路面的损坏可以分为两类：一类是结构性损坏，包括路面结构整体或部分结构层的破坏，使路面失去支撑行车荷载的能力；另一类是功能性损坏，它可能并不伴随结构性损坏而发生，但由于平整性和抗滑能力等的下降，使其不再具有预定的服务功能，从而影响服务质量。常见的沥青路面病害类型有裂缝、车辙、松散、坑槽、泛油破浪拥抱和沉陷等。

（一）裂缝

裂缝是沥青路面最常见的一种病害类型。按其成因可分为荷载型裂缝和非荷载型裂缝两类，按其形式分为纵向裂缝、横向裂缝、块状裂缝和龟裂等。横向裂缝是与道路中线近似垂直的裂缝，有时伴有少量支缝。纵向裂缝是与道路中线大致平行的单条裂缝。龟裂则是路面上表现为相互交错的小格状裂缝，因其形状类似乌龟的背壳而得名。块状裂缝表现为纵向和横向裂缝的交错而使路面分裂成近似成直角的多边形大块，块状裂缝的网格在形状和尺寸上都有别于龟裂。

纵向裂缝产生的主要原因有行车荷载、不均匀沉降等。荷载产生的裂缝由下往上发展，通常先出现在沥青层的底面，在重复荷载作用下，裂缝逐渐扩展和加密。在半填半挖路基的分界处、新旧路结合处或路面加宽处，由于路基压实不够，发生不均匀沉降，也会产生纵向裂缝。此外，由于混合料摊铺时纵向施工搭接质量不好，或者旧路面层纵向裂缝的反射作用，往往会在路面的中线处产生纵向裂缝。

横向裂缝产生的主要原因有温度，温缩、干缩形成的反射裂缝等。当冬季气温下降时，沥青面层产生收缩，由于路面几何形状的关系，收缩的主轴为路线的纵向，因此形成的裂缝一般都是与道路中心线垂直的横缝。此外，我国大量采用半刚性基层路面结构形式，半刚性基层的温缩、干缩形成的反射裂缝，是形成横向裂缝的一大因素。裂缝一旦形成就会因应力的集中从下往上发展，进而贯通整个路基宽度。桥涵结构物的"桥基"结合部大部分存在严重的横向裂缝，这主要是由于台背填土压实不足，在重载作用下形成大面积沉降，在结合处形成贯通整个路基宽度的横向裂缝。

块状裂缝产生的主要原因在于材料自身，这与龟裂有所区别。龟裂主要出现在荷载作用的轮迹处，而块状裂缝则可能出现在整个路面宽度范围内，范围较大。因路面强度和稳定性引起的网裂和龟裂，通常还伴随路面沉陷变形。

（二）车辙

车辙是沥青路面病害特有的一种损坏现象，通常发生在车轮碾压频繁的轮迹带上，轮迹带渐渐产生下洼形变并且形成两条纵向的槽。在较严重的情况下，辙槽的两侧一般都有鼓起形变。车辙不仅发生在路面表面，也经常危及中下面层。与路面开裂、水损坏相比，车辙的危害性最大，直接威胁交通安全。

车辙形成的外因主要有夏季高温、行车荷载因素等，内因主要与材料、设计、施工有关。路面在车轮荷载的反复作用下，由于路面面层、基层与路基的进一步压密、沉降，特别是夏季高温下沥青面层的压密和侧向流动隆起，路面沿行车轮迹逐渐产生纵向带状凹槽变形。材料方面，沥青结合料的黏度低，沥青混合料配合比设计中沥青用量偏多、粗集料偏少，施工工程中沥青混凝土压实度偏低等也可导致车辙的发生。

（三）松散

松散是一种从路面表面向下不断发展的集料颗粒流失和沥青混合料流失造成的路面损坏。松散多发生在沥青路面使用的初期，其原因是使用的沥青稠度偏低，用量偏少，与矿料的黏附力不足；或因沥青加热温度过高造成沥青老化失去黏性；或所用矿料过湿、铺撒不匀以及嵌缝料不合规格而未能被沥青牢固黏结。

（四）坑槽

坑槽是由于路面松散、龟裂等破损后在行车荷载作用下不断扩展恶化而形成的一种路面损坏，是局部集料丧失，在行车作用下不断扩展恶化形成的碗状坑洞，通常是路面松散、龟裂等损坏进一步发展的结果，可深及不同的路面结构层次。

（五）泛油

泛油大多是由于沥青面层的沥青用量过大、稠度太低或热稳定性差等引起的，但有时也可能由于低温季节施工，层铺法沥青路面的嵌缝料散失过多，在气温转暖后，在行车荷载作用下多余沥青溢至表面而形成。泛油使路面在行车时产生轮迹和粘轮现象，并使路面抗滑性能下降，严重影响行车安全和周围环境。

（六）波浪拥包

波浪拥包是由于沥青面层中沥青含量偏高，黏度和软化点偏低，矿料级配不良，细料偏多，空隙率太低，致使面层材料自身的高温抗剪强度不足；或因基层含水率过大，水分难以蒸发而滞留于基层表面或基层浮土清扫不净、黏层沥青洒布不合要求等原因影响面层与基层之间的结合，造成层间抗剪强度的不足，在行车水平力作用下使路面产生推拥、挤压而在路面两侧或行车道范围内所形成的一种局部的不规则隆起变形。

（七）沉陷

沉陷是路面在行车荷载作用下，路面出现较大的凹陷变形，有时在凹陷两侧伴随出现隆起现象。当沉陷较大时，路面结构的变形能力不能适应这样大的变形量，便在受拉区产生以纵向为主的裂缝，并可能发展为网裂。产生沉陷的主要原因是路基水文地质条件差而过于湿软，路基承载力较低而难以承受通过路面传至路基表面的荷载应力，从而产生较大的竖向变形。

二、水泥混凝土路面主要病害

影响水泥混凝土路面损坏的因素包含气候、水、路基土、施工水平、材料性能、行车荷载以及路面结构等，反映出来的损坏现象有明显差异。通常有接缝的水泥混凝土路面的路面病害主要有以下几个方面。

（一）破碎板

破碎板是指混凝土板被多条裂缝分为三个以上板块。破碎板是较为严重的一种损坏形式，通常是在重载交通作用下裂缝进一步发展的结果。在荷载的作用下，破碎板会进一步破碎直至完全失去整体性。破碎板是多种病害综合作用的结果，一般存在板底脱空、接缝料损坏等。

（二）裂缝

裂缝是指板块上只有一条横向、纵向或不规则的斜裂缝。肉眼能看出来的裂缝一般为中度以上裂缝。根据裂缝缝隙边缘碎裂程度和缝隙宽度可分为轻度裂缝、中度裂缝和重度裂缝。轻度裂缝是指缝隙边缘无碎裂或剥落，缝隙宽度小于 3 mm，或填封良好，边缘无碎裂或错台的裂缝。中度裂缝是指边缘有碎裂，缝隙宽度在 3 ~ 10 mm 的裂缝，重度裂缝是指缝隙边缘严重碎裂，且缝隙宽度大于 10 mm 的裂缝。

（三）板角断裂

板角断裂是指水泥混凝土的板角被与纵横接缝相交且交点距离等于或小于板边长度一半的裂缝断开。板角断裂和斜裂缝的区别，主要看裂缝与纵横接缝交点的距离是否小于板边长度的一半。板角是水泥混凝土路面较薄弱的部位，由于施工的原因，板角相对于其他部位来说强度稍低，但却处于不利的受力位置，因此在重载重复作用及温度和湿度翘曲应力作用下，再加上地基软弱、唧泥和传荷能力差等因素，就会出现板角断裂损坏。板角断裂一般是相邻两块板相邻板角出现断裂，而且驶近板比驶离板损坏严重，这主要是由于板底材料的冲蚀，板角挠度过大，传荷能力差，重载作用，导致损坏的产生。

（四）边角剥落

边角剥落是指沿接缝方向的板边出现裂缝、破碎或脱落现象，裂缝面一般不是垂直贯穿板厚，而是与板面有一定角度。边角剥落是由于接缝内进入坚硬材料而妨碍了板的膨胀变形，接缝处混凝土强度不足，传荷设施（传力杆）设计或设置不当（未正确定位、锈蚀等），接缝施工质量差以及粗集料受冻融胀力等造成的，该损害属于非结构性损坏，但对行车舒适性和接缝料耐久性有较大影响。

（五）坑洞

坑洞是指板面出现有效直径大于 30 mm、深度大于 10 mm 的局部坑洞。施工质量差、混凝土碱集料反应、砂石含泥量大以及行驶车辆、机械的金属硬轮对路面产生撞击都可能造成坑洞。

（六）接缝料损坏

由于接缝的填料老化、剥落等原因，填料不密水或接缝内已无填料，接缝被砂、石、土填塞或长了杂草。接缝料被挤出、老化、腐蚀及杂草生长是产生接缝料损坏的主要原因。接缝料损坏可使水或坚硬材料进入而导致唧泥，边角剥落和拱起等其他损坏的产生。

（七）错台

错台是指横向接缝两侧路面板出现的竖向相对位移。当胀缝下部嵌缝板与上部缝隙未能对齐，或胀缝两侧混凝土壁面不垂直时，缝旁两板在伸胀挤压过程中会上下错开而形成错台。地面水通过接缝渗入基础使其软化，或者接缝传荷能力不足，或传力效果降低，都会导致错台的产生。当交通量或基础承载力在横向各幅板上分布不均匀，各幅板沉陷不一致时，纵缝也会产生错台现象。错台是水泥混凝土路面最为常见的损坏之一，也是造成水泥混凝土路面行驶舒适性下降的主要原因之一。

第四节 路面排水设计方法

一、路面排水设计

（一）概述

1. 排水的目的与意义

路基路面的强度与稳定性同水的关系十分密切。路基路面的病害有多种，形成病害的因素也很多，但水的作用是主要因素之一，因此路基路面设计、施工和养护中，必须十分重视路基路面排水工程。

根据水源的不同，影响路基路面的水流可分为地面水和地下水两大类，与此相适应的路基排水工程，则分为地面排水和地下排水。

地面水包括大气降水（雨和雪）以及海、河、湖、水渠及水库中的水。地面水对路基产生冲刷和渗透，冲刷可能导致路基整体稳定性受损害，形成水毁现象。渗入路基土体的水，使土体过湿而降低路基强度。

地下水包括上层滞水、潜水及层间水等，它们对路基的危害程度，因条件不同而异：轻者能使路基湿软，降低路基强度；重者会引起冻胀、翻浆或边坡滑坍，甚至整个路基沿倾斜基底滑动。水还可能造成掺有膨胀土的路基工程毁灭性的破坏。

水对路面的危害可以表现为：降低路面材料的强度，在水泥混凝土路面的接缝和路肩处造成唧泥；对于沥青路面，水使沥青从石料表面剥落造成各种病害；移动荷载作用下引起的唧泥和高压水冲刷，造成路面基层承载能力下降；在冻胀地区，融冻季节水会引起路面承载能力的普遍下降。

路基排水的任务，就是将路基范围内的土基湿度降低到一定的限度以内，保持路基常年处于干燥状态，确保路基及路面具有足够的强度与稳定性。

路基设计时，必须考虑将影响路基稳定性的地面水，排除和拦截于路基用地范围以外，并防止地面水漫流、滞积或下渗。对于影响路基稳定性的地下水，则应予以隔断、疏干和降低，并引导至路基范围以外的适当地点。

路基施工中，首先应校核全线路基排水系统的设计是否完备和妥善：必要时应予以补充或修改，重视排水工程的质量和使用效果。此外，应根据实际情况与需要，设置施工现场的临时性排水措施，以保证路基土石方及附属结构物在正常条件下进行施工作业，消除路基基底和土体内与水有关的隐患，保证路基工程质量，提高施工效率。

路基养护中，对排水设施应定期检查与维修，以保证排水设施正常使用，水流畅通，并根据实际情况不断改善路基排水条件。

路界地表排水的目的是把降落在路界范围内表面水有效地汇集并迅速排除出路界，同时把路界外可能流入的地表水拦截在路界范围外，以减少地表水对路基和路面的危害以及对行车安全的不利。通常地表排水可以划分为路面表面排水、中央分隔带排水和坡面排水三部分。中央分隔带排水，视其宽度和表面横向坡度倾向，可以包括中央分隔带和左侧路缘带，或者仅为中央分隔带，而在设超高路段，但包括上侧半幅路面的表面水。坡面排水包括路堤坡面、路堑坡面和倾向路界的自然坡面的排水。

路面工程的实践证明了路面内部排水的重要性。新建的刚性路面需设置各种接缝，而路面在使用期间又会出现各种裂缝、松散及坑槽等病害。降落在路面表面的水，会通过路面接缝、裂缝及松散等病害处，以及沥青路面面层空隙下渗入路面结构内部。此外，道路两侧有滞水时，水分也可能从侧向渗入路面结构内部。路面内部排水系统的设计通常需满足三方面的要求：一是各项设施应具有足够的泄水能力，排除渗入路面结构内的自由水；二是自由水在路面结构内的渗流时间不能太长，渗流路径不能太长；三是排水设施要有较好的耐久性。

2. 路基路面排水设计的一般原则

①排水设施要因地制宜、全面规划、合理布局、综合治理、讲究实效、注意经济，并充分利用有利地形和自然水系。一般情况下，地面和地下设置的排水沟渠宜短不宜长，以使水流不过于集中，做到及时疏散，就近分流。

②各种路基排水沟渠的设置，应注意与农田水利相配合，必要时可适当地增设涵管或加大涵管孔径，以防农业用水影响路基稳定。路基边沟一般不应用作农田灌溉渠道，两者必需合并使用时，边沟的断面应加大，并予以加固，以防水流危害路基。

③设计前必须进行调查研究，查明水源与地质条件，重点路段要进行排水系统的全面规划，考虑路基排水与桥涵布置相配合、地下排水与地面排水相配合、各种排水沟渠的平面布置与竖向布置相配合，做到路基路面综合设计和分期修建。对于排水困难和地质不良的路段，还应与路基防护加固相配合，并进行特殊设计。

④路基排水要注意防止附近山坡的水土流失，尽量不破坏天然水系，不轻易合并自然沟溪和改变水流性质，尽量选择有利地质条件布设人工沟渠，减少排水沟渠的防护与加固工程。对于重点路段的主要排水设施以及土质松软和纵坡较陡地段的排水沟渠，应注意必要的防护与加固。

⑤路基排水要结合当地水文条件和道路等级等具体情况，注意就地取材，以防为主，既要稳固适用，又要讲究经济效益。

⑥为了减少水对路面的破坏作用，应提高路面结构的抗水害能力，尽量阻止水进入路面结构，提供良好的排水措施，迅速排除路面结构内的积水。

（二）路面排水设计

1. 路面表面排水

路面表面排水的主要任务是迅速把降落在路面和路肩表面的降水排走，以免造成路面积水而影响行车安全。路面表面排水设计应遵循下列原则：

①降落在路面上的雨水，应通过路面横向坡度向两侧排走，避免行车道路面范围内出现积水。

②在路线纵坡平缓、汇水量不大、路堤较低且边坡坡面不会受到冲刷的情况下，应采取在路堤边坡上横向漫坡的方式排除路面表面水。

③在路堤较高，边坡坡面未做防护而易遭受路面表面水流冲刷，或者坡面虽已采取防护措施但仍有可能受到冲刷时，应沿路肩外侧边缘设置拦水带以汇集路面表面水，然后通过泄水口和急流槽排离路堤。

④设置拦水带汇集路面表面水时，拦水带过水断面内的水面，在高速公路及一级公路上不得漫过右侧车道外边缘，在二级及二级以下公路上不得漫过右侧车道中心线。

当路基横断面为路堑时，横向排流的表面水汇集于边沟内。当路基横断面为路堤时，可采用两种方式排除路面表面水：一种是让路面表面水以横向漫流形式向路堤坡面分散排放；另一种方式是在路肩外侧边缘放置拦水带，将路面表面水汇集在拦水带同路肩铺面（或者路肩和部分路面铺面）组成的浅三角形过水断面内，然后通过相隔一定间距设置的泄水口和急流槽集中排放至路堤坡脚外。两种排水方式的选择，主要依据表面水是否对路堤坡面造成冲刷危害。在汇水量不大、路堤不高、路线纵坡平缓、坡面耐冲刷能力强的情况下，应优先采用横向漫流分散排放的方式；在表面水有可能冲刷路堤坡面的情况下，则采用将路面表面水汇集在拦水带内，通过泄水口和急流槽集中排放的方式。由于修筑拦水带和急流槽需增加工程投资，因而，需对投资的经济性进行分析和比较：是采用有效的坡面防护措施，而不设拦水带和急流槽经济，还是修筑拦水带和急流槽而降低对坡面防护工程的要求合算。

拦水带可由沥青混凝土现场浇筑，或者由水泥混凝土预制块铺砌而成。采用水泥混凝土预制块拦水带时，应避免预制块影响路面内部水的排泄。

2. 中央分隔带排水

中央分隔带排水是高速公路及一级公路地表排水的重要内容，应根据分隔带宽度、绿化和交通安全设施的形式，以及分隔带表面的处理方式等因素选择不同的排水方式。我国中央分隔带排水划分为三种类型。

①宽度小于 3 m 且表面采用铺面封闭的中央分隔带排水，降落在分隔带上的表面水排向两侧行车道，其坡度与路面的横坡度相同；在超高路段上，可在分隔带上侧边缘处设置缘石或泄水口，或者在分隔带内设置缝隙式圆形集水管或碟形混凝土浅沟和泄水口以拦截和排泄上侧半幅路面的表面水=缘石过水断面的泄水口可采用开口式、格栅式或组合式；

碟形混凝土浅沟的泄水口采用格栅式。格栅铁条应平行于水流方向，孔口的净泄水面积应占格栅面积的一半以上，泄水口间距和截流量计算以及断面尺寸等可通过计算选取。

②宽度大于 3 m 且表面未采用铺面封闭的中央分隔带排水，降落在分隔带上的表面水汇集在分隔带中央的低洼处，并通过纵坡排流到泄水口或横穿路界的桥涵水道中。分隔带的横向坡度不得陡于 1∶6；分隔带的纵向排水坡度，在过水断面无铺面时不得小于 0.25%，有铺面时不得小于 0.12%。当水流速度超过地面土的最大允许流速时，应在过水断面宽度范围内对地面土进行防冲刷处理，做成三角形或 U 形断面的水沟。防冲刷层可采用石灰或水泥稳定土，或者采用浆砌片石铺砌，层厚 10～15 cm。在中央分隔带内的水流流量过大或流速超过允许范围处，或者在分隔带低凹区的流水汇集处，应设置格栅或泄水口，并通过排水管引排到桥涵或路界外。格栅可以同周围地面齐平，也可适当降低，并在其周围一定宽度范围内做成低凹区，以增强泄水能力。

③表面无铺面且未采用表面排水措施的中央分隔带，降落在分隔带上的表面水下渗，由分隔带内的地下排水设施排除。常用的纵向排水渗沟应隔一定间距通过横向排水管将渗沟内的水排出路界；渗沟周围包裹反滤织物（土工布），以免渗入水携带的细粒将渗沟堵塞，渗沟上的回填料与路面结构的交界面铺设双层沥青的土工布隔渗层。排水管可采用直径 70～150 mm 的塑料管。

在我国，通常采用较窄的中央分隔带，仅在中间设预留车道时才采用宽的中央分隔带。各地在选用排水设施类型时，并不拘泥于以分隔带宽度限值作为唯一的依据，而是结合地区和工程需要确定，形式是多样的。因而，上述分类中的宽度标准并不是绝对的。

3. 路面内部排水

水可以通过路面接缝、裂缝、路面表面和路肩渗入路面，或是由高水位地下水、截断的含水层和当地泉水进入路面结构。被围封在路面结构内的水分产生的有害影响可归纳如下：

①浸湿各结构层材料和路基土，易造成无翻结粒状材料和路基土的强度降低。

②使混凝土路面产生唧泥，随之出现错台、开裂和整个路肩破坏。

③进入空隙的自由水在行车荷载的作用下，会形成高孔隙水压力和高流速的水流，引起路面基层的细颗粒产生唧泥，导致路面失去支撑。

④在冰冻深度大于路面厚度的地方，高地下水位会造成冻胀，并在冻融期间降低承载能力。

⑤水使冻胀土产生不均匀冻胀。

⑥与水经常接触将使沥青混合料松散剥落，影响沥青混凝土耐久性。

二、水的运动

从历史上来看，人们修建道路的初衷有两个：①建立通往目的地的途径；②避免路途中的泥泞。水使古代道路泥泞不堪,对现代路面也同样具有强烈的破坏作用,沥青路面的水损坏和水泥混凝土路面的唧泥、错台等损坏都是水直接参与破坏的结果。古代的罗马人和秦汉人都不约而同地采取了加高路基、修建排水沟等排水措施,而现代道路工程与水的斗争也一直没有停止过,并在多年经验积累的基础上,根据水文地质学、水力学等基本原理建立了较为完善的路面排水体系。

在目前的路面设计体系中,存在一个长期的片面认识,认为只要路面设计时考虑了路基饱水的最不利状态,路面就能具有足够的承载力,就不需要再建立一个很好的路面排水系统。这种观念在过去交通量小、轴载轻的年代似乎可以勉强行得通,但是在重交通、重轴载的现代交通环境下,水、环境与荷载因素三者叠加,产生了超乎想象的破坏能力,导致了沥青混合料的各类水损坏,基层材料的细料流失、级配退化,水泥路面的唧泥、错台、脱空等一系列路面损坏,进而引发裂缝、变形等次生损坏。理论上讲,当路面结构中水的侵入量小于路面基层、底基层、垫层和土基的排水能力时,不需要设置路面内部排水系统,但是在设计过程中,无论是水的侵入量,还是路面的排水能力都难以准确评估,所以在各种高等级路面中设置内部排水系统是非常必要和妥当的选择。

降水侵入路面的途径主要有路面的裂缝或接缝、路肩和边坡。地下水位较高时,地下毛细水或水汽可直接侵蚀路基和路面结构。路面内水分循环的动力主要来自重力、毛细力、蒸发压,以及它们的综合作用。粒料基层、底基层或垫层内水的流动源于重力作用,细粒土内水的运动源于毛细作用,而水汽的运动主要源于蒸发压的作用。

水汽总是从热的区域向冷的区域运动,所以整个夏季或白天时,路表温度较高,水汽向路基深处运动富集,而在整个冬季或夜间,水汽由路基深处向路表运动富集,因此碎石基层经常处于潮湿状态。

三、治水方法

为了尽量减小水的破坏作用,应采取"防"和"排"两种措施双管齐下控制水对路面的侵蚀。"防"主要是指防止降水和地下水直接侵入路面结构,所采用的主要技术手段有路面封层、裂缝和接缝的封闭、路表和坡面的排水等;"排"主要是指在路面结构内设置内部排水设施,尽快排除侵入路面的水分。

(一)防水与路表排水

路面采用防水措施的主要目的在于截断降水和地下水侵入路面结构的途径。路表防水不仅要保证路面本身不透水,还要将路面及其毗邻范围内的降水快速排除。实践中,密级配沥青混凝土、沥青封层、微表处都是常用的路面防水措施,而路表降水的排除则主要采用一系列人工构造的坡度,将降水及时的排出到路界范围之外。按降水在路界内分布范围,可将路表排水分为路面排水、中央分隔带排水、坡面排水和相邻地带排水四部分。路面表面排水范围包括行车道和路肩。中央分隔带排水，视其宽度和表面横向坡度坡向，可以包括中央分隔带和左侧路缘带排水，或者仅为中央分隔带排水；而在设超高路段，它还包括上侧半幅路面的表面水。坡面排水包括路堤坡面、路堑坡面和倾向路界的自然坡面的排水。

路表排水的主要手段是路面和路肩的横坡、坡面漫流和竖向排水沟、边沟以及截水沟。这些设施将自然降水阻截或及时排除到路面范围之外，但是降水形成的地表径流从路面内侧流到路面边缘仍需要一段时间，这个时间与路面宽度的平方成正比，因此仍然可能会有部分水分从未及时修补的路面裂缝、损坏的接缝或沥青混合料较大的空隙侵入到路面内部。

（二）路面内部排水

如果降水或地下水侵入到路面内部，那么应当采用内部排水措施在其产生危害之前将它排除。内部排水主要有三种形式，即排水层、纵向和横向盲沟。

排水基层截留了从面层侵入的降水，并将这些侵入水分沿横坡排除到路面边缘的纵向盲沟。纵向盲沟可以采用法式盲沟结构，也可以增设集水管以增大排水能力，这种集水管的管壁上开有小孔，让水分得以进入集水管而快速排出路面。为了防止内部排水过程中周围结构层次中的细集料遭受冲刷而阻塞盲沟，应当在排水层周围设置过滤层，设置排水基层的情况下，底基层即作为过滤层。

除了采用纵向盲沟快速排水之外，还可以采用全宽式排水基层，将路面内部水分横向直接排出路面。但是，这种内部排水结构并不比纵向盲沟更为可靠，因为设置在边坡上的出水口经常因为施工或养护作业而阻塞，宽度较大的排水层也增大了水头损失，降低了排水的效率。在边沟水位淹没排水口的极端情况下，边沟内的水可以通过排水层倒灌入路面结构。

排水层的位置应当根据具体的设计需求来确定。一般来说，排水层设置在面层下或路基上，即排水基层或排水垫层。当采用排水基层方案时，基层的性能应同时满足排水和承重的双重要求，既要有足够空隙满足排水要求，又要有足够的强度满足承重要求。排水基层的优点在于可以直接拦截从面层侵入的水，并以最快的速度加以排除，最大限度地降低了唧泥的可能性。但是它的缺点是并不能排除其下各个层次中的水分，而且为了顾及基层的排水能力，在排水基层材料设计中要尽量降低细集料用量甚至完全弃用，从而导致了基层稳定性下降。另外一种排水基层的方案是设置一个隔离层将基层和底基层分隔开，以防止基层与底基层混合。隔离层可以采用密级配碎石、密级配沥青混凝土、土工织物等。

当采用排水垫层方案时，排水层可以作为一个单独的功能层次，不计结构厚度，也可以令其作为垫层或底基层的一部分具有结构功能。排水垫层的优势在于可以排除其上各层次中的水分，也可隔断地下毛细水对基层的侵蚀，但是其上的基层、底基层等各个层次必须具备相当的排水能力，以保证从面层侵入的水分能快速穿过基层和底基层渗透到排水垫层，然后予以横向排除。

四、排水材料

常用的排水材料主要有集料、土工织物和水管，集料可作为排水层、盲沟和过滤层的主要材料，土工织物主要用于替代过滤层，而水管可以作为集水管使用。

（一）集料

用于排水层、盲沟和过滤层的集料必须采用坚实、清洁的开级配集料，以确保其具有足够的空隙和排水能力，并且防止细集料阻塞空隙。

级配对于粒料层的性质至关重要，而一般比较密实稳定的粒料层都采用连续密级配，粗细集料各占一定的比例。为了达到一定的透水性，集料的级配必须做出调整，将其中的细集料全部去除，仅采用粗集料形成骨架空隙结构，而粒料层的整体稳定性必然受到严重的影响。因此，为了弥补整体稳定性的不足，排水层的材料设计中一般使用少量的沥青或水泥进行稳定处理。虽然结合料占据了一定的空隙体积，一定程度上降低了排水层的透水性，但是这种透水性损失相对较小，通常不超过 20%。权衡利弊，多数排水层采用了稳定类粒料。

（二）土工织物

滤水型土工织物允许水通过，阻止细粒土穿透而随水流失，因此它可以替代过滤层的部分功能，防止排水层因细集料积淀而阻塞。它还可以作为渗滤层防止翻浆，或隔离两种不同粒径的土粒以免混合。土工织物主要有纺织型和无纺布两种，一般是合成纤维纺织或胶结、热压针织等无纺工艺制成。合成纤维的主要原料有聚丙烯、聚酯、聚酰胺等，具有耐水耐腐蚀的性质。

关于土工织物的标准众多，多个行业部门颁布了各自的行业标准，因此难以统一认定。就道路工程滤水型土工织物而言，最重要的技术参数就是表观孔径 AOS（Apparent Opening Size），表示能有效通过的最大颗粒直径。为了有效地防止细集料进入排水层、控制唧泥的发生，并且保持一定的渗透能力，土工织物应该满足如下标准。

1. 防唧泥标准

①对于 0.075 mm 筛孔质量通过率大于 50% 的细粒土：

纺织型：$AOS \leqslant D_{85}$；

无纺型：$AOS \leqslant 1.8 D_{85}$；

$AOS \leqslant 0.297$ mm 或 $AOS \geqslant 0.305$ mm。

②对于 0.075 mm 筛孔质量通过率小于 50% 的碎石：

$AOS \leqslant B \times D_{85}$。

③当结构层粒径分布较大时，仅以通过 4.75 mm 筛孔的部分作为计算对象，不考虑粒径大于 4.75 mm 的粗集料。

2. 防阻塞标准

纺织型：开孔面积≥4%；

无纺型：孔隙率≥30%。

3. 透水性标准

土工布≥路基土。

（三）水管

用于路面内部排水的水管，其材质可以是混凝土、陶瓷、金属、PVC塑料以及其他耐腐蚀材料。作为集水管时，管壁上大多开有小孔，可让水自由进入水管。为了防止细料阻塞，水管外多采用透水土工布或粒径适当的碎石裹覆，以起到过滤作用。

五、内部排水设计

路面内部排水设计过程中，首先应进行侵入水量的估算，并以此作为设计流量进行内部排水系统的设计。路面内部排水层目前仍然以开级配粒料层为主，辅以边缘纵向盲沟、集水管，构成内部排水的主要结构，具体设计内容包括排水层级配、坡度、厚度，集水管管径、坡度等。

（一）流量估计

路面结构侵入水的主要来源有降水渗透、地下水浸润，以及春融期间的融水量。其中降水渗透是最主要的来源，融水量的渗透只发生在冻土地区，而在路堤和设置了纵向盲沟的路堑中，地下水能够浸润路面结构的可能性较小。在冻土区内，地下水和融水同时侵蚀路面的可能性很小，因为冻土本身的渗透性极小，隔绝了地下水的侵蚀途径。所以，在预估路面侵入水量时，应以降水渗透量为主。

1. 降水的渗透量

采用1年重现期的1小时降雨量为基准，以0.33～0.50为沥青路面修正系数，以0.50～0.67为水泥路面修正系数，以两者的乘积作为设计降水侵入量。

2. 设计流量

降水、地下水和融水的侵入量总和除去路基下渗部分，即为路面内部排水设计流量。虽然有很多学者就路基下渗量提出了多种估算方法，但是仍然难以准确推算。因此，较为保守的设计中忽略路基的下渗量，以侵入水量总和为设计依据，所以：

①在无冻土地区，设计流量为降水侵入量和地下水侵入量的总和。

②在季节性冻土地区，设计流量为降水侵入量以及融水量的总和。

（二）排水设计

无论是排水层还是集水管，其排水能力都应满足设计流量的要求，以保证能快速及时地排除路面内部的水分。

1. 排水层设计

对于排水层有两个设计要求，一是层流状态的排水能力要大于设计流量，二是紊流状态的排水能力也应当大于设计流量，以保证降雨能尽快排除。

2. 集水管设计

纵向和横向集水管都可以用来加速排除路面排水层内的积水，集水管可采用开槽管、开孔管或明接管。当路面合成坡度使排水层内的水倾向于纵向流动难以横向排出路面时，才在关键位置设置横向排水管，而纵向排水管一般设置于边缘排水盲沟内。纵向和横向集水管共同构成了路面内部快速排水系统，将收集到的水迅速汇集排出到合适的排水口，因此集水管的管径、连接、坡度等要素都必须协调合理，才能达到预期的排水效果。

路面的纵坡和横坡通常决定了集水管的坡度，集水管一般设置于路面下一定深度，光面管的设置坡度不应小于1%，波纹管的设置坡度不应小于2%，以保证一定的水头梯度，促使水流动。当路面的纵坡和横坡都相对平缓时，需要人为构造锯齿形集水管坡度，使其满足水头梯度要求。集水管的排水能力与管径和坡度密切相关，虽然可以采用增加坡度的办法来加大排水能力，以适当减小水管直径，但是集水管仍然应当有一定的直径要求，以防淤塞。

当路面不受季节性冻土和地下水的影响时，纵向集水管可以设置在较浅的盲沟内。当路面不受季节性冻土影响，但是需要降低地下水位时，可使用较深的盲沟。在上述两种深浅盲沟布置中，集水管既可设置于路面边缘，也可设置于路肩边缘。集水管设置于路面边缘可以及时排除路面内的侵入水，最大限度地降低唧泥等病害的发生率，但是不能兼顾路肩下的内部排水。当集水管设置于路肩边缘时，虽然整个路面和路肩范围内的内部排水都可兼顾，但是由于横向排水宽度增大，降低了水流的水头压力，因此应适当地增厚排水层或加大排水层的横坡。

第五节　路面排水施工及质量检测

一、路表面排水

（一）一般原则和要求

1. 路面积水的危害

（1）降低路面的有效摩擦系数

公路路面的抗滑性能与路面的有效摩擦力成正比。在路面干燥的情况下，车轮制动时，无控制打滑现象一般不易出现。而在路面潮湿的情况下，特别是在降雨强度大时，高速行驶的车辆得不到有效制动，经常发生事故，其原因在于路面表层的水会降低路面的有效摩擦力。当车辆行驶到一定速度时，车轮与路面之间会形成一个润滑水薄膜，如雨水未能迅速排除，随着水薄膜的增厚，车轮与路面之间的有效摩擦力急剧下降，从而引起滑溜现象，造成交通事故。

（2）降低行车能见度

阴雨天，车辆在公路路面上高速行驶，由于轮胎的真空吸力将路面上自由水抛向后方上空，在车尾形成水雾，容易让驾驶车辆的驾驶员看不清楚前方车辆的转向灯及尾灯。一般情况下，水雾的浓度随路面上积水厚度增加而加重，这对于驾驶员超车是非常不利的。

（3）降低路面使用寿命

新建路面需设置各种接缝，路面在使用期间也会出现各种裂缝、松散。因此，降落在路面上的雨水若不及时排除，就会有一部分沿缝隙渗入路面，随着时间推移下渗至基层、底基层、土路基，从而引起路面早期破坏，如裂缝、沉降、断板等现象，致使整个路面结构的使用性能迅速变坏。

2.路面排水的途径

按雨水在路界内降落的范围，可将地表排水划分为路面表面排水、中央分隔带排水和坡面排水三个部分。

对于路面表面排水，首先考虑采取的是通过路面和路肩的横向坡度向路基两侧横向排流（在路线有纵坡时，则为沿合成坡度斜向排流）。当路基横断面为路堑时，横向排流的表面水汇集于边沟内。当路基横断面为路堤时，可采用两种方式排除路面表面水：

①让路面表面水以横向漫流形式向路堤坡面分散排放。

②在路肩外侧边缘处设置拦水带或路肩排水沟，将路面表面水汇集在拦水带与路肩铺面（或者路肩和部分路面铺面）组成的浅三角形过水断面内，然后通过按一定间距设置的泄水口和急流槽集中排放到路堤坡脚外。

两种排水方式的选择，主要依据表面水可能对路堤坡面造成的冲刷危害程度。路面表面排水范围包括行车道和路肩。

中央分隔带排水是高速公路、一级公路地表排水的重要内容。考虑分隔带宽度、绿化和交通安全设施的形式、分隔带表面的处理方式等因素，中央分隔带排水主要有三种方式：

①宽度小于3m且表面采用铺面封闭的中央分隔带，降落在分隔带上的表面水排向两侧行车道。

②宽度大于3m且表面未采用铺面封闭的中央分隔带，降落在分隔带上的表面水汇集在分隔带中央的低洼处，由分隔带内的表面排水设施排走。

③表面无铺面且未采用表面排水措施的中央分隔带，降落在分隔带上的表面水下渗，由分隔带内的地下排水设施排除。中央分隔带排水，视其宽度和表面横向坡度倾向，可以

包括中央分隔带和左边缘带，或者仅为中央分隔带；在设超高路段，还包括上侧半幅路面的表面水。

坡面排水包括路堤坡面、路堑坡面和倾向路界的自然坡面的排水。

3.路面排水的基本原则

路面排水应遵循以下基本原则：

①高等级公路中，沥青混凝土路面横坡一般应为2%左右。当为软土地基，路基工后沉降较大，采用过渡路面时，路面横坡应适当加大到3%。当位于小纵坡或超高缓和段的扭曲路面时，最小合成坡度不小于0.5%。

②在设有中央分隔带的高等级公路上，为了排水需要，平面线形应优先考虑采用不设超高的平曲线半径。

③在公路交叉路口排水困难地段，路面排水设计应满足行驶动力学和排水技术要求，在交叉路口前应设置泄水口。停车广场、收费站处的排水工程应适当考虑美观，主车道和附属行车道路面之间可设相同的排水纵坡和横坡。

④对于纵坡较大的地段，弯道内侧车道、竖曲线的凹部、高路堤的桥梁端部等特殊部位，为防止过大集中水流对路基路肩、边坡冲刷，可局部设置挡水缘石和水簸箕。

⑤所有排水设施的设置，除能满足排水要求外，均应满足有利于今后养护、维修管理的作业需要。

⑥为减少地表水和地下水对面层、基层和路基的侵蚀破坏，迅速排除路面结构内的层间水，通常将路面排水与路面结构内部排水系统综合考虑。

（二）路面表面排水

1.路表排水方式

路面表面排水的目的是通过排水设施将降落在公路用地范围内的表面水有效地汇集，并迅速排出路界外，同时将可能流入路界的地表水拦截在路界范围外（但不包括横穿路界的自然水道内的水流），以减少地表水对路基和路面的危害，以及对行车安全的威胁。

在汇水量不大，路堤不高（即坡面水流路径不长、流速不大），路线纵坡不大（即合成坡度不大），坡面耐冲刷能力强（坡面采用防护措施或坡体为岩质填料）的情况下，优先采用横向漫流、分散排放的方式。在表面水有可能冲刷路堤坡面的情况下，则采用将路面表面水汇集在拦水带内或路肩排水沟内，通过泄水口和急流槽集中排放的方式。高速和一级公路，对于保障路堤坡面不受冲刷的考虑和要求显然要高些；而对于二级及二级以下公路，这方面的考虑和要求可以低一些。因而，对于高速和一级公路，在路堤较高，纵坡较大，坡面虽已采取植草防护，但土质仍较疏松的情况下，通常选用设拦水带和急流槽的排水方式；而对于二级及二级以下公路，除了遇到多雨地区、大纵坡和土质坡面的高路堤外，通常都采用横向漫流分散排水的方式。

（1）分散浸流式路表排水

分散漫流式路表排水，主要是依靠路面及路肩的横坡及时将降水排出路面。这种排水方式一般适用于路线纵坡平缓、汇水量不大，路堤较低、且边坡坡面不会受到冲刷的路段，主要用于等级较低的公路上。

通过在行车道和路肩上设置的横向坡度，使表面水流向路基边缘。无中间带或采用分离式路基的公路，在未设超高路段上，应沿行车道路面中心线设置向两侧倾斜的双向横坡；在设超高路段上，应设置向曲线内侧倾斜的单向横坡。设中间带的公路，各个行车方向的行车道路面应分别设置单向横坡。在单向车道数超过三个的高速和一级公路上，为了避免汇水区过大，流量和流速太快，也可为每个行车方向设置双向横坡（但超高路段仍为单向横坡）。此时，中央分隔带将汇集和排除内倾车道的路面表面水。

路面横坡大，有利于迅速排水，但不利于行车安全。路肩的横坡值应较行车道横坡值大1%~2%。右侧硬路肩边缘设拦水带时，其横向坡度宜采用5%；或者，也可在邻近拦水带内边缘0.5~1.0 m宽度范围内将路肩铺面的横向坡度增加到5%，六车道、八车道的高速公路宜采用较大的路面横坡。

①路肩横坡一般较路面横坡大1%~2%，干旱地区可相同；

②多雨或降雨强度较大的地区取高值，干旱地区或纵坡较大路段取低值。

（2）集中截流式路表排水

集中截流式路表排水是为避免高路堤边坡坡面受排水冲刷，在硬路肩外侧边缘设置拦水带或路肩排水沟，将路面水拦在硬路肩范围内，通过一定距离设置的泄水口和急流槽排入边沟。这种排水方式一般适用于路堤较高，边坡坡面未做防护且易遭受路面表面水流冲刷，或虽已采取防护措施但仍有可能受冲刷的地段，主要应用在等级较高的公路上。

路表排水设施主要有路拱及路肩横坡、拦水带、三角形或矩形集水槽、泄水口和急流槽等。

2. 拦水带

（1）主要形式

拦水带一般由沥青混凝土、水泥混凝土或块石制作。

沥青混凝土拦水带可用自动化缘石机或带有缘石成型附件的沥青混合料摊铺机制作。当需要修筑小半径的短节段时，可用自动缘石机。现浇拦水带采用与硬路肩相同的沥青混凝土材料，施工时与硬路肩面层同时做成。其整体性好，线形流畅，外形美观，多被采用。

水泥混凝土拦水带通常采用预制块，由人工铺砌而成。

块石拦水带主要应用在石料比较丰富的地区，施工方法同水泥混凝土预制块拦水带。

（2）设置及构造

设置拦水带，路面表面水便会汇集在带内而形成积水。积水量大时，过水断面内的水面会漫过路肩，侵入行车道路面，从而影响到行车的通畅和安全。因此，在设计降雨强度条件下，对于高速公路和一级公路，过水断面内的水面只能覆盖路肩宽度，以保证左侧行车道（即主车道）无积水，对于二级及二级以下公路，由于路肩宽度较小，交通量相对较小，对行车道积水的控制可以适当放宽，因而规定过水断面内的水面不能漫过毗邻车道的一半宽度，即允许有半个车道出现积水。对于中央分隔带设缘石的高速和一级公路，超高段上侧半幅路面，以及未设路肩的道路（例如设非机动车道分隔带的道路断面），由于前者的左侧路缘带较窄，后者没有路肩，也可采用过水断面内的水面不能漫过毗邻车道一半宽度的要求。

按汇集路面表面水的要求，拦水带的顶面应略高于过水断面的设计水位高，后者的限值受制于水面不漫过右侧车道外边缘或中心线的要求。拦水带的设计外露高度（即过水断面的水深），还取决于设计流量和路肩的横向坡度，可按设计流量计算确定。在高速和一级公路路堤边缘设防撞护栏时，拦水带的高度可以大些，但一般不超过 15 cm；而在低矮路堤不设防撞护栏时，为了保障偶尔驶出路肩的车辆的安全，拦水带的高度不应大于 10 cm，并且迎车面的斜坡坡度不宜陡于 1∶2（最好采用 1∶4），以便车轮能滚过拦水带。

（3）施工要求

①拦水带的顶面应略高于水深，在低路堤不设防撞护栏的路堤上，拦水带的外露高度不宜超过 10 cm，其迎车面的坡度不宜陡于 1∶2。

②设拦水带时，内侧硬路肩的横向坡度宜采用 5%。

③拦水带过水断面内的水面，在高速公路和一级公路上不得漫过右侧车道外边缘，在二级及二级以下公路上不得漫过右侧车道中心线。

④沥青混合料应在不低于 110 ℃的施工温度下摊铺，沥青用量较马歇尔试验（用双面击实 50 次）确定的最佳沥青用量宜增加 0.5%～1.0%，空隙率为 2%～4%。

⑤采用水泥混凝土预制块和块石铺砌拦水带时，应注意沥青路面边缘与混凝土间灌缝密实，防止雨水从接缝处下渗，影响路基路面稳定。

（4）沥青混凝土拦水带的施工

①施工前准备。按中线测出设计宽度，按照线形方向摆放机器。放样：在设计宽度内找一指针适中位置，用红衣及线绳打出与中线恒宽的标线。其他：柴油，喷壶。

②施工过程。上料：翻斗车装料分两次卸到大铲车内，由铲车跟随机器倒行，人工将铲内热料放入料车内，机器通过搅拌车挤压料自动前行。

牵引：左右摆动牵引杆，使前行着的机器指针保持在标线上，以保证线形与放样相同。

跟机：清理机器表面，并根据产品转成结果调节机器的四个小轮，以保证横断面的规则符合标准。当遇到紧急情况时，及时扳动离合器，使搅龙停止转动，处理完毕后恢复运行。

清理：由三人分别拿锹、扫把，跟随在机器后面，清理上料过程中洒落的料。当遇到急流槽时应将口部料铲掉并重新利用。

③接缝方法。先用喷灯将模板与搅龙预热，然后将模板套入前次施工的机器尾部，使

模板稳扣原渣，摆正机器，调好指针，然后正常操作。

④施工中注意事项。放样一定要及时，并且线形一定要顺直，当发现线形有突凹或不顺时，采用适当方法进行调整。

上料时应注意，尽量少洒料，并且料斗内热料不宜装得太满，也不宜太少，以至于机器断断续续前进。

牵引必须仔细，不能让指针随意摆动，并且指针不而碰歪或碰掉，行走时注意防止延误时间和影响质量。

产品形成后，温度未降至冷凝时，产生的掉落、坍塌，必须用抹子涂上柴油和新料进行修补。

清扫时，扫把和锹不能碰刚形成的产品，在扫边角部位时，产品用扫帚轻轻漫过，施工期间停留时要将尾部摇起，防止出现横辙，并注意施工前清扫路面。

3. 路肩排水沟

在硬路肩宽度较窄或爬车道占用了路肩过水断面，而路面的汇水宽度或汇水量都较大，拦水带的流水断面不足时，可在土路肩上设置由U形水泥混凝土预制件铺筑的路肩排水沟，沟底纵坡同路肩纵坡，并不小于0.3%。

宜采用汇集路面表面水集中排放的方式。但拦水带过水断面由于路肩较窄，汇水宽度或汇水量又较大而显不足时，可以考虑采用在土路肩上设置边沟的方式汇集表面水。为防止边沟内水流的渗漏冲刷危及路堤稳定，边沟宜采用U形水泥混凝土预制件铺砌而成。

（1）路堤边沟

在路堤较高，边坡坡面易遭受路面表面水流冲刷的情况下，也可沿硬路肩外侧边缘设置三角形或碟形水泥混凝土边沟，以汇集路面表面水。

（2）路堑边沟

在挖方路段，可沿硬路肩边缘或者在无铺面路肩内或边缘处设置边沟，以汇集路面表面水和路堑边坡坡面水。

边沟可采用三角形、碟形、U形、梯形或矩形断面，按公路等级、所需排泄的设计流量、设置位置和土质或岩质选定。高速和一级公路，宜采用三角形或碟形边沟。受条件限制而需采用矩形横断面时，应在顶面加盖格栅或者带槽孔的混凝土盖板。二级及二级以下公路，可采用梯形横断面（土质）或矩形横断面（岩质）。

（3）缘石边沟（街沟）

行车道外侧设有人行道时，可沿其边缘设置路缘石（侧石），由它和平石组成I形边沟（或称街沟），以汇集路面和人行道铺面的表面水。

（4）路肩排水沟施工要求

①放样、测量：在上基层完成后，放出路肩沟的施工控制桩，并进行水准测量。

②挖基：根据控制桩及标高，修整、清理基坑至满足设计规范要求。

③浇筑垫层：在基底及侧壁上刷一层砂浆后按设计要求浇筑垫层混凝土。

④浇筑沟底（基础）：基底清理干净后，按测量标高浇注路肩沟沟底混凝土，混凝土面要求平整、顺直、光滑，并在沟底两侧沟壁处作拉毛处理。

⑤装侧模、浇筑沟壁：在底板上用夹板装好内模（利用抹了砂浆的基坑作为外模），再浇注侧壁并充分振捣，拆模后要求路肩沟线性顺直、圆滑，混凝土表面光洁，无蜂窝麻面等缺陷。

4. 泄水口

（1）主要形式

路面表面排水中，由拦水带或缘石所构成的过水断面的泄水口，包括开口式（在缘石或拦水带竖面上开口，让边沟内水流侧向流入）、格栅式泄水口（边沟底面开口，以格栅覆盖，使边沟内水流向下流入）和组合式（由缘石开口式和格栅式组合而成）。格栅式泄水口也用作中央分隔带内排水沟或其他沟渠的泄水口。

开口式泄水口的泄水能力低于格栅式的，特别在道路纵坡大时，因而在设计流量相同的情况下，开口式泄水口的结构断面尺寸要大于格栅式的。然而，由于开口式泄水口位于缘石或拦水带竖面处，它对道路交通的干扰较小，同时受漂浮垃圾堵塞的影响也较少。在路上车辆不靠近路缘石行驶，纵坡较大（3%以上），以及漂浮垃圾较少情况下，可采用格栅式泄水口。复合式泄水口适用于设计流量较大的情况，在路上漂浮垃圾较多时，它也优于格栅式。

（2）设置及构造

拦水带的泄水门可设置成开口（喇叭口）式。长度不得小于50 cm。在纵坡坡段上，考虑水流顺畅，泄水口宜做成不对称的喇叭口，为提高泄水门的泄水量，宜在硬路肩边缘的外侧设置逐渐变宽的低凹区，为便于施工，低凹区采用与路肩相同的铺面结构，低凹区可设在拦水带内边缘的外侧，以免受到水流的冲刷破坏；在平坡或缓坡上，泄水口可做成对称式。

格栅宜采用金属材料栅孔的长度方向须与水流方向平行。格栅的宽度为40～60 cm，长度为50～130 cm，栅孔净面积应占格栅面积的一半以上，并不得小于250 cm²。

泄水口的间距设置应以保证降雨时路面积水迅速排走，汇水不能进入行车道为原则，一般为20～50 m，干旱少雨地区可达100 m。泄水口长度一般为2～4 m，泄水口宜设在凹曲线的底部、道路交叉口、匝道口、与桥梁等构造物连接处、超高路段与一般路段的横坡转换处。在凹形竖曲线底部，除在最低点设置泄水口外，还应在其前后相距3～5 m处各增设一个泄水口，以备设在最低点的泄水口被杂物堵塞后，还有两个后备的泄水口可以排放汇集的表面水，防止雨水积聚在凹形竖曲线底部，影响路基稳定。

5. 路肩急流槽

急流槽是在陡坡或深沟地段设置的坡度较陡、水流不离开槽底的沟槽，是一种较陡的人工水槽,一般设置在地质情况不允许冲刷的较陡山坡、涵洞的进、出口地段、高差较大或坡度较陡需设置排水的地段和高路堤路段设有拦水缘石的出水口处。其目的是集中消减水流能量,使水流经陡坡引流后降低流速,以免冲蚀路基内、外坡体而造成坍塌。

（1）主要形式

排除路肩积水用的急流槽,其纵坡应与所在的路基边坡坡度一致,槽身的横断面为槽形,多由水泥混凝土预制构件拼装、砌筑而成。进水口为喇叭口式的簸箕形,出水口设置消能设施,下端与路基下边坡的排水沟相接要合适,防止水流冲出排水沟。

（2）设置及构造

急流槽构造分进水槽、急流槽、消力池和出水槽四部分。急流槽的横断面一般为矩形或梯形,尺寸视水流大小确定。浆砌片石急流槽的槽底厚度为 0.2 ~ 0.4 m,槽壁厚度为 0.3 ~ 0.4 m；混凝土急流槽的厚度为 0.2 ~ 0.3 m。槽深最小 0.2 m,槽底宽最小 0.25 m。急流槽纵坡一般不宜超过 1∶2,同时应与天然地面坡度相配合。急流槽较长时,槽底可用几个纵坡,一般上段较陡、下段较缓。当急流槽纵坡陡于 1∶1.5 时,宜采用金属管,管径应大于 20 cm。各节急流槽用管须用桩锚固在坡体上,其联结接口应做防水处理,以免管内水流渗漏而冲刷坡面。急流槽纵坡较陡时,为防止槽体顺坡下滑,槽底可每隔 2.5 ~ 5.0 m 以及在转折点处设置耳墙深入地基约 30 ~ 50 m。急流槽或急流管的进水口与拦水带泄水口之间应做成喇叭口式联结,变宽段应有至少深 15 cm 的下凹,并铺砌防护。急流槽或急流管的出水口处应设置消能设施,可采用混凝土或石块铺筑的消力池或消力栏。一般消力池多采用矩形截面。急流槽进出水槽处,底部宜用片石铺砌,长度一般不小于 10 m,特殊情况下应在下游设厚 20 ~ 50 cm,长 2.5 m 的防冲铺砌。

（3）施工要求

①施工准备。选择一个合适的场地作为急流槽预制块的预制场地,并报请监理工程师现场考察批准。将预制场地整平、压实,并铺厚 2 ~ 3 cm 的小石子混凝土。按照流程和场地实际情况将预制场分成原材料堆放区、预制块生产区、新制混凝土块摆放区、合格成品堆码区和废品区,并用油漆划出界线标示。

②预制块的做法。急流槽预制块采用定制钢模,模板内尺寸应符合图纸设计尺寸要求,外形轮廓线条顺直,其端面必须垂直于底面。在急流槽预制块预制场地得到监理工程师批准后,即可进行混凝土预制块的试生产,根据批准的配合比严格控制原材料的重量,在振动台上振捣密实,表面抹平,并在预制件混合料中加入适量的化学纤维玻璃丝。预制的成品,表面应清洁、平整,没有蜂窝、麻面、离析、坑洞、破角或其他缺陷,且无外部涂刷的痕迹,外形轮廓清晰,线条顺直,无翘曲现象。预制混凝土强度必须达到设计强度的 70% 时,才允许脱底模。在试制件的各项指标经监理工程师认可合格后,才可进行预制块的批量生产。

所有预制件的材料质量、制造工艺及制成的构件,都应在预制场地接受检查和试验,只有经监理工程师批准合格的预制件才能运抵工地现场投入使用。对于不合格的预制件应坚决予以废弃。

③急流槽基槽开挖。急流槽开挖的位置、断面尺寸和沟底纵坡标高应符合图纸或监理工程师的要求。在有超高路段的急流槽沟底纵坡，应与曲线段前后沟底相衔接，不允许曲线段内侧边沟积水或外溢。路堑与路堤连接处，急流槽应缓缓引向路堤两侧的自然沟或排水沟，不能使路堤附近积水，亦不得冲蚀路堤。开炸石质急流槽，应用小孔、少量炸药。超挖部分要用小石块浆砌密实，沟底凸出部分，应予凿平。要求基槽整齐、边坡平整、稳定，严禁贴坡。沟底平整、排水畅通，无阻水和积水现象。

④急流槽的铺砌。急流槽均采用 C20 混凝土预制块进行铺砌。底部设置厚 8 cm 的砂砾垫层，构件拼装缝 1 cm，用 M7.5 水泥砂浆勾缝，并每隔 10 ~ 15 cm 设置一条伸缩缝和沉降缝，缝宽 2 cm，用沥青麻絮填塞。

急流槽的线形要求平顺，尽可能采用直线形，转弯处做成弧形，半径不小于 10 m，急流槽长度依据设计图纸及根据实际需要来确定。

急流槽沿路线布设时，应离路基尽可能远一些，其位置应符合技术规范及图纸设计要求。

（三）中央分隔带排水

高速公路中央分隔带内的表面植物用于改善高速公路单调线形，活跃带状空间的装饰，起到美化环境，强化环保的作用；同时减弱夜间行车时会车造成的眩光，避免和减少交通事故。中央分隔带下面 60 ~ 200 cm 范围内，一般预埋和预设用于交通工程"收费、监控、通信"三大系统使用的管道、人井。

中央分隔带的积水主要由以下几个原因造成的：

1. 大气降水

由于中央分隔带内回填的种植土相对比较松散，大气降水比较容易渗入土体内，同时由于降水的季节性较强，所种植物不可能及时将下渗的水分完全吸收，因此最终将有部分降水进入路基。

2. 人为降水

在旱季，中央分隔带内的植物缺水时，有必要进行临时的人工浇灌，由于浇水的不均匀性以及植物吸收的不完全性，有相当一部分水渗入路基。

3. 人井内、外盖破损或有间隙，造成环境水的直接进入

中央分隔积水对路基、路面及交通机电工程都有较大的影响：

（1）对路基的影响

由于路基是分层碾压填筑，土体非常密实，而中央分隔带由于要考虑植物的正常生长与浇灌，回填土体的密实度相对不高。那么，密实的路基土相对中央分隔带内的疏松土区

域将形成阻水。假如中央分隔带与路基接触的周边未做防水、排水处理，那么，中央分隔带区域势必形成滞水带，且长期浸泡路基，最终这些水分将渗透到路基土层内部，对路基造成严重侵蚀。特别是在季节性大量降水的情况下，受纵坡高度差的影响，局部的路基将发生严重的侵蚀和破坏，具有较大的危害性。

（2）对路面的影响

中央分隔带内积水（或自由水）将沿路基渗入，使路基土壤含水量增加，力学性能降低，随着时间积累，这种破坏将加剧。如路基和基层发生变形，影响水泥混凝土或沥青混凝土路面的承载能力，使水泥混凝土板断裂，沥青混凝土路面产生底部裂缝，路面水将沿裂缝渗入路面基层直至路基，造成恶性循环。

（3）对交通机电工程的影响

"通信、监控、收费"三大系统的联合工作，是高速公路现代化管理水平和服务水平的综合体现，三大系统的"神经网"——担负着大量数据交换、信号传输的电缆、光缆，均铺设在中央隔离带管道中、盘留在人井中。积存于人井或管道内的积水，将对通讯电缆起到极大的破坏作用，一旦线缆受损，将严重影响和破坏远程的数据、视频信号、音频信号的传输，使通信中断，整个系统的运营管理陷入瘫痪，而且连通的高速公路愈多，系统愈庞大，造成的危害与损失也将呈级数上升。

根据对当地气候、土石性质、工程造价、排水效果、施工难度、养护和美观等方面综合考虑，选择下述三种中央分隔带排水方案。

4. 中央分隔带排水方式

（1）宽度小于3 m且表面采用铺面封闭

中央分隔带宽度小于3 m时，一般采用带有与路面平行，表面封闭的横断面形式。按照中央分隔带的形式又可分为凸形表面封闭和凹形表面封闭两种。这种形式的中央分隔带排水设计与施工都比较简单，造价低，排水设施维护方便，缺点是中央分隔带绿化存在困难，需人工经常浇水养护绿化灌木，景观上比铺草皮的方案相对差些。国内某些高速公路，在封闭式的中央分隔带上再浇筑一个独立绿化平台的做法，值得借鉴。

①不设超高路段中央分隔带排水。在不设超高路段上，中央分隔带铺面采用与两侧路面相同坡度的双向横坡，坡度与路面横坡保持一致，将降落在分隔带上的表面水排向两侧行车道，进入路面表面排水设施，这与凸形中央分隔带表面封闭时的排水方式相类似。

②超高路段中央分隔带排水。在超高路段上，上侧半幅路面的表面水流向中央分隔带。一般在干旱、少雨地区可在分隔带上直接设置过水明槽，明槽可用水泥混凝土筑成，底宽20～50 cm，槽形的高与分隔带的高相同，每10～20 m设一道，明槽出、入口槽底标高应与紧靠分隔带的路缘石处标高相同。

随着修建的公路等级逐步提高，车速大幅提高，车流量迅猛增加，路幅不断扩宽，再靠超高横坡使上侧半幅路面水流经下侧路面排走的做法，必然使得下侧路面水膜增厚，有可能引起高速行驶车辆出现漂滑现象,发生行车事故。因此,在高速和一级公路上,一般不允许上侧半幅路面的表面水横向漫流过下侧半幅路面。要求在分隔带上侧边缘处设置缘石和泄水口,或者在分隔带内设置排水设施,以汇集和排泄上侧半幅路面表面水。中央分隔带排水沟分为扁平式和路栏式两种。扁平式排水沟横断面可采用碟形、三角形、U形或矩形;路栏式排水沟多用圆形或侧沟形。排水沟的长度及横向排水管的间距通过流量计算确定,排水沟底纵坡可与路面纵坡相同,最小纵坡不宜小于0.3%,可采用水泥混凝土预制件或浆砌片石砌筑。

在封闭式中央分隔带设超高路段,如果分隔带采用刚性混凝土护栏,可在刚性护栏底部设置半圆形的孔洞,以排除上半幅路面流入的雨水。孔洞半径一般为10 cm左右,间隔为80~100 cm,大多在刚性混凝土护栏预制时同时完成孔洞的制作,刚性护栏内也可回填种植土,用于种植植物,满足绿化需要。这种方法比较简便易行,但需要经常清理过水孔洞,避免堵塞,以保证水流畅通。由于它外观较差,诱导视线效果没有钢板护栏优越,再加上其本身的刚性,事故严重度较高,碰撞时对司乘人员危害较大,因而尽管它养护成本低,适用范围广,但在我国除大中桥等危险地段外很少采用。

(2)宽度大于3 m且表面微凹无铺面封闭

中央分隔带宽度大于3 m且未采用铺面封闭时,采用分隔带内表面排水方案。分隔带表面可做成向内微凹的横断面形式,降落在分隔带上的表面水横向流向分隔带的低凹处,汇集在分隔带的中央部位,并利用纵向坡度排流到泄水口或横穿路界的桥涵水道中。

按照汇水量和流速的大小,分隔带过水断面可以采用不同的横断面形状和尺寸。分隔带的横向坡度不得陡于1:6;分隔带的纵向排水坡度,在过水断面无铺面时不得缓于0.25%,有铺面时不得缓于0.12%。当水流速度超过地面土的最大允许流速时,应在过水断面宽度范围内做成三角形或碟形断面的水沟,并对地面土进行防冲刷处理。防冲刷层可采用石灰或水泥稳定土或者采用浆砌片石铺砌,层厚15 cm。

在中央分隔带内的水流流量过大或流速超过允许范围处,或者在分隔带低凹区的流水汇集处,应设置格栅式泄水口,并通过排水管引排到桥涵和路界外。格栅可以同周围地面齐平,也可适当降低,并在其周围一定宽度范围内做成低凹区,以增加泄水能力。格栅铁条应平行于水流方向,孔口的净泄水面积应占格栅面积的一半以上。

泄水口下设置集水井与桥涵水道相连或设置横向出水管将水排出。采用分隔带内表面排水方案,便于汇集雨水并有利于保存植树种草所需的水分,但难免有部分雨水下渗到路基路面中去,建议在雨量不大的地区采用。为防止泥浆溅到路面,污染路面、发生交通事故,在有些多雨地区中央分隔带仍设计成凹形种花型(凹深10 cm)。但考虑到会有较多的雨水渗入到分隔带土体内部,因此在中央分隔带下设置纵向盲沟(内设Φ10 cm软式排水管),一般路段横向设置Φ10 cmPVC塑料管,间距50~100 m。超高路段分隔带边缘应设置纵向暗沟,路面水流入集水井,通过横向Φ30 cm铸铁管排到急流槽。

这种形式的中央分隔带优点是方便分隔带绿化（草皮、灌木）的养护，也使分隔带更为美观，如果排水设施能正常发挥作用，能较好地避免地表冰渗入路基。缺点是施工复杂，工程造价较高。特别是需开挖路基埋设横向排水管，难以保证路基回填土的压实度。需在填方路段埋设横向排水管，如果挖方路段长度过长，难以保证渗沟排水顺畅。

（3）宽度大于 3 m 且表面凸起无铺面封闭

多雨地区表面无铺面且未采用表面排水措施的中央分隔带，降落在分隔带上的表面水，一部分沿表面流向两侧行车道，由路面表面排水设施排走；另一部分则向下渗入分隔带土体内。分隔带一般都是回填普通土，并埋设各种地下管、井，这会导致地表水渗入路基。同时这种渗流还会顺着纵坡向低凹处集中，导致低处的地基含水量过大。降水量大的地区，这种渗水量大，会影响行车道路基和路面结构的稳定。为排除渗入分隔带内的表面水，可通过在分隔带内部设置纵向排水渗沟汇集渗入水，并通过隔一定间距设置的横向排水管将渗沟内的水排引出路界。在凹型竖曲线的底部或者凹型曲线的底部桥梁或其他构造物（使纵向渗沟隔断）的两段和单向纵坡构造物（使纵向渗沟隔断）上侧设置一处横向排水管。在与路基和路面结构交接面设置防水土工布，以防止下渗的水分渗入路基和路面结构。纵向排水渗沟按结构形式的不同又可以分为填石渗沟和管式深沟。

在超高路段上幅路面设置了纵向排水沟，不设路缘石。纵向排水沟采用 C25 的现浇钢筋混凝土。纵向排水沟盖板采用 C30 预制的钢筋混凝土。纵向排水沟顶预留间距 50 cm、直径 4 cm 的孔洞，以排除路面结构层的水。纵向排水沟每 10 m 设伸缩缝一条，并用沥青麻絮填塞。排水沟与集水井相接处以沥青麻絮填塞。沟内水在适当的位置由集水井引入路基横向排水管（Φ400PVC-U）排走。集水井间距视路线纵坡而定。

中央分隔带排水设施主要有纵向排水沟（明沟、暗沟）、渗沟、雨水井、横向排水管等。

5.设置地下排水系统凹形中央分隔带一般路段的施工

（1）施工工艺流程

①路床施工成型后，沿中央分隔带纵向挖基埋设通讯管道，同时砌筑通信人孔等设施。

②填土至纵向盲沟底部标高。

③整理中央分隔带纵向盲沟成型。

④沿 PVC 横向排水管处挖基。

⑤埋设 PVC 横向排水管。

⑥回填砂砾至路床顶部标高。

⑦路面基层施工（包括垫层、底基层、基层）。

⑧涂刷双层沥青。

⑨整理中央分隔带纵向盲沟，成型后铺设沥青土工布。

⑩埋设软式透水管，并使之与 PVC 横向排水管连接紧密。

⑪盲沟内填碎石。

⑫ 在盲沟顶部铺设土工布。

⑬ 铺设中央带缘石。

⑭ 中央分隔带内填土。

⑮ 在中央带缘石外侧涂刷双层沥青后进行路面面层施工。

（2）施工注意事项

①各种排水管应按设计要求沿水流方向纵坡铺设，以保证水流通畅。

② PVC 横向排水管应通过刺破沥青土工布进入纵向盲沟，在沥青土工布刺破处，应浇筑沥青使之密实不透水，以防纵向盲沟内水流渗入路基而软化路基。

③沥青面层与中央带缘石的连接应密实不透水，施工后如果存在缝隙，可使用沥青填塞密实。

④基层表面涂刷双层沥青的目的是隔断基层与水的接触，使基层免受水害。

⑤在凹型竖曲线的底部及桥梁或其他构造物（纵向盲沟隔断）的水流上方应设置横向排水管，以免积水造成路基软化。

6. 设置曲下排水系统凹形中央分隔带超高路段的施工

（1）施工工艺流程

①路床施工成型后沿中央分隔带纵向挖基埋设通讯管道，同时砌筑通讯人孔等设施。

②现浇集水井。

③沿中央分隔带纵向挖基。

④埋设通讯管道。

⑤回填土至纵向布沟底部标高。

⑥整理中央分隔带纵向盲沟成型。

⑦沿内径 30 cm 铸铁横向排水管处挖基。

⑧埋设内径 30 cm 铸铁横向排水管并使之与集水井连接紧密，回填砂砾至路床顶部标高；使用强力胶黏合出出水口防鼠箅子（筛孔鼠箅为 3 mm 的热镀锌钢片）。

⑨路面基层施工（包括垫层、底基层及超高内侧的基层）。

⑩在中央带纵向排水沟，按设计位置开挖底基层，放置加深段预制件。

⑪ 放置内径 20 cm 铸铁横向排水管，并使之与集水井，加深段预制件连接紧密。

⑫ 在加深段预制件与底基层的缝隙之间灌注沥青砂使之连接密实。

⑬ 在纵助排水沟中部现浇段施工及放置端部预制件（在接缝处均用胶水黏结止水带）。

⑭ 涂刷双层沥青。

⑮ 再次整理中央分隔带纵向盲沟，成型后铺沥青土工布。

⑯ 埋设软式透水管并使之与集水井连接紧密；使用强力胶黏合进出水口防鼠箅子（筛孔鼠箅为 3 mm 的热镀锌钢片）。

⑰ 盲沟内填碎石。

⑱在盲沟顶部铺设土工布。

⑲中央分隔带内填土。

⑳铺设中央带缘石。超高外侧进行路面基层施工。进行路面面层施工。用沥击砂再次对纵向排水沟接缝处填缝。

（2）施工注意事项

①各种排水管应按设计要求沿水流方向纵坡铺设，以保证水流通畅。

②内径30 cm铸铁横向排水管如需要接长，接缝应紧密，确保不漏水。

③沥青面层与中央带缘石及纵向排水沟的连接应密实不透水，施工后如存在缝隙，应用沥青填塞密实。

④堆层表面涂刷双层沥青的目的是隔断基层与水的接触，使基层免受水害。

⑤在凹型归曲线底部及桥梁或其他构造物（纵向盲沟隔断）的水流上方应设置集水井和横向排水管，以免积水造成路基软化。

⑥基层施工时，在靠近中央分隔带纵向排水沟30 cm的范围内，采用人工进行夯实，避免损坏纵向排水沟，施工后如基层与纵向排水沟之间存在缝隙，应用沥青填塞密实。

⑦施工应确保排水沟接缝密实，不透水。

7. 中央分隔带渗沟的施工

中央分隔带渗沟在底基层施工前进行，路床形成后，先开挖渗沟铺设防水土工布，填置碎石，铺渗水土工布。横向排水管施工与中央分隔带渗沟、纵向盲沟施工有先、后顺序，先施工边沟下的盲沟，再横向排水管，最后施工纵向渗沟。横向排水管埋设前应铺设5 cm或10 cm砂砾垫层，埋设完毕后将其包裹。然后再施工底基层和基层，当基层达到一定强度以后，在防水土工布护栏立柱对应位置裁剪大小和立柱直径相同的孔洞，打入护栏立柱，埋设反滤土工布和通讯管线，再铺设路缘石，回填中央分隔带回填土、压实、铺草皮，最后铺筑沥青混凝土路面。当护栏立柱和横向排水管埋设完毕后，应在立柱及排水管穿过防水土工布位置浇洒沥青，使立柱及排水管和防水土工布紧密结合，防止渗沟中的水漏入路面结构层和路基土中。

（四）分离式路基的防排水设施

①在平原、微丘地区的分离式路基，当中间地带宽时，应在路肩之外的中间地带的两侧修建水沟；当中间地带不宽时，也可以在中间地带的中间修建一条水沟。中间地带的地表应向纵向排水沟倾斜，倾斜坡度为2%～4%，并不得有积水坑塘。水沟断面尺寸根据水沟的纵坡坡降、中间地带的面积、公路等级、公路所处地区的降雨强度等进行计算确定。如果坡降小，可在沟槽开挖时，人为地开挖形成水沟纵坡便于水流，在水沟下游的路基中埋设横向排水管或修建涵洞把分离式路基中间带的雨水排出。

②由于上、下行线的路基高度不同，分离式路基形成的中间地带的地面存在坡度，可

以采用在较低一侧路肩（或路缘带）外的中间带建水沟，汇集中间带的雨水，在水沟下游的路基中埋设横向排水管或修建涵洞把分离式路基中间带的雨水排出。

③立交区的主线、支线围成的中间带也是在中间带较低侧建排水沟，通过横向排水管或涵洞把中间带汇集的雨水排出路界。

④在路基交汇处中间带的排水，如果交汇点处于路基纵坡的下游，中间带的路基中埋设横向排水管或修建的涵洞最好位于交汇点；如果交汇点处于路基纵坡的上游，排出中间带雨水埋设的横向排水管或修建的涵洞最好位于中间带的低洼处；当路基低洼处或交汇点的排水位置不便设置横向排水管或修建涵洞时，可以调节中间带的水沟纵坡，把横向排水管或涵洞设置在水沟的最低点，并合适排水的位置。

二、路面结构内部排水

（一）一般原则和要求

1. 设置意义

降落在路面上的水，除大部分沿路表面的横向和纵向坡度流向路肩和路基外，还有相当一部分水可以通过裂缝、接缝、路面混合料的孔隙和无铺面的路肩渗入路面结构内部；通过高水位地下水、截断的含水层及当地的泉水进入路面结构。长期积滞在路面结构内的自由水对路面产生各种有害影响：

①使无黏结粒状材料和路基土的强度降低。

②使水泥混凝土路面产生唧泥，随之出现错台、开裂和路肩破坏。

③由于高速行驶的车流所产生的高压水流，使柔性路面基层的细颗粒产生唧泥，导致路面车辙、开裂，最后失去支撑。

④在冰冻深度大于路面厚度的北方地区，高地下水位会产生不均匀冻胀。

⑤沥青路面面层底与水经常接触，将使沥青混合料剥落，影响混凝土路面的耐久性。

大量路面损坏状况调查和研究表明，无论是沥青混凝土路面还是水泥混凝土路面，造成和加速路面损坏的重要原因是进入路面结构的水超过路面结构自身的排水能力。滞留在路面结构内部的水分，会侵蚀各结构层材料和路基土，使其强度降低，变形增加，从而使路面的承载力降低。

进入路面结构内的自由水，一般可以通过向路基下部和路肩铺面结构渗流而逐渐排走。然而，当下基层为渗透系数 $k \leq 10^{-5}$ cm/s 的低透水性材料时，排除 0.1 m³ 的水大约需 1 d 的时间，而当路基土的渗透系数 $k \leq 10^{-7}$ cm/s 时，排除这些水所需的时间达数日之久，即实际上是不透水的。当路基由低透水性土（渗透系数 $k \leq 10^{-5}$ cm/s）填筑，并且路肩铺面结构的基层也为低透水性时，进入路面结构的水分，需要数周或数月才能慢慢排除，整个路面结构或者部分结构层（面层或上面层）便类似于被安置在封闭的槽式"浴盆"内。例如典型的"二黑一白"水泥混凝土路面结构。另外在凹形竖曲线底部、曲线超高断面内侧、沿低洼河谷等路段，由于地表径流或地下水汇集，进入结构内的自由水不仅量大，而且停滞时间长，对路面结构的破坏性十分严重。

基层的主要功能只是提供均匀而稳固的支撑，随着交通量的日益繁重和交通荷载的逐年增加，冲刷和唧浆现象日益严重。为解决这一难题，人们考虑建造越来越趋向于坚固密实且不易受冲刷的基层（如密级配二灰碎石基层、石灰或水泥处治基层等）。但由于这些材料是低透水性材料，所以反而阻碍了路面下渗水的迅速排除，在许多情况下更易受水侵蚀而发生冲刷和唧浆现象，最终导致基层、底基层和垫层被侵蚀，路面整体强度降低，从而使整个路面结构的使用性能迅速变差。

排水基层的排水量占降雨量的 25%～40%。并且，透水性排水基层通常在降雨结束后两小时内排走 95% 以上的渗入水。新的排水刚性路面的寿命至少比不排水刚性路面长 50%，新的排水柔性路面平均寿命至少要比不排水柔性路面长 33%，并且认为这个预测还很保守。研究认为：在柔性路面上设置排水系统，使用寿命最少可以延长 4 年，具有有效边缘排水系统的普通水泥混凝土路面，使用寿命至少可延长 50%。采用内部排水设施所增加的资金投入，可以很快从路面使用性能的提高、使用寿命的增加和养护工作的减少中得到补偿。因此，设置路面内部排水系统，将这部分积滞水迅速、有效地排除到路面和路基结构外，有利于改善路面的使用性能，并大大提高其使用寿命。

2. 设置的条件

根据对道路等级、交通繁重程度、路基-路面结构的组合状况、当地的气候和水文地质条件等方面综合考虑，权衡需要和经济两方面的重要性，考虑是否设置路面内部排水系统。目前，路面内部排水系统已成为一项常用的措施，并规定在一些州的路面通用结构断面中。

①年降水量在 600 mm 以上的湿润和多雨地区，路基由透水性差的细粒土组成的高速公路、一级或重要的二级公路。

②路基两侧有滞水，可能渗入路面结构内。

③严重冰冻地区，路基为由粉性土组成的潮湿、过湿路段。

④现有路面改建或改善工程，需排除积滞在路面结构内的水分。

在进行路面内部排水系统的设计时，通常从泄水能力、渗流时间和渗流路径、耐久性三方面来综合考虑，只有同时满足了这三方面的要求，才能保证路面内部排水系统长期有效地发挥作用。

3. 路面结构内部排水系统的一般要求

①各项排水设施应具有足够的泄水能力，以排除渗入路面结构内的自由水。由于渗入量的估计和透水材料系数的测定精度较低，因此对设计设施的设计泄水量通常采用两倍以上的安全系数，才能保证排水设施具有足够的泄水能力，同时，系统中各项设施的泄水能

力应从上游到下游逐渐增加。

②自由水在路面结构内的渗流时间不能太长,渗流路径不能太长。在非冰冻地区,自由水滞留时间长,会使路面结构处于饱水状态的时间久,会侵蚀各结构层材料和路基土,使其强度降低,变形增加,从而使路面的承载力降低,降低路面的使用寿命;而在冰冻地区,滞留时间过长还会使水分在基层内结冰,从而损坏路面结构,并使排水受阻。渗入水在路面结构中的最大渗流时间,冰冻地区不应超过此,其他地区不应超过2h(重交通时)和4h(轻交通时)。自由水在路面结构内的渗流路径长度不宜超过45~60m。

③排水设施应满足耐久性要求。路面结构内部排水系统中的各项排水设施很容易被从路面结构、路基、或路肩中渗流水带来的细粒逐渐堵塞,从而使排水设施的排水效率降低甚至是丧失排水能力。为此,在设计时应考虑采取反滤措施以防止细粒随流水渗入。同时为保证排水功能的持久性、各项设施要便于经常性的检查、清扫、疏通。

(二)路面结构内部排水设施

渗入路面结构内的自由水可以通过水平(向两侧路肩)渗流方式和垂直(向下)渗流方式逐渐排除,因此通常可采用两类排水设施:一类是在路肩结构内设置可使路面结构内的自由水横向排流出路基的设施,称为路面边缘排水系统;另一类是在路面结构内设置由透水性材料组成的排水层,根据排水层设置位置的不同又分为排水基层和排水垫层两种排水系统。

1. 边缘排水设施

路面边缘排水系统就是沿路面外侧边缘设置的纵向集水沟和集水、出水管。渗入路面结构内的水分,先沿路面结构层的层间空隙或某一透水层次横向流入由透水性材料组成的纵向集水沟,并汇流入沟中的带孔集水管内,再由间隔一定距离的横向出水管排出路基之外。

路面边缘排水系统可以将面层—基层—路肩界间滞留的自由水排离路面结构,常用于基层透水性小的水泥混凝土路面,特别适用于改善排水状况不良的旧水泥混凝土路面,因为边缘排水系统可以在不扰动原路面结构的情况下改善其排水状况,从而改善原路面的使用性能和增加其使用寿命。

路面边缘排水系统的集水沟、纵向排水管、横向出水管和过滤织物(土工布)等各排水设施的主要形式和施工要求分述如下。

(1)纵向集水沟

①主要形式。集水沟一般设置在路肩面层以下,可设在行车道路面边缘、硬路肩铺面边缘或者路肩铺面(或路缘石)下,视排水要求、行车道路面和路肩铺面的结构组成情况、施工便利或影响等条件而定。纵向坡度应与路线纵坡保持一致,不得小于0.25%。对新建路面,集水沟底面与基层底面齐平,最小宽度不应小于30 cm;对改建路面,沟底底面可低于基层顶面,其宽度不应小于17 cm,且纵向排水管两侧各有至少5 cm宽的透水填料。

集水沟的底部、外侧应以反滤织物（土工布）包围，以防止垫层、基层和路肩内的细粒侵入而堵塞遇水性填料空隙或管孔。反滤织物可选用由聚酯类、尼龙或聚丙烯材料制成的无纺织物，能透水但不允许细粒土通过。

透水性集水沟回填料由水泥处治开级配粗集料或未掺治开级配粗集料组成，孔隙率为15%～20%。粗集料最大粒径不大于40 mm，粒径4.75 mm以下的细粒含量不应超过16%，2.36 mm以下的细粒含量不超过6%；水泥与集料的比例可在（1:6）～（1:1）范围内选取，水灰比约为0.35～0.47，为避免带孔排水管被堵塞，透水性填料在通过率为85%时的粒径应比排水管槽口宽或孔口直径大1.0～1.2倍。水泥处治集料的配合比，应按透水性要求和施工要求试配确定。

②施工要求。

A. 对于旧路改造情形，直接在路肩处开挖集水沟；对于新建路面设置集水沟和管的透水基层排水系统，在透水基层施工结束后再开挖集水沟。

B. 集水沟开挖好后，在集水沟的壁面处立支板进行防护，以防壁面坍塌。现将反滤织物放入集水沟中，并沿沟底摊铺和整平，再将包裹着土工布（反滤织物）的集水管放入集水沟底部中央位置。在出水管的位置开挖坑道，放置出水管，并使用接头弯管将出水管和集水管连接起来。向集水沟中倾倒透水性回填料，并使用路基土将出水管埋起来。

C. 抽去立支板，采用小平板振捣器，按照与同种材料透水基层相同的松铺系数对集水沟的透水性回填料进行振平压实，严禁压路机碾压，以防集水管被压坏。集水沟振平压实结束后，用反滤织物将集水沟回填料覆盖住。

D. 若集水沟采用水泥处治碎石透水性材料做回填料，则应采用与水泥处治碎石透水基层相同的方法至少养护7 d。

E. 集水沟横向接缝的处理与同种材料透水基层的施工方法相同。应注意防止集水沟顶面被污物堵塞。

F. 若集水沟上部采用的是沥青路肩，则应按照与沥青混凝土相同的松铺系数，采用振动夯板进行振平压实，以免集水管被压坏。

（2）纵向排水管

①主要形式。纵向排水管通常选用聚氯乙烯（PVC）或聚乙烯（PE）塑料管、水泥管或其他材料管。排水管设三排孔，沿管周边等间距（120°）排列，每排孔沿管长方向等间距布置，一般每隔2 cm设一排孔，每个孔洞的面积约30 mm²（即每延米有50排孔，孔洞面积45 cm²），排水管的管径应按设计渗流量由水力计算确定，通常在70～150 mm范围内选定。其埋设深度，应保证它不被车辆或施工机械压裂，通常在新建路面时，排水管管底应与基层底面齐平；对改建路面，管中心应低于基层顶面，在冰冻地区，还应超过当地的冰冻深度。排水沟和排水管的纵向坡度与路线纵坡相同，但不得小于0.25%。

②施工要求。

A. 所有用于路面排水的纵向和横向 PVC-U 管宜在底基层铺筑完工后再开挖埋设。

B. PVC-U 管在装卸、运输途中应避免过分的冲击和产生过大的弯曲,严禁由卡车上往下抛落,贮存时宜远离火源 2 m 以上。

C. PVC-U 管内、外壁不得出现任何原因产生的裂纹和裂痕,以免产生刻痕效应(用无刻痕的试件与有刻痕的试件作耐冲击试验时,两者的冲击强度相差悬殊,在常温几乎达 10 倍之多,且试件经冲击后有刻痕的试件必定在刻痕处断裂,这种特性称为刻痕效应(Notch Effect)。在 PVC-U 管的埋设过程中,PVC-U 四周不得直接与石头、砖块等硬物相接触,以免造成管壁破裂。

D. 任何质量达不到要求(特别是老化质量达不到要求)或施工过程中损坏、破裂的 PVC-U 管不得用于工程。

E. 为了便于施工,每根管子的两端必须临时封口,以免异物掉入管中堵塞管子,待管子安装并填筑完后需要过水时,再取消临时封口。

F. 当 PVC-U 管长度过长运输困难时,可采用两节管扩口插入并粘接的方式进行接长(原则上为不接长的整管)。粘接时应按以下要求进行:

a. 当采用接长管时,可采用两节管粘接,其中一节为标准管,另一节为一端扩口管;标准管应埋设在水流的上游端,而扩口管应埋设在水流的下游端,管的顺序不得颠倒,同时按接头位于行车道外侧来确定两管之长度。

b. 粘接用胶应采用 PVC-U 管厂家提供的专用硬质胶合剂,并按其说明、要求,同时须在厂家技术人员的现场安装指导下进行粘接施工。

c. 采用接长管时应先进行接长管的水压试验,只有确保在接头处不渗水、漏水时才能使用。

d. 在粘接 PVC-U 管时应把粘接管端的内外壁清刷干净,接合面不得潮湿,也不得有油污、灰土及其他杂质,胶合剂用量应适当,涂刷应均匀。

e. 采用接长管时,应在埋管至少 24 h 之前在平地上把管接好,保证胶合剂完全干固后方可移动管子进行埋管施工,接长后的 PVC-U 管应顺直,不得弯曲。

f. 在接头处 50 cm 范围内,管外壁应用 10 cm 厚的混凝土作保护层。

③质量要求。

A. 扁平试验:按照国家标准试验方法试验无开裂(压至直径的 50% 高度时不得出现裂纹),抽检频率不少于管子总数的 1/3。

B. PVC-U 管老化寿命不得少于 50 年,PVC-U 管的各种原材料配比必须保持稳定,特别应控制 $Ca(HCO_3)_2$ 含量不得超过 6%。

C. 管材内、外壁应光滑、清洁、没有划伤,不允许有气泡、裂口及明显的凹陷、杂质、颜色不分、分解变色线等。管端应切割平整,并与管轴线垂直;管子的内孔不得出现不圆现象。

D. 壁厚偏差：管材同一截面的壁厚偏差不得超过14%，任何截面的壁厚偏差不得大于标准壁厚的5%。

（3）横向排水管

横向排水管可选用与纵向排水管相同的材料和管径，但不设槽孔。横向出水管的间距和安设位置由水力计算并考虑附近地面高程和公路纵横断面综合确定，常用的间距一般为60 m，最大间距为75～100 m。此外，在凹形竖曲线底部和桥台前均应布置出水口。出水管的横向坡度不宜小于5%，埋设出水管所开挖的沟须用低透水性材料回填。出水管的外露端头用镀锌铁丝网或格栅罩住。出水口下方应铺设水泥混凝土防冲刷垫板或对泄水道的坡面进行浆砌片石防护。出水水流应尽可能引至排水沟或涵洞内。

排水管上游始端设置横向通气管，与外界大气相通；下游终端设置横向出水管。中间段的出水口采用单根出水管或一根出水管和一根通气管。排水管与出水管的端头用半径不小于30 cm的90°弯管连接。排水沟设在路缘石下时，排水管出水口直接与雨水井的进水口相连接。

横向出水管通常选用不带孔的聚氯乙烯（PVC）或高密度聚乙烯（HDPE）塑料管，管径与纵向排水管相同。出水管的横坡为2%～5%，视下游出口处的路基排水沟的高程情况选定。埋设出水管和通气管所开挖的沟内的回填料须经充分压实，并在顶部覆盖不透水材料。

出水管的出水口可采用以下四种处理方案：

①管口直接伸出路基坡面外——路基坡面应进行浆砌抹面，并在出水口的下方铺设混凝土挡溅垫板，以防止排出的水流冲刷路基坡面或者滋生杂草。

②出水管弯向路基坡脚处伸出坡面外，出水口处铺设混凝土挡溅垫板。

③管口设置直立式端墙。

④管口设置平头式端墙，墙面与坡面齐平，便于割草机通行和操作。

出水管和通气管的外露端头用不锈钢或镀锌铁丝网罩罩住，以防杂物进入、植物侵入或啮齿动物筑巢。在出口位置的路面边缘处设置方形或圆形标志，以便维护时易于认找。出水水流尽可能排引至涵洞、边沟或排水沟中。出水口应高出边沟或排水沟沟底至少30 cm。

（4）复合土工排水板或鳍状排水板

复合土工排水板由聚氯乙烯或聚乙烯材料做成不同断面形状的芯体，外面包裹无纺土工织物作为滤层。芯体下端可插入无孔的排水管或者连接带孔的排水管。

复合土工排水板或鳍状排水板安设在路面边缘排水沟内，紧贴路面结构，并在其背后回填透水性材料。路面结构中的自由水侧向通过土工布渗入排水内芯，由芯板的通道竖向流下并纵向流入出水口，或者竖向流入排水管，再由排水管排向指定的出水口。

芯板的厚度一般不大于2.5 cm，排水管的管径不大于10 cm。因而，排水沟的宽度较窄，一般为 5～15 cm。复合土工排水板的顶面应略高于面层—基层界面（2.5～4.0 cm），其底面应超出最低排水点足够的深度，使芯板在最低排水点以下的通道泄水断面能提供 0.568 m³/h（或 1.577×10^{-4} m³/s）的排水量，也即排水沟内的水位不超过最低排水点。鳍状排水板的埋置深度一般为底基层底面下 60 cm 以上。

2. 排水层

排水层排水系统是直接在路面内部设置透水性排水层，渗入路面结构中的水分，先通过竖向渗流进入透水层，然后横向渗流到路基边坡以外，或进入纵向集水沟和管，再由横向出水管排引出路基。

排水层在实施时通常采用全宽式与组合式两种。

全宽式排水层。排水层可修筑成全宽式，渗入层内的水分横向直接排流到路基边坡坡面以外。这种形式便于施工，但存在一个主要缺点，排水层在坡面出口处易于生长杂草或被其他杂物堵塞，使用几年后排泄渗入水便出现困难，造成路面结构出现损坏，因此，如果使用这种形式的排水基层就必须克服上述缺点。

组合式排水基层。这种方式的排水系统由排水层、纵向集水沟管和横向出水管等组成，是全宽式排水层与路面边缘排水系统的组合，在新建道路中常采用。排水层的设计、施工要求同前。纵向集水沟管以及横向出水管的要求同路面边缘排水系统。纵向集水沟中的填料采用与排水基层相同的透水性材料。集水沟的下部设置带槽口或圆孔的纵向排水管，并间隔适当距离设置不带槽孔的横向出水管。集水沟、纵向排水管和出水管的尺寸和布设要求可按边缘排水系统设置。

排水层的透水性材料可选用三类混合料。

①不含或含少量细料的开级配碎石（或砾石）集料。

②沥青处治开级配碎石集料。

③水泥处治开级配碎石（或砾石）集料。

排水层由水泥或沥青处治不含或含少量 4.75 mm 以下粒径细集料的开级配碎石集料组成，或者由未经结合料处治的开级配碎石集料组成。厚度按所需排水量和基层材料的渗透系数通过水力计算确定，通常在 8～15 cm 范围内选用，最小厚度不得小于 6 cm（沥青处治碎石）或 8 cm（水泥处治碎石）。

根据经验，未经水泥或沥青处治的开级配碎石集料，在施工过程中易出现离析，碾压时不易稳定，在使用中易出现推移变形，并且难以承担重载作用，因而在一般情况下不采用未经处治的碎石集料做排水基层。对水泥混凝土路面，宜采用水泥处治开级配碎石集料，对沥青混凝土路面，宜采用沥青处治碎石集料。集料的级配组成情况对基层的排水作用至关重要，目前我国大多是借鉴国外一些排水基层的集料级配情况及相应的渗透系数。

排水基层的集料应选用洁净、坚硬而耐久的碎石，其压碎值不应大于30%，最大粒径可为 20～50 mm，但不得超过层厚的 2/3。粒径 4.75 mm 以下的细料含量不应大于 10%。

集料级配应满足透水性要求，渗透系数不得小于 300 m/d。水泥处治碎石集料的水泥用量不宜少于 160 kg/m³，其 7 d 浸水抗压强度不得低于 3 ~ 4 MPa。沥青处治碎石集料的沥青用量约为集料干重的 2.5% ~ 4.5%，集料的孔隙约在 15% ~ 25% 范围内。

（1）开级配碎石排水层

①一般要求。用于排水的开级配碎石应用预先筛分成几组不同粒径的碎石（如 37.5 ~ 19.0 mm、19.0 ~ 9.5 mm、9.50 ~ 4.75 mm 的碎石）及 4.75 mm 以下的石屑组配而成。

缺乏石屑时，可以添加细砂砾或粗砂。也可以用颗粒组成合适的含细集料较多的砂砾与未筛分碎石组配成级配碎砾石。

开级配碎石排水层的最大粒径应控制在 37.5 mm 以内；当级配碎石用作高速公路和一级公路的基层以及半刚性路面的中间层时，其最大粒径宜控制在 31.5 mm 以下。

②施工要点。

A. 做好下承层。下承层应有足够的强度与稳定性，是保证其上层结构强度与稳定性的基本条件。在铺筑排水层之前，要重新检测密度，要求碾压完全合格。

B. 运输和摊铺。要求碎石、石屑在料场分别堆放，运输集料时，要求每车料的数量基本一致，按设计的配合比装车。碎石在下，石屑均匀铺放在上面，并洒水加湿。根据天气及运输距离不同，分别使集料的含水率超过最佳含水率的 0.5% ~ 1.5%，以减轻运输中的粗细颗粒离析现象。

应严格控制卸料距离，避免料不够或过多。采用两种集料时，应先将主要集料运到路上，待主要集料摊铺后，在运另一种集料并摊铺。如粗、细两种集料的最大粒径相差很多，应在粗集料潮湿状态下摊铺细集料。

在同一料场供料的路段内，应由远到近将料卸在下承层上。卸料的距离应严格掌握或由专人负责，不得卸置成一条"埂"。当预定级配碎石采用未筛分碎石和石屑分别运到路段上再进行拌和，则石屑不应预先运送到路上，以免雨淋受潮。

运料时应注意避免运到路上的集料因水分蒸发而变干，集料在下承层上的堆放时间不应过长，一般运送集料较摊铺集料提前两天。在雨季施工时，宜当天运输、摊铺、压实，以免下雨时料堆下面积水。

应事先通过试验确定集料的松铺系数。人工摊铺混合料时，松铺系数为 1.40 ~ 1.50，平地机摊铺混合料时，松铺系数为 1.25 ~ 1.35。

摊铺机械一般采用平地机，应将集料均匀地摊铺在预定的宽度上，表面力求平整，并且有规定的路拱。路肩用料应同时摊铺。摊铺集料时应注意：当采用不同粒级的碎石和石屑时，应分层铺，大碎石铺在最下面，中碎石铺在大碎石上，小碎石铺在中碎石上，洒水使碎石湿润后，再摊铺石屑。采用未筛分碎石和石屑时，应在未筛分碎石摊铺平整后，在其较潮湿的情况下，按设计比例向上运送石屑，用平地机并辅以人工将石屑均匀地摊铺在碎石层上。也可用石屑撒布机将石屑均匀地撒在碎石层上。

混合料摊铺后，应检查其松铺厚度是否符合预计要求，必要时应进行减料或补料工作。

③拌和与整形。为保证级配碎石的密实级配，拌和均匀是非常重要的。应采用稳定土拌和机来拌和级配碎石，在无稳定土拌和机的情况下，也可采用平地机或多铧犁与缺口圆盘耙相配合进行拌和。

用稳定土拌和机拌和时，拌和深度应达到级配碎石层底，如发现有"夹层"，应在进行最后一遍拌和之前，先用多铧犁紧贴底面翻拌一遍。一般应拌和两遍以上。

用平地机拌和时，将铺好石屑的碎石料翻拌，使石屑均匀分布到碎石料中。第一遍由路中心开始，将碎石混合料向中间翻，第二遍应是相反，从两边开始，将混合料向外翻。拌和过程中用洒水车洒足所需的水分。平地机拌和的作业长度，每段以 300~500 m 为宜。如级配碎石混合料在料场已经过混合，可视摊铺后混合料的具体情况（有无粗细颗粒离析），用平地机进行补充拌和，拌和结束时，混合料的含水量应该均匀，并较最佳含水量大 1% 左右，没有粗细颗粒离析现象。

拌和过程中要注意保持所需水分，当拌和进行到一定程度，外观看起来较为均匀时，应立即进行检测。当测出其含水率等于或略大于最佳含水率，筛分结果满足级配要求时，拌和即告一段落。

混合料拌和均匀后，用平地机按规定的路拱进行整平和整型。在整型过程中，应注意消除粗细集料的离析现象，并禁止任何车辆通行。

④碾压。开级配碎石排水层的强度，主要是通过碾压而获得颗粒的嵌挤、锁结、细料的填充所形成的联结强度，因此，提高碾压工作的质量，是获得高强度结构层的直接手段。根据以往的试验，当材料的含水率小于最佳含水率时，增加材料的含水率对其压实有很好作用；然而含水率大于最佳含水率时，反而对压实不利。只有在最佳含水率时，方能获得最佳压实效果。为此，在碾压时，须测含水率，控制含水率等于或略大于最佳含水率，必要时，应进行补充洒水，碾压时的轮迹及行速严格按规范要求进行。

施工使用的压实机械有两种：第一种是进口宝马振动压路机，对开级配碎石排水层，开始宜静压，使其成形并有一定的密实度，接着宜用微振及大振动，使结构层内部密实，碾压一直进行至要求的密实度为止。严禁从振动碾压结束碾压工作，振动碾压虽可以使深层材料合理嵌挤、锁结，增强材料间作用，但对无结合料并在静压下已趋于密实的表层结构却有破坏作用，降低其密实度。

第二种压实机械是 12 t 振动压路机。按规范要求压实厚度不得超过 20 cm，必须分两层施工，成形、需碾压 8~11 遍。碾压要控制含水率与遵守碾压程序相结合，并及时检测碾压结果，才能做到经济合理。碾压时要注意均匀性，避免产生薄弱地点和过强地点。过强和过弱地点反映出结构层的不均匀性，对结构层的强度有不利影响，同时对弯沉的检测具有很大的影响。碾压时应坚持"四先四后"的原则，后轮应重叠 1/2 轮宽，后轮必须超过两段的接缝处。碾压应一直进行到要求的密实度为止。

⑤管制交通及养护。开级配碎石排水层未洒透层沥青或未铺面层时,禁止开放交通,以保护表层不受破坏。

(2)水泥处治碎石排水层

①一般规定。在多孔隙粒料中掺加少量水泥,也可使排水层在施工时较易于压实平整,并提高其抗变形能力或强度。由于水泥细料占据少量空隙,经水泥处治后的混合料的透水性略有下降,并低于沥青稳定碎石。用作排水层的多孔隙水泥稳定碎石混合料,应满足下述两方面的性质要求:

必须具有足够的透水能力(以渗透系数表征),以迅速排除渗入排水层内的自由水。

应具有一定的承载能力(以抗压强度表征),以支持面层承受行车荷载的作用。

②施工要点。

A.拌和。在正式拌和混合料之前,必须先调试所用设备,使混合料的颗粒组成和含水量都达到规定的要求。当原集料的颗粒组成发生变化时,应重新调试设备。应根据集料和混合料含水量的大小,及时调整加水量。采用质量法控制时,应严格控制水、灰比及粗、细集料的比例,每次进料都需过秤,并派专人负责加料。

B.混合料的运输。应尽快将拌成的混合料运送到铺筑现场。一般采用自卸机动车输送,车上的混合料应该覆盖,以减少水分损失。当运距较近时,可采用人力翻斗车运输;当运距较远时,宜考虑采用搅拌运输车,混合料从出料至浇筑结束完毕的最长时间应满足规定。

③摊铺。现场控制混合料含水量以能手握成团又不吸浆,落地后可自然分散为宜。考虑施工中的水分损失,实际含水量要较最佳含水量大1.0%左右,高温季节应大2.0%;经常测定各分集料与拌和后混合料之含水量,以便及时调整供水量,雨季尤其要勤测,以每天的出料数量(折算成干料)所用水泥量做宏观控制,辅以滴定法所得数据对水泥剂量进行必要的微控调整;尽量避免因水泥剂量过大造成收缩系数增大,产生裂缝。

依据室内试验结果,水泥碎石孔隙率控制在一定的范围内,混合料的松铺系数为1.18~1.22,在沥青封层顶面路面边缘,首先用水准仪按水泥碎石松铺高度进行施工放样,制标高桩,标高桩间距为4 m。根据铺筑层的厚度和要求达到的压实干密度,计算每车混合料的摊铺面积。将混合料均匀的卸在摊铺现场,用平地机或者采用人工铲铺,将混合料按松铺厚度摊铺均匀。为克服集料的离析,委派2~3人专门负责及时铲除粗集料窝和粗集料带,补以新拌的均匀的混合料。在近模板处以扣铲法逐渐铲铺在模板附近,混合料摊铺后立即用长刮板按标高桩上的控制高度刮平,不足则补平,超出铲去。摊铺后表面可采用水准仪复测标高。

④碾压。标高复测后,用8吨钢轮压路机碾压二遍,局部地点碾压三遍。出现轮迹和边缘不平处,用平板予以振捣。压实后复测标高。

⑤养护和封闭交通。水泥碎石排水基层碾压结束后,立即加盖塑料薄膜,上覆草袋,用洒水车经常洒水进行养生。每天洒水的次数应视气候而定。整个养生期间应始终保持基

层表面潮湿。在养生期间，应严格封闭交通。基层的养护期不宜少于 7 d。如养护期少于 7 d 即铺筑沥青，则应严格限制重型车辆通行。

（3）沥青处治碎石排水层

一般要求。粒料排水基层在施工时较难以压实平整，且抗变形能力较差。采用沥青处治透水性粒料，可以改善这种状况，获得较稳定、平整、并具有一定抗变形能力的基层。而少量沥青涂敷在集料表面，对集料孔隙率的影响并不很大。一些试验测定结果表明，经结合料处治后混合料的透水性下降不多。

用作排水基层的沥青处治碎石基层混合料，应满足以下三方面的性能要求：

①必须有足够的透水能力（以渗透系数表征），以迅速排除渗入排水层内的自由水。

②应具有一定的承载能力——抗变性能力（以抗压回弹模量表征），以支持沥青面层承受行车荷载的作用。

③具有足够的水稳定性（耐久性），以抵抗水浸湿作用下的沥青剥落损坏。

（4）施工前准备

施工前一定要做好原材料与施工机具的准备工作，原材料与施工机具必须满足设计与施工的要求。

①原材料。进场的原材料必须按照规定的试验方法、检测频率，进行检测确认，按品种规格储存保管。

②矿料的级配。混合料的矿料级配范围应符合设计的要求。在施工过程中，为保持沥青混合料生产的稳定，不得随意改变矿料的级配。仔细控制混合料中的矿粉填料的数量和类型。

③沥青结合料。沥青的品种及等级选定后应确保施工用的数量，以免中途变更。

④下卧层和施工机具。施工前应对各种施工机具做全面检查，并经调试证明处于性能良好状态，机械数量足够，施工能力配套，重要机械有备用设备。

⑤配合比设计。目标配合比设计。依据设计要求的技术指标和对矿料级配要求，进行矿料级配设计。矿料级配设计，选用设计要求级配曲线中值用矩形法求出不同规格材料的用量，将不同筛孔的筛余量，按中值曲线掺配。沥青用量（油石比）用油膜厚度公式和析漏试验确定。用油膜厚度公式初步确定沥青用量，按上下每间隔 0.5%（油石比）变化共取五种沥青用量，由析漏试验结果和技术标准决定最佳沥青用量，并应根据实践经验和道路等级气候条件进行适当调整。矿料级配及最佳沥青用量须经反复调整试验，满足各项技术检验标准后综合确定。

⑥生产配合比设计。由试验室确定的配合比为目标配合比，生产中还应通过拌和机进行矿料比例调试，试拌、试铺试验段，通过生产过程中的调整来确定用于正常生产的施工配合比。不加沥青和矿粉，也不加热，拌和机根据目标配合比决定各分料仓的配料比例和进料速度。

间歇拌和机从筛分后的各热料仓（矿料不加热）料斗内取样进行筛分，根据各料斗筛分结果和要求的混和料级配范围，计算各料斗的配合比例，用此比例和目标配合比设计的最佳沥青用量的±0.5%进行马歇尔试验，决定各热仓料斗矿料比例，并适当调整最佳沥青用量，此时各料斗的配合比例及沥青用量即为施工配合比，供拌合机控制室使用。同时根据各料斗的用量比例对冷料仓（进料仓）各种规格矿料比例进行反复调整以达到供料均衡减少损耗，提高效率。

连续式拌和机从冷拌的矿料中取样筛分，与要求的范围比较，通过反复调整冷料仓供料比例及进料速度，使矿料筛分结果在要求的级配范围内（尽量接近中值），并取目标配合比设计的最佳沥青用量的±0.5%进行马歇尔试验，并可根据试验结果、筛分情况，适当调整最佳沥青用量。由于连续式拌和机没有热料筛分称量装置和热料料斗，而冷进料控制装置为连续计量，故其目标配合比即为施工配合比（沥青用量可做适当调整）。

（5）施工要点

正式开工前，必须采用施工配合比及最佳用油量的±0.5%进行正常生产下的试拌，并铺筑100~200 m试验段，进行混合料的试铺和试压试验，并据此制定正式的施工程序，以确保良好的施工质量和施工的顺利进行。

①施工温度。正常情况下，施工温度宜根据沥青等级、黏度、气候条件及铺装层的厚度，较稠的沥青，选用高值；反之选低值，气温较低时，施工温度可适当提高。但经试验段和施工时间证明表中规定温度不符合实际情况时，容许做适当调整。

②混合料的拌制。拌和过程的主要要求是混合料均匀，颜色一致，无花白料现象，使沥青均匀地裹覆矿物颗粒表面。

③混合料的运输。混合料的运输应考虑根据拌和机的拌和能力、运输距离、道路状况、车辆吨位合理确定车辆数量。

④自卸汽车应保持车厢非常干净，应涂防黏剂薄膜，并涂刷1∶3柴油、水混合剂，但不应有多余的防黏剂积存车中。

⑤运输车一般应覆盖，用以保温、防雨、防环境污染。

（6）混合料的摊铺

①在试验路的施工中，经检测计算确定松铺系数。

②汽车司机应与摊铺机操作者密切配合，避免车辆撞击摊铺机，使之偏位，或把料卸出机外，最好是卸料车的后轮距摊铺机30 cm左右，当与摊铺机行进接触时，汽车起升倒料。

③连续供料。当待料时不应将机内混合料摊完，保证料斗中有足够的存料，防止送料板外露。因故障，斗内料已结块，重铺时应铲除。

④检测员要经常检查松铺厚度，每5 m查一断面，每断面不少于3点，并做好记录，及时反馈信息给操作者；每50 m检查横坡一次，经常检查平整度。

⑤摊铺路面中，应密切注意摊铺动向，对离析、拥包、波浪、边角缺料等，均应及时

清除（包括摊铺前）找补。对一些机械作业有困难的地方进行处理。

（7）混合料的压实及成型

①碾压方向由路面低处压往高处。在碾压过程中，不得在新铺混合料上突然加速、刹车、掉头或左右摆动。当倒车回程时应慢停、慢起步。

②初压，当混合料不产生推移、发裂等情况下，尽量在摊铺后高温下进行。以1.5~2.0 km/h的速度压两遍。复压，应检查初压路拱和平整度是否满足要求，否则应修整后才能进行。压实遍数由试验室确定，一般需4~6遍，至达到要求压实度及表面无轮迹为止。终压紧接复压后进行，静压两遍以消除轮迹。初压、复压、终压三个不同程序的压实段落，比前一程序后退5~8 m，不宜在同一断面上进行。

③压路机在改变进退方向时，不宜在相同段落，要考虑在断面前后1 m左右在范围变化，压路机不得在热铺路面上急转弯、急停。

④压路过程中，应设专人用3 m直尺来回巡视检查、测量路面平整度，发现因摊铺机停机或压路机倒车、转向造成路面形成搓板或凸坡现象，应及时用压路机碾压平整，直至满足要求为止。

（8）接缝的处理

①纵缝：两台摊铺机梯队作业的纵缝的热接处理，应将已铺混合料部分留下10~20 cm不碾压，作为后摊铺的基准面，后摊铺有5 cm左右的摊铺重叠，在碾压前清除、平整，最后跨缝碾压，以清除缝迹。

②横缝：横缝对行车的舒适性影响较大，应尽可能地减少横接缝。

③接缝处理时要不断用3 m尺检查平整度。

（9）开放交通及其他

上覆层的施工应紧跟沥青处治碎石基层的施工，若两层施工存在时间间隔，应避免车辆和人员通行，以确保沥青稳定碎石排水层，不受泥土或灰尘的污染，并与上覆层紧密黏结。

（10）质量控制和检验

①严把原材料进场关，不合格的材料不准进场，进场材料要以醒目标志牌分规格堆放，当材料有变化时，要及时调整配合比。

②准确控制施工配合比，通过每天检测数据分析及时调整施工配合比。

③拌和站应做到没有通知配合比不得开盘，操作人员无权改变配合比，发现问题及时反映或停机；要做好冷料计量、颗粒分析验证，保证计量准确；严格掌握沥青混合料的拌和温度和拌和时间。

④摊铺机的摊铺速度应与拌和速度匹配，严格按摊铺碾压施工程序施工。

⑤认真按照要求的质量检测项目、频率进行检查控制。

3. 路面结构的防水封层

设置路面内部排水系统,将积滞在路面结构内的水分迅速排出到路面和路基结构以外,有利于改善路面的使用性能,大大提高其使用寿命;除此之外,在工程实践中,也采用了一些其他的路面面层防水措施,并取得了一定的效果。

封层是指为封闭沥青面层的表面空隙,防止水分侵入面层或基层而铺筑的沥青混合料薄层。铺筑在面层表面的称为上封层,铺筑在面层下面的称为下封层。值得注意的是,当防水层在厚沥青面层下面时,只能保护基层不受冲刷等水的侵害,不能保护其上各个沥青层不受水的侵害。因此,当沥青路面厚度较大时,为了防止水渗入下层造成水破坏,可考虑将防水层设在表面层下面。

上封层可采用单层式沥青表面处治,也可以采用乳化沥青稀浆封层。新建的高速公路、一级公路的沥青路面上不宜采用稀浆封层铺筑上封层。聚合物改性乳化沥青稀浆封层(又称微表处)已被认为是修复车道及其他多种路面的病害最直接、最经济的手段之一。

沥青表面处治是铺筑厚度小于 3 cm 的一种薄层路面,其厚度一般在 1.0～3.0 cm。表面处治适用于三级及三级以下公路、各级公路施工便道以及在旧沥青面层上加铺罩面层或磨耗层。表面处治由于厚度较薄,在计算路面厚度时,其强度一般不计算在内。表面处治能改善行车条件,保护基层免受行车的直接磨损、破坏,防止地表水及其他自然因素的破坏作用。

沥青表面处治路面,可采用拌和法或层铺法施工。拌和法沥青表面处治路面可采用热拌、热铺和冷拌、冷铺法施工。拌和法施工工艺可参照沥青碎石混合料路面施工工艺。拌和法表面处治的优点是集料不易散失,但其摩擦系数和表面构造深度都比喷洒法表面处治小,其抗温度裂缝性能也不如层铺法表面处治。

层铺法施工可分为单层、双层和多层。单层和双层表处可用于轻交通量道路的面层或旧沥青路面的封层罩面,可以作为路面的磨耗层或保护层;多层表面处治在强基层上可作为较重交通道路的路面结构层。层铺法表面处治的优点是摩擦系数和表面构造深度大,有利于高速车辆行驶安全。此外它还有良好的抗温度裂缝性能。

为了克服层铺法表面处治表面石料容易散失的缺点,国内外都有采用混合式表面处治。混合式表面处治通常是双层式,下层采用层铺法施工,上层采用预拌沥青混合料或沥青乳液砂浆施工。

乳化沥青稀浆封层是用适当级配的石屑或砂、填料(水泥、石灰、粉煤灰、石粉等)与乳化沥青、外加剂和水,按一定比例拌和而成的流动状态的沥青混合料,将其均匀地摊铺在路面上形成的沥青封层,稀浆封层可以使磨损、老化、裂缝、光滑、松散等病害迅速得到修复,起到防水、防滑、平整、耐磨等作用。对于新铺的沥青路面,例如贯入式、表面处治、粗粒式沥青混凝土、沥青碎石等比较粗糙的沥青路面,在其表面做稀浆封层处理后,可以作为保护层与磨耗层,显著提高路面质量。在桥梁的表层上用稀浆封层处理后,可以起到罩面作用，但很少增加桥身自重，在隧道中的路面经过稀浆封层处理后，可以不影响隧道的净空高度。因此，稀浆封层施工法在道路工程中有着广阔的发展前景。

微表处可用于超薄抗滑表层（PSM）和车辙填补（PSR），普通稀浆封层技术和微表处技术都是利用由级配集料、乳化沥青、填料和水所组成的混合料来进行施工的，不同的是微表处所用的材料是经过严格检测筛选，其中还包括高分子聚合物和其他添加剂，因而相比之下微表处技术具有更多的优点。

（1）上封层的应用范围

①沥青面层的空隙较大，透水严重。

②有裂缝或已修补的旧沥青路面。

③需加铺磨耗层改善抗滑性能的旧沥青路面。

④需铺筑磨耗层或保护层的新建沥青路面。

（2）下封层的应用范围

①位于多雨地区，并且沥青面层混合料空隙率较大。

②在铺筑基层后，不能及时铺筑沥青面层，并且须开放交通时。

（3）沥青表面处治的施工工艺

在透层沥青充分渗透，或在已作透层或封层并已开放交通的基层清扫后，即可按要求速度浇洒第一层沥青。浇洒沥青应符合下列要求：

①沥青的浇洒温度应根据施工气温及沥青标号选择，石油沥青的洒布温度宜为130~170 ℃；煤沥青的洒布温度宜为80~120 ℃。乳化沥青在常温下洒布，当气温偏低，破乳及成型过慢时，可将乳液加温后洒布，但乳液温度不得超过60 ℃。

②当发现浇洒沥青后有空白、缺边时，应立即用人工补洒，有积聚时应予刮除。

③沥青浇洒的长度应与集料撒布机能力相配合，应避免沥青浇洒后等待较长时间才撒布集料。

④应保证前、后两车喷洒的接茬搭接良好。在每段接茬处，可用铁板或建筑纸等横铺在本段起洒点前，及终点后，长度为1.0~1.5 m。如需分数幅浇洒时，纵向搭接宽度宜为10~15 cm。浇洒第二、三层沥青的搭接缝应错开。

⑤除阳离子乳化沥青外，不得在潮湿的集料或基层（或旧路）上浇洒沥青。

浇洒主层沥青后（不必等全段洒完）应立即用集料撒布机或人工撒布第一层次集料。撒布集料应符合下列要求：

①当使用乳化沥青时，集料撒布必须在乳液破乳之前完成。

②撒料后应及时扫匀，达到全面覆盖、厚度一致、集料不重叠、也不露出沥青的要求。当局部有缺料时，应采用人工方法适当找补，局部积料过多时，应将多余集料扫出。

③两幅搭接处，第一幅浇洒沥青应暂留10~15 cm宽度不撒石料，待第二幅浇洒沥青后一起撒布集料。

撒布一段集料后（不必等全段铺完），立即用 6～8 t 钢筒双轮压路机碾压，碾压时每次轮迹重叠约 30 cm，从路边逐渐移至路中心，然后再从另一边开始移向路中心，以此作为第 1 遍，宜碾压 3～4 遍，碾压速度开始不宜超过 2 km/h，以后适当增加。

第二、三层的施工，方法和要求应与第一层相同，但可采用 8～10 t 压路机。当用乳化沥青时，第二层撒布 S12(5～10 mm)碎石作嵌缝料，尚应增加一层封料，其规格为 S14(3～5 mm)，用量为 3.5～5.5 m³/1 000 m²。

单层式和双层式沥青表面处治浇洒沥青及撒布集料的次数为一次和两次，其施工程序和要求，可按三层式沥青表面处治进行。

乳化沥青表面处治应待破乳后水分蒸发并基本成型后才可开放交通，沥青表面处治在碾压结束后即可开放交通。在通车初期应设专人指挥交通或设置障碍物控制行车，使路面全部宽度得到行车碾压，在路面完全成型前应限制行车速度不超过 20 km/h，严禁畜力车、铁轮车及履带式拖拉机行驶。

沥青表面处治在开放交通后应进行初期养护，当发现有泛油时，应在泛油处补洒与最后一层石料规格相同的嵌缝料，并扫匀；过多的浮动集料应扫出路面外，不得搓动已经粘着在位的集料，如有其他破坏现象，也应及时进行修补。施工时对道路人工构造物及各种管井盖座、侧平石、路缘石等外露部分以及人行道面等浇洒乳液时，应加遮盖，防止污染。

（4）一般稀浆封层的施工工艺

原路面检测→修补原路面病害→封闭管制交通→清扫路面→放样放线→摊铺→修补修边→早期养护→开放交通。

当准备工作和施工条件均符合要求后，可以正式施工。施工方法可分为机械摊铺和人工摊铺两种类型。

①机械摊铺施工程序：

A.放样画线：根据路幅全宽，调整摊铺箱宽度，使施工车程次数为整数。据此宽度从路缘开始放样，一般第一车均从左边开始，画出走向控制线。

B.装料：将符合要求的矿料、乳化沥青、填料、水、添加剂等分别装入摊铺机的相应料箱，一般应全部装满，并应保证矿料的湿度均匀一致。

C.摊铺：

a.将装好料的摊铺机开至施工起点，对准走向控制线，并调整摊铺箱厚度与拱度，使摊铺箱周边与原路面贴紧。

b.操作员再次确认各料门的高度或开度。

c.开动发动机，接合拌和缸离合器，使搅拌轴正常运转，并开启摊铺箱螺旋分料器。

d.打开各料门控制开关，使矿料、填料、水几乎同时进入拌和缸，并当预湿的混合料推移至乳液喷出口时，乳液喷出。

e.调节稀浆在分向器上的流向，使稀浆能均匀地流向摊铺箱左右。

f. 调节水量，使稀浆稠度适中。

g. 当稀浆混合料均匀分布在摊铺箱的全宽范围内时，操作员就可以通知驾驶员启动底盘，并缓慢前进，一般前进速度为 1.5～3.0 km/h，但应保持稀浆摊铺量与生产量的基本一致，保持摊铺箱中稀浆混合料的体积为摊铺箱容积的 1/2 左右。

h. 混合料摊铺后，应立即进行人工找平，找平的重点是：起点，终点，纵向接缝，过厚、过薄或不平处，尤其对超大粒径矿料产生的纵向刮痕，应尽快清除并填平。

i. 当摊铺机上任何一种材料用完时，应立即关闭所有材料输送的控制开关，让搅拌缸中的混合料搅拌均匀，并送入摊铺箱摊铺完后，即通知驾驶员停止前进。

j. 将摊铺箱提起，然后把摊铺机连同摊铺箱开至路外，清洁搅拌缸和摊铺箱。

k. 核对材料剩余量。

②人工摊铺施工程序：人工摊铺通常用在小面积低等级道路上，或人行道、广场、停车场等机械不能摊铺的地方。其施工程序如下：

A. 每盘拌量以 100 kg 矿料为基准。

B. 施工前应作小样的试拌试铺，在满足厚度要求的前提下，确定每千克矿料铺筑的面积，并折算出每盘混合料的铺筑面积。

C. 放样画线，根据每盘混合料的铺筑面积，将施工路段划分为若干个方块，要求方块面积与每盘混合料的铺筑面积一致，方块之间的纵横连接应顺直。

D. 拌制工序是：先将矿料和填料置于拌盘或路面上拌匀，加水或添加剂水溶液再拌匀，再加乳化沥青，迅速拌和，拌至无花白料为止，所有材料均应按设计试验要求准确称重。

E. 稀浆拌均匀后应立即摊铺，并刮平。

F. 施工完毕，所有工具必须立即用清水冲洗干净。

③成型养护：乳化沥青的任何一种施工方法，施工后都有一个破乳成型过程，稀浆封层也不例外。养护的时间，视稀浆混合料中水的驱除及黏结力的大小而变化，通常认为，当黏结力达到 12N/m² 时，稀浆混合料已初凝，当黏结力达到 20 N/m² 时，稀浆混合料已凝固到可以开放交通的状态。影响稀浆混合料成型的因素很多，包括气候、材料、机械设备、配比等多方面因素，排除气候、矿料、机械设备等非人为因素，乳化沥青的性能及配比就成为影响成型的最关键因素。

④碾压。稀浆混合料在破乳成型后，都会有若干空隙。这些空隙在自然交通的反复作用下，可以提供足够的压实，将空隙启动弥合，因此也无需压实机械碾压，但交通量不足的地方，如停车场、机场、游乐场、广场及不开放交通的下封层，则必须碾压。碾压的时机非常重要，一般认为，刚破乳的沥青微粒，其成膜后的性质接近于液态而非固态，因此在此时实施碾压，其压实效果最好；压实机具可用轮胎压路机或钢轮压路机，但不可用振动压路机。

⑤施工注意事项。

预湿水：大气过于干燥气温又很高时，对原路面进行预洒水，有利于稀浆与原路面的牢固黏结，一些新式的稀浆封层机都具有预洒水系统，只需摊铺时打开即可。对于无预洒水系统的摊铺机或人工摊铺，可采取其他方式洒水，但应避免洒水过多，量的控制以路面无积水为宜，洒水后可立即摊铺。

接缝：纵向接缝与摊铺方向及路线方向平行，是一条很长的线，是影响封层总体外观的重要方面，因此纵缝的处理非常关键—在先铺筑的接缝处进行预湿水处理有助于两车稀浆混合料的连接，而用橡胶刮耙处理接缝的突出部分非常有效，再用扫帚进行扫平，使纵向接缝变得平顺，总体外观更佳。

横向接缝，应该说至少一车一道，有的甚至很多。接缝过多过密总是会影响外观和平整的，因此应尽可能减少横缝的数量，提高接缝的施工水平。良好的横向接缝，对于防止水分下渗和形成悦目的外观，极为重要。首先在起点处，当摊铺箱的全宽度上都布有稀浆时，就可以低速缓慢前移，这样可以减少箱内积料过多而产生得过厚起拱现象，并对起点进行人工找平。有条件的地方或高速公路上施工，应在起点的摊铺箱下铺垫一块油毡，当摊铺机前进后，将油毡连同上面的混合料一道拿走，这样可以保证一个非常平整的起点和良好的外观。当摊铺机所携带的任何一种材料（一般是矿料）已经用完时，操作员应力求摊铺箱内混合料分布均匀。一般情况下，摊铺终点的外观影响不大，因为下一车将在该终点处，倒回一段距离。从上一车终点倒回 3~5 m 的距离开始下一车的摊铺，是一个可采纳的办法。驾驶员应该使机械的运行线形，与上一车相吻合。当该路段进行最后一车施工时，其终点的处理应该采取人工整平，并做出一条直线。

加水量的控制：某一种石料和乳化沥青，当外加水量在某一范围内时，就可以成为一稳定的稀浆。机械作业时的外加水量，可以采取允许范围的中值。若加水量过少，拌和时的和易性及均匀性都受影响，甚至拌不出稀浆。随着拌和摊铺机械的发展，有加水过多的现象发生，似乎认为加水量增大有利于拌和摊铺，而对稀浆质量无多大影响，这是不正确的。加水量过多，会造成乳化沥青破乳成型时间延长，造成流淌现象，影响混合料中的沥青含量，并产生光滑纵向条痕和大块亮斑，造成混合料中沥青分布不均匀。

很显然，成功的稀浆封层应建立在稀浆中沥青分布均匀的基础上。加水太多，稀浆的稳定性降低，粒料下沉沥青上浮，造成与原路面的黏结强度降低，而封层表面的沥青含量过高。封层越厚这种影响越严重。

新型的带有螺旋分料器的稀浆封层机，是保证取得最佳加水量的前提之一。由拌和缸输出的稀浆混合料外表，特别是它在摊铺箱中滚转的方式，对一位有经验的操作员来说，可以正确地判断这种稀浆的稠度是否到达最佳。经验较少的人，可以取少量的混合料样品进行坍落试验，当坍落为 2~3 cm 时，其含水量合适；在现场可以采取观察混合料沉陷的方法来确定混合的稠度，若沉陷像流体一样，则该混合料太稀，不稳定，含水量无疑太高，若沉陷量改变不大，稀浆混合料的稠度则认可。

以合适的水量加到稀浆混合料中，其重要性一直被重点强调，因为加水量的多少关系到施工的和易性、与原路面的粘接强度、封层表面的泛油及混合料的沥青分布等，对施工质量影响极大。

过大颗粒及细料凝块：不论是料场，还是装卸和堆放如何慎重，偶尔也会有粒径超过稀浆封层厚度的石料被夹到矿料箱中。如果它大到足够大时，这个过大的石料可能使拌和缸的搅拌叶片被打断、卡住搅拌轴、或引起其他的机械故障。若这个石料通过拌和缸进入摊铺箱后，它最终可能卡在后刮皮下，在铺筑的稀浆封层表面造成一条明显的纵向凹槽。

一场大雨过后，石料变得很湿，某些细集料在干燥时成块或球状，越是干燥，球块越是坚硬，越难使它们分散尤其是砂当量低的材料，泥上含量较高，其凝结成团的可能性越大，有时通过拌和缸也难打碎这种凝块进入摊铺箱后就与大石料一样，造成封层表面纵向划痕。有时也可能在摊铺箱后框下压碎，给封层表面留下一条松散的浅色痕迹，通车后这条痕迹很容易跑散而形成一条凹槽。避免这种现象发生的做法主要是：所有装入摊铺箱中的矿料必须过筛，并堆放在清洁、地面经过铺装、不可能与其他材料相混淆的地方，一旦出现这种现象，应立即采取补救措施，首先是跟在摊铺箱后的工人应密切注意摊铺箱的情况，发现划痕，立即用锹将该处刮皮铲起，将大石料或结团清除，并刮平，若发现较迟，已有较长划痕时，则先清除大石料或结团，然后用锹在拌和缸出料口接料，均匀洒布在划痕上，并刮平。对于结团被压碎后出现的浅色痕迹，现场处理起来比较麻烦，可以在开放交通一段时间后再作填补。

路面上附属设施的保护：路面上尤其是城市道路的路面上有很多的附属设施，如雨水井箅、各种检查井流、路缘石等，施工时都应加以保护，完工后都应显露出来而不被封盖。

对雨水井箅，在施工前可用油毛毡将其盖上，并在油毛毡上洒少许石屑，并在路缘石上做点记号，当稀浆封层车推过以后，立即将油毛毡提起。

对各种检查井盖，可在其上抹上一层油脂，这样可以防止稀浆封层混合料与井盖的粘接，施工后尽快将混合料铲掉。即便是忘了，成型开放交通后，井盖上的混合料仍会散掉，露出完整的井盖。

对路缘石，为了不被污染，可在其上粘上一层白色不干胶条，施工完后撕开即可。也可以采取另外一种办法，即将摊铺箱离开路缘石一点点距离，在摊铺箱侧面与后面的橡胶刮皮之间，留出一条小缝、让更多的稀浆流出，采取人工方式刮平，使稀浆封层与路缘石连接平顺。

半宽施工：对大部分新式摊铺机而言，其摊铺宽度是可调的，因此应尽可能不采取半宽施工的方法。但有些摊铺箱其宽度不可调，或其他原因，采用半宽施工的方法也是一种减少重叠浪费的措施。半宽施工，则利用摊铺箱的一半宽度，一般在 1.2~2 m 之间。操作员只需固定出料分向器，将所有的稀浆都供应到摊铺箱的一侧，并使用螺旋分料器将其均匀地分布在单侧料箱中。施工的一侧最好与驾驶员同侧，在我国一般在左侧，以利于驾驶员能看到摊铺箱中料的堆积程度,从而控制行驶速度。但应指出的是,半宽施工所铺设的一边不会是直线,因此半宽施工不应放在最后。

(5)聚合物改性乳化沥青稀浆封层(微表处)的施工工艺

①微表处的施工要求:

A. 设备。有比较准确的计量,由于微表处施工时对各种物料的配比要求较严,所以,要有准确的计量。有双轴强制式搅拌箱。因为要达到微表处施工,混合料搅拌时间不能过长,而又要必须在短时间内搅拌均匀,传统的螺旋式搅拌箱就不能满足要求。用于填补车辙的摊铺箱是特殊设计的它能将粒料最大的部分送到车辙的深处,从而使稳定性最好,其边缘能自动变薄铺开。要有添加剂系统,这样就能方便地把缓凝剂或促凝剂加入混合料中。

B. 标定。在施工之前,每台封层机都要进行标定在标定已经完成并且合格后,封层机才能投入使用。

C. 气候要求。ISSA 规定,在路面或空气温度达到 10 ℃并且持续下降时,不允许进行微表处施工。但是在路面或空气温度达到 7 ℃并且持续上升时,允许进行微表处施工。

D. 路面准备工作。在进行微表处施工前,必须把路面上所有遗留的材料、泥土、杂草和其他有害东西都清理干净。如果用水冲洗路面,则要使所有的路面裂缝完全干燥后,才能进行微表处施工。一般不要求洒粘层油。对于路面光滑、松散以及水泥路面,可以采用洒粘层油的方法。

②微表处施工工艺:

A. 使用搅拌箱前的喷水管将路面进行预先湿润,喷水量可根据当天施工期间的气温、湿度、表面纹理和干燥情况进行调节。

B. 封层机启动前,摊铺箱中必须有一定量的混合料,而且稠度适当,分布均匀,封层机才能匀速前进。

C. 在已完成的微表处路面上不得存在由超大集料所引起的拖痕,如果出现拖痕,应立即采取措施。

D. 在纵向或横向接缝上不允许出现接缝不平、局部漏铺或过厚,纵向接缝尽可能设置在车道标线上,并尽可能减少纵向接缝。

E. 在拌和与摊铺过程当中,混合料不得出现水分过多和离析现象,任何情况下都不能在摊铺过程当中直接向摊铺箱内注水。

F. 在摊铺箱不能到达的地方必须采用人工施工,通过人工用橡胶辐碾压封层达到均匀平整。

G. 固化成型前禁止一切车辆驶入,行人不得踏入,严格管制交通。

4. 高级路面面层多层化

在多雨地区,为减缓沥青面层出现早期水损破坏以及防止雨水渗入基层,在高等级沥青路面结构设计中应尽可能地采用面层多层化。沥青面层可由单层或双层或三层沥青混合料组成，各层混合料的组成设计应根据其层厚和层位、气温和降雨量等气候条件、交通量和交通组成等因素，选用适当的最大粒径及级配类型，使之满足对沥青面层使用功能的要求。

选择沥青面层各层级配时，应至少有一层是重型密级配沥青混凝土，以防止雨水下渗。三层式沥青面层的表面层采用抗滑表层时，中面层应用Ⅰ型密级配沥青混凝土，下面层宜根据当地气候、交通量采用Ⅰ型或Ⅱ型沥青混凝土；双层式沥青面层的表面层采用抗滑层时，下面层应用重型密级配沥青混凝土；若采用半开级配或开级配热拌沥青碎石做表面层时，应在沥青面层下设下封层。在多雨地区采用乳化沥青混合料作面层时，必须设置下封层和上封层。

我国的高速公路沥青路面，多数有三层，少数是二层。像我国早期施工的沈大、西临、京石（绝大部分）、太旧、郑洛和京唐高速公路都采用了Ⅰ型沥青混凝土做表面层，有的中面层也是Ⅰ型沥青混凝土，有的高速公路设置三层都是密实式沥青混凝土，但它们都未能避免出现水破坏现象。这是由于实际铺成的沥青混凝土常是不均匀的，而且有的高速公路不均匀性相当大。沥青混凝土不均匀性愈大，空气率较大的位置愈多，水破坏现象也就愈严重。沥青混凝土的压实度愈小，其现场空气率愈大，水破坏现象也就愈严重。这也是部分高速公路采用了空气率较小的Ⅰ型沥青混凝土做表面层，产生水破坏现象的主要原因。

实践证明，沥青面层结构中仅有一层是密实式Ⅰ型沥青混凝土或仅设计一层沥青砂来防水破坏是远远达不到要求的，实际情况是沥青面层中哪一层空气率大，一旦水进去，哪一层就会产生水破坏。某高速公路沥青面层的表层和中层都是密实式重型沥青混凝土，但底面层是空气率较大的Ⅱ型沥青混凝土，开放交通不久，在某些路段上产生了早期纵向裂缝。雨水从纵向裂缝进入并滞留在底面层，使沥青混凝土的强度显著减弱。虽然初期沥青面层尚未产生其他明显的水破坏现象，但随着开放交通时间增长，路面逐渐产生网裂形变。

因此，在采用路面多层化的前提下，应尽可能地使面层的各层次都采用密实式或所谓的Ⅰ型沥青混凝土，但专门设计的排水层不包括在内。抗滑表层也应该是空气率不大于4%的密实式沥青混凝土，用密实式沥青混凝土来减少表面水透入路面结构。

三、路面养护与维修

（一）概述

道路建成交付使用后，在行车荷载作用和自然因素的影响下，特别是交通量不断增加和轴载的不断增大，加上在设计、施工中遗留的某些缺陷，路基路面的使用性能将逐渐下降，路基路面也会出现不同程度的变形和各种各样的损坏，并影响车辆的正常行驶。因此，应加强路基路面的养护和维修，以提高、改善其服务质量。路基路面养护是保证车辆高速、安全、舒适行驶的不可缺少的经常性工作。养护的目的就是运用先进的技术和科学的管理方法，合理地分配和使用养护资金，通过养护维修使道路在设计使用年限内经常保持完好状态，并有计划地改善路基路面的技术标准，以提高其服务质量，最大限度地发挥运输效能。

路基路面的病害形式复杂多变，不同的结构有不同的病害形式，即使同一结构也有多种病害形式，如路基病害有沉陷、边坡滑塌和冻胀、翻浆等，而车辙、开裂（反射裂缝、低温开裂和疲劳开裂）、壅包等是沥青路面的主要病害，水泥混凝土路面的主要病害是断板、接缝破坏等。另外，这些病害的成因各不相同，而且十分复杂，因此，应首先分析病害产生原因，然后有针对性地采取防治措施。

路面的损坏分为结构性损坏和功能性损坏两类。结构性损坏是指路面结构的整体或其中某一部分、几个组成部分的破坏使其不能承受预定的行车荷载；功能性损坏主要是指平整度和抗滑能力的下降，使其不再具有预定的功能，从而影响行车质量。

路基路面使用性能的变化、病害和损坏的状况，只有通过调查和性能检测评定才能了解和掌握，因此必须定期对路基路面的使用性能进行评定。通过性能的评定，可为养护和改建决策提供依据。

路面使用性能包括功能、结构和安全三方面。路面功能是指路面为道路使用者提供的舒适、快捷通行的保障程度，反映路面的行驶质量和服务水平；路面结构性能是指路面的物理状况，包括结构承载能力和路面损坏状况，反映路面承受行车荷载作用的能力以及在行车荷载和自然因素的作用下的完整性或完好程度；路面安全性能主要是指路面的抗滑能力。

功能和安全方面的使用性能是道路使用者所关心的，道路管理部门则更注重结构方面的使用性能。路面使用性能的三个方面既有区别又有一定的联系。

（二）沥青路面的预防性养护

1. 预防性养护技术概述

预防性养护理念的核心在于防患于未然，基础在于经济性最优。也可以说，预防性养护就是指在道路技术状况衰减的初期，在最适当的时机，应用最适当的预防性养护措施，以最小的寿命周期成本，最大限度地延缓路况退化。它主要有两个观点：

①让状态良好的道路系统保持更长时间（Keeping Good Roads Good），延缓未来的破坏，在不增加结构承载能力的前提下改善系统的功能状况。

②在适当的时间，将适用的措施，应用在适宜的路面上（Apply the Right Treatment at the Right Time on the Right Pavement）。路面养护符合"3R养护思想"，也就是预防性养护实际上是针对恰当的路面（Right Pavement）、在合适的时间（Right Time）、采取合理的措施（Right Treatment）实施的一项工程维修保值行为。预防性养护的定义为：在公路寿命周期内，为了保证路况良好、延长公路寿命并将寿命周期内养护成本降到最低，而应用一系列预防性养护措施的系统过程。而在这一系统过程中，要在不增设建成公路系统及其附

属设施的条件下，达到延缓路况退化、保持或改进系统的功能性状况的目的。

通常，预防性养护的目的更多是为修复由于环境造成的损害，而进行的路表的周期性更新、周期性的路表密封（阻止水渗入道路内部结构），同时防止（或延缓）氧化、松散、裂缝等的影响。值得注意的是，预防性养护并没有路面补强的功能，因而不应期望预防性养护具有改善路面强度和承载能力的作用。总的来说，预防性养护技术的作用归纳如下：

①养护方法和养护材料的改善。预防性养护和常规的养护方法不一样，需要采用改进的养护技术或者材料才有可能使预防性养护起作用。因此，这种需求将促使材料和设备供应商研发改进新材料、新设备，养护施工单位也会研究新的施工方法和技术来提高预防性养护的整体质量。虽然在某些情况下，采取新设备和新材料进行预防性养护初期费用较高，但是预期寿命远远大于传统方法；而且从长远角度来看，总的养护费用是减少的。

②路况整体得到改善。采用预防性养护方法，可以在道路破损前延长道路良好的使用性能及整个路网的使用周期。

③节约养护费用。从养护单位的观点来看，预防性养护的优点是节约养护资金，延迟或减缓路面出现大的破损，延长道路的使用寿命。节约养护费用是以同时期养护费用的减少和良好的路况等形式表现出来的。

④增加了道路的安全性。从道路使用者的观点来看，安全是第一位的。预防性养护提供的路面安全保障是很明显的，如路表摩擦系数的增加、路表水分散能力的增强、噪声的减少等。

2. 预防性养护技术

沥青路面预防性养护是在合适的时间对适宜的路面运用合理的预防性养护措施。沥青路面有多种预防性养护处治方案，针对不同的路况及环境选择与之相适应的预防性养护措施才能取得良好的效果。

道路初期建设完成后，通过路面处治以保持新建路面的预期寿命，或者通过修复延长其使用寿命。各公路养护管理机构早期主要使用的各种不同的处治方案中，许多属于养护范畴（包括预防性养护和矫正性养护），其余的类型归为修复范畴。

沥青路面最常见的破坏类型包括：车辙、裂缝（如疲劳裂缝、收缩裂缝、温度裂缝）、泛油、麻面、风化、松散等。针对路面上出现的问题，预防性养护措施包括裂缝填补、车辙填充、稀浆封层、超薄磨耗层、雾封层和微表处等。

预防性养护是沥青路面养护最常用的措施，常用的预防性养护措施包括：

（1）裂缝修补和填缝

这是一种局部修复的方法，用于防止水和杂物进入裂缝，包括清理裂缝并密封。通常它的有效期只有几年，这种养护能够有效地延长路面寿命，它包含以下三种裂缝维修方法：

①清洁并密封：对于所有类型的裂缝，它需要使用压缩空气将裂缝里的碎片吹出，然后用密封剂密封。

②锯缝并密封：使用路面工具每隔一定间隔在路面上锯出横缝，然后用密封剂填充。

③挖槽并密封：用于横向裂缝和纵向裂缝，使用路面工具在原有的裂缝上开出一个规则的槽，然后用密封剂填充。

（2）灌缝

灌缝与填缝的主要不同在于裂缝修补前的准备工作和使用密封材料的种类。灌缝最常用于宽的且随机出现的裂缝上。

（3）雾封层

用稀浆乳液（通常为1：1）覆盖路面表面并起到延缓氧化和松散的作用，它被作为一种临时处治的方法。

（4）碎石封层

这种方法用于路面防水、填封细小裂缝，以减少路面表面的氧化，提高摩阻力。尽管它通常用于交通量小的道路和街道，但也可用于交通量大的公路或高速公路的养护和修复。

（5）双层碎石封层

双层碎石封层是碎石封层的两次应用，第二层在第一层完成时立即进行铺设。这种处治方法可以密封小裂缝，防止路表水下渗，减少路面氧化，并提高摩阻力。

（6）稀浆封层

稀浆是一种包含细集料、水、沥青乳液和矿物填料的混合物，主要用于过度氧化的路面，以强化现有的路面。稀浆封层用于减缓路面松散、密封轻微裂缝，且能提高表面摩阻力。

（7）微表处

微表处（Micro-Surfacing）是一种专门为高速公路、城市干线、机场道面等高等级路面表层设计的养护技术，它的混合料由聚合物改性乳化沥青、100%轧碎集料、矿物填料、水和必要的添加剂组成。微表处使用专用的摊铺设备，一次性完成摊铺，是可根据路面损坏程度进行一层或多层摊铺的路面维修养护罩面技术。

（8）热拌沥青混合料薄层罩面

它用于提高行驶质量、促进表面排水及防滑、改善表面不平整，包括密级配、开级配和间断级配混合料（以及面层的再生利用）。

（9）冷拌沥青混合料薄层罩面

它包括稀浆封层、开普封层和微表处，可用于填充裂缝、提高摩擦力和提高行驶质量。

（10）坑槽修补

使用冷或热的沥青混合料填补坑槽，可以防止坑槽的进一步发展，也可防止水分渗入路面结构而导致路面严重病害。

（三）预防性养护措施的适用状况

针对不同的路面状况，综合考虑技术、经济和工程等因素，选择最合适的预防性养护措施，是路面预防性养护的关键技术之一。针对某种状况的沥青路面，可以采用不同的养护措施来处治。每种措施有各自的适用情况，包括在什么情况下最有效和该措施最适合于哪种路面破坏。实际上，各种方法应用的时机决定了它们是作为预防性养护还是作为维护性养护。例如罩面措施，当路面状况良好的情况下使用，罩面是作为预防性养护手段的；而当路面已经出现表面病害需要维修时，它就作为矫正性养护或修复性养护来使用。

确定预防性养护措施主要应从路面的主导损坏类型及程度、路面结构类型和路龄、公路等级和交通量、路面的性能指标、环境因素、费用、公路预期寿命、当地材料供应情况等方面综合确定，同时还需要考虑管理部门和使用者所期望的性能变化等方面，具体可以应用决策树、决策矩阵、灰色关联分析法、集对分析法、神经网络技术等方法来确定养护策略。

四、再生混凝土在道路工程中的应用

（一）概述

在旧路翻修改造过程中会产生大量的废旧料，这些旧料作为路用材料，仍有很高的利用价值。因此，旧料的再生利用也被作为大修方案之一。

沥青路面再生技术，是将需要翻修的旧沥青路面，经翻挖、回收、破碎、筛分后，与再生剂、新沥青材料、新集料等按一定比例重新拌和，获得满足一定路用性能的再生沥青混合料，并用其重新铺筑路面的一套工艺技术。通过路面再生，不仅可以使其重新满足路用性能要求、节约大量材料资源和资金、降低工程造价，也可避免废弃材料对环境的污染、实现行业循环经济、促进生态环境保护，是实施"节约型社会"战略举措的具体实践，有着非常显著的社会效益和经济效益。

根据再生混合料拌制和施工温度的不同，沥青路面再生可分为冷再生和热再生。冷再生过程中，对旧路铣刨、新旧料的拌和与摊铺是在常温下进行的，冷再生结合料通常采用乳化沥青或泡沫沥青；热再生过程中，对旧路面铣刨、新旧料拌和时需要加热。

根据施工场合和施工工艺的不同，沥青路面再生可以分为厂拌再生和就地再生。现场再生与厂拌再生的区别在于拌和过程发生的地方，现场再生的拌和过程在旧路面现场进行，而厂拌再生的拌和过程在拌和厂进行。

在路面大修工程中，常用的再生方案有现场冷再生、厂拌冷再生、现场热再生和厂拌热再生等。每种再生技术各有特点，各适合于不同状况的路面。在再生利用前，对路面状况进行详细的调查分析，选择最佳的再生方案，以实现效益最优。

（二）沥青路面再生技术及其特点

1. 沥青路面的再生途径与再生剂

沥青路面在长期使用过程中，在车辆荷载和气候因素的作用下，其构成材料的质量发生了变化与衰减，主要表现为矿料级配的退化和沥青的老化。根据旧沥青的老化状况，可采用以下三种方式进行再生：

第一，新旧沥青调和再生。将标号较高的新沥青与旧沥青混合，较软的新沥青与已老化的旧沥青掺配混合，掺配后的沥青达到路用沥青标准。

第二，再生剂再生。在旧沥青中加入适量的再生添加剂，添加剂既可以调节旧沥青的黏度，同时又能补充旧沥青所失去的化学组分、恢复原沥青的性能，甚至还能超过原沥青的性能。

第三，混合再生。在添加新沥青的同时，加入再生剂混合，再生料能获得较好的性能。

（1）新、旧沥青调和再生

沥青胶体结构理论认为沥青是一种胶体分散体系，其分散相是以沥青质为核心吸附部分胶质而形成的胶束，并分散在芳香烃、饱和烃组成的分散介质中。研究表明，只有当沥青中各组分的相对比例满足一定的关系时，沥青才具有较好的性质。沥青路面质量劣化的实质量沥青结合料发生老化，即沥青胶结料的组分发生变化，芳香分减少，胶质和沥青质增加。沥青化学组分的这种"移行"引起的沥青物理、力学性质的变化，会导致沥青针入度变小、延度降低、软化点和脆点升高，沥青变硬、变脆、延伸性降低。根据组分调节理论，老化沥青中加入其所失去的组分，使组分比例重新协调后，就能恢复沥青的性能。由于新鲜的软沥青中含有较多的软沥青质成分，通过调和，使旧沥青的性能达到一定的水平，从而达到沥青再生的目的。

（2）再生剂再生

在选择沥青的再生方法时，应根据旧料中沥青的含量和老化程度来综合确定是否需要使用再生剂。为了尽可能地利用旧料，工程中希望采用较大的旧料掺配率。但如果沥青老化较为严重，若采用新旧沥青调和再生，需要较大的新沥青掺配比例，经济性较差，这时可以考虑采用添加再生剂的沥青再生方法。一般认为，当回收的旧沥青的针入度小于40（0.1 mm）时，宜考虑使用再生剂进行再生。

再生剂的一般定义为：用以改善结合料的物理化学性质而添加于沥青之中的材料或能改善已老化沥青的物理性能的碳氢化合物。再生剂有如下的作用：

①调节旧沥青的黏度。降低旧沥青黏度，以达到沥青混合料所需的黏度；软化过于脆硬的旧沥青混合料，使其在机械和加热的作用下充分分散，以便与新沥青、新集料混合均匀，并保证胶结料具有足够的黏附性。

②渗入旧混合料中，并与旧沥青充分交融，重新溶解分散那些在老化后凝聚起来的沥青质，调节沥青胶体结构，以达到改善沥青流变性质的目的。

再生剂含有大量的轻质成分（主要是芳香分和饱和分），将其添加到老化沥青中能调节沥青组分、改善沥青的流动性能。当旧沥青中加入了再生剂时，再生剂中缩合度高的芳香烃对老化沥青中的沥青质和胶质的吸附、溶解作用，要远远高于原老化沥青中小分子芳香分和饱和分对它们的吸附、溶解作用。因此，旧沥青与再生剂的化学组分的重新分配，将改善沥青四种组分之间的配伍关系，形成更为稳定的胶体结构，从而改变沥青的流变性能，使沥青性能满足规范的要求。再生剂必须满足以下技术要求：

①再生剂必须具有较强的亲和力与渗透能力。若再生剂过分黏稠，则缺乏渗透能力；反之，若黏度太低，则又会在热拌时迅速挥发，无法再生老化沥青。通常，再生剂的黏度宜控制在 0.01Pas 的范围内。

②再生剂必须具有良好的流变性质，以保证其流动性，使其能与旧沥青充分融合。由于低黏度油料是以某种组分为主要成分的近似单组分材料，不存在或极少存在沥青质，故多呈现牛顿液体性质。

③旧沥青中沥青质含量较高，再生剂必须具有溶解和分散沥青质的能力，并且旧沥青材料中沥青质含量越高，对再生剂溶解和分散能力的要求也就越高。一般情况下，饱和分与沥青质量不相溶的，是沥青质的促凝剂，而芳香分具有溶解和分散沥青质的能力，因此，再生剂中芳香分的含量是衡量再生剂品质的重要技术指标之一。

④再生剂必须具有一定的耐热性和耐候性。在热拌再生工艺过程中，再生剂会受到高温加热的影响，而铺筑在路面中的再生混合料，还将受到大气自然因素的作用，所以再生剂必须具有一定的稳定性，可用薄膜烘箱试验黏度比、质量损失、化学成分比等指标来评价。

⑤从施工安全的角度考虑，再生剂应具有较高的闪点和燃点，以保证在施工喷洒和加热拌和的过程中，不产生闪火或烟雾现象。

综上所述，再生剂适当的黏度、良好的流变性质、足够的芳香分含量以及较低的薄膜烘箱试验黏度比是再生剂良好品质的重要表征。在实际工作中，应根据回收沥青路面材料（RAP）中沥青老化程度、沥青含量、回收沥青路面材料（RAP）掺配比例、再生剂与沥青的配伍性，综合选择再生剂品种。

2. 再生方案的特点及其适用条件

沥青路面再生利用包括厂拌冷再生、就地冷再生、厂拌热再生、就地热再生四类技术。各类再生技术具有不同的使用范围，具体适用时应根据工程的实际情况，选择适宜的再生技术方案。

（1）沥青路面冷再生技术

冷再生技术具有环保、经济、施工工期短的优点，同时具有较高的交通安全性。根据施工工艺，冷再生分为就地冷再生与厂拌冷再生。

①沥青路面就地冷再生技术。沥青路面就地冷再生技术，是指采用专用的就地冷再生设备，对沥青路面进行现场冷铣刨、破碎和筛分（必要时），然后根据筛分结果和混合料的配合比设计，掺入一定数量的新集料、再生结合料、活性填料（水泥、石灰等）和水，经过常温拌和、摊铺、碾压等工序，一次性实现旧沥青路面再生的技术。根据添加剂的不同，沥青路面就地冷再生可分为泡沫沥青再生和乳化沥青再生；按照再生材料和厚度的不

同，分为沥青层就地冷再生、全深式就地冷再生。

就地冷再生是在冷铣刨技术的基础上发展起来的，其特点是：除少量的添加剂外，不需要运输原材料，能省大量运输费用；全部旧沥青路面得到再生利用，节省了大量宝贵资源；具有施工效率高、成本低、开放交通快等优点；冷再生沥青混合料具有一定的柔性，如用作沥青路面的基层，可吸收半刚性基层裂缝引起的反射裂缝尖端应力，降低反射裂缝的发生率。此外，与重建基层的维修方法相比，就地冷再生方法的成本效益要好很多。

就地冷再生技术，适用于一、二、三级公路沥青路面的就地再生利用，在用于高速公路时应进行论证。

对于一、二级公路，再生层可作为下面层、基层；对于三级公路，再生层可作为面层、基层，用作上面层时，应采用稀浆封层、碎石封层、微表处等作为上封层；使用水泥、石灰等作为再生结合料时，再生层只可作为基层。

②沥青路面厂拌冷再生技术。厂拌冷再生，是将回收沥青路面材料（RAP）运至拌和厂，经破碎、筛分，以一定的比例与新集料、沥青类再生结合料、活性填料（水泥、石灰）、水进行常温拌和，常温铺筑形成路面结构层的沥青路面再生技术。

沥青路面厂拌冷再生技术的特点是：不能充分利用废弃材料中的旧沥青，但其生产过程几乎不需要专用设备就可实现；可以有效解决不能热再生回收的旧料（如改性沥青混合料、老化严重难以再生的混合料）废弃和环境污染问题；对各种废旧材料进行再生处理，对材料的处理和路面状况无关，具有很大的工艺柔性；厂拌冷再生材料的质量较容易控制；但厂拌冷再生通过冷铣刨旧路面，然后运回工厂再生，最后运输到施工现场，其运输成本比现场冷再生要高。

厂拌冷再生适用于对各等级公路的回收沥青路面材料进行冷拌再生利用，再生后的沥青混合料根据其性能和工程情况，可用于高速公路和一、二级公路沥青路面的下面层及基层、底基层，三、四级公路沥青路面的面层。当用于三、四级公路的上面层时，应采用稀浆封层、碎石封层、微表处等作为上封层。

（2）沥青路面热再生技术

①沥青路面就地热再生技术。沥青路面就地热再生技术也称表面热再生技术，是利用一整套的沥青路面热再生机组将旧沥青路面进行加热、软化、耙松后收集到机组的卧式连续搅拌机上，添加新骨料，补充新沥青（或再生剂），经拌和后倾倒于机组的摊铺器上，然后进行摊铺、捣实、熨平，再用压路机压实，最终实现旧路的就地再生翻新的一项技术。它可以分为复拌再生和加铺再生两种。

复拌再生指将旧沥青路面加热、铣刨，就地掺加一定数量的再生剂、新沥青、新沥青混合料，经热态拌和、摊铺、压实成型。掺加的新沥青混合料比例一般控制在30%以内。

加铺再生指将旧沥青路面加热、铣刨，就地掺加一定数量的新沥青混合料、再生剂拌和形成再生混合料，利用再生复拌机的第一熨平板摊铺再生混合料，利用再生复拌机的第二熨平板同时将新沥青混合料摊铺于再生混合料之上，两层一起压实成型。

就地热再生施工速度快，实现了沥青路面材料的就地再生利用，并且不需材料的往返运输，节省了运输费用，一般用于高等级公路沥青路面表面层病害的修复。沥青路面的就地热再生具有以下几方面的优点：修复沥青路面表面层的病害；恢复沥青表面层的物理力学性能；恢复沥青路面的平整度，修复沥青路面的车辙；实现旧路面沥青层材料的就地再利。

就地热再生的局限性主要表现在以下几方面：处理厚度小，翻修深度仍只能局限于表层，故适用于处理车辙、泛油、麻面和磨光等表面缺陷；由于其不加或很少加入新料，致使无法有效地调整配合比，故不适用于表面层集料级配不满足要求的路面；新骨料搅拌重铺后会改变原路面的高程，不符合原高速公路的纵断面标准；对层厚不均匀或质量状况变化大的路面，难以保证其施工质量；暂无法处理采用改性沥青铺筑的表面层；前期设备投资大。

就地热再生技术适用于那些只存在浅层轻微病害的高速公路，以及一、二级公路沥青路面表面层的就地再生利用。就地热再生，再生深度一般为 20～50 mm，再生层可作为上面层或者中面层。原路面上有稀浆封层、微表处、超薄罩面、碎石封层的，不宜直接进行就地热再生。就地热再生前，应先将其铣刨掉，或经充分试验分析后，作出有针对性的材料设计和工艺设计。改性沥青路面的就地热再生，宜进行专门论证。

②沥青路面厂拌热再生技术。厂拌热再生，是指先将旧沥青路面铣刨后运回工厂，经破碎、筛分后，根据旧料中沥青含量、沥青老化程度、碎石级配等指标，掺入一定数量的新集料、沥青和再生剂，并重新进行配合比设计，使混合料达到规范规定的各项指标，最后按照与新建沥青路面完全相同的方法重新铺筑路面的技术。国外多年的实践经验证明，厂拌热再生沥青混合料路面能够达到所要求的各项性能指标。这种再生方式属于结构性再生，能够有效地用于各种条件下旧沥青路面的再生利用，是一种适用广泛、灵活、简单，又能保证施工质量的旧沥青路面再生技术。厂拌热再生具有以下优点：有精确的计量、筛分控制装置，能够保证配合比的精度，并可获得再生质量更好的旧沥青混合料；能够在进行面层的再生之前，对破坏的基层进行补强，因此，可以用于处理基层损坏的路面。

厂拌热再生适用于对各等级公路回收沥青路面材料进行热拌再生利用，再生后的沥青混合料根据其性能和工程情况，可用于各等级公路的沥青面层及柔性基层。

（3）沥青路面其他的再生技术

除了以上介绍的几种再生技术外，还有一些其他的沥青路面再生技术。

①冷刨。冷刨是指使用专门的设备有控制地剥离现有路面至合适的深度、纵断面和横坡，可用于消除路面的不平整，提高摩擦系数。其优点如下：可消除路面上出现的车辙、波浪和老化现象；纠正纵断面和横坡；恢复排水功能；除去整个沥青结构，以便在道路重建或路肩加宽的过程中进一步再生；提高摩擦系数，为其他类型沥青再生方法的进行准备路表面；提高工程效率和现有材料的再利用率，具有高生产率和低交通延误的特点。

②全深式再生。全深式再生是将全部厚度的沥青路面和预定比例的下卧层材料（基层、底基层和路基）进行统一粉碎、拌和，以提供均匀的基层材料的再生技术。处理道路时，全深式再生类似于现场冷再生，不需要加热，并具有如下优点：消除壅包、车辙、坑槽、坑洞和裂缝；稳定剂的使用可修复路基缺陷，大大改善结构性能，同时新集料的合理选择可修正原集料的级配问题；老化基层通过改造可恢复表面状况和排水功能，同时可使厚结合层变得均匀；现场施工和高生产率提高了安全性，减少了交通中断和给道路使用者带来的不便，同时也实现了经济上的节约。

五、旧路调查评价和再生方案的选择

沥青路面再生工程实施前，应对原路面历史信息、原路面技术状况、交通量、工程经济等方面的内容进行调查和综合分析，为再生设计（再生方式的选择、再生混合料设计、再生工艺的确定等）提供依据。

旧路调查和评价包括旧沥青路面工程评价、旧路材料调查和分析。通过旧路面工程评价，为选择再生方案和方式提供决策依据；通过旧路材料调查和分析，为再生混合料设计提供依据。

（一）旧沥青路面工程评价

工程评价是旧沥青路面混合料再生利用最重要的方面。在确定再生方案之前，须对沥青路面进行如下工程评价：路面外观评价、历史信息评价、路面性能评价、破损评价、经济分析等。

原路面状况调查内容一般包括：路面状况指数 PCI、国际平整度指数 IRI、路面强度系数 SSI、车辙深度、下承层的承载能力和原路面结构厚度。

路面调查还必须包括详细的外观检查。外观检查的评价内容有损坏类型、各损坏类型的严重性和各损坏类型的频度，以评定给定区域的表面平整度、裂缝和缺陷。沥青路面的表面损坏可归为以下六类，具体包括：

①路面缺陷，如松散或风化、坑槽、泛油、路肩车道啃边等；

②变形，如车辙、波浪、壅包等；

③裂缝，包括荷载型裂缝、非荷载型裂缝以及复合型裂缝；

④养护活动，有表面修补、破损修补、坑槽修补、公共设施沟槽修补/修复、封缝、撒铺式修补等；

⑤基层/路基问题；

⑥行驶质量和安全性。

在选择路面再生利用方案时，应结合路面的破损状况，分析路面再生利用的条件，选择合适的再生利用方案。工程评价最基本的部分是通过路况调查或路面评价确定旧路面的状况。

（二）原路面历史信息调查与分析

历史信息评价也应作为再生方案选择程序的一个部分，应收集原路面设计资料、完工/施工数据、质量控制/质量保证施工数据等，一般包括原路面的结构、材料和路况等方面的资料；还应收集原路面通车营运期间的养护活动记录和路面检测资料，并结合施工资料、竣工资料，分析病害成因。

历史信息量越大，工程规范越详细，路面评价时越容易确定路面破损的原因。确定路面破损原因的可靠度越高，评价和选择合适的再生方案就越容易。

（三）路面性能评价

为了确定路面破损的原因，需要更多的数据和信息，并需通过现场和实验室试验来确定路面物理性能。所需测定的路面物理性能有：

①平整度。路面平整度可用来反映路面服务能力，且直接与车辆行驶费用有关，路面完工时的平整度直接影响服务年限。平整度是最常用来确定道路是否需要维修或重建的控制因素。

②车辙。路面车辙评价可以从简单的外观评价到使用超声波或激光测量车辆通过时道路的横断面变化的自动技术。但最常用的测量车辙深度的方法是在车辙上横放一根参考直尺（1.2~3.0 m），测量直尺底部到车辙最深处的距离。车辙是第二个常用来确定道路是否需要维修或重建的控制因素。

③摩擦系数。摩擦系数在很大程度上取决于路面粗集料的微观纹理，它在短期内可迅速变化，通常与表面状况及降雨有关。从长期来看，随交通的运行，大多数路面均表现为摩擦系数逐渐减小。随时间和交通变化，可能使摩擦系数减小的路面因素有：面层破损、车辙、沥青泛油、污染、面层空隙率、面层集料磨光。

④强度。路面强度、结构充足性、结构强度、荷载能力或结构能力的评估可以通过评价路面材料、路基的厚度或直接通过现场测试来估计。

⑤材料性能。材料性能的评价需进行取样，取样应有足够的数量来合理地代表材料。路面取样可评价集料和沥青剥落的情况，如裸露的集料、易碎的混合料等。

旧路面结构能力的评价可通过破坏性或非破坏性方法来确定。破坏性方法有试钻、试掘或取芯，需要按以下方式操作：

①确定旧路面层厚度；

②通过弯沉测试、现场 CBR 试验等评价路面现有强度；

③旧路面材料取样用于实验室随后的材料评定。

非破坏性方法用于评价旧路面现有结构能力，通常是通过确定在外加荷载作用下路面的反应或弯沉进行的，如贝克曼梁和落锤式弯沉仪等。其中，弯沉盆测量可用于计算各种作为性能标准的路面参数。

通过以上调查和测试，可计算路面状况指数 PCI、国际平整度指数 IRI、路面强度系数 SSI、车辙深度、下承层的承载能力和原路面结构厚度。

破损评价、外观评价、历史信息评价和路面性能评价的结果可用于评价和确定路面破损的原因。如果不能找到路面破损的确切原因，需进一步开展调查工作以全面掌握道路性能。

（四）旧沥青路面混合料材料分析

在收集资料和现场调查的基础上，应在旧沥青路面上取样，通过随机取样的方式获得有代表性的样品用于回收沥青路面材料（RAP）的性能分析，是再生混合料配合比设计和性能验证重要的步骤，也是正确设计再生混合料的基础。

1. 现场取样

在对旧沥青路面进行评价和分析时，应在具有代表性的位置取样，并结合工程拟采取的再生工艺，采用不同的取样方法。

①沥青层就地冷再生、全深式就地冷再生的施工过程均采用冷铣刨，因此，适合使用小型铣刨机的方法获取回收沥青路面材料（RAP）样品。通常情况下，小型铣刨机铣刨得到的回收沥青路面材料的级配比实际施工时的偏细一些。

②就地热再生中回收沥青路面材料是通过热铣刨得到的，热铣刨过程中石料破损比冷铣刨要轻得多，因此，回收沥青路面材料取样适合采用路面切割方法或钻芯取样方法，不应采用铣刨机铣刨方法。

③厂拌热再生、厂拌冷再生适宜采用在回收沥青路面材料堆中取样，现场取样仅仅是在工程前期工作需要时采用。

④路面病害成因分析。通过对回收沥青混合料的试验测试，对试验结果进行统计计算与分析，可分别进行横向和纵向统计分析。横向分析指对同一路段不同车道进行分析，纵向分析指对不同路段同一车道进行分析。根据不同路段、不同部位回收沥青混合料性质、沥青含量和性质、矿料级配和集料性质的差异，并与路面病害调查结果进行相关分析，确定沥青路面病害成因，为再生沥青混合料设计提供依据。

2. 路面老化沥青回收与分析

沥青老化是沥青质量衰减的主要原因。在荷载和气候因素作用下，沥青胶结料发生不可逆的质量劣化，脆性增加，柔性变差，黏附性降低，沥青混合料的低温性能、疲劳耐久性、水稳性降低，表现为裂缝、龟裂、松散、坑槽等病害的出现。这是沥青路面达到极限破坏状态的标志，也是路面大修和改造的依据。

沥青老化实际上表现为各组分之间配伍性的失调，老化后沥青的沥青质含量增加，胶质和芳香烃含量减少，饱和烃由于轻组分裂化和挥发，其含量也降低了。为了评价沥青路面在使用过程中沥青的老化程度，一般是通过从路面取样，并用有机溶剂（如三氯乙烯等）将沥青从混合料中抽提出来，然后采用一定的方法从溶液中将沥青回收，最后再对回收沥青进行各项指标测试及组成分析，并与原样沥青的各项性能指标进行比较，以评价沥青的老化状况。

沥青的抽提回收过程中，沥青要经过有机溶剂三氯乙烯的溶解、加热挥发等过程，容易残留有部分矿粉和溶剂，这对实验结果有一定的影响。在沥青回收过程中，必须尽可能去除矿粉和三氯乙烯，否则无法准确反映旧沥青性能。

（五）沥青路面再生方案的选择

1. 初选再生方案

根据详细的工程评价结果，初步进行再生维修方案的选择，可通过以下三方面进行选择：判断和经验、当地使用的决策树和流程图、人工智能方法（如专家系统）。

不同的沥青路面再生方法的技术特点也不尽相同，因此，在具体确定再生方案时，应针对道路破损的类型、范围和程度，结合当地的集料质量、交通量/交通类型以及气候状况，并对不同的再生方案进行经济分析，选择最适宜的再生方案。

2. 经济分析

经济分析，即通过考虑各种再生方案的寿命周期费用，比较不同的再生方案，进而确定经济效益最优的方案。寿命周期费用是指在固定的分析周期内，道路的所有费用和收益。寿命周期费用的组成有：初期维修费用、后期维修费用、养护费用残值、工程和管理费用以及维修和养护期间的道路使用者的费用（乘车时间、车辆运转、事故、不舒适性、延误费用和额外运行费用）。另外，还包括美化、污染、噪声费用等，但由于这些费用很难量化，通常以主观的方式加以处理。

虽然经济分析可为再生方案的选择提供依据，但为了作出更理性的决策，还需考虑其他因素，主要有：现有破损类型和程度、现有道路材料的使用年限/状况和再生的可能性、预期设计年限和性能、交通增长率、现有道路的结构能力、环境状况、今后所容许的养护活动、道路线形、排水和路面设施、交通调节能力和交通安全、施工范围、工程的位置和规模、承包商的能力和经验、对附近居民的影响、可用预算、正确的工程决策。

3. 沥青路面再生方案选择程序

进行沥青再生方案的选择，首先要进行路况资料的收集和现场病害的调查，以评价现有路面的状况，并确定路面损害的决定因素；其次要根据所维修道路的几何形状、交通量增长情况、道路性能和环境以及财政预算情况，选择几种可行的再生方案和维修技术；最后要分析各可行方案的初期投资费用和寿命周期费用，并进行经济分析和评价，选择技术经济均合理的再生维修方案。

第五章　新技术、新材料在路基路面防护及排水中的应用

第一节　国外新技术、新材料在防护及排水中的应用

一、复合土工排水材料应用

发达国家，如美国、日本、英国、德国等，高等级公路建设起步较早，公路等级较高，对公路排水设计重视，通过广泛研究和工程实践，这些国家提出了一系列设计规范或指南。

土工合成材料是各种工程应用的合成材料的总称，以人工合成的塑料、化纤以及橡胶等聚合物为主要原料，制成不同类型的产品。目前，已广泛应用于水利、公路、垃圾填埋场、铁路、海港、采矿、军工、机场等工程的各个领域。

土工合成材料是土木工程应用的合成材料的总称。作为一种土木工程材料，它是以人工合成的聚合物（如塑料、化纤、合成橡胶等）为原料，制成各种类型的产品，或埋置于土体内部，或覆盖在土体表面，或分隔不同类型的各种土体，发挥加强或保护土体的作用。

土工合成材料的种类，主要有土工膜、土工织物、特殊土工合成材料和复合土工合成材料等。目前，合成材料已广泛应用于水利、水运、水电、公路、铁路、海港、建筑、采矿等各个工程领域。复合土工排水材料品种较多。塑料盲沟材料、软式透水管是代表性产品之一。对于土工合成排水材料，对于它的排水性能研究多应用水力学原理，结合实验测试来得出理论与经验相结合的计算公式。

由于复合排水材料的不是由单一材料构成，这种材料排水性能表征缺乏简单易行的指标和方法。

（一）土工合成材料的种类

土工合成材料分为土工织物、土工膜、土工特种材料、土工复合材料等四类。土工织物包括有纺和无纺类；土工特种材料包括土工格栅、土工模袋、土工带、土工网、土工网垫、土工织物膨润土垫（GCL）、聚苯乙烯泡沫塑料（ES）等；土工复合材料包括复合土工膜、复合土工织物、复合防排水材料（排水带、排水管、排水防水材料等）。

1. 土工织物

土工织物是具有透水性的土工合成材料，呈布状。土工织物制作原理是：首先把聚合物原料加工成丝、短纤维、纱或条带等形状，然后再制造成平面结构的土工织物，短纤针织非织造土工布的品种根据市场需求设计。按制造方法分为有纺土工织物和无纺土工织物。有纺土工织物由加工好的丝织成，或用薄膜加工成扁丝后再进行编制；无纺土工织物由短纤维或长丝按随机或定向排列制成的薄絮垫。

2. 土工膜

土工膜是由聚合物或沥青制造的相对不透水薄膜状材料。土工膜具有极好的不透水性，能够发挥较好的隔离和防渗功能，弹性好，变形适应能性强，能适应受多种施工条件产生的工作应力，设置在土层中具有良好的耐老化能力。

3. 土工特种材料

（1）土工格栅

土工格栅是由高密度聚乙（丙）烯制造的有规则网状抗拉条带，主要用于加筋的土工程，其开孔填入周围土、石或与其他土工材料配合使用。典型的单向、双向拉伸土工格栅。

（2）土工模袋

土工模袋是由双层化纤织物制造的连续（或单独）袋状合成材料，其中充填具有一定流动性的水泥砂浆或混凝土，凝结后形成板状防护体系，常用于边坡防护或地基处理工程。

（3）土工带

土工带是由强度较高的合成材料通过挤压拉伸或再加筋制造而成的条带状抗拉材料。

（4）土工网

土工网是由平行聚合物肋条经以不同角度与其上相同肋条挤出而成的，可以起到平面排液、排气的作用。主要用于软基加固垫层、坡面防护、植草防护等。

（5）土工网垫和土工格室

土工网垫和土工格室都是由土工合成材料制造而成的三维结构。土工网垫由热塑性树脂为原材料制造而成，底部设基础层，上部设起泡膨松网包，包内填种植土并播草籽。土工格室由土工织物、土工格栅等材料制造而成的蜂窝状或网格状三维结构，常用作坡面防冲蚀以及保土工程，刚度大、也可用于地基加筋垫层、铁路基床病害治理等工程。

（6）土工织物膨润土垫

土工织物或土工膜间填充膨润土等低渗透性材料（GCL），采用针刺、缝接或化学连接的方法制造的一种防水材料。膨润土垫常用在垃圾填埋场中和HDPE膜组成防水结构。

（7）聚苯乙烯泡沫塑料

聚苯乙烯泡沫塑料（EPS）是利用发泡剂使得聚苯乙烯膨胀并采用模塑或挤压制造的轻型板块。EPS板具有质量轻、耐热性好、抗压能力强、吸水率低、自立性好等优点。

4. 土工复合材料

土工复合材料是指将土织物、土工膜或某些特种土工合成材料两种及以上的材料组合起来使用。土工复合材料可将不同种类的材料结合起来，其性能也集成了各种材料的优点，能满足不同工程的需要，发挥合成材料多种功能作用。

（二）土工合成材料的力学性能及指标

土工合成材料应用时，一般都置于土体或其他结构中，大多都属于隐蔽工程，按照隐蔽工程的规范要求进行工序验收，检验合格后方可进行下道工序。在铁路路基养护修理中应用时，请有资质的检验单位出具检测报告，并经国家主管部门认可。土工合成材料应有标志牌，并应注明牌号、产品名称、代号、等级、规格、日期等。土工合成材料与土之间的摩擦系数经试验确定，当试验条件不具备时，可依据经验并参照资料确定。

土工合成材料的性能指标包括以下几个方面：

物理性能：单位面积质量、厚度（及其与法向压力的关系）、材料相对密度、孔径等。

力学性能：条带拉伸、握持拉伸、撕裂、顶破、CBR顶破、刺破、直剪摩擦、拉拔摩擦、蠕变等。

水力学性能：垂直渗透系数、平面渗透系数、淤堵及防水性等。

耐久性能：抗紫外线破坏能力、化学稳定性和生物稳定性等。

（三）土工合成材料的功能应用

土工合成材料应用非常广泛，在实际工程中土工合成材料主要起到过滤、排水、隔离、加筋、防渗和防护六大作用。

1. 过滤作用

土工合成材料设置在土体表面或相邻土层之间，可以有效阻止上游土颗粒通过，起到保土作用，同时使得土中的水或气体通过织物自由排出，避免了由于孔隙水压力的过高而导致土体稳定性变差。目前广泛应用于水利、公路路基、铁路路基等工程中，如土工织物用于护坡、护墙、挡土墙背后的作为反滤层。

2. 排水作用

土工合成材料可以使水流沿着土工合成材料内部，从渗透性较低的土体流出。如土工合成材料设置在路堤底部，消除空隙水压力。

土工合成材料也可以起到直接排水的作用，如在地基处理中采用塑料排水板，堆在预压使得水沿着塑料板排水，达到底层固结的效果，透水塑料软管使得水渗入管内直接排走。

3. 隔离作用

隔离是指将土工合成材料设置在不同种类粒径的土体之间，将其隔离开来，避免相互混杂失去各自的整体性和结构完整性。如在土质路堑地段路基换填后，在换填土底层铺设一层土工布，将换填土和原状土隔离开来，一方面避免了原状土被扰动，一方面保证换填土的稳定性。在工程应用中,土工织物和土工膜都可以达到隔离的作用,在铁路路基建设中被广泛采用。

4. 加筋作用

土工合成材料设置在土体内部,类似钢筋混凝土中的钢筋,使得土工合成材料与土体形成一个复合体,俗称加筋土,加筋土比普通土体的抗剪强度以及抗变形能力都显著增强。如加筋土路堤边坡,可以设置坡度更陡的边坡,有利于保持边坡稳定性还可以节约土地资源,加筋土挡土墙优越性在地震中得到了很好的验证,在工程实践中被广泛采用。

5. 防渗作用

防渗是指采用透水性较低的土工合成材料,设置在渗液底部,阻止液体下渗扩散和气体流动扩散,发挥防渗或包容作用。如在垃圾填埋场中的渗滤液导排系统中,采用HDPE膜和GCL垫隔离以达到防渗的要求。

6. 防护作用

在坡面等设施设置土工合成材料防护层,减少了雨水冲刷及地表水径流引起的土体流失,起到防护作用。防护分两类,一类是将土工合成材料设置在结构物表面,使得结构物减少外界环境作用的影响而破坏,如土工网垫铺设在裸露的边坡表面,可以有效地保护边坡被雨冲刷,防止边坡失稳坍塌;一类是将土工合成材料设置在两种土体之间,对结构内部接触防护,当一种材料受到外力作用时,而另一种材料不被破坏,如整治站场道路反射裂缝时,在路基基层表面铺设一层土工布,当路基产生裂缝时,面层保护面层不产生裂缝。

土工合成材料在应用到工程中时,常常是几种功能同时发挥作用,例如在铁路站区混凝土路面的碎石基层与地基之间铺放土工织物,同时具备隔离、过滤、防护、加筋和排水等五种作用。

二、纤维土技术的应用

纤维土加筋是采用机械方法及气、水压等处理方式,将连续的纤维丝或者具有一定长度的短纤维丝掺混到土中,利用纤维受拉特性提升其抗拉强度,同时也增强了土体的整体性能。

国外对短纤维及砂的混合物进行深层次的研究,结果显示,土体内纤维网状结构可以提升纤维加筋土的强度及土体的整体性能。通过室内模型试验,从墙面竖向变形和挡墙横向受力等方面探讨对比格栅加筋与纤维加筋的情况。通过三轴试验,分别针对加筋砂排水,聚丙烯网片加筋砂与黏性土试验,得出通过加筋砂排水三轴试验,提出了增大加筋土的残余强度、提升土的整体拉伸荷载等方法。在一定程度上采用纤维加筋的方法,有助于提升黏性土的抗水力劈裂性能,增强黏性土的抗冲刷及抗拉强度。

第二节　新技术与新材料在路基防护工程的应用

合成树脂纤维土的性能基本满足抗冲刷、抗冻融的土体性能。经过大量的试验研究、一系列的理论分析表明纤维土用于受冻融和冲刷危害的边坡是可行的。

一、合成树脂纤维土护坡技术基本原理

合成树脂纤维土是连续性材料，具有很好的黏聚力，高抗拉强度，低天然休止角，具有优良的防老化性能，使用寿命周期长。采用纤维土加固处理边坡，主要是提高了土体的物理力学性能。在受到雨水冲刷时，土体内部纤维对原土体的勾连黏结使其受雨水冲刷后土体不易流失；雨水蒸发时，由于纤维占纤维土体的体积极小，基本不会影响雨水的蒸发，纤维土护坡结构为干湿呼吸，水分易蒸发，防冲刷防冻裂，具有柔韧性，可较好地维护铁路路基边坡的稳定。在受到冰冻时，土体内部纤维分担拉力，而纤维材料相对土体抗拉性能极强，使得土体变形减小，从而保证了土体的基本稳定。

（一）合成树脂纤维土的抗冲刷原理

纤维截面纤细，每立方米土体中分布数以万计的单丝，均匀分散后可形成纵横交错的空间网络，纵横交错的纤维形成纤维骨架结构网及"结构土体"网，增加了结构土体比例，减少了自由土体，从而减少了易被冲刷的土体。同时由于纤维的高模量、高抗拉强度的特点，在纤维土中起到类似钢筋的加强作用可防止或阻止土体在施工及雨水冲刷过程中产生的迁移，提高了土体的稳定性。纤维连续的柔性特征势必会减小冲刷的裂缝，而裂缝的减小也会对抗冲刷能力有较大提高。

（二）合成树脂纤维土的抗冻融原理

由于纤维吸附作用和比表面积很大，纤维形成的三维空间网状增加了结构土的比例，增强黏结力，从而使纤维与土的黏附性能得到改善。纤维本身材料强度高、韧性好、抗腐蚀、抗冻性能好，在纤维均匀分散到土体中时，形成纵横交错的"纤维网状结构"，一方面提高了土体的整体性，在发生冻胀时，由于纤维本身遇冷不会发生很大变形，故当土体膨胀时，纤维将受到拉力，而纤维本身具有较高的抗拉强度，充当了"加强筋"的角色，对土体产生约束作用；另一方面"纤维网状结构"可以有效抑制土体中水分的迁移，从而达到很好的抗冻胀效果。并且纤维的单丝总量所占纤维土的体积并不大，不会对土体中的水分蒸发产生大的影响。这几方面作用共同改善纤维土的抗冻胀性能。

二、合成树脂纤维土护坡设计方案

（一）新建线路边坡设计方案

新建线路的边坡工程设计内容包括确定边坡坡率（坡度）与形状，以及排水工程、防护加固工程等设计内容。纤维土边坡工程的设计原则和要求与传统的设计方法基本相同。

首先进行地质勘查与室内土工试验，即根据室内土工试验成果确定地层情况和土的物理力学性质，尤其是黏聚力和内摩擦角，然后根据岩土工程勘查成果计算边坡的强度和需要承受的荷载，最后验算边坡稳定性是否满足要求，如果满足要求则进行常规设计。如不满足则考虑采用纤维土护坡形式进行设计。

1. 纤维土护坡形式施工程序如下

①施工第一层时，将纤维土和路堤填料铺满，然后压实，压实标准满足相关要求。填料满足相关要求。

②每层都按压实标准压实，每层厚度不应大于 0.3 m，如此反复操作。

③压实到路堤设计标高时，按照边坡多填 0.5 m 宽再削坡处理，削坡坡度应满足相关要求。

④削坡后施工混凝土护坡骨架，框架每隔 20 m 设置一道通长的伸缩缝，缝宽 2 cm，缝内用沥青麻筋全断面填塞。视实际情况每隔一段距离砌筑一道宽 0.6 m、厚 0.2 m 的阶梯形踏步。混凝土护坡骨架视实际情况决定是否设置钢筋，是否在节点处用锚杆或锚索固定。混凝土强度等级不低于 C25。

⑤砌筑六棱砖。铺砌六棱砖前要清除坡面浮土（大粒径卵石），保证坡面平整密实，砌筑时应自下而上铺设，铺设时排列应整齐、平顺、紧密、美观，并且与坡面及相邻骨架衔接密贴、稳固、整体协调一致；在铺设过程中应拿橡皮锤击打，不得使用铁锤等重物。

⑥在六棱砖内部夯填纤维土。要分层添加纤维土，并分层夯实。

2. 纤维土护坡骨架及六棱砖施工程序如下

①护坡骨架按常规混凝土骨架护坡形式，具体尺寸和形式根据工程实际情况确定；

②混凝土护坡骨架视实际情况决定是否设置钢筋，是否在节点处用锚杆或锚索固定；

③六棱砖采用 C25 混凝土预制，并采用相应的预制模具；

④较常规六棱砖相比，纤维土配套的六棱砖内壁需要粗糙一些，内壁加孔洞；

⑤六棱砖内填筑纤维土时，最少填筑厚度为 200 mm。

（二）既有线路病害整治设计方法

首先现场进行初步的踏勘，了解病害的现状、发展，初步确定病害的成因，进行室内土工试验确定黏聚力和内摩擦角，然后根据初步成因分析和土工试验数据，经过理论计算和专家讨论后确定病害成因，根据甲方的要求和病害成因分析，确定多种处置方案；最后运用纤维土的护坡技术进行病害整治设计。

既有线路路堤边坡受到雨水长期冲刷或冻融破坏后，土体流失，坡体变形，路堤坡体处于不稳定状态。将原有病害区域的表土剥离，形成稳定层。将纤维土顺着路堤边坡从下至上分层填筑，并逐层夯实。

既有线路路堑边坡受到雨水长期冲刷或冻融破坏后，土体流失，坡体变形，路堤坡体处于不稳定状态。将原有病害区域的表土剥离，形成稳定层。将纤维土顺着路堑边坡从下至上分层填筑，并逐层夯实。到坡顶后，砌筑六棱砖。

三、聚合物改性水泥混凝土

聚合物水泥混凝土（Polymer Cement Concrete，PCC）也称聚合物改性水泥混凝土（Polymer Modified Concrete，PMC），是在普通水泥混凝土的拌合物中加入单体或聚合物，浇筑后经养护和聚合而成的一种水泥混凝土。

（一）混合料技术特征

1. 新拌聚合物改性水泥混凝土的性能

（1）减水性和流动性

聚合物具有较好的减水作用，在普通水泥混凝土中加入专用聚合物乳液后会使混凝土的和易性大大改善。一般情况下，减水率随着聚灰比（P/C）的提高而增大。随着聚灰比的提高，水泥混凝土拌合物的流动性增大。

聚合物对水泥混凝土拌合物的流动性改善原理如下：

①滚珠效应：聚合物固体微粒数量多、粒径小，起到润滑效应，提高流动性。

②分散作用：聚合物能使水泥加水搅拌后形成的絮凝结构分散，释放出游离水。

（2）混凝土含气量

加入聚合物后，会在混凝土中引入大量气泡。少量气泡对于混凝土的流动性和抗冻性是有益的，但如果含气量过高，则会降低混凝土的强度。此时，可掺加适量的消泡剂来控制聚合物改性水泥混凝土含气量。

（3）保水性、泌水和离析

与普通水泥混凝土相比，聚合物乳液改性水泥混凝土具有优良的保水性能，这与聚合物乳液本身亲水的胶体特性和聚合物薄膜的填充及封闭效果有关。聚合物乳液改性水泥混凝土的保水能力受聚灰比的影响较大。

聚合物乳液本身的亲水胶体特性及减水效应，还可以减小混凝土（砂浆）的泌水和离析现象，有益于提高混凝土的强度和抗渗性能。

（4）凝结时间

聚合物改性水泥混凝土的凝结时间比普通水泥混凝土要长，延长的程度与聚合物的类型和聚灰比有密切的关系。

2. 硬化聚合物改性水泥混凝土的性能

（1）力学性能

①强度。聚合物的品种不同，对聚合物改性水泥混凝土强度的影响也不同。弹性乳液有使抗压强度下降的趋势，而热塑性树脂乳液有使抗压强度提高的倾向。同一种聚合物乳液，其共聚物中单体含量不同，对强度影响也不同。

一般来说，聚合物改性水泥混凝土的抗压强度、抗弯拉强度和抗剪强度均随聚灰比的增加而有所提高，其中以抗弯拉强度的增加最为显著，而抗压强度则基本不变或有时呈现上升或下降的趋势。

②韧性和弹性模量。聚合物水泥混凝土的韧性比普通水泥混凝土要好得多，断裂能是普通水泥混凝土的2倍以上。微观结构研究表明，在聚合物水泥混凝土的横断面上，可以清楚地看到聚合物薄膜像桥一样跨于微裂缝上，有效阻止了裂缝的形成和扩张。因此，聚合物水泥混凝土的韧性、变形性能较普通水泥混凝土有很大的提高。

③抗弯拉疲劳性能。在相同应力水平条件下，聚合物水泥混凝土的抗疲劳性能明显优于普通水泥混凝土，且疲劳寿命随聚灰比的增大而提高。聚合物对混凝土疲劳性能的改善作用包括两个方面：一方面是聚合物成膜后对混凝土内部的原生裂缝有约束作用并可以钝化裂缝尖端的应力集中；另一方面柔性较高的聚合物膜可以吸收冲击能量，有效细化因水化热、温差、干湿、离析等因素作用形成的裂隙的尺度，增强了混凝土内部材料的连续性。

④干缩和徐变。聚合物水泥混凝土的干缩与徐变受聚合物种类及聚灰比的影响，与普通混凝土相比，掺入不同聚合物，其干缩与徐变表现出不同的增大或减少规律。

（2）耐久性能

①抗冻性。掺入聚合物使混凝土密实度提高，孔隙率减少，吸水率大大降低，加之聚合物的引气作用，其抗冻性优于普通混凝土。

②耐磨性。聚合物水泥混凝土的耐磨性优于普通混凝土。耐磨性提高的程度与聚合物的种类、聚灰比及磨损条件有关。随着聚灰比的增大，聚合物改性水泥混凝土的耐磨性提高。混凝土中掺加聚合物，可使磨损表面含有一定数量的有机聚合物。这些聚合物对混凝土颗粒起着很好的黏结作用，可防止它们从表面脱落。

③抗渗性。聚合物水泥混凝土的抗渗性可以从混凝土的耐水性和抗氯离子渗透性两个方面进行评价。

耐水性可以用吸水性、不透水性和软化系数来描述。由于聚合物填充了混凝土内部的孔隙，使总的孔隙量、大孔隙和开口孔隙减少，因此，聚合物水泥混凝土的吸水性大大降低。在比较理想的情况下，聚合物水泥混凝土的吸水率可下降50%，软化系数为0.80~0.85。聚合物还可以降低混凝土的透水性，这主要是由于聚合物能够提高水泥混凝土的密实度。一般来说，聚灰比越大，聚合物水泥混凝土的透水性越低。聚合物的种类不同，其改性混凝土的耐水性也不同。

聚合物水泥混凝土良好的不透水性,使其具有优良的抗氯离子渗透性。随着聚灰比的提高,氯离子扩散系数降低,氯离子的渗透深度呈线性下降。

④耐化学腐蚀性。聚合物水泥混凝土由于聚合物的填充作用和聚合物薄膜的封闭作用使其耐腐蚀性提高。聚合物水泥混凝土的耐化学腐蚀性随着聚灰比的增大而提高。聚合物的耐油、耐油脂能力很强,但不耐酸。

⑤抗碳化性。在聚合物乳液改性水泥砂浆和混凝土中,由于聚合物的填充和封闭作用,空气、二氧化碳、氧气的透过性降低,因而其抗碳化能力大大提高。一般情况下,聚灰比提高,抗碳化能力随之提高。抗碳化能力的大小与聚合物的含量、二氧化碳的暴露条件等有关。

(二)原材料的技术要求

1. 水泥

聚合物水泥混凝土所用的水泥,除优先选用普通硅酸盐水泥外,还可使用各种硅酸盐水泥、快硬水泥等,其技术性质应符合国家现行标准的要求,强度等级大于或等于 32.5 MPa 即可。

2. 聚合物

聚合物水泥混凝土所用的聚合物可以分为以下四类:

①聚合物乳液(或水分散体)。

②水溶性聚合物。

③可再分散的聚合物粉料。

④液体聚合物。

对水泥中掺用的聚合物应满足下列要求:

①对水泥的凝结硬化和胶结性能无不良影响。

②水泥在水化过程中释放的高活性离子有很高的稳定性。

③自身有很好的储存稳定性。

④有很高的机械稳定性,不会因计量、运输和搅拌时的高剪切作用而破乳。

⑤具有很低的引气性。

⑥在混凝土或砂浆中能形成与水泥水化产物和集料有良好黏结力的膜层。

⑦形成的聚合物薄膜应有极好的耐水性、耐碱性和耐候性。

⑧水泥的碱性介质不被水解或破坏。

⑨对钢筋无锈蚀作用。

3. 集料

聚合物水泥混凝土所用的粗集料、细集料与普通水泥混凝土相同。

4. 外加剂

①稳定剂。为了防止乳液与水泥拌和及凝结过程中聚合物过早凝聚，保证聚合物与水泥均匀混合，通常需要加入适量的稳定剂。常用的稳定剂有 OP 型乳化剂、均染剂 102、农乳 600 等。

②消泡剂。聚合物乳液与水泥拌和时，由于乳液中的乳化剂和稳定剂等表面活性剂的影响，通常混凝土内产生许多小泡，增加砂浆的孔隙率，使其强度明显下降。因此，必须添加适量的消泡剂。

需要注意的是，消泡剂的针对性很强，使用消泡剂时必须认真选择，并通过试验加以验证。几种消泡剂复合使用有较好的效果。

③抗水剂。有些聚合物耐水性比较差，会严重影响聚合物水泥混凝土的耐久性，因此，在配制中需要掺入适量的抗水剂。

④促凝剂。当聚合物水泥混凝土中的乳胶树脂等掺量较多时，会延缓聚合物水泥混凝土的凝结速度，应根据施工温度等条件加入适量的促凝剂，以促进水中的凝结。

（三）混合料组成设计

聚合物改性水泥混凝土在进行配合比设计时，除考虑普通混凝土的一般性能外，还应考虑聚合物的种类、聚合物的掺量、聚合物与水泥用量之比（聚灰比）、水胶比、消泡剂及稳定剂的掺量和种类等因素。

聚合物改性水泥混凝土的配合比设计除应考虑聚灰比外，其他大致可按普通水泥混凝土进行。一般情况下，聚合物水泥混凝土的配合比如下：

①水泥∶砂＝（1∶2）~（1∶3）(质量比)。

②聚灰比控制在 5%~20%。

③水胶比根据混凝土拌合物的设计及和易性适当选择，控制在 0.30~0.60。

四、纤维混凝土

纤维增强混凝土简称纤维混凝土，是在素混凝土基体中掺入均匀分散的短纤维而组成的一种复合材料。目前，纤维混凝土材料主要可分为钢纤维混凝土和合成纤维混凝土两大类。

（一）混合料技术特征

1. 强度

钢纤维能显著改善混凝土的抗弯拉强度，但对混凝土抗压强度的改善作用并不明显。钢纤维掺入混凝土后，约束力在受压过程中使混凝土横向膨胀，推迟了破坏过程，这对提高抗压强度是有益的；但是，由于混凝土基体的抗拉强度低，钢纤维的掺入增加了界面薄弱层，混凝土受压后，大多数破坏首先发生在界面区。

2. 抗裂性

钢纤维的重要作用是控制混凝土的受控开裂。影响钢纤维混凝土抗裂性的因素主要有钢纤维掺量、钢纤维与混凝土界面的黏结强度及混凝土基体强度等。以抗弯初裂荷载作为抗裂性的表征指标。初裂荷载随钢纤维掺量的增加而明显提高，钢纤维混凝土的抗裂性不断增强。

3. 抗冲击性能

钢纤维混凝土的抗冲击能力随钢纤维掺量的增加而增大，与普通混凝土相比，其最大提高幅度可达数倍甚至几十倍。随着钢纤维含量的增加，混凝土的抗冲击性能明显增强，但如果纤维掺量过大，可能会降低混凝土的流动性，并且较大的纤维体积率还将导致造价升高。

4. 抗冻耐久性及耐磨性

钢纤维混凝土的抗冻耐久性及耐磨性较普通混凝土更为优异。抗冻试验表明，经过300次冻融循环后，普通混凝土已完全破坏，而钢纤维混凝土却依然完好。在恶劣环境下，钢纤维混凝土具有优良的长期使用性能。钢纤维混凝土的耐磨性能也很好，当钢纤维掺量为1%时，混凝土的耐磨性可提高60%～90%。

（二）原材料技术要求

1. 钢纤维

配制钢纤维混凝土时对钢纤维的要求主要包括钢纤维的强度、尺寸、形状、长径比和技术性能等方面。

钢纤维的尺寸由强化特性和施工难易程度确定，如果钢纤维过于粗、短，则钢纤维混凝土强化特性差；如果过于细、长，则搅拌时易结团。为增加钢纤维与混凝土之间的黏结强度，常增大钢纤维的表面积或将钢纤维加工成凹凸形状，但不宜加工过于薄、细，以免在搅拌时折断。控制钢纤维长径比的目的是使其均匀地分布在混凝土中。

2. 水泥

对于钢纤维混凝土路面，一般选用普通硅酸盐水泥，重型交通路面混凝土通常选用42.5级水泥。由于钢纤维混凝土路面的特殊条件及路面厚度较小，故路面混凝土应尽可能采用强度高、干缩性小、耐磨性及抗冻性好的水泥。一般情况下，普通混凝土路面的水泥用量不宜少于300 kg/m、而国内外纤维改性混凝土路面的水泥用量为340～380 kg/m^3。

3. 集料

配制钢纤维混凝土应选用硬度大、强度高的碎石，在实际工程中，一般宜选用花岗岩、辉绿岩、正长岩及致密石灰岩等。

钢纤维混凝土中碎石的最大粒径不宜大于16 mm。粗集料的其他质量要求，应符合现行国家标准《建设用卵石、碎石》中的规定。

细集料一般选用河砂、山砂和碎石砂,其质量要求应符合现行国家标准《建设用砂》中的规定。公路路面纤维混凝土一般应采用河砂,其细度模数为2.3～3.7,即采用中砂或粗砂。

4.掺合料

为提高混凝土基体的强度,在配制钢纤维混凝土时,一般应掺加适量的掺合料。用于钢纤维混凝土的掺合料,可以是二级以上的粉煤灰、硅灰、磨细高炉矿渣、磨细沸石粉等。粉煤灰、磨细高炉矿渣、磨细沸石粉的比表面积应控制在4 500 m²/kg以上。

5.外加剂

配制钢纤维混凝土常用的外加剂主要有减水剂和缓凝剂。

(三)混合料组成设计

钢纤维混凝土配合比应直接基于钢纤维混凝土的性能及用途进行设计,一般以钢纤维混凝土的抗折强度作为配合比设计指标,通过调整钢纤维掺入量、钢纤维长径比、水泥强度等级与水胶比之间的比例关系,控制钢纤维混凝土的抗折强度。钢纤维混凝土配合比设计必须满足路面设计要求的拌和性能、硬化后的性能,以及钢纤维混凝土路面结构的设计要求,这些指标要求通常体现为抗压强度、抗折强度和弯曲韧度等。

钢纤维混凝土配合比设计应满足结构设计要求的抗压强度与抗折强度,以及施工要求的和易性。钢纤维混凝土配合比设计应通过试验并按以下步骤进行。

1.确定水胶比

根据强度标准值或设计值及施工配制强度提高系数,确定试配抗压强度和抗折强度。钢纤维混凝土配合比设计的试配抗压强度提高系数应按《普通混凝土配合比设计规程》的规定采用。钢纤维混凝土的试配弯拉强度,可根据施工技术水平和工程的重要性,取弯拉强度设计值的1.10～1.15倍。

2.纤维掺量体积率

根据试配抗折强度,按规定计算或通过已有资料确定钢纤维体积率,一般钢纤维体积率为0.35%～1.00%。

3.单位体积用水量

根据施工要求的稠度,通过试验或已有资料确定单位体积用水量,如掺用外加剂,应考虑外加剂的影响。

4.单位水泥用量

根据水胶比及单位体积用水量,确定出单位水泥用量。钢纤维混凝土凝胶材料用量不宜小于360 kg/m³。

5.合理砂率

根据试验或有关资料确定合理砂率,一般选用50%左右。使用时根据所用材料的品种规格、纤维体积率和水胶比等适量调整。

6. 砂石料用量

按绝对体积法或假定质量密度法计算材料用量，确定试验配合比。

7. 确定强度试验基准配合比

按初步计算配合比进行拌合物性能试验，调整单位体积用水量和砂率，确定强度试验基准配合比。

8. 确定施工配合比

按强度试验结果调整水胶比和钢纤维体积率，确定施工配合比。

五、透水性混凝土

透水性混凝土（Pervious Concrete）也称多孔混凝土（Porous Concrete），是由特殊级配的集料、水泥、外加剂和水等经特定工艺配制而成的，其内部含有很大比例的贯通性孔隙。透水性混凝土内部形成的蜂窝状结构，有助于提高混凝土的透水性能，但同时也对混凝土的强度产生了不良影响。

透水性混凝土根据其组成材料不同，又可分为水泥透水性混凝土、高分子透水性混凝土和烧结型透水性制品三种类型。在路面工程中通常使用水泥透水性混凝土。

（一）混合料技术特征

透水性混凝土是一种生态环保型混凝土。它既有一定的强度又有一定的透水透气性，可以很好地缓解不透水铺装对环境造成的影响。从技术性能上看，透水性混凝土除能够排除地表积水外，还在净化雨水、降低路面交通噪声等方面有显著效果。与不透水的混凝土路面铺装材料相比，透水性混凝土具有以下优点：

①透水性混凝土路面能够使雨水迅速渗入地表，还原成地下水，使地下水资源得到及时补充。透水性路基还可以发挥"蓄水池"功能，这种功能有利于保持土壤湿度，对改善城市地表的植物和土壤微生物的生存环境具有重要的意义。

②透水性混凝土具有较大的孔隙率，其自身可以与外部空气和下部透水垫层相连通，有利于调节城市空间的温度和湿度；另外，透水性混凝土对城市地表的透水、透气作用，还可以维护城市地表的生态平衡。

③透水性混凝土路面凭借其特有的多孔吸声结构，能吸收车辆行驶时产生的噪声，从而创造一个安静、舒适的交通环境。

④透水性混凝土路面能够消除雨天行车产生的"漂滑""飞溅"等现象，缓解雨天给行人出行和车辆行驶带来的不便。在冬季，透水性混凝土路面也不会形成"黑冰"（由霜、雾形成的一层几乎看不见的薄冰，极其危险），提高了行人、车辆的通行安全性。

⑤透水性混凝土路面表面的自然色对光线具有良好的反射性。透水性混凝土较大的孔

隙能够积蓄较多的热量,有利于减少路面对太阳光热量的吸收,从而避免形成"热岛效应"。

⑥在降雪季节,地热可以通过透水性混凝土路面的孔隙将积起的固体状雪融化成液体状水,再渗透到地下以补充地下水。

虽然透水性混凝土具有诸多优点,但其在强调透水性能和环保效应的同时必然会给其他性能带来影响,所以,透水性混凝土也存在一些缺陷。

①透水性混凝土与密实性水泥混凝土相比,其本身的抗压强度和抗折强度较低,修筑的路面上不能行驶重型交通车辆。

②透水性混凝土对路基的要求比较高,其基础高度必须能够达到蓄水和渗水要求。

③透水性混凝土路面通常被限制在缓坡地段使用。

④透水性混凝土路面的运行成本较高且清扫非常困难,特别是垃圾和污染物随着雨水渗透到透水性混凝土的空隙中后,其空隙率急剧下降,如果长时间得不到清理,则透水性混凝土的渗水作用甚至会完全失效。

(二)原材料技术要求

1. 水泥

配制普通透水性混凝土时,最好选用硅酸盐水泥、普通硅酸盐水泥,也可以用矿渣硅酸盐水泥、粉煤灰硅酸盐水泥或快硬水泥,所选用水泥的强度等级一般应在42.5级以上。

无论采用何种水泥,均需要降低游离石灰的溶出,以避免对植物生长造成影响,同时,还需要兼顾混凝土的耐久性。

2. 集料

透水性混凝土所用的集料主要包括普通集料和特种集料两种。集料可以采用普通的卵石、碎石,也可以采用特制的陶粒、浮石等轻集料。再生型集料也是透水性混凝土集料的选择之一。

集料的性质对透水性混凝土的性能有重要的影响,因此,对集料的颗粒直径、级配、颗粒形状及强度等指标应加以严格控制。集料粒径的大小应根据透水性混凝土结构的强度和厚度要求而定。集料的粒径不宜过大,最大的集料粒径应不大于25 mm,且粒径大于20 mm的集料含量应控制在5%以内。必要时,也可以掺加部分细集料,但细集料含量不宜太多。

3. 外加剂

透水性混凝土中常掺加的外加剂有增强剂、减水剂、着色剂、消石灰、早强剂等。掺入适量的增强剂有助于提高水泥浆与集料之间的界面黏结强度;掺入适量的减水剂有助于改善混凝土成型时的和易性,同时,也能提高混凝土的强度;添加一定量的着色剂可以使路面混凝土变得更加美观;掺入一定量的消石灰可以增加水泥浆的黏性,提高施工时面层的平整度,同时,消石灰还对酸性雨有中和作用,因此,也能提高透水性混凝土路面的耐久性;在冬季低温条件下施工时,加入适量的氯化钠等早强剂,还可以加速混凝土的硬化。

4. 矿物质掺合料

在透水性混凝土中加入矿物质掺合料,可以提高透水性混凝土的强度,改善透水性混凝土路面的耐久性。粉煤灰用量不得超过胶凝材料总质量的25%,磨细粒化高炉矿渣用量不得超过胶凝材料总质量的50%。当同时掺加几种矿物掺合料时,其总替代量不应超过水泥质量的50%。当透水性混凝土路面的周围环境温度降低到10 ℃以下时,磨细粒化高炉矿渣掺量要减少到30%。

(三)混合料组成设计

1. 设计参数选定

透水性混凝土配合比设计主要考虑的参数有孔隙率、水胶比和集浆比。

①孔隙率。透水性混凝土配制强度确定后,需要根据用途确定混凝土孔隙率,对绿化透水性混凝土而言,要给予植物生长及所需养分储存以充足的空间,因此,孔隙率要求在20%以上;对用于路面的透水性混凝土,在保证强度的前提下,孔隙率宜为15% ~ 20%。

②水胶比。透水性混凝土的水胶比决定着浆体的流动性。水胶比大,则浆体的流动性大,被包裹的集料表面光滑,浆体易流淌,聚积在试件的底部有利于形成连通孔隙。对于特定集料级配而言,透水性混凝土可采用的水胶比范围较窄,通常介于0.25 ~ 0.35之间,如果加入了减水剂,水胶比范围为0.22 ~ 0.35。

③集浆比。集浆比是指集料用量与水泥用量之比。选择合理的集浆比,是保证透水性混凝土具有相互贯通孔隙的关键。当水泥用量一定时,增大集浆比,集料颗粒周围包裹的水泥浆厚度变薄,混凝土的孔隙率增加,但其强度会减小;当水泥用量一定时,减小集浆比,集料颗粒周围包裹的水泥浆厚度增大,透水性混凝土的强度提高,但其孔隙率将减小,透水能力降低。一般情况下,透水性混凝土的集浆比应控制在3 ~ 6。另外,小粒径集料的集浆比应适当比大粒径的小一些。

2. 选定原材料用量

①用水量。透水性混凝土和易性可以通过经验确定。大致标准为:目测观察所有集料颗粒表面,若表面均形成平滑的水泥浆包裹层并且包裹层有光泽、不流淌,则认为用水量比较适宜,对于使用卵石、碎石作为集料的透水性混凝土来说,其用水量一般为80 ~ 120 kg/m³。但实际用水量应根据透水性及强度要求由试验确定。

②集料用量。1 m³混凝土所用的集料总量通常为集料的紧密堆积密度数值,大致为1 200 ~ 1 400 kg/m³。集料中主要采用粗集料,细集料用量应控制在20%以内。

③水泥用量。在保证最佳用水量的前提下,适当增加水泥用量能够使集料周围水泥浆膜层的稠度和厚度变大,可有效提高透水性混凝土的强度。但水泥用量过大会使浆体增多,孔隙率减少,降低透水性。如果集料粒径较小,集料的比表面积较大,则应适当增加水泥

用量。水泥用量随所用集料粒径的增大而减少，一般控制在 250 ~ 350 kg/m³ 范围内。

六、露石混凝土

露石混凝土主要用于露石水泥混凝土路面的修筑。在面层水泥混凝土混合料铺筑完成后，喷洒露石剂并覆盖塑料膜养护，其间通过露石剂的作用对水泥混凝土表面层进行化学处理，延缓表面一定厚度水泥砂浆的凝结，但不影响主体混凝土的正常凝结硬化，当主体混凝土达到一定强度后，刷洗其表面，进行表面除浆，露出均匀分布的粗集料，这样所形成的水泥路面叫作露石混凝土路面（Exposed Aggregate Cement Concrete Pavement，EACCP）。

（一）原材料技术要求

1. 水泥

用于普通混凝土的水泥均可用于露石混凝土。

2. 集料

露石混凝土中的部分粗集料暴露在路面表面，直接承受行车的磨耗作用，对石料的耐磨性要求高，这就要求石料具有足够的综合力学强度以抵抗车轮荷载冲击、剪切、磨耗等作用。

为保证路面表面集料不脱落，应采用带有棱角、近似立方体的粗集料颗粒，控制扁平、针状的粗集料颗粒含量。为提高抗滑力和水泥浆与界面的黏结力，应选用表面粗糙、洁净的粗集料。集料的粒径和级配要综合多方面因素后选择，粒径大的集料与水泥石黏结力强不易脱落，但粒径过大也会增加行车噪声，降低舒适性。在选择集料时要综合考虑，优选能形成路表光线柔和、颜色赏心悦目的碎石。

细集料应质地坚硬、耐久、洁净，符合规定级配，泥土、云母、硫化物和硫酸盐及有机物的含量，应满足《公路水泥混凝土路面设计规范》的要求。天然砂和海砂的质量一般都满足要求，当河砂与海砂不易得到时，也可采用人工砂，但各项指标必须合格。

（二）混合料组成设计

露石混凝土配合比设计，既要符合普通混凝土的设计原则，又要考虑 EACCP 的特殊技术要求。

在强度方面，基本上按照普通水泥路面混合料的设计方法，以弯拉强度为主要强度指标进行配合比设计。考虑到 EACCP 的特殊性，在满足强度要求的基础上，要进行露石混凝土试样板的浇筑和刷洗，研究其表面纹理效果，同时还要考虑工艺性。在同时满足各方面技术要求的配合比中，选择最佳的配合比作为施工配合比。

露石混凝土配合比设计除满足强度、耐久性、工作性和经济性要求外，还需要考虑以下因素。

1. 水泥砂浆与粗集料的黏结

为防止表层露出集料的剥落，原则上水泥砂浆——集料界面之间的黏结强度越高越好。提高界面黏结强度的主要措施是提高水泥强度等级、减小水胶比、增大水泥用量，同时，选择表面粗糙、颗粒有棱角、近似立方体的粗集料。

2. 露石混凝土的耐磨性

露石混凝土的耐磨性主要依赖集料的耐磨性，应选择磨光值高、冲击值小的粗集料。同时，由于露石混凝土表面仍有一部分水泥砂浆会受到交通荷载作用，故其耐磨性不能忽视，而耐磨性的影响因素与普通混凝土相同。

3. EACCP 结构形式

EACCP 既可用于普通道路（二级及二级以下公路），又可用于高等级公路（高速公路、一级公路），所以，对于不同等级的公路，在配合比设计时应选择相应的设计指标。

由于粗集料最大粒径及级配的不同，露石混凝土表面外观有较大差异。最大粒径超过 20 mm 时，表面会过于粗糙；连续级配碎石所形成的露石混凝土表面视觉上比单一粒径碎石的要差。如果按强度要求所选用的混凝土集料与上述按路面外观要求所选用的集料之间存在差异，有必要将水泥路面分为两个层次铺筑。即表面层混凝土采用所期望露石效果的集料，厚度为 4 ~ 5 cm，其余厚度的混凝土采用按强度要求所选择的集料组成。

第三节　新技术与新材料在路基排水工程的应用

一、土工合成材料在路基排水养护修理中的应用

路基排水设施养护修理是路基养护修理重要的基础，水的路基病害发生重要诱因，保持排水设施状态良好、畅通是非常重要的。

（一）路基排水设施养护单元划分管理

1. 路堑排水单元

路堑排水系统原则因地制宜，根据地形标高自然排水。路堑在开挖时常常会破坏天然排水系统，需要用渡槽或倒虹吸等排水设施人工干预恢复排水系统。

路堑排水设备类型有侧沟、截水沟、天沟、急流槽（含吊沟）、支撑渗沟、跌水、渡槽、倒虹吸等。侧沟设置在路堑及零点路基的两侧路肩外，用以排除路基面及路堑边坡面的水流；截水沟设置在路堑边坡的分级平台上，或路堑外必须截排地表水处，用以截住部分路堑坡面水或地表水；天沟设置在路堑的单侧或双侧堑顶外一定距离（一般不小于 2 m），用以截住山坡坡面流向路基的水流，防止其对路堑边坡的冲刷与破坏；急流槽（含吊沟）

和跌水设置在坡面或高差较大、距离较短、坡度较陡处，用以连接侧沟或陡峭地面的排水；渡槽和倒虹吸设置在路堑两侧，用以恢复天然排水体系。

路堑的径流一般由截水沟、吊沟、侧沟通过低洼出水口排出。除地形条件限制外并经过排水流量计算，一般不得将天沟的水引入侧沟。

2. 路堤排水单元

路堤排水系统一般与当地农业排水相结合。路堤是在原地面上用规范中允许的填料填筑的建筑物。路堤修建时，也有把自然排水截断情况，铁路路堤排水体系一般采用下穿排水涵（管）的方式恢复天然排水系统。

路堤排水设备类型有：排水沟、路堤坡脚护道、排水涵管等。排水沟设置在斜坡路堤上方、平地路堤的单侧或双侧天然护道外设置，用以排除地表及路堤坡面的水流，保护路堤坡脚；路堤坡脚护道设置在路堤坡脚处，起着散水及稳定坡面的作用；排水涵管设置在轨道下方，用以联通路堤两侧排水，恢复自然排水系统。在中南部地区，存在一些浸水路堤、季节性浸水路堤也是路基养护修理的重点关注地段。

3. 站场排水单元

排水系统可以分为重力排水系统、压力排水系统以及混合排水系统。重力流排水系统投资小，系统稳定，管理方便，运行费低，排水系统原则上采用该排水系统。除经计算站场地形及排水起点与终点的高程差限制，采用其他两种排水方式外，均采用重力排水。

站场排水设备类型有股道间的纵向排水设备（包括股道间）；横向排水设备，包括站场内穿越股道的横向排水槽、排水管和检查井等，用以将纵向排水设备汇集的水引排至路基范围外。

站场排水的径流顺序为：路基及站台雨水、纵向排水设备、横向排水设备、站场排水回流管网、排水出口。站场排水出口大多与市政排水管网相连，需适应城镇排水体制，无论采用分流制、合流制还是混合排水制，均应征得当地有关部门的同意。

（二）排水设施的养护维修

1. 地面排水设备的养护维修

（1）路堤排水设备的养护维修

夯填整平或设路堤坡脚排水沟避免坡脚积水而破坏路堤；采用低渗透性填料修筑坡脚护道，护道宽度一般设 1~5 m，必要时增设坡脚墙；定期清淤铲除杂草，防止水沟发生堵塞淤积，加强养护修理，坡脚水沟发生漏水、裂缝、局部破损等病害时及时修复；依托地形科学设置水沟，如横坡较大的地面填筑的路堤，水沟必须设在地形较高一侧，防止地表水流渗入路堤造成路堤本体破坏。

（2）路堑侧沟的养护维修

土质侧沟，定期清淤铲除杂草等杂物，禁止将施工废弃的路材路料丢入侧沟，清理出来的淤泥等杂物应运到路堑影响范围外，禁止将淤泥丢弃到边坡上或路肩上。

三合土捶面或片石侧沟，定期清淤铲除杂草等杂物，禁止将施工废弃的路材路料丢入侧沟，保证排水畅通；及时修补漏水、裂缝、局部破损等病害，对较深的水沟，采用矩形或拱形支撑进行加固；加固侧沟出水口与土质水沟衔接地段防止冲刷。

侧沟改造需加宽路基而路基面宽度不足时，侧沟内侧沟身做成直墙、并将沟加宽加深，保证过水断面。较深路堑地段或反坡排水困难的侧沟，宜视地形条件设置横向排水设备如排水涵管或横向盖板沟，将水引至路基外。

（3）路堑天沟及截水沟的养护维修

定期清淤铲除杂草等杂物，整平天沟两侧路面，将淤泥土，杂草等废弃物运到堑顶 5 m 范围以外，确保水沟不长草、不漏水、不积水、无坍塌、不冲刷。路堑边坡较高，汇水面积较大时，设置多道天沟，避免天沟流量不满足，导致水流冲刷坡面，并加强养护。出口纵坡较大的地段，采用浆砌石或混凝土进行加固，设跌水台阶，避免水流冲刷边坡造成边坡失稳。

（4）吊沟的养护维修

吊沟上部设置钢丝网，防止杂物经吊沟堵塞侧沟。吊沟与路堑侧沟连接处，设置防冲墙长度 3 m 左右，高度高出侧沟靠近线路一侧边墙 0.6 m 左右，防止水冲路基与道床。常年水流不间断的吊沟出口设置钢轨栅栏等消能设施。

及时整治圬工吊沟构体横向断裂、下陷冲空、沟底抹面破损等病害，严重损坏地段，拆除破损构体，检查并分析沟底地质条件，地基经处理满足要求后进行重新修筑。

2. 地下排水设备的养护维修

（1）建立设备档案

路基地下排水设备属于隐蔽工程，其养护修理较为依赖技术设备台账。工务段技术部门建立好设备台账，内容包括排水设施走向平面图、沟头沟尾里程、标高及结构断面图等，并在路基旁设立稳固的标志。档案资料按照管辖区段下发到各车间或路基工区，并备案。地下排水设备发生变化时，及时更新技术设备调账。

（2）完善检查制度

对于既有地下排水设备现状采用经常检查和定期检查相结合方法进行检查。对于排水涵及未设检查井区段，除进行春检和秋检外，在雨季防洪期加强检查。通过雨季前后、秋季、春融以后的排水量观测，对地下排水设施水流清浊等情况进分析对比，确定地下排水设施是否有堵塞、破损等现象，及时采取治理措施。

（3）维修注意事项

①对各种地下排水设施的出水口做好除杂草、清理淤泥和洼处整平等工作。

②发现有地表水可能进入地下排水设备的情况时，如出现地下排水设备发生断裂破损或地面下沉等状况，采取紧急措施妥善处理。

③通过地面观察下沉变形判断地下排水设备是否受损，病害确认后挖开检查并及时进行重，恢复其排水功能，工作量比较大的纳入当年大修计划。

④检查并疏通各种设备的泄水孔，保证设备排水通畅。

⑤加强对标志标识养护，确保设置的排水设备标志标识清晰完好。

3. 站场排水设备的养护维修

①站场内水沟盖板顶部及影响范围内道床脏污时及时进行道床清筛，保持道床的清洁，使得地表水沿着盖板上的碎石道床排入沟内，保证排水系统运行良好，纵向排水沟揭盖清淤困难时，可结合道床清筛施工同时进行。

②定期清理股道间纵沟淤泥，防止因站内盖板沟沟底坡度小造成淤堵，在揭盖清理施工中，同步检查水沟完好状态，发现有抹面剥落、沟底下沉、盖板喽筋、沟身破损等病害，及时修补。

③定期检查横向排水设施，发现淤堵采用高压射水等方法进行疏通，发现横向排水管涵有接缝下沉、管节局部变形，及时修理，同时定期清理检查井、沉砂池，确保排水通畅。

④站场线路无砟混凝土宽枕地段，轨枕紧密铺设，轨枕接缝使用弹性密封材料密封，并设置一定的坡度，使地表水通畅地流入纵沟，防止雨水侵入路基，造成基床失稳，影响行车安全。

⑤排水系统的出水口设在站内路堑侧沟时，加强对侧沟清淤和养护维修工作，保证出水口排水畅通。

⑥内设上水设备和洗车库地段，加强对该地段附近站场排水设备的养护维修工作，勤检查，发现问题及时处理，确保排水畅通，避免地面水流渗入路基，对行车安全造成不良影响。

二、在路基排水养护修理中的应用场合和方式

在路基排水养护修理中，常常用到土工合成材料，如路堑护坡雨水从裂缝处渗出，如不做处理会造成边坡失稳，而采用传统的反滤层做法需要拆除护坡重做，不经济，采用土工合成材料包裹塑料排水管形成新的排水孔，即经济结构稳定性也好。在铁路路基排水养护修理中，通常是应用土工合成材料排水和反滤两个功能。通过研究，目前土工合成材料在路基排水养护修理中主要有以下几种应用方式。

（一）坡面防护的护坡、护墙及路基挡土墙背后的砂砾石反滤层

在养护修理中，既有护坡、护墙及挡土墙背后泄水孔发生淤堵或者孔后反滤层失效，会造成墙后水流无法排水，大大增加墙后土体压力，极易发生事故，而修复起来又受现场条件制约，因此，在墙后用土工织物包裹一层传统反滤料或直接采用土工织物包裹排水管的方式进行修理，以达到预期的反滤排水效果。

（二）包裹反滤材料渗沟

在路基排水养护维修中，道岔区受道岔和轨旁设备的影响，明沟容易造成淤积，产生积水，在道岔区排水不良地段采用渗沟能有效地解决道岔区路基排水。当排水量不大时，站场横向排水沟，也可采用土工织物包裹碎石形成横向渗水盲沟。截排水采用的暗沟、渗沟，沟壁土质为细粒土或粉细砂，渗沟不长、渗水量不大时，反滤层采用土工合成材料包裹无砂混凝土或砂砾石；渗沟较长、渗水量较大时，在渗沟底部设置软式透水管或带孔塑料渗水管。

（三）软式排水管

软式排水管的管壁设螺纹不锈钢筋骨架、管外壁包裹土工合成材料。软式排水管有单向透水的特性，即管壁外的水通过渗透作用可以渗入管内，而管内的水却不会渗到软管外。在路基排水养护修理中根据排水流量计算选择相应的管径，铺设管材时在管外填充河砂、碎石等传统滤料起到反滤作用。

（四）土工织物或塑料排水板路基面排水

为防止雨水浸入铁路路基基床体，而产生基床病害，在养护修理时，在基床表面设置无纺土工布或塑料排水板，并设一定的坡度，使雨水沿着合成材料汇入侧沟，能有效地解决基床表面排水的问题，保证了路基本体的稳定和行车安全。

另外，在寒冷地区还可以通过铺设土工合成材料，阻断毛细水的上升，并将毛细水排水，防止冻害的发生。

三、土工合成材料反滤机理

反滤是指在土中呈渗流状态的水体，当通过滤材料时，水体可以通过，发挥骨架作用的固体土颗粒不能通过的现象。水渗透土工织物时，土工织物还未被淤堵，此时土工织物的渗透性要远远大于土的渗透性，也就是说土体中的水力梯度要远远大于土工织物中的水力梯度。当细小的土颗粒在水力梯度的作用下被带动，这些土颗粒从土和土工织物交界面向土体内部移动，有一部分渗入土工织物被阻滞下来，这时土工织物的渗透性有所下降，水力梯度也有所增大。而相邻土层随着细粒土的流失，渗透性增加，这样持续发展，相邻土层水力梯度减小到一定值后，渗透力下降，土颗粒不会被带动，细粒土就不会再继续流失，这样就在土工织物上方形成了滤层。

在路基修理应用中，土工织物反滤层与传统的反滤层作用机理相似，主要是保证土层骨架不因渗流而破坏，允许土层中一部分细颗粒渗入或通过土工织物。只要土骨架完好，土层则可以在渗流作用下保持其稳定性，最终达到反滤的功能。

四、土工合成材料的选用

（一）反滤土工合成材料的选用

可用于反滤、排水的土工合成材料的品种多，性能差异大，根据结合结构物的受力、防排水的要求以及经济性等进行选择相应材料的品种和规格，以最大化发挥合成材料的特性为目的。反滤材料宜选用无纺土工织物，可单独使用一种土工合成材料，也可采用多种土工合成材料或与传统砂砾材料配合使用。

土工织物用作反滤层，要具备较好的耐腐蚀、抗老化及透水性。土工织物的单位面积质量宜为 280～500 g/m²，根据具体工程的不同需求可分别选用 280 g/m²、400 g/m²、500 g/m² 等不同规格材料。刺破强度应大于 400 N，顶破强度应大于 1.5 kN，撕裂强度应大于 400 N。土工织物反滤层铺设时搭接宽度不小于 0.3 m。卷材运输、储存和使用时尽可能避免暴露在日光下，并注意防止刺破损伤，且具有一定的强度、柔韧性和连续性，便于铺设施工。

（二）排水土工合成材料的选用

土工合成材料组成的渗沟布置形式、断面尺寸及渗水管管径依据排水流量和渗水量计算确定。通常，塑料渗水管管径按经验采用 20～30 cm，软式透水管管径按经验采用 5～20 cm。渗水管材需要具备密度小、抗化学腐蚀，使用温度条件为在 -25～60 ℃，耐久性好，透水性好，渗滤纵向排水性能强，并具备抗拉强度高、抗压强度大和环形刚度大等性能，满足规范规定的要求。

（三）施工要点

①渗沟按设计断面开挖，清理整平并压实底面，清除坑壁突出的石块等杂物，复核底面标高。

②铺设土工织物时与保护土体密贴，不宜拉的过紧应松紧适度，铺设顺直无褶皱。

③土工织物连接方式宜采用黏结和焊接，不宜采用搭接，采用黏结方法时，宽度大于等于 100 mm，并同步取样进行强度检测。

④土工织物铺设完成后及时铺设覆盖层。

⑤铺设渗水管时位置准确，固定牢固，纵向管和斜向管采用"T"形接口。

⑥包裹塑料渗水管的土工织物绑扎牢固。

六、防水材料的分类及其特点

（一）防水卷材

防水卷材是指以原纸、纤维毡、纤维布、金属箔、塑料膜或纺织物等材料中的一种或数种复合为胎基，浸涂石油沥青、煤沥青、高聚物改性沥青制成的或以合成高分子材料为基料加入助剂、填充剂，经过多种工艺加工制成的可卷曲片状防水材料。例如，沥青（或改性沥青）防水卷材是在基胎如原纸、纤维织物等上浸涂沥青（或改性沥青）后，再在表面撒布粉状或片状的隔离材料制成的可卷曲片状防水材料；合成高分子防水卷材是指以合成橡胶、合成树脂或两者共混体为基料，加入适量化学助剂和填充料，经一定工序加工而成的可卷曲片状防水卷材。

改性沥青防水卷材与沥青防水卷材相比，其使用温度区间大为扩展，制成的卷材光洁柔软，拉伸强度、耐热度及低温柔性均比较高，并具有较好的不透水性和抗腐蚀性。因而，其在防水层中应用相对较为广泛。其中，SBS卷材、APP卷材（Ⅰ型）适用于摊铺式沥青混凝土的铺装，APP卷材（Ⅱ型）主要用于浇筑式沥青混凝土混合料的铺装。

（二）防水涂料

防水涂料是常温下呈无固定形状的黏稠液态高分子合成材料，涂布后通过溶剂的挥发或水分的蒸发或反应固化后，形成坚韧的防水膜的材料的总称。按其防水机理和特点，防水涂料主要可分为以下几种类型：

①溶剂型防水涂料：作为主要成膜物质的高分子材料，溶解于有机溶剂中成为溶液，高分子材料以分子状态存在于溶液（涂料）中，通过溶剂挥发，经过高分子物质分子链接触、搭接等过程而结膜。该类涂料干燥快，结膜较薄而致密，储存稳定性较好，易燃、易爆、有毒，施工时对环境有污染。

②水乳型防水涂料：作为主要成膜物质的高分子材料，以极微小的颗粒，而不是呈分子状态；稳定悬浮，而不是溶解在水中，成为乳液状涂料，通过水分蒸发，经过固体微粒接近、接触、变形等过程而结膜。该类涂料干燥较慢，一次成膜的致密性较溶剂型防水涂料低，不宜在5℃以下施工；储存期一般不超过半年，可在稍为潮湿的桥面上施工，操作简便，不污染环境，生产成本较低。

③反应型防水涂料：作为主要成膜物质的高分子材料，以预聚物液态形状而存在，多以双组分或单组分构成涂料，几乎不含溶剂，通过液态的高分子预聚物与相应的物质发生化学反应，变成固态物而结膜。该类涂料可一次性结成较厚的涂膜，无收缩，涂膜致密，但价格较贵。

按涂料的不同成膜物质，常用防水材料的特点如下：

①溶剂型聚合物改性沥青防水涂料：以沥青为基料，经溶剂溶解配制而成，外表呈黑色黏稠状，是一种含有细腻而均匀胶状液体的防水涂料。

②水乳型聚合物改性沥青防水涂料：以沥青乳液（如乳化沥青）为基料，以合成乳胶（如氯丁乳胶、丁苯乳胶）为改性剂，复合配制而成的一种防水涂料。该涂料防水性能优良，施工简单，柔韧性能好，耐气候老化性和耐化学腐蚀。

③聚氨酯防水涂料：以聚氨酯树脂为主要成膜物质的一类高分子防水材料。该涂料具

有较大的弹性和延伸能力，以及较好的抗裂性、耐候性、耐酸碱性和抗老化性。

④聚合物水泥防水涂料：以聚丙烯酸酯、乙烯——醋酸乙烯酯共聚乳液等聚合物乳液与各种添加剂组成的有机液料，以及水泥、石英砂与各种添加剂、无机填料组成的无机粉料，配制而成的一种双组分、水性建筑防水涂料。该涂料弹性高、延伸率大、耐久性好、耐水性好。

七、防水材料的技术性质

防水材料的技术性质主要包括物理力学性能（耐高温性能、耐低温性能、不透水性能、拉伸性能）、路用性能（耐疲劳性能、黏结性能、抗剪切性能、抗老化性能和抗冻性能）和抗施工损伤性能（抗大型施工设备损伤性能、抗刺破性能、抗燃料污染性能）三个方面。

（一）物理力学性能

1. 耐高温性能

耐高温性能是指防水材料能保持良好的工作性能，在施工时抵抗沥青混凝土高温破坏及通车后抵抗夏季高温破坏的能力。通常以耐热度为评价指标，一般采用在烘箱中加热到一定温度（标准为140 ℃），观察防水材料会不会发生明显的扭曲甚至流淌为评价方法。

耐热度的评价标准包括两个方面：一方面，为保证防水层在热沥青混合料覆盖前不被施工和行人损坏，要求防水层在太阳光直射下不发生软化或发黏，即最低发黏温度的确定；另一方面，在沥青混合料碾压作业中，要求防水层适度变软。发黏或轻微的流淌可利于提高面层与防水层之间的黏结。同时，又要防止过度的发软和流淌以避免集料刺破防水层。一般通过分析气温实测法来确定最佳耐热度区间。

2. 耐低温性能

耐低温性能是指防水材料在低温环境下抵抗流变破坏和剪切破坏的能力，通常采用低温弯曲试验测定，以低温柔性表示。

一般来说，沥青类防水材料的低温柔性与材料中聚合物沥青的针入度有关。针入度越大，防水材料的低温柔性越好；反之，低温柔性就越差。因此，一般在防水材料中加入一定数量的填料来提高其低温柔性。

3. 不透水性能

不透水性能是指防水材料在原始状态下抵抗水压破坏的能力，通常采用不透水试验测定。具体测试方法是在一定的水压力下将试件放置 30 min，观察有没有渗漏。

4. 拉伸性能

拉伸性能是指防水层在荷载、温度、湿度等外界因素的作用下，与上、下接触层变形协调的能力，通常采用拉伸试验测定，以断裂延伸率表示

(二)路用性能

1. 耐疲劳性能

耐疲劳性能是指防水材料在承受荷载反复作用时,与混凝土的黏结性能不发生大幅度衰减的能力,通常采用疲劳试验测定,以衰减系数表示。

2. 黏结性能

黏结性能是指防水层与上、下接触层连接良好,在荷载及自然因素作用下不发生剥落的能力,通常采用拉拔试验测定,以黏结强度表示。

3. 抗剪切性能

抗剪切性能是指防水层抵抗外力作用而不发生剪切破坏的能力。抗剪切性能用于评价防水黏结层性能的优劣,通常采用直剪试验测定,以剪切强度表示。

4. 抗老化性能

抗老化性能也称为耐久性,是指在外界因素的长期作用下,材料原有性能不发生大幅度衰减的能力,通常采用人工气候加速老化试验测定,以老化后的纵向拉力保持率和低温柔度两个指标表示。

5. 抗冻性能

抗冻性能是指材料在饱水状态下经受规定次数冻融循环而强度不发生明显衰减的能力,通常采用冻融循环试验测定。

(三)抗施工损伤性能

抗施工损伤性能是指防水材料在正常施工状态下不发生结构破坏的能力,包括抗大型施工设备损伤性能、抗刺破性能和抗燃料污染性能。

1. 抗大型施工设备损伤性能

抗大型施工设备损伤性能是指在面层铺装时,防水层能够抵抗摊铺机、压路机等大型设备破坏的能力。抗大型施工设备损伤性能反映了防水层在使用过程中对意外破坏的抵抗力,通常用车辙仪测定。

2. 抗刺破性能

抗刺破性能是指材料抵抗施工过程中小面积集中荷载刺破的能力。抗刺破性能用于评价防水材料抵御穿透的能力,通常用落锥穿透试验测定,是将标准落锥从规定高度自由下落冲击刺破试件,再用量锥测定破口尺寸,以破口直径作为最终评价指标。

3. 抗燃料污染性能

抗燃料污染性能是指防水层抵抗汽油、柴油等有机溶剂破坏的能力。同时,它反映了防水材料的耐久性,通常采用有机溶液浸泡法测定。

八、土工合成材料的选择及技术要求

土工合成材料种类繁多,在道路工程中有着广泛的应用。在选用时必须明确材料使用目的,充分考虑工程特性,仔细比较材料的特点,统筹分析工程、材料、环境、造价之间的关系,最终确定最佳的材料。

(一)路基加筋

土工合成材料应用于路基加筋,主要作用在于提高路基的稳定性。当路基稳定性不足、需要构筑陡坡以减少占地,以及对路堤边坡进行修复加固、道路加宽、增强重力式挡墙稳定时,可采用土工合成材料进行加筋。

加筋材料宜采用整体性和耐久性好、强度高、变形小的土工格栅、高强度土工织物、土工格室等。这些土工合成材料埋在土体之中,可以有效分布土体应力,增加土体模量,传递拉应力,限制土体的侧向位移,还增加土体和其他材料之间的摩擦阻力,提高土体及有关构筑物的稳定性。

(二)路基防排水

1. 过滤作用

过滤又称反滤或倒滤,是指土中渗流流入滤层时流体可以通过、土中固体颗粒被截留下来的现象。滤层的作用主要是保护渗透出口处的土体,以防发生渗透变形或颗粒流失所引起的破坏。

荷载、渗流、被保护土质情况等均会对土工织物的过滤性能产生影响。因此,需要保证土工织物性能和结构的稳定,避免由于荷载作用而导致其孔径发生大的变化。

过滤准则很复杂,包括挡土准则、透水准则、淤堵准则。土工织物的选择是在挡土和透水之间寻求合理的平衡,根据材料的应用场合和所起的主要作用有所侧重。在过滤准则中,维持长期的透水性是最困难的,而挡土的要求则容易达到。考虑到过滤准则的复杂性,要求对重要的工程或者结构,根据实际工程情况进行相应的渗透试验、淤堵试验或模型试验选择土工织物。

用于过滤的土工织物,应满足挡土、保持水流畅通(透水)和防止淤堵三个方面的要求。用于包裹碎石盲沟和渗沟的土工织物、处治翻浆冒泥和季节性冻土的土工织物、支挡结构物壁墙后的土工织物、水下坡面防护的土工织物,以及复合排水材料外包的土工织物等应按过滤设计要求进行选择。

2. 排水作用

排水是指其在土体中形成排水通道,将土中的水分汇集起来,沿着材料平面排出体外。

排水体的断面尺寸应根据排水需求、土工合成材料的排水能力,以及与其配合的其他排水材料的排水能力综合确定,在实际荷载作用下,土工合成材料排水截面最大压缩率应小于15%。用于排水的土工合成材料可采用排水板（带）、透水软管、透水硬管、长丝热粘排水体或其他土工合成材料。

3. 防渗作用

防渗可选用土工膜、复合土工膜、土工织物膨润土垫（GCL）及复合防水材料等。土工膜、一布一膜或两布一膜均可满足防渗需求。从实际工程效果看，两布一膜对膜的保护性较好，还有一定的排水、排气作用。

土工合成材料可用于公路中央分隔带防渗、路肩底部防渗、排水结构防渗、坡面防渗等。用于中央分隔带防渗时，应铺设于中央分隔带沟槽底部，并宜在中央分隔带护栏立柱搭设后铺设，以免遭到破坏；用于排水结构内部和侧边防渗时，应铺设于靠近路基侧或排水结构下侧位置；用于土路肩底部防渗时，应铺设于土路肩底部，当土路肩外侧有挡土结构时，应预留排水出口。

（三）路基防护

防护作用是指利用土工合成材料的渗滤、排水、加筋、隔离等功能控制自然界和土建工程的侵蚀现象。土工合成材料因具有质量轻、强度高、耐磨防腐等优点而逐渐取代了传统方法，广泛应用于防护工程中。道路工程中的防护主要包括坡面防护与路基冲刷防护。前者用于防护自然因素影响而破坏的土质或岩石边坡，后者用于防护水流对路基的冲刷与淘刷。

土工合成材料可单独用于坡面生态防护，也可与钢筋混凝土框架或浆砌片石骨架共同进行坡面防护。坡面防护采用三维土工网、平面土工网、土工格栅、土工格室、植生袋，可用于坡率不陡于1∶0.75的土质边坡和强风化石质边坡。

沿河和沿海岸路基冲刷防护可采用土工织物软体沉排、土工模袋等。土工织物软体沉排是在土工织物上以块石或预制混凝土块体为压重的护坡结构，可采用单片垫和双片垫两种结构形式，可用于水下工程及预计可能发生冲刷的路基坡面。常用的软体沉排有砂肋软体排、混凝土联锁块软体排、砂肋软体排与混凝土联锁块软体排相结合的混合软体排等。土工模袋是一种双层织物袋，袋中填充流动性混凝土、水泥砂浆和稀石混凝土，凝固后形成高强度和高刚度的硬结板块。土工模袋有反滤排水点的模袋、无反滤排水点的模袋等，应根据工程要求和当地土质、地形、水文、经济与施工条件等进行模袋的选型。

（四）路基不均匀沉降防治

土工合成材料防治路基不均匀沉降可用于路基填挖交界处、高填方路堤与陡坡路堤、软土地基路堤、软土地基不同处理方式交界处、改扩建公路新老路结合处，以及路基与桥台构造物结合处等路段。

采用土工合成材料防治路基不均匀沉降时应先做好地基处理，根据公路等级、荷载条件、处治部位、地基条件、路基断面形式与桥台形式，以及路基沉降变形情况选择合适的土工合成材料。防治路基不均匀沉降宜采用整体性和耐久性好、强度高、变形小的双向或三向土工格栅、高强度土工织物、土工格室等土工合成材料。需要减轻路基自重时，可采用EPS块等轻质材料。

（五）路面裂缝防治

土工合成材料可用于减少或延缓由旧路面裂缝对沥青加铺层的反射裂缝，或半刚性基层、刚性基层裂缝对沥青面层的反射裂缝。用于防治反射裂缝时宜铺设于旧沥青路面、旧水泥混凝土路面沥青加铺层的底面或新建半刚性、刚性基层沥青路面的沥青层底面。应用于沥青路面裂缝防治的土工合成材料可采用玻璃纤维格栅、聚酯玻纤无纺土工织物、长丝纺粘针刺非织造土工织物、聚丙烯非织造纺土工织物等。

第四节 新技术与新材料在路面排水中的应用

一、应用新型排水材料的排水系统

由于受自然条件的影响，导致公路病害中水损害现象尤为严重，现有的排水系统设计及排水材料无法满足排水要求。

（一）软式透水管

软式透水管是一种具有倒滤透（排）水作用的圆形管状体结构。比较一般的排水管材，有独特的设计原理，构成材料性能优良。这种材料排、渗水效果强，集吸水、透水、排水多种功能于一身，满足工程要求的耐压能力、透水性和反滤作用。这种排水排料的径向有一定的刚度，可以承受压力，而沿管纵向则有很大的柔性，有良好的物理学性能。透水管承载结构在管体最内层，主要由不同直径和螺距的钢丝弹簧构成。这个圈状支撑体要求具有一定的耐压扁能力，材料一般采用经磷酸防锈处理并外覆聚乙烯涂层的钢丝，外侧包裹加筋织物的弹簧，在筋织物外侧设置不同型号的土工织物作为反滤材料，使泥砂杂质无法进入管内，从而达到净渗水的目的。透水管外包的土工织物，土工织物要求是有良好的反滤性能，良好的透水性，无纺布土工织物是经常采用的外包土工织物。软式透水管内部使用强力黏结剂固定圈状支撑体、外包土工织物滤层、外覆保护层，使他们成为一个整体。圈状支撑体的外层用PVC材料覆盖，使钢丝弹簧与空气和水隔绝，避免生锈老化。

软式透水管用途广泛，经常用于：公路、铁路路基、路肩，软土地基排水；隧道、地下道的排水；低洼地排水及盐碱地改造系统；电力灰坝及水利坝体的排水；高速公路中央隔离带排水及保护植被；室外运动场地的排水；山坡地水上保持整地工程的地下排水。

当土体产生不均匀沉降时，软式透水管会随着土体压力产生相应的拉伸和剪切变形。

软式透水管必须能够持续正常工作，这就要求软式透水管必须有足够的稳定性。由于软式透水管的用途、外侧压力大小和分布在不同工程和不同工程部位变化很大，软式透水管的断面形态、结构和刚度等可以有多重设计选择，设计人员要按照具体工程具体选择，以适应不同工程要求，达到安全、经济、合理的使用目的。

（二）覆膜透水管性能

1. 覆膜透水管表面开孔率 75% 以上，具有极高的表面渗水能力

该材料具有迅速渗水和定向排水的特性，克服了传统渗排水材料漫流排水的缺点，可以更快速彻底地排走土壤中的多余水分和暴雨时土壤中的渗透水。

埋设在泥土中的渗排水管（片）材，其排除泥土中多余水分的能力与渗排水材料表面的开孔率成正比，因此，渗排水材料的表面开孔率越高，其排水性能越好。覆膜渗排水材料独特的成型工艺，使其具有最大的表面开孔率，在相同排水量的要求，覆膜排水管所需要的截面积最小。

相反，如果渗排水管的表面开孔率较小，就需要使用较大截面的排水管（片）材，扩大有效的集水面积，增强排水能力。增大排水材料截面面积造成成本的增加。在实际工程中，在湿地铺设的渗排水管，一般管内仅有几厘米深的水流。

覆膜渗排水管特点是其表面不存在单层吸水孔，而是凹凸不平的立体吸水面，渗水可均匀透入，不会出现有水流加速的吸水孔现象，成功避免了淤塞的发生。而配套使用的土工织物滤膜，可根据工程情况，灵活的选用不同的材质适用各种工程。如用于极细沙、亚黏土、淤泥质土等工程，可选用等效孔径 0.08 ～ 0.2 mm 的土工布，而通常土质可选用等效孔径 < 0.075 mm 的土工布。如用于砂质土，岩石，甚至水中含有易沉淀物的工程中，可选用不同网目的尼龙网做滤膜，多种选择可保持滤膜长期不会淤堵。

2. 管材孔隙率一般在 75% ～ 80% 之间，憎水性材料构成

覆膜透水管内部孔隙率较大，材质量憎水性材料，水流阻力小，不黏附泥沙，单位断面通水能力好。

3. 抗压强度高，耐压性良好

覆膜透水管是立体网状结构，由丝条在空间交接形成。丝条与结点互相支撑，有较高的抗压强度，压缩形变与抗压能力呈正相关增长。覆膜透水管有一个显著优点，就是即使达到了最大压缩形变时，也能保证有足够的过水断面，不会因变形大而失去排水能力。

4. 具有良好的柔韧性

覆膜透水管具有良好的柔韧性，因此可以适应周围土体的变形，不会因为外力引发的变形而发生断裂。这一性能可以保证它在工程应用中随着土体形状弯曲，与土体紧密贴合，保证良好的渗水效果。

5. 良好的耐久性好

覆膜透水管是由聚丙烯复合材料制成，添加各种抗老化、抗紫外线等助剂，使其具有耐高、低温，耐腐蚀，抗紫外线等能力。在 -45 ~ 80 ℃的温度条件下都可以正常使用，耐强酸、强碱，在土体和水中都能够长期使用，即使在垃圾填埋场底部这样集排成分非常复杂的垃圾渗滤液，可以性能维持几十年不变。

6. 轻质材料

覆膜透水管的原材料比重小（为 900 ~ 920 kg/m³），因此比传统材料轻得多，运输方便，运费节省。并且，材质有良好的可裁剪性，施工便易性良好，人工劳动强度大大降低。

7. 综合成本低

综合考虑运费、施工费、材料费等费用，在相同集排水效果条件下，覆膜透水管一次性施工投入的综合成本基本接近传统材料。然而从经济使用寿命周期角度来看，其成本低于传统材料。

（三）透水土工织物

土工织物又称土工布，它是由合成纤维土工布又称土工织物，它是由合成纤维通过针刺或编织而成的透水性土工合成材料。土工布分为有纺土工布和无纺土工布，工程上应用的透水土工织物一般是无纺土工布。无纺土工布是由长丝或短纤维经过不同的设备和工艺铺排成网状，在经过针刺等工艺让不同的纤维相互交织在一起，相互缠结固着使织物规格化。无纺土工布具有很好的织物间隙，有很好的附着力，具有很强的抗撕裂能力和很好的变形适应能力，很好的平面排水能力，表面柔软多间隙与土壤土粒有很强的附着能力，可以阻止细小颗粒流失同时排除多余水分。

1. 过滤准则

透水土工织物的性能可以用过滤准则来表达。过滤准则是指通过土的颗粒级配试验和土工织物的孔径试验，通过过滤试验建立指标并确定这些指标的关系，如果土工织物满足这些关系，就可以确保土工织物正常发挥其过滤作用。

过滤准则包括三个方面内容，即挡土准则、渗透准则和淤堵准则。过滤准则到现在已有 30 多年的时间。在此期间，研究人员不断地提出许多新的和改进的过滤准则。

2. 渗透准则

渗透准则是为了确保渗透性能，水分能畅通地经过土工织物的指标。一般认为，土工织物的渗透系数应当大于土的渗透系数；由于土颗粒的滞留，土工织物必然会产生一定程度的淤堵，从而导致渗透系数必然有一定幅度的下降，所以土工织物初始的渗透系数应大于土的渗透系数数倍。但有部分学者认为，由于土工织物很薄，其渗透系数即使比土的渗透系数小，但对土层的水头分布影响并不大。

渗透准则有两种表达形式，一种是以土工织物的渗透系数和土的渗透系数建立相应关系来表达。另一种是类似于挡土准则,通过土工织物的孔径特征和被保护土的粒径特征建立相应的关系。

3. 淤堵准则

关于淤堵评价标准,研究者提出了多种标准,其评价指标也有许多,但迄今为止还没有非常成熟的准则。

梯度比试验及准则的特点是可以反映阻塞和淤堵以及部分的闭塞现象,同时由于时间短,而便于实施。但国内外有许多学者对此准则的具体取值及试验结果的适用性等提出了异议。有学者认为土工织物渗透系数失效有两个方面:一方面是土工织物被淤堵,另一方面顶层土被淤堵,土层是否淤塞取决于土颗粒粒径和供水中所含的杂质,梯度比仅能用于评价土工织物是否失效,而不能用于评价整个土与土工织物系统是否失效,长期渗流试验可以预估整个系统是否失效,但不能解释系统失效原因,建议用淤堵试验中顶层土层的水力梯度值来评价长期淤堵性。有学者还提出分析了梯度比准则判断淤堵的局限性,建议使用与被保护土接触反滤时的织物滤层渗透系数值进行判断。

4. 对反滤织物的性能要求

反滤织物(土工布)可选用的种类有聚酯类、尼龙或聚丙烯材料的编织或无纺织物。织物的性能应当符合下述要求:

透水要求:土工织物渗透能力应高于邻近粒料的渗透能力。反滤织物的透水能力与织物的渗透性(渗透系数)和厚度有关,其渗透系数通常在 0.100 ~ 0.001 cm/s 范围内。

挡土要求:能阻挡细粒土通过。阻挡细粒土的能力用表观孔径(AOS)来表征,计算时用最接近的表观孔径筛子尺寸的等效孔径来表示。计算时按照阻挡的细粒土的粒径,选用不同的要求值。

强度要求:反滤织物有一定的强度要求,主要包括握持强度、提醒撕裂强度和刺破强度等,这些指标是来表达邻近粒料或其他问题的破坏作用。

耐腐蚀要求:合成材料本身是一种高分子聚合物,暴露在自然环境中的 FI 光、水、氧、热等作用下会发生降解。土工合成材料在公路工程中的使用都是长期的,一般土工合成材料都表现出良好的耐久性。而在运输和施工的过程中,注意做好对土工合成材料的避光工作,因为自然光是合成材料发生降解的重要因素。

(四)复合土工膜

复合土工膜(防渗土工布)是一种复合材料。它以塑料薄膜作为防渗基材,与无纺布复合而成的土工防渗材料。它的防渗性能来源于塑料薄膜自身的防渗性能。目前,国内外防渗应用的塑料薄膜,有聚氯乙烯(PVC)和聚乙烯(PE)两种,这两种都是一种高分子化学柔性材料。其主要作用机理是应用塑料薄膜的不透水性,用来隔断渗水途径。它具有良好的物理和化学性能，本身较大的抗拉强度和延伸率承受水压，抵抗土体变形比重较小，延伸性较强，适应变形能力高。耐腐蚀，耐低温，抗冻性能好。

二、新型防排水材料布设方案

（一）边缘排水系统施工方案

沿路面外侧边缘拦水带内侧设置纵向集水沟和带孔排水管。排水路线是：路面结构内的渗入水分，沿着路面结构层的层间空隙流入纵向集水沟，集水沟由透水层材料组成，穿过透水材料进入带孔排水管内。从带孔排水管纵向流动到间隔一定距离布设的横向排水管最终排出路面范围。这种方案一般对基层透水性小的水泥砼路面效果更明显。排水状况不良的水泥砼旧路面，加设边缘排水设施，可以在不扰动原路面结构的情况下，明显改良排水效果，显著增加经济使用寿命。

如果是新建路面，集水沟和排水管的底面标高设计低于基层顶面。因此，集水沟底面的最小宽度设计，应当便于带孔排水管施工。带孔排水管的四周包裹反滤织物（土工布），防止基层、路面浮尘以及路肩内的细粒土堵塞孔隙，造成渗透性减低，逐渐失去排水功能。

集水沟和带孔排水管的纵向坡度与路线纵坡一致。沿纵向集水管，在间隔适当距离设置横向排水管，排水管的间隔与普通设计的路面集中出水口（泄水槽入口）为参考。横向排水管将汇集的水排引至路基外。在横向排水管的出水口应设置与跌水槽类似的防护工程，防止水流对土基的冲刷。

（二）泄水槽防渗加固方案

泄水槽的防渗加固方案是在泄水槽的底部及两侧外壁铺设"二布一膜"复合土工布。

具体施工方案是：泄水槽开挖及整修成型后，夯实地基，然后铺设"二布一膜"复合土工膜。矩形部分外侧铺设高度为 40 cm，接排水沟的急流槽，梯形部分全断面铺设。土工布之间采用 10 cm 缝合接缝。

（三）小结

传统排水材料自身的局限性，难以达到公路排水设施持久应用的要求，易出现成淤堵、冲刷和施工质量难以保证等难题。所以，对国内外的新型防排水材料进行总结归纳，得到以下成果：

①对新型土工防排水材料进行分类，并总结各种材料的性能要求；

②对软式透水管、透水土工织物和复合土工膜等排水材料性能进行综合分析。确定透水土工织物的代表性指标。

③使用复合土工膜新型材料加强泄水槽防渗和稳定性的排水设施施工方案。

三、高分子聚合物

(一) 聚合物概述

1. 聚合物材料的组成

聚合物是由千万个低分子化合物通过聚合反应连接而成，因而又称为高分子化合物或高聚物。聚合物有天然聚合物和合成聚合物两类。从自然界直接得到的聚合物称为天然高分子聚合物，如淀粉、蛋白质、纤维素和天然橡胶等；而由人工用单体制造的高分子化合物称为合成聚合物或合成高分子聚合物。

聚合物的相对分子质量一般都很大，为 $10^3 \sim 10^7$，但其化学组成比较简单，合成聚合物一般均由一种或几种简单的化合物聚合而成，如聚乙烯由聚氯乙烯聚合而成。

聚合物是由许多相同结构单元重复组成的，聚氯乙烯高分子聚合物是由许多氯乙烯小分子打开双链聚合而成。这种组成聚合物的低分子物质称为单位，氯乙烯即聚氯乙烯的单位。聚合物是由这些单体通过化学键之间相互作用力聚集而成的。

2. 聚合物的结构特征

聚合物的各种性能主要由其结构决定，按聚合物分子链的连接方式，聚合物可分为线形、支化和交联聚合物。

聚合物中最简单的链是"一维"的线形链形大分子。支链有长支链、短支链、树枝状支链等。支化高分子和线形高分子一样，加热仍能塑化、熔融，仍具热塑性，能溶于适当的溶液剂。

高分子链之间通过支链联结成三维网状体型分子，称之为交联结构。交联高分子与线形支化高分子有质的区别，它不能再溶于溶剂，加热也不熔融。当然，交联程度低的高分子在溶剂中仍能溶胀，加热也可能软化(但不熔融)。一些热固性塑料是高度交联的聚合物，具有刚性和高度良好的尺寸稳定性。用作橡胶的聚合物，如天然橡胶、丁苯、顺丁橡胶等，在加工成制品时，必须使之有适度的交联(硫化)，从而可以获得和保持良好的弹性。

3. 聚合物材料的分类与命名

(1) 分类

聚合物可以从不同的角度来分类，如从单体来源、合成方法、最终用途、加热行为、聚合物结构等。

①按分子主链的元素结构，聚合物可分为碳链、杂链和元素有机三类。

A. 碳链聚合物：大分子主链完全由碳原子组成。绝大部分烯类和二烯类聚合物属于这一类，如聚乙烯、聚苯乙烯、聚氯乙烯等。

B. 杂链聚合物：大分子主链中除碳原子外，还有氧、氮、硫等杂原子，如聚酯、聚酰胺、聚氨酯、聚硫橡胶等。工程塑料、合成纤维、耐热聚合物大多是杂链聚合物。

C.元素有机聚合物：大分子主链中没有碳原子，主要由硅、硼、铝和氧、氮、硫、磷等原子组成，但侧基由有机基团组成，如甲基、乙基、乙烯基等。有机硅橡胶就是典型的例子。

元素有机又称杂链的半有机高分子，如果主链和侧基均无碳原子，则称为无机高分子。

②按材料的性质和用途分类，高聚物可分为塑料、橡胶和纤维。

（2）命名

①根据单位的名称。以形成聚合物的单体作为基础，在单体名称之前加"聚"字而命名，如聚乙烯、聚丙烯、聚氯乙烯等。如单体有两种或两种以上时，常将单体的名称（或其缩写）写在前面，在其后按用途加"树脂"或"橡胶"名称，如苯酚甲醛树脂（简称酚醛树脂）、丁苯橡胶（由丁二烯和苯乙烯聚合而成）、ABS树脂（由丙烯腈、丁二烯和苯乙烯共聚而成）等。

②习惯上的命名或商品名称。一些聚合物常采用习惯命名或商品名称，如聚己二酰己二胺，习惯上称为聚酰胺66，商品名称为尼龙66；聚甲基丙烯酸甲酯，商品名称为有机玻璃。为简化起见，聚合物也常以英文名称的缩写符号表示，如聚乙烯的英文名称为Polyethylene，缩写为PE；聚甲基丙烯酸甲酯的英文缩写为PMMA等。

4.聚合物的合成

聚合物的合成反应主要有加成聚合反应与缩合聚合反应两种。

（1）加成聚合反应

加成聚合反应又称加聚反应，是由不饱和低分子化合物相互加成或由环状化合物开环连接成大分子的反应过程。按照加聚反应的单体种类，加聚反应可分为均聚合和共聚合。

①均聚合。由一种单体进行聚合反应称为均聚合。其产品称为均聚物，其分子链通常为线性结构。

其他如聚氯乙烯、聚丙烯、聚苯乙烯、聚四氟乙烯等都是均聚物。均聚物的技术性能往往较为局限，不能满足众多使用要求。

②共聚合。由两种或两种以上单体进行的加聚反应称为共聚合。其产品称为共聚物，如丁二烯与丙烯腈橡胶。丁二烯与苯乙烯共聚可生产丁二烯与苯乙烯的嵌段共聚物，简写为SBS，是一种热塑性丁苯橡胶。

经共聚反应得到的共聚物不是各种单体均聚物的混合物，而是在大分子主链中包含两种或两种以上单体构成链节的新型聚合物，犹如"合金"，可以吸取各种单体均聚物的特性，具有良好的综合性能。

（2）缩合聚合反应

缩合聚合反应又称缩聚反应，是由两个或两个以上官能团的低分子化合物如羟基、羧基等，通过多次缩合反应最后形成高聚物，同时析出低分子化合物（如水、氨、醇、氯化氢等）副产品的过程。缩聚反应的产物称为缩聚物。

在缩聚反应中，聚合物的分子量随反应时间的延长而增加，其相对分子质量不再像加聚物那样是相对分子质量的整数倍，分散性较大，但一般不超过 3×10^4。采用缩聚方法生产的高分子化合物有涤纶、环氧树脂、脲醛树脂、酚醛树脂等。

（二）常用的工程聚合物

在土木工程中常用的工程聚合物主要包括合成橡胶、合成纤维、塑料及胶结剂等。

1. 合成橡胶

合成橡胶是以石油、天然气为原料，以二烯烃和烯烃为单体聚合而成的高分子物质。合成橡胶中有少数品种的性能与天然橡胶相似，大多数与天然橡胶不同，但两者都是高弹性高分子材料，一般均需要经过硫化和加工之后才具有使用价值。

（1）合成橡胶的分类

①按成品状态分类，合成橡胶可分为液体橡胶（如端羟基聚丁二烯）、固体橡胶、乳胶和粉末橡胶等。

②按橡胶制品形成过程分类，合成橡胶可分为热塑性橡胶（如可反复加工成型的三嵌段热塑性丁苯橡胶）、硫化型橡胶（需要经过硫化才能制得成品，大多数合成橡胶属此类）。

③按生胶充填的其他非橡胶成分分类，合成橡胶可分为充油母胶、充炭黑母胶和充木质素母胶。

④实际应用中按使用特性分类，合成橡胶可分为通用型橡胶和特种橡胶两大类。

A. 通用型橡胶只可以部分或全部代替天然橡胶使用的橡胶，如丁苯橡胶、异戊橡胶、顺丁橡胶等，主要用于制造各种轮胎及一般工业橡胶制品。通用型橡胶的需求量大，是合成橡胶的主要品种。

B. 特种橡胶是指具有耐高温、耐油、耐臭氧、耐老化和高气密性等特点的橡胶。特种橡胶常用的有硅橡胶、各种氟橡胶、聚硫橡胶、氯醇橡胶、丁腈橡胶、聚丙烯酸酯橡胶和丁基橡胶等。特种橡胶主要应用于要求某种特性的特殊场合。

（2）合成橡胶的生产

合成橡胶的生产工艺大致可分为单体的合成和精制、聚合过程及橡胶后处理三部分。合成橡胶的基本原料是单体，精制常用的方法有精馏、洗涤、干燥等。聚合过程是单体在引发剂和催化剂作用下进行聚合反应生成聚合物的过程。合成橡胶的聚合工艺主要应用乳液聚合法和溶液聚合法两种。目前，采用乳液聚合的有丁苯橡胶、异戊橡胶、丁丙橡胶、丁基橡胶等。后处理是使聚合反应后的物料（胶乳或胶液），经脱除未反应单体、凝聚、脱水、干燥和包装等步骤，最后制得成品橡胶的过程。乳液聚合的凝聚工艺主要采用加电解质或高分子凝聚剂，破坏乳液使胶粒析出。溶液聚合的凝聚工艺以热水凝析为主。凝聚后析出的胶粒，含有大量的水，需脱水、干燥。

2. 合成纤维

（1）纤维的分类

纤维通常是线性结晶聚合物，平均分子量较橡胶和塑料低。纤维大体可分为天然纤维、人造纤维和合成纤维。

①天然纤维是自然生长或形成的纤维，包括植物纤维（天然纤维素纤维）、动物纤维（天然蛋白质纤维）和矿物纤维。

②人造纤维是利用自然界的天然高分子化合物——纤维素或蛋白质作原料，经过一系列的化学处理与机械加工而制成类似棉花、羊毛、蚕丝一样能够用来纺织的纤维，如人造棉、人造丝等。

③合成纤维的化学组成和天然纤维完全不同，是从一些本身不含有纤维素或蛋白质的物质，如石油、煤、天然气、石灰石或农副产品中，加工提炼出来的有机物质，再用化学合成与机械加工的方法制成的纤维。合成纤维主要有聚酰胺纤维（锦纶）、聚丙烯腈纤维（腈纶）、聚酯纤维（涤纶）、聚丙烯纤维（丙纶）、聚乙烯醇缩甲醛纤维（维纶），以及特种纤维（耐腐蚀纤维、耐高温纤维，高强度、高模量纤维，以及难燃纤维、弹性体纤维、功能纤维等）。

（2）合成纤维的生产与特征

相对于各种天然纤维和人造纤维，合成纤维具有强度高、密度小、弹性好、耐磨、耐酸碱和不霉、不蛀等优越性能。因此，在道路、建筑等土木工程中，合成纤维的应用越来越多。

合成纤维是由有机化合物单体制备与聚合、纺丝和后加工三个环节完成的。合成纤维的原料是以有机高分子化合物为主要成分，并添加了提高纤维加工和使用性能的某些助剂，如二氧化钛、油剂、染料和抗氧化剂等，制成成纤高聚物。

成纤高聚物的熔体或浓溶液，用纺丝泵连续、定量而均匀地从喷头的毛细孔中挤出，成为液态细流，再在空气、水或特定的凝固液中固化成初生纤维的过程称为纤维成型或纺丝。纺丝的方法主要有熔体纺丝法和溶液纺丝法两大类。其中，溶液纺丝法又可分为湿法纺丝和干法纺丝。纺丝成型后得到的初生纤维结构还不完善，物理机械性能较差，必须经过一系列的后加工，主要是拉伸和热定型工序，使其性能得到提高和稳定。

3. 塑料

塑料是以合成或天然聚合物为主要成分，辅以填充剂、增塑剂和其他助剂，在一定温度和压力下加工成型的材料或制品。其中的聚合物常称为树脂，可分为晶态和非晶态。塑料的行为介于纤维和橡胶之间，有很广的范围：软塑料接近橡胶，硬塑料接近纤维。

（1）塑料的组成

塑料是由许多材料配制而成的，高分子聚合物（或称合成树脂）是塑料的主要成分。另外，为了改进塑料的性能，还要在聚合物中添加各种辅助材料，如填料、增塑剂、稳定剂、着色剂、润滑剂等。

①合成树脂。合成树脂是塑料的主要成分，其在塑料中的含量一般为40%～100%。由于含量大，合成树脂的性质常常决定了塑料的性质。塑料除极少一部分含100%的树脂外，绝大多数的塑料，还需要加入其他物质。

②填料。填料又称填充剂，可以提高塑料的强度和耐热性能，并降低成本。填料可分为有机填料和无机填料两类。前者如木粉、碎布、纸张和各种织物纤维等，后者如玻璃纤维、硅藻土、石棉、炭黑等。

③增塑剂。增塑剂可增加塑料的可塑性和柔软性，降低脆性，使塑料易于加工成型。增塑剂一般是能与树脂混溶，无毒、无臭，对光、热稳定的高沸点有机化合物，最常用的是邻苯二甲酸酯类。

④稳定剂。为了防止合成树脂在加工和使用过程中受光和热的作用分解和破坏，延长使用寿命，要在塑料中加入稳定剂。常用的稳定剂有硬脂酸盐、环氧树脂等。

⑤着色剂。着色剂可使塑料具有各种鲜艳的颜色，常用有机染料和无机颜料作为着色剂。

⑥润滑剂。润滑剂的作用是防止塑料在成型时不粘在金属模具上，同时可使塑料的表面光滑美观。常用的润滑剂有硬脂酸和钙镁盐等。

⑦抗氧剂。抗氧剂的作用是防止塑料在加热成型或在高温使用过程中受热氧化，而使塑料变黄、发裂等。

除上述助剂外，塑料中还可加入阻燃剂、发泡剂、抗静电剂等，以满足不同的使用要求。

（2）塑料的分类

①按使用特性分类。根据各种塑料不同的使用特性，通常可将塑料分为通用塑料、工程塑料和特种塑料三种类型。

A.通用塑料一般是指产量大、用途广、成型性好、价格便宜的塑料。通用塑料有五大品种，即聚乙烯、聚丙烯、聚氯乙烯、聚苯乙烯及丙烯腈-丁二烯-苯乙烯，这五大品种都是热塑性塑料。

B.工程塑料一般是指能承受一定外力作用，具有良好的机械性能和耐高、低温性能，尺寸稳定性较好，可以用作工程结构的塑料，如聚酰胺、聚砜等。

C.特种塑料一般是指具有特种功能，可用于航空、航天等特殊应用领域的塑料，如氟塑料和有机硅具有突出的耐高温、自润滑等特殊功用，增强塑料和泡沫塑料具有高强度、高缓冲性等特殊性能。这些塑料都属于特种塑料的范畴。

②按理化特性分类。根据各种塑料不同的物理化特性，可将塑料分为热塑性塑料和热固性塑料两种类型。

A.热塑性塑料是指在特定温度范围内能反复加热软化和冷却硬化的塑料，如聚乙烯、聚四氟乙烯等。热塑性塑料又可分为烃类、含极性基因的乙烯基类、工程类、纤维素类等多种类型。热塑性塑料受热时变软，冷却时变硬，能反复软化和硬化并保持一定的形状，可溶于一定的溶剂，具有可熔的性质。热塑性塑料具有优良的电绝缘性，特别是聚四氟乙烯、聚苯乙烯、聚乙烯、聚丙烯都具有极低的介电常数和介质损耗，适合作高频和高电压绝缘材料。

B.热固性塑料是指在受热或其他条件下能固化或具有不溶（熔）特性的塑料，如酚醛塑料、环氧塑料等。热固性塑料又可分为甲醛交联型和其他交联型两种类型。热加工成型后形成具有不熔的固化物，其树脂分子由线形结构交联成网状结构；再加热则会分解破坏。典型的热固性塑料有酚醛、环氧、氨基、不饱和聚酯、呋喃、聚硅醚等材料，还有较新的聚苯二甲酸二丙烯酯塑料等。它们具有耐热性高、受热不易变形等优点；缺点是机械强度一般不高，但可以通过添加填料，制成层压材料或模压材料来提高其机械强度。

4.塑料——橡胶共聚物

随着聚合物工业的发展，无论是成分还是形状，橡胶与塑料的区别已不是很明显了。例如，将聚乙烯氯化可以得到氯化聚乙烯橡胶（CPE），即氯原子部分置换聚乙烯大分子链上氢原子的产物。随着氯含量的增加，氯化聚乙烯柔韧性增加而呈现橡胶的特性。ABS树脂在光、氧作用下容易老化，为了克服这一缺点，将氯化聚乙烯与苯乙烯和丙烯腈进行接枝，可制得耐候性ACS树脂。高冲击聚苯乙烯树脂是由顺丁橡胶（早期为丁苯橡胶）与苯乙烯接枝共聚而成的，故也称接枝型抗冲击聚苯乙烯（HIPS）。该产品韧性较高，抗冲击强度较普通聚苯乙烯提高7倍以上。苯乙烯-丁二烯-苯乙烯嵌段共聚物（简称SBS）是苯乙烯嵌段共聚物，兼具塑料和橡胶的特性，具有弹性好、抗拉强度高、低温变形能力好等优点。SBS是较佳的沥青改性剂，可综合提高沥青的高温稳定性和低温抗裂性。

四、高分子聚合物在道路工程中的应用

随着有机高分子材料品种的不断增加、性能的不断改善，高分子聚合物所使用的领域更加广泛，在土木建筑、道路工程中现已得到大量的应用。在道路工程中应用最多的聚合物是改性沥青，它可用以改善水泥混凝土性能或制作聚合物混凝土，还可作为胶结和嵌缝密封材料，以及用于加强土基、路基和路面基层的聚合物土工格栅材料等。

（一）聚合物混凝土

聚合物混凝土是由有机材料、无机材料复合而成的混凝土。按组成材料和制作工艺，聚合物混凝土可分为聚合物浸渍混凝土、聚合物水泥混凝土和聚合物胶结混凝土三种。

1.聚合物浸渍混凝土

聚合物浸渍混凝土（PIC）是将硬化后的混凝土加热、干燥、抽去孔隙中的空气，以有机单体（甲基丙烯酸甲酯、丙烯腈等）浸渍，然后用加热或辐射等方法使孔隙中的单体聚合而成。聚合物混凝土具有高强、耐蚀、抗渗、耐磨等优良性能。

聚合物填充了普通水泥混凝土，硬化后内部存在孔隙和微裂缝，增强了混凝土的密实度，提高了水泥与集料之间的黏结强度，减少了应力集中，因而，改善了混凝土的力学和物理性能（抗压强度可提高2～4倍，抗拉强度可提高3倍，抗折强度可提高2～3倍）。

聚合物浸渍混凝土的加工工艺过程比较复杂，需要消耗大量的能量，制作成本较高，在美国、日本等国家用于上下水管道、预制预应力桥面板、高强度混凝土、地下支撑系统等。

2. 聚合物水泥混凝土

聚合物水泥混凝土（PMC）也称为聚合物改性水泥混凝土，采用聚合物乳液或粉状材料拌和水泥，并掺入砂和其他集料制成，生产工艺与普通水泥混凝土相似，便于现场施工，成本较低，应用较广泛。聚合物水泥混凝土主要应用于机场跑道、混凝土路面或桥梁面层及构造物的防水层。

一般认为在硬化过程中聚合物与水泥之间发生化学作用，水泥吸收乳液中的水分进行凝结硬化，聚合物乳液逐渐失去水分而凝固。聚合物与水泥水化产物相互穿透包裹，形成致密的网状结构，因而改善了混凝土的性能，具有黏结性能好，抗拉强度较高，耐久性、耐磨性和耐蚀性高等优点。

3. 聚合物胶结混凝土

聚合物胶结混凝土（PC）也称为树脂混凝土，是完全采用聚合物（聚酯、聚甲基丙烯酸甲酯等）作为胶结材料的混凝土，主要由聚合物和砂石材料组成。为改善某项性能，必要时也可掺加短纤维、减剂、偶联剂等添加剂。

目前，常用的胶结材料有环氧树脂、不饱和聚酯树脂、呋喃树脂、糠醛树脂及甲基酸甲酯单体、苯乙烯单体等。其中，不饱和聚酯树脂价格较低，对聚合物混凝土的固化控制较易。若采用甲基丙烯酸甲酯，由于黏度较低，混凝土和易性好，施工方便，固化性能较好。与普通水泥混凝土相比，聚合物胶结混凝土具有一些新的性能特点，其抗拉强度、抗压强度、抗弯强度都得到较大提高，抗渗性、耐磨性、耐水性、耐腐蚀性都得到较大改善。因此，聚合物胶结混凝土在土建、交通和化工部门都得到重视，已用于铺筑路面和桥面、修补路面凹坑、修补机场跑道等。由于生产工艺的改进，聚合物混凝土材料的应用范围越来越广，如混凝土管、隧道衬砌、支柱、堤坝面层及各种土建工程的装饰性构件等。

（二）其他应用

1. 土工合成材料

聚合物材料包括塑料、合成纤维、合成橡胶，如聚乙烯、聚丙烯、聚氯乙烯，以及聚酯纤维等作为原料制成土工织物、土工膜、土工格栅等，可以用于加固土基、防止沥青路面反射裂缝、加固挡墙及桥墩工程。聚合物材料已得到越来越广泛的应用。通常聚合物原料被加工成丝、短纤维、纱或条带后，才能再制成具有平面结构的土工织物。其他土工制品也主要采用聚合物作为原料，如土工格栅在制造过程中，聚合物高分子在加热延伸过程中重新定向排列，加强了分子链间的联结力，从而达到提高其强度的目的。

2. 膨胀支座和弹性支座

桥梁和管线工程中的膨胀支座一般以聚四氟乙烯（PTFE）树脂为原料，以保证梁的水平移动的要求。弹性支座可采用氯丁橡胶（CR）和聚异戊二烯橡胶（IR）等制作，以减少噪声和振动。

3. 胶黏剂

胶黏剂的品种有很多，其中的合成胶包括树脂型、橡胶型和混合型三类。树脂型胶粘剂的胶粘强度高，硬度、耐温的性能都比较好，但较脆，起黏性、韧性较差；橡胶型胶粘剂的柔韧性和起黏性好，抗振和抗弯性能好，但强度和耐热性较差；混合型树脂与橡胶，或多种树脂、橡胶混合使用可取长补短，发挥各自的优越性。

在土建工程中应用最多的是环氧树脂胶粘剂，它是由环氧树脂、固化剂、增韧剂、填料等组成的，还包括稀释剂、促进剂、偶联剂等。环氧树脂胶粘剂的特点是黏结力强、收缩率小、稳定性高，而且与其他高分子化合物的混溶性好，可制成不同用途的改性品种，如环氧丁腈胶、环氧尼龙胶、环氧聚砜胶等。环氧树脂胶粘剂的缺点是耐热性低，耐候性尤其是耐紫外线性能较差，部分添加剂有毒。它可用于金属与金属之间、金属与非金属材料的黏结，也可用作防水、防腐涂料。

聚醋酸乙烯酯胶粘剂也是常用的热塑性树脂胶粘剂，以聚醋酸为基料，可以制备成乳液胶粘剂、溶液胶粘剂或热熔胶等，其中以乳液胶粘剂使用最多。聚醋酸乙烯酯乳液胶粘剂的成膜是通过水分的蒸发或吸收和乳液互相溶结这两个过程实现的，具有树脂分子量高、胶结强度好、黏度低、使用方便、无毒、不燃等优点。其适用于胶结多孔、易吸水的材料，如木材、纤维制品等，也可用来黏结混凝土制品、水泥制品等，用途十分广泛。

4. 裂缝修补与嵌缝材料

裂缝修补与嵌缝材料实际是一种胶粘剂，用于修补水泥混凝土路面的裂缝或嵌缝结构或构件的接缝。此类材料必须具备较好的黏结力、较高的拉伸率，并具有较好的低温塑性及耐久性。目前常用的有环氧树脂类、聚氨酯类、烯烃类修补材料，以及聚氯乙烯类、橡胶类等嵌缝材料。

①环氧树脂类。环氧树脂类修补材料的主要组分是环氧树脂。它含有两个以上环氧化基因高分子化合物。常见的环氧树脂可分为两类：一类是缩水甘油基型环氧树脂；另一类是环氧化烯烃。水泥混凝土路面修补中使用的环氧树脂大多属于缩水甘油基型。但环氧树脂的延伸率低、脆性大、不耐疲劳，在使用中会造成一定的缺陷，因此，必须对环氧树脂进行改性，以提高延伸率，降低其脆性。改性的方法是加一些改性剂，可采用低分子液体改性剂、增韧剂等。

②聚氨酯类。聚氨酯胶液的主体材料是多异氰酸酯和聚氨基甲酸酯，固化后所得到的弹性体具有极高的黏附性，抗老化性能好，与混凝土的黏结牢固，且不需要打底，可用作

房屋、桥梁的嵌缝密封材料。

③烯烃类。烯烃类裂缝修补材料主要采用烯类聚合物配制而成，通常有两大类：一类是以烯类单体或预聚体作胶粘剂；另一类是以高分子聚合物本身作胶粘剂。如氨基丙烯酸胶粘剂，其最大的优点是室外固化时间快，几分钟之内就可以粘住，24~28 h可达到最高抗拉强度，且气密性能好，但价格较高，不宜大面积使用。

④聚氯乙烯类。聚氯乙烯胶泥是以煤焦油为基料，加入聚氯乙烯树脂、增塑剂、填充料和稳定剂等配制而成的单组分材料，呈黑色固体状，施工时需要加热至130~140 ℃；采用填缝机进行灌注，冷却后成型。它具有良好的防水性、黏结性、柔韧性和抗渗性，且耐寒、耐热、抗老化，能很好地与混凝土黏结，适用于混凝土路面板的接缝及各种管道的接缝。

⑤橡胶类。氯丁橡胶嵌缝材料是以氯丁橡胶和丙烯系塑料为主体材料，配以适量的增塑剂、硫化剂、增韧剂、防老化剂及填充剂等配制而成的一种黏稠物。它与砂浆、混凝土及金属等有良好的黏结性能，且易于施工，常用作混凝土路面的嵌缝材料。

硅橡胶是一种优质的嵌缝材料，具有良好的低温（-60 ℃）柔韧性，可耐150 ℃的高温，且耐腐蚀，但价格较高。聚硫橡胶嵌缝材料兼具塑料和橡胶的性能，常温下不发生氧化，变形小、抗老化，适用于细小、多孔或暴露表面的接缝。

五、新型沥青材料

（一）天然沥青

天然沥青按照形成的环境可分为湖沥青、岩沥青等。天然沥青具有较高的含氮量（一般沥青中很少含氮），这使它具有很强的特殊浸润性和较高的抵御自由基氧化能力，因此，天然沥青的黏度大，抗氧化性强。天然沥青的强极性还使它具有很好的黏附性及抗剥落性。天然沥青不含蜡，在高含蜡沥青中加入天然沥青能够在一定程度上削弱蜡对沥青的不良影响。

1. 湖沥青

湖沥青是石油不断从地壳中冒出并存在于天然湖中，经长年沉降、变化、硬化而形成的天然沥青。湖沥青的代表性产品为产于南美洲特立尼达岛的特立尼达湖沥青（Trinidad Lake Asphalt，TLA）。特立尼达湖沥青经过精炼加工后得到的产品称为特立尼达精炼湖沥青。

胶体结构分析表明TLA属于凝胶结构。对于掺配TLA改性后得到的改性沥青，其结构性能与温度敏感性得到了较大改善，软沥青质组成物的成分使改性沥青具备了良好的抗剥落性能，同时，沥青的劲度模量与沥青路面的抗滑性能均有不同程度的提高。

TLA改性沥青被广泛应用于重交通路段，包括飞机场道面、桥面铺装、高速公路路面等。

2. 岩沥青

岩沥青是石油不断地从地壳中冒出，存在于山体、岩石裂隙中，经长期蒸发凝固而形成的天然沥青。岩沥青的代表性产品是布敦岩沥青（BMA）、UINTAITE北美岩沥青。我国新疆、青海及四川一带也有储量丰富的岩沥青。

（二）泡沫沥青

在高温的普通针入度级沥青中加入少量冷水，使沥青表面积大大增加、体积膨胀数倍至数十倍，然后在1 min内又恢复原状。这种膨胀成泡沫的沥青称为泡沫沥青。泡沫沥青多与水泥一起作为稳定剂，应用于沥青路面的冷再生工程。

通常采用膨胀率和半衰期两个指标对泡沫沥青的性能进行评价。膨胀率是指沥青发泡膨胀达到的最大体积与泡沫完全消失时的体积之比，它可以反映泡沫沥青的黏度大小。半衰期是指泡沫沥青从最大体积降低到最大体积的一半所需要的时间，它反映了泡沫沥青的稳定性。

研究表明，当泡沫沥青两个评价指标中的任何一个达到最优而另一个较差时，都不利于泡沫沥青性能的稳定，因此，在确定泡沫沥青的发泡条件时，应尽可能通过变化试验参数使膨胀率和半衰期两个指标均能达到较好的状态，从而获得最佳的沥青发泡效果。

（三）新型沥青混合料——Superpave的组成设计方法

Superpave（高性能沥青路面）是Superior Performing Asphalt Pavement的缩写。Superpave体系包括沥青胶结料物理特性试验及规范、一系列集料试验与规范、热拌沥青混合料设计和分析体系，以及集成体系各部分的计算机软件。

Superpave混合料设计的基本步骤是：材料选择、设计集料结构选择、设计沥青胶结料含量选择和混合料水敏感性评估。

1. 沥青胶结料性能评价方法

永久变形、疲劳开裂与低温开裂是沥青路面在高温、中等温度与低温状况下普遍产生的三种典型病害类型。Superpave胶结料体系中提出与之相对应的胶结料试验评价方法，以描述沥青在实际路面温度及最可能发生病害时间段内的特性。

2.Superpave集料性能评价方法

（1）集料技术性能

SHRP路面研究者意识到，在所有情况下要得到高性能的沥青路面，集料的某些特征是非常重要的。这些特征又被称为认同特性，主要包括粗集料棱角性、细集料棱角性、集料的针片状含量与集料黏土含量。

Superpave集料规范规定：粗集料棱角性采用人工识别方法测试大于4.75 mm的集料中具有一个或一个以上破碎面的集料占集料总质量的百分率；细集料棱角性采用间隙率法

棱角性测试仪测试小于 2.36 mm 集料未压实空隙率；集料的针片状含量采用针片状规准仪测试集料中最大与最小尺寸之比大于 5 的粗集料的质量百分率；集料黏土含量采用砂当量法测试小于 4.75 mm 集料中黏土的质量百分率。

（2）集料级配

Superpave 集料规范中采用横坐标间隔为筛孔尺寸的 0.45 次方的级配图定义级配范围。为了规范集料范围，0.45 次方的级配图上增加了两个附加特征，即控制点和限制区（又称禁区）。控制点是级配必须通过的范围，设置在公称最大尺寸、中等尺寸、中等尺寸（2.36 mm）和粉尘尺寸（0.075 mm）处；限制区是在最大密度级配线附近，在中等尺寸和 0.3 mm 尺寸之间，形成的一个级配不应通过的区域。Superpave 设计体系认为集料的级配曲线（设计集料结构）只有落在控制点范围内，且不通过限制区时，混合料方可取得较为优越的路用性能。

Superpave 设计体系中对混合料体积参数的另一个要求是粉胶比，即小于 0.075 mm 矿粉与有效沥青含量的质量比值，要求沥青混合料的粉胶比范围为 0.6~1.6。粉胶比过低会引起沥青混合料的高温稳定性不良，过高则会引起沥青混合料耐久性不足。

Superpave 设计体系中采用高度为 95 mm，空隙率为 6%~8% 的 SGC 沥青混合料试件进行真空饱水冻融劈裂试验，计算经冻融循环后沥青混合料间接抗拉强度与原样试样间接抗拉强度的比值，即冻融劈裂强度比 TSR。Superpave 要求沥青混合料的 TSR 不得小于 80%，若 TSR 较低，则易导致沥青混合料产生水损害。

3.Superpave 沥青混合料设计方法

水准 I 的 Superpave 混合料设计的四个基本步骤为材料选择、设计集料结构选择、设计沥青胶结料含量选择和混合料水敏感性评估。

（1）沥青混合料设计集料结构（设计级配）选择

①合成级配选择。设计集料结构的主要任务是确定各种集料的用量比例，配制合成级配，并使级配曲线满足最大筛孔、公称最大筛孔 2.36 mm 筛孔和 0.075 mm 筛孔的控制点要求，并不得通过限制区。

在级配配制过程中可尝试多个合成级配方案，但不得少于三个合成级配。通常可各选择一个中等合成级配、粗的合成级配与较细的合成级配进行设计。

②试拌沥青用量的选择。按每一种合成级配拌制热拌沥青混合料试样，并采用 SGC 至少压实成型两个试件。

（2）设计沥青胶结料含量选择

确定矿料合成级配后，选择不同的沥青胶结料用量进行旋转压实成型试件，对混合料的特性进行评估，从而最终确定设计沥青胶结料的用量。

①以预估沥青用量为中心，以 0.5% 为间隔，选择五种沥青胶结料用量。

②每组最少两个，旋转压实成型五组沥青混合料试件。

③计算每组试件在设计旋转压实次数时各组沥青混合料的空隙率、矿料间隙率 VMA、沥青饱和度 VFA 与粉胶比。

④选择设计旋转压实次数时空隙率为 4% 的沥青胶结料用量作为最佳胶结料用量。

⑤以最佳胶结料用量再次旋转压实成型沥青混合料试件，对其设计旋转压实次数时的压实程度进行验证，要求其不得超过 98%。

4.Superpave 沥青混合料水敏感性评估

采用设计集料结构（矿料级配）及设计最佳沥青胶结料用量，旋转压实成型高度为 95 mm、空隙率为 7% 的 SGC 沥青混合料试件，对其进行真空饱水冻融劈裂试验，计算冻融劈裂强度比 TSR，要求沥青混合料的 TSR 不得小于 80%。

（四）新型沥青混合料——GTM 的组成设计方法

GTM 是柔性路面在荷载作用下的机械模拟。该试验机采用类似于施工中压路机作用的搓揉方法压实沥青混合料，并且模拟了现场压实设备与随后交通的作用，具有改变垂直压力的灵活性。

试模夹具顶部有一凸出圆盘，在圆盘上、下面各有一滚轮，上、下滚轮之间的连线与水平面有一定角度，称为机器角（机器角可通过调整滚轮相对高低而改变）。与试模同一轴线的上下有垂直压力加载系统，施加与实际路面结构受力相等的最大压力。当上、下滚轮旋转时，试件便随着试模夹具在设定垂直压力下被不断搓揉、压实、剪切，直到平衡状态（是指每旋转 100 次试件的密度变化率为 0.016 g/cm³）。在试件被压实到平衡状态过程中，GTM 能自动随时采集试件的应力—应变数据，并显示抗剪强度变化曲线，以判断试件是否会达到破坏及塑性过大状态，从而决定沥青用量是否合理。试件的应变是通过机器角的大小来表示的，抗剪强度是用滚轮压力推理换算而得的。

GTM 一个重要的特征是能够直接反映颗粒状塑性材料中可能出现的塑性过大的现象。

GTM 成型方法的试验目的是模拟路面行车荷载作用下沥青混合料的最终压实状态及平衡状态，并测试分析试样在被压实到平衡状态过程中抗剪强度和最终塑性变形大小，以判断混合料组成是否合理。在混合料被压实到平衡状态过程中，若机器角上升，滚轮压力下降，则说明混合料的抗剪强度在降低，变形在增加，呈现出塑性状态，即表明沥青混合料的沥青用量已经过大。压实试件的最终塑性变形大小是用旋转稳定系数 GSI（Gyratory Stability Index）来表示的。GSI 是试验结束的机器角与压实过程中的最小机器角的比值，它表示试件受剪应力作用的变形稳定程度参数。GSI 接近 1.0 时所对应的沥青用量为混合料的最大沥青用量。

GTM 沥青混合料设计时，需变化沥青用量分别进行 GTM 压实试验，然后绘制 GSI 与沥青用量的关系曲线，以确定混合料的最大沥青用量。另外，GTM 试验时还可以提供试件的最大密度，即试件处于平衡状态时的密度、安全系数 GSF（抗剪强度与最大剪应力之比值）、静态剪切模量、抗压模量等。

在 GTM 试验中，确定最佳用油量的指标包括以下几个：

1. 试件压实到平衡状态时的毛体积密度

试件密度作为一种体积指标在实际设计过程当中几乎不作为确定最佳用油量的判据，但是可以作为一种参考。从理论上讲，由 GTM 设计方法确定的最佳用油量对应的密度也是最大的。

2. 应变比（旋转压实稳定度 GSI）

旋转压实稳定度 GSI 是试验结束时的机器角与压实过程中的最小机器角的比值，它是表示试件受剪应力作用的变形稳定程度的参数，可检验沥青混合料在被压实到平衡状态时是否会出现塑性变形，一般认为 GSI 接近 1.0 时（最大可放宽至 1.05）所对应的沥青用量为混合料的最大沥青用量。

3. 抗剪安全系数 GSF

GSF 即抗剪强度与最大剪应力之比，主要用于检验沥青混合料被压实到平衡状态时的抗剪强度，是否达到在行车荷载的作用下需要承受的剪应力。GSF 应大于 1.0。

由于 GTM 旋转压实成型时的压实功显著大于马歇尔击实功，因而，GTM 设计的混合料最佳油石比、矿料间隙率、空隙率小于马歇尔法；试件标准密度、稳定度大于马歇尔法。

一般来说，GTM 设计的沥青混合料具有较好的高温稳定性、水稳定性，但由于该方法设计的沥青用量偏低，会对混合料的低温抗裂性能产生不利的影响。

参考文献

[1] 陈咏锋，钟志光，朱明准．道路桥梁工程与路基路面施工技术研究 [M]．长春：吉林科学技术出版社，2022．

[2] 王建波，刘凤云，李艳．道路施工技术与管理研究 [M]．北京：北京工业大学出版社，2022．

[3] 王修山，王波，王思长．道路与桥梁施工技术 [M].2 版．北京：机械工业出版社，2022．

[4] 赵世超，刘伟．高速公路施工监理手册 [M]．成都：西南交通大学出版社，2022．

[5] 王起．路基路面工程 [M]．北京：北京理工大学出版社，2022．

[6] 沙爱民．路基路面工程 [M].2 版．北京：高等教育出版社，2022．

[7] 韦璐，扈惠敏．路基路面工程 [M].2 版．武汉：武汉大学出版社，2022．

[8] 李刚，宁尚勇，林智．公路桥梁工程施工与项目管理第 [M].1 版．武汉：华中科学技术大学出版社，2022．

[9] 罗春德，尹雪云，李文兴．公路桥梁工程施工技术与养护管理 [M]．长春：吉林科学技术出版社，2022．

[10] 付元坤，张小柱．高速公路设计与施工技术研究 [M]．北京：中国石化出版社，2022．

[11] 张杰．公路施工技术与组织 [M]．北京：人民交通出版社，2022．

[12] 王超，江浩，王吉荣．公路桥梁工程施工技术与管理 [M]．北京：中国石化出版社，2022．

[13] 张忠磊，郑茂参，王俊杰．道路与桥梁设计施工技术 [M]．武汉：华中科学技术大学出版社，2022．

[14] 张艳红．道路工程施工 [M]．北京：中国建筑工业出版社，2022．

[15] 宋宏伟，洪启华，洪俊财．公路桥梁工程施工技术研究及项目管理 [M]．北京：中国石化出版社，2022．

[16] 杨仲元．路基路面施工技术 [M].4 版．北京：人民交通出版社，2021．

[17] 贾军政．路基路面养护技术 [M]．北京：北京理工大学出版社，2021．

[18] 张择瑞．路基路面试验检测技术 [M]．合肥：合肥工业大学出版社，2021．

[19] 李何，何飞．公路路基路面检测与评定 [M]．北京：北京理工大学出版社，2021．

[20] 张军辉，李强，曾铃．路基路面工程 [M]．北京：机械工业出版社，2021．

[21] 资建民，周吴军．路基路面工程精编本 [M]．武汉：武汉理工大学出版社，2021．

[22] 李燕鹰，张爱梅，钱晓明.公路桥梁工程施工与养护技术[M].长春：吉林科学技术出版社，2021.

[23] 郭天惠.筑路材料与试验检测[M].北京：北京理工大学出版社，2021.

[24] 莫延英，严莉华，陈光花.路基路面工程技术[M].北京：北京交通大学出版社，2021.

[25] 程海潜，李洪军.路基路面病害处治[M].3版.北京：人民交通出版社，2021.

[26] 申琪玉，石开荣，尹秀琴.土木工程施工[M].3版.北京：科学出版社，2021.

[27] 闵小莹，罗刚，杨亚频.土木工程施工[M].2版.大连：大连理工大学出版社，2021.

[28] 曹国雄，孙江涛，李昌荣.公路工程及交通安全设施施工与管理[M].武汉：华中科学技术大学出版社，2021.

[29] 吴冰，乔树勋，刁胜勇.高速公路施工大气污染防治技术指南[M].北京：科学出版社，2021.

[30] 张红梅.交通建设工程施工企业安全生产管理实务2021版[M].北京：中国建筑工业出版社，2021.

[31] 杭争强，张运山，刘小飞.道路桥梁工程施工与养护维修技术[M].武汉：华中科学技术大学出版社，2021.

[32] 陈建华，郑培果，陈立方.公路工程机械化施工组织[M].北京：化学工业出版社，2021.

[33] 董吉福，朱峰.公路养护与维修[M].北京：人民交通出版社，2021.

[34] 马昆林，宋卫民，吴昊.道路养护维修与管理技术[M].长沙：中南大学出版社，2021.

[35] 马涛，黄晓明.路基路面工程[M].4版.南京：东南大学出版社，2020.

[36] 朴志海，赵龙海，郑慧君.道路交通与路基路面工程[M].重庆：重庆大学出版社，2020.

[37] 陈建兵，汪双杰，袁坤.多年冻土区公路路基稳定性评价[M].上海：上海科学技术出版社，2020.

[38] 杨彦海.道路工程施工技术[M].沈阳：东北大学出版社，2020.

[39] 于洪江，李明樾.道路工程施工技术[M].重庆：重庆大学出版社，2020.

[40] 艾建杰，罗清波，徐君诚.公路工程施工技术[M].重庆：重庆大学出版社，2020.

[41] 陈大川.土木工程施工技术[M].长沙：湖南大学出版社，2020.

[42] 陶杰，彭浩明，高新.土木工程施工技术[M].北京：北京理工大学出版社，2020.

[43] 徐静涛.公路工程施工监理[M].2版.北京：北京理工大学出版社，2020.

[44] 李书艳.道桥工程施工组织与管理[M].北京：北京理工大学出版社，2020.